DID – A6e – Scho – 1995

Reinhold Schone · Theorie-Praxis-Transfer in der Jugendhilfe

D1669749

Reinhold Schone

Theorie-Praxis-Transfer in der Jugendhilfe

— Sozialpädagogische Praxisforschung
zwischen Analyse und Veränderung —

VOTUM 1995

Die Deutsche Bibliothek – CIP-Einheitsaufnahme

Schone, Reinhold:
Theorie-Praxis-Transfer in der Jugendhilfe : soizalpädagogische
Praxisforschung zwischen Analyse und Veränderung / Reinhold
Schone. – Münster : Votum, 1995
  ISBN 3-930405-29-6

©1995 VOTUM Verlag GmbH
Studtstraße 20 · 48149 Münster

Umschlaggestaltung: Böwer Jauczius Manitzke, Münster
Druck: Fuldaer Verlagsanstalt, Fulda
ISBN 3-930405-29-6

Vorbemerkung

Die Idee zu der hier vorliegenden Arbeit entstand im Verlauf meiner Tätigkeit als wissenschaftlicher Mitarbeiter im Institut für soziale Arbeit e.V., Münster. Nach mehreren Jahren praktischer Tätigkeit in verschiedenen Feldern der Jugendhilfe, in verschiedenen Institutionen und auf verschiedenen Hierarchiestufen bot sich durch die Tätigkeit im Institut für soziale Arbeit eine hervorragende Möglichkeit, aber auch die Herausforderung, den auf PraktikerInnen-Seite immer empfundenen Mangel an wissenschaftlich-systematisch begründeten Handlungskritcricn und die kritisierte Praxisferne sozialwissenschaftlicher Theorie- und Erklärungsmodelle zu durchbrechen. Es galt zu demonstrieren, daß eine praktisch relevante sozialpädagogische Forschung möglich und daß die Theorie-Praxis-Distanz in der Sozialarbeit/Sozialpädagogik zumindest partiell überwindbar ist. Daneben bot die Rolle des wissenschaftlichen Mitarbeiters in einer Praxisforschungs- und Praxisberatungsinstitution aber auch die Chance, eigene praktische Erfahrungen – Erfolge und Niederlagen oder auch nur den manchmal bunten, manchmal grauen Alltag sozialpädagogischer Praxis – von der Warte des Forschers, Fortbilders und Beraters aus einer kritischen, aufarbeitenden und jedenfalls distanzierten (nicht distanzierenden!) Reflexion und (Neu-)Bewertung zu unterziehen.

Vor dem Hintergrund mehrjähriger Institutsarbeit erschien es also an der Zeit, das dort realisierte Konzept sozialpädagogischer Praxisforschung und dessen konkrete Realisierungsformen kritisch zu reflektieren – sowohl hinsichtlich ihres Nutzens für die Praxis der Jugendhilfe als auch hinsichtlich des geleisteten Beitrags zur Entwicklung der Sozialpädagogik als Wissenschaft.

Gegenstand der hier vorgelegten Arbeit sind drei Praxisforschungsprojekte und ein Praxisberatungskonzept, die in der Zeit von 1986 bis 1993 im Institut für soziale Arbeit durchgeführt bzw. entwickelt wurden. Die Themen dieser Projekte (Untersuchung ambulanter Erziehungshilfen (vgl. Kap. 2), Verhältnis von Jugendhilfe und Jugendpsychiatrie (vgl. Kap. 3), Kinder von Ein-Eltern-Familien in der Jugendhilfe (vgl. Kap. 4), Jugendhilfeplanung (vgl. Kap. 5)) haben – trotz ihres breiten Spektrums – alle einen nahen Bezug zu der vorhergehenden praktischen Arbeit des Verfassers als Heimerzieher, Heimleiter, Familienberater und Organisationsberater. Insofern bedeutete es für den Verfasser stets eine besondere Anstrengung, die produktive Balance zwischen Distanz zur Praxis (Analyseperspektive) und Engagement für die Praxis (Veränderungsperspektive) aufrechtzuerhalten.

Die Begriffe „Analyse" und „Veränderung" markieren dabei das besondere Spannungsfeld, in dem sich alle Projekte bewegen und bewähren mußten.

Die Geschichte der Projekte gibt dieser Arbeit ihre Ordnung. Dabei weist diese Ordnung eine eindeutige Richtung auf. War das erste Projekt (ambulante Erziehungshilfen) noch eindeutig dem Analyseaspekt zugeneigt, so weist das zuletzt genannte Projekt/Konzept (Jugendhilfeplanung) eine ebenso eindeutige Gewichtung zugunsten des Veränderungsaspektes auf. Diese Entwicklung vor dem Hintergrund des Konzeptes sozialpädagogischer Praxisforschung darzustellen und einordenbar zu machen ist das Ziel dieser Arbeit.

Steinhagen, im Januar 1995
Reinhold Schone

Inhalt

Einleitung

Problemstellung

Die Jugendhilfe hat seit Beginn der 70er Jahre erhebliche fachliche Qualitätssprünge erfahren. Noch nie ist in der Jugendhilfe so viel geforscht worden wie seit den siebziger Jahren. Noch nie gab es so viele akademisch ausgebildete und angeleitete Fachkräfte in der Jugendhilfe wie heute – wurden wissenschaftliche Diplom-Studiengänge für PädagogInnen doch erst seit 1969 eingerichtet. Noch nie war – trotz aller verbleibenden Defizite – auch die personelle Ausstattung der Einrichtungen und Dienste der Jugendhilfe so gut wie während der letzten zehn Jahre. Also: optimale Voraussetzungen für eine theoretisch geleitete, wissenschaftlich reflektierte Begleitung und Entwicklung der Praxis und des beruflichen Handelns?

Offensichtlich nicht, denn das Verhältnis von Forschung und Praxis ist kompliziert. PraktikerInnen stehen ForscherInnen immer noch oft mißtrauisch und ablehnend gegenüber, bezweifeln den Nutzen ihrer Arbeit und beurteilen ihre Ergebnisse oft als realitätsfern, abgehoben und irrelevant. ForscherInnen wiederum beklagen die mangelnde Rezeption wissenschaftlicher Arbeiten in der Praxis, empfinden die Forderung der PraktikerInnen, daß all ihre Ergebnisse sich in praktische Handlungsanleitungen übersetzen lassen sollen, als unzulässige Einengung ihrer Erkenntnisinteressen und -möglichkeiten und als Versuch einer Indienstnahme für die Legitimation bestehender Praxisvollzüge.

Der auf einer Jugendhilfe-Tagung geäußerte Satz „Der Arroganz der Theoretiker entspricht die Ignoranz der Praktiker", den MOCH (1993) als Titel eines Aufsatzes zur Problematik praxisbegleitender Forschung wählte, kennzeichnet nach wie vor die durch Vorurteile und erlebten Habitus geprägten Distanzen und Barrieren zwischen den Angehörigen beider Gruppen.

Dennoch: Das Interesse insbesondere der verantwortlichen PraktikerInnen sozialer Arbeit an Austausch mit, Impulsen von und Unterstützung durch Fachkräfte aus Wissenschaft und Forschung wächst. Bestand der wesentliche Impuls zur wissenschaftlichen Reflexion sozialpädagogischer Handlungsfelder in den siebziger und Anfang der achtziger Jahre noch in der Hoffnung auf eine grundlegende Reform der Jugendhilfe und darüber hinaus der gesellschaftlichen Lebensverhältnisse insgesamt, so wächst das Interesse heute eher vor dem Hintergrund immer schärfer hervortretender Spannungszustände zwischen den sozialstaatlich vorgegebenen Zielen der sozialen Arbeit einerseits und den Rahmenbedingungen ihrer Realisierung andererseits.

Im Bereich der Jugendhilfe kristallisieren sich diese Spannungszustände zu Beginn der neunziger Jahre auf der einen Seite beispielsweise in der weitgehenden Akzeptanz der Maximen einer lebensweltorientierten Jugendhilfe, wie sie in den achtziger Jahren ausformuliert und in Ansätzen realisiert wurden, wie sie im 8. Jugendbericht der Bundesregierung auf den Punkt gebracht wurden (Prävention, Dezentralisierung/Regionalisierung, Alltagsorientierung, Integration, Partizipation) oder wie sie sich im neuen Kinder- und Jugendhilfegesetz (KJHG) als sozialpädagogisches Leistungsgesetz (Stichwort: von der Eingriffsverwaltung zur Leistungsbehörde) niedergeschlagen haben. Auf der anderen Seite stehen jedoch zunehmend sich verengende Finanzspielräume der Kommunen, um die geforderten Leistungen zu erbringen, sowie wachsender Problemdruck durch neue und wechselnde Zielgruppen (z.B. Migrationsprobleme) oder auch durch die Folgen sich verschärfender gesellschaftlicher Ausgrenzungs- und Verarmungsprozesse. Hinzu kommen ausbleibende oder nur begrenzte Qualitätssteigerungen durch die Neuorganisation sozialer Dienste in den siebziger und achtziger Jahren sowie zunehmender Kräfteverschleiß und wachsende Innovationsmüdigkeit bei den professionellen Akteuren.

Das hier auftretende Spannungsfeld scheint immer weniger durch bloße Fortschreibung bzw. Anpassung der bestehenden Handlungskonzepte an die fachlichen Herausforderungen einer zieladäquaten Jugendhilfe und die konkreten Herausforderungen durch hilfebedürftige und leistungsberechtigte junge Menschen und ihre Familien zu lösen zu sein, d.h., tradierte Lösungswege und Lösungsstrategien laufen zunehmend leer.

Vor diesem Hintergrund stoßen Wissenschaft und Forschung im Bereich der Sozialpädagogik – trotz aller verbleibenden Skepsis und Distanz – auf wachsendes Interesse bei den verantwortlichen Professionellen insbesondere auf kommunaler Ebene. Dieses wachsende Interesse betrifft vor allem zwei Fragen (vgl. HINTE/ SPRINGER 1992):

● Welche Bedeutung und Relevanz haben wissenschaftliche Arbeiten und wissenschaftlich abgeleitete Konzeptionen für die mögliche zukünftige Gestaltung sozialer Arbeit und des beruflichen Handelns?
● Wie kann – praktische Relevanz vorausgesetzt – der Theorie-Praxis-Transfer zwischen den Systemen Wissenschaft und berufliche Praxis hergestellt und organisiert werden?

HINTE/SPRINGER kommen bezüglich des Wissenschaftssystems – konkreter: bezüglich der Hochschulen und Universitäten – zu einer eher skeptischen Einschätzung dieser Fragen.

„Die Themenwahl sozialwissenschaftlicher Forschung orientiert sich häufig an allgemeinen, historischen oder systematischen Fragestellungen, die mit einem Abstraktionsgrad behandelt werden, der nur in seltenen Fällen einen Bezug zum Handeln im Berufsfeld erkennen läßt. Akademische Insider-Diskussionen in wissenschaftsinternen Zirkeln, die auf der Grundlage einer selbst zugeschriebenen kritischen Funktion ablaufen und der Illusion huldigen, man könne Praxis durch theoretische Kritik verändern, entfernen sich mehr und mehr von der Lebenswelt sozialer Dienste. Die wachsende Wirkungs- und Bedeutungslosigkeit sozialwissenschaftlicher Theoriediskussion zeigt sich am deutlichsten an den Reaktionen der Professionellen in Institutionen. Sozialwissenschaftliches Know-how bietet anscheinend nur noch wenigen PraktikerInnen Orientierungshilfe bei Fragestellungen in ihrem beruflichen Alltag. Die Analysen und großen Theorien vermitteln bestenfalls den Eindruck, da könne jemand nachgängig die Prozesse verstehen, denen man selbst ausgesetzt war. Prognosefähigkeit, Handlungsorientierung, Praxisrelevanz und konzeptionelle Perspektiven werden der Theorie zunehmend abgesprochen." (HINTE/SPRINGER 1992, S. 112)

Vor dem Hintergrund dieser Einschätzung begründen HINTE/SPRINGER die Forderung nach einer anderen Form der Wissenschaftsproduktion in der sozialen Arbeit. Dies führt sie zu einem „Plädoyer für eine inhaltlich und methodisch veränderte Wissenschaft." (ebd., S. 114)

Mit Bezug auf dieses Plädoyer soll in dieser Arbeit der Versuch unternommen werden, für den sich immer stärker ausbreitenden und den immer stärker (von seiten der Praxis) nachgefragten Forschungstyp der „sozialpädagogischen Praxisforschung" bzw. der „praxisorientierten Forschung" das Verhältnis von Wissenschaftlichkeit und Praxisbezug der gewonnenen Resultate und Ergebnisse sowie die Reichweite eines solchen Forschungskonzeptes näher zu bestimmen. Dabei soll insbesondere der Frage nachgegangen werden, unter welchen Bedingungen fachliche und fachpolitische Bündnisse zwischen PraktikerInnen und WissenschaftlerInnen realisiert werden können.

Es geht also einerseits darum zu klären, mit welchen Strategien und Methoden Praxisphänomene wissenschaftlich erforscht, aufgearbeitet und zu theoretisch begründeten Erklärungs- und Handlungsmodellen verdichtet werden können. Hierbei geht es um die Frage, wie praktische Erfahrungen professioneller sozialer Arbeit für die theoretische Reflexion und Weiterentwicklung des Fachs nutzbar gemacht werden können. Andererseits geht es darum, zu analysieren, mit welchen Strategien und Methoden es gelingt, wissenschaftlich gewonnene Erfahrungen und Ergebnisse an die Praxis sozialer Arbeit zurückzukoppeln und für ihre Weiterentwicklung nutzbar zu machen. Hier lautet die Frage, welchen Beitrag Wissenschaft und wissenschaftliche Forschung zur Innovation sozialer Praxis leisten können.

Ziel dieser Arbeit ist es, darzulegen, daß praxisorientierte Forschung ein geeignetes Instrument darstellen kann, die Kluft zwischen den Welten des beruflichen Alltags sozialer Arbeit und des Wissenschaftssystems zu reduzieren. Praxisforschung steht an der Nahtstelle zwischen Wissenschaft und sozialpädagogischer Praxis und hat hier eine wichtige Brückenfunktion, um dem aufgrund ständig wachsender Pluralität und Komplexität von Lebens- und Problemlagen stetig steigenden Bedarf an Erklärungs- und vor allem Handlungswissen qualifiziert begegnen zu können.

Das dabei zugrunde gelegte Theorie-Verständnis von Sozialpädagogik reduziert sich damit keinesfalls auf „bloßes Erkennen" (Analyseperspektive), sondern ist wesentlich stärker auf die Probleme des Handelns (Veränderungsperspektive) bezogen. (vgl. HORNSTEIN 1985, S. 464) Sozialpädagogik ist als Päd-Agogik die „Theorie eines Handelns". (NIEMEYER 1992, S. 461) Als solche wirft sie selbst die Frage auf, wie die Theorie des sozialpädagogischen Handelns und das sozialpädagogische Handeln selbst anschlußfähig gemacht werden können, wie also ein gegenseitiger Austausch (evaluativer Diskurs) hergestellt werden kann, um soziale Innovationen befördern zu können. Dem steht allerdings in der Realität noch oft die Tatsache entgegen, daß sehr viele wissenschaftliche Erörterungen im sozialpädagogischen Bereich praktisch nur einen geringen Adressaten- und Anwendungsbezug aufweisen. (vgl. HORNSTEIN 1985, S. 473)

Es ist im Rahmen dieser Arbeit daher eine weitere Absicht, das Konzept praxisorientierter Forschung auf die Berücksichtigung seines AdressatInnen- und Anwendungsbezugs und auf die Frage der Anschlußfähigkeit hin zu untersuchen. Hierzu soll eine Systematik verschiedener Praxisforschungstypen herausgearbeitet werden, wobei es keineswegs darum geht, eine „pädagogische Einheitswissenschaft" (HORNSTEIN 1985) anzusteuern, sondern den Ansatz praxisorientierter Forschung in seiner Breite und in seinen Möglichkeiten zu beschreiben, um die darin verborgenen Chancen einer „anderen Erkenntnisproduktion", die bislang zuwenig wahrgenommen wurden, herauszuarbeiten.

Sozialpädagogik zwischen sozialer Dienstleistung und Ordnungstätigkeit

Hinter der hier formulierten Aufgabenstellung verbirgt sich eine zentrale Grundannahme über den gesellschaftlichen Standort sozialpädagogischer Arbeit, die an dieser Stelle nochmals explizit dargestellt werden soll: Sozialpädagogische Arbeit, wie sie sich im Bereich der Jugendhilfe realisiert, wird als ein Instrument gesehen, welches zur Verbesserung der Lebenslage von Menschen – insbesondere in schwierigen Lebenssituationen – beitragen soll und auch beitragen kann.

Dabei soll der Doppelcharakter sozialpädagogischer Tätigkeiten zwischen Hilfe und Kontrolle keinesfalls geleugnet werden. Auch im neuen Kinder- und Jugendhilfegesetz ist dieser Doppelcharakter präsent, indem einerseits Leistungen der Jugendhilfe normiert werden und diese z.T. individuelle Rechtsansprüche begründen (z.B. Hilfen zur Erziehung – §§ 27-41 KJHG), andererseits jedoch auch unter der Rubrik „andere Aufgaben" ordnungsrechtliche Aufgabenzuweisungen an die öffentliche Jugendhilfe vorgenommen werden (z.B. Mitwirkung in Familien-, Vormundschafts- und Jugendgerichtsverfahren – §§ 50-52 KJHG).

Unbenommen ihrer de facto bestehenden ordnungsrechtlichen Funktion würde eine einäugige Wahrnehmung der Jugendhilfe als Instanz sozialer Kontrolle und als Instrument der Disziplinierung und Repression von Individuen und Gruppen ihrem Selbstverständnis und ihren entwickelten Handlungskonzepten nicht gerecht. Die einseitige Beschränkung der Analyse auf die restriktiven und entmündigenden Tendenzen der sozialen Arbeit in unserer Gesellschaft und die Verortung sozialer Arbeit als gesellschaftsaffirmativ und letztendlich systemkonservativ würde den Blick auf das Ziel einer wirksamen Verbesserung der Lebenslage von Menschen in schwierigen Situationen verstellen und weiterführende alternative, auf ihre Realisierbarkeit bedachte fachliche und fachpolitische Überlegungen und Strategien von vornherein desavouieren.

Das hier zugrunde liegende Verständnis sozialer Arbeit geht daher davon aus, daß es notwendig ist, sie – auch dort, wo sie eher ordnungsrechtlich initiiert ist – stärker als sozialpädagogische Dienstleistung zu profilieren. Der verschärfte Anwendungsbezug der Praxisforschung (vgl. auch 1.2.2) erfordert gerade in dieser Frage von den ForscherInnen, ihre Werthaltungen – ihren fachpolitischen Standort zu den gesellschaftlichen Möglichkeiten und Grenzen sozialer Arbeit – offenzulegen und transparent zu machen.

Dort, wo es darum geht, bestehende Handlungs- und Entscheidungsspielräume der sozialen Arbeit zu ermitteln, zu erweitern und qualifiziert auszufüllen, hat Praxisforschung eine wichtige Aufgabe der kritischen Aufklärung, d.h. der Aufklärung über Veränderungsperspektiven im Interesse ihrer AdressatInnen. Es soll in dieser Arbeit gezeigt werden, daß gerade der Forschungstyp einer kritisch aufklärenden Praxisforschung dazu geeignet ist, für bestehende Praxisprobleme wissenschaftlich begründete Alternativen und Konzepte zu entwickeln und damit die Basis für Praxisinnovationen zu schaffen. „Soziale Arbeit als soziale Innovation" (MAELICKE 1987) braucht Praxisforschung, um den im zitierten Buchtitel formulierten Anspruch einlösen zu können.

Das Erkenntnis- und Entwicklungsziel praxisorientierter Forschung ist die Innovation sozialer Arbeit im Sinne einer (Neu-)Gestaltung ihrer Institutionen und Methoden, die einen Zugewinn an Autonomie für ihre AdressatInnen darstellen und sie bei der Durchsetzung ihrer Lebensansprüche in ihrer Alltagswelt wirkungsvoll unterstützen (Emanzipation).

Zum Begriff sozialpädagogischer Praxisforschung

Die Begriffe der **sozialpädagogischen Praxisforschung** bzw. der **praxisorientierten Forschung** sind in ihrer Bedeutung und in ihrer forschungskonzeptionellen Tragweite allerdings nicht eindeutig festgelegt. Obwohl sich beide Begriffe im Verlauf des letzten Jahrzehnts im Bereich der sozialen Arbeit zunehmend als Beschreibung der spezifischen Kooperation von Wissenschaft und Praxis - oder konkreter: der Kooperation von WissenschaftlerInnen und PraktikerInnen - etabliert haben, tauchen sie in ihrer begrifflichen Verknüpfung als

praxisorientierte Forschung oder Praxisforschung sowohl in der forschungstheo-
retischen/forschungsmethodischen Fachliteratur als auch in einschlägigen
Nachschlagewerken der Sozialarbeit/Sozialpädagogik nur am Rande auf. Häufiger werden für den Forschungstyp der Sozialforschung, der sich auf sozialpädagogische Praxis und Praxisvollzüge richtet, also keine „Grundlagenforschung"
darstellt, Begriffe verwandt, die auf spezifische Forschungsziele oder Forschungsstrategien verweisen: • Entwicklungsforschung (HORNSTEIN 1987)
• Begleitforschung (MÜLLER 1978; INSTITUT FÜR SOZIALE ARBEIT
1983; JORDAN 1981) • Beratungsforschung (KAISER/SEEL 1981) • Hand-
lungs- oder Aktionsforschung (HAAG u.a. 1972; MOSER 1975; HEINZE u.a.
1975; HEINZE 1987) • Evaluationsforschung (MÜLLER 1978; HOFMANN/
FARGEL 1987).

Für den Typ der sozialpädagogischen Forschung stellt m.E. der Begriff der
„Praxisforschung" einen geeigneten Sammelbegriff dar, da er ein umfassendes,
an der Praxis orientiertes und einer „Theorie des Handelns" (s.o.) verpflich-
tetes Konzept beschreibt und eine Reihe unterschiedlicher Forschungsstrategien
zuläßt.

„Die sozialpädagogische Forschung hat es – soweit sie keine reine Organisationsfor-
schung ist – mit der Aus- und Einwirkung menschlichen Handelns zu tun. Sie fragt danach,
wie menschliche Problemlagen geändert werden, welchen Beitrag dabei Institutionen und die
darin agierenden professionellen Helfer haben können. Diesen gleichsam durch die Sache
vorgegebenen Bedingungen hat sich die Forschung zu stellen, soll nicht durch die Methode
der Gegenstand bestimmt werden, sondern umgekehrt der Gegenstand und die auf ihn
gerichteten erkenntnisleitenden Fragen die Methode festlegen." (STICKELMANN 1983, S.
140)

Die begriffliche Zusammenfassung der Elemente „Forschung" und „Praxis"
in der Begrifflichkeit „Praxisforschung" verweist in geeigneter Weise auf das
Spannungsfeld zwischen diesen beiden Handlungsfeldern mit ihren unterschiedlichen Referenzsystemen, unterschiedlichen Handlungsrationalitäten und unterschiedlichen Relevanzkriterien, durch die forschungspraktische praxisforschen-
de Arbeitsformen stets in mehr oder weniger deutlicher Weise geprägt sind.

In Anlehnung an C.W. MÜLLER (1988) soll dabei unter Praxisforschung
die wissenschaftlich empirische Untersuchung der Voraussetzungen, der Gestaltung und der Folgen beruflichen Handelns in der sozialen Arbeit verstanden
werden. Damit umfaßt praxisorientierte Forschung

• die Erforschung von Ursachen sozialer Probleme als Auslöser beruflichen
  Handelns,
• die empirische Begleitung und Analyse der Gestaltung sozialer Arbeit und
  der mit beruflichem Handeln verbundenen Prozesse in der sozialen Arbeit,
• die Einschätzung (Evaluation) von Wirkungen und Folgen sozialarbeiteri-
  scher/ sozialpädagogischer Programme, Konzepte und Interventionen. (vgl.
  ebd., S. 17)

16

Ausgehend von dieser Definition, ist Praxisforschung/praxisorientierte Forschung in zweierlei Hinsicht auf Praxis orientiert:

- Zum einen bezieht sie ihre Fragestellungen aus dem Gesamtkontext beruflichen Handelns. Dabei muß sie sich keinesfalls auf die Problemdefinitionen beschränken, die von PraktikerInnen vorgegeben wurden, sondern kann und sollte eben diese Problemdefinitionen ebenfalls zum Gegenstand der Forschung machen, um sich nicht selbst in den „eigensinnigen Selbstläufen der Praxis" (BITZAN/ KLÖCK 1988, S. 127) aufzugeben.
- Zum anderen ist praxisorientierte Forschung auf Anwendung hin orientiert. Sie tritt an mit dem Anspruch, Praxisprobleme lösen zu helfen. Damit ist sie auch zu charakterisieren als praxisbegleitende Forschung und als solche unweigerlich auch eine Form der Intervention in Praxis. (FILSINGER/ HINTE 1988, S. 43)

Diese Definition trägt dem Umstand Rechnung, daß sozialpädagogische Forschung unter praxisorientierter Sichtweise keinen Objektivitätscharakter (im Sinne einer vom räumlich-zeitlichen Kontext des Gegenstandes abstrahierenden Aussage) hinsichtlich ihrer wissenschaftlichen Erkenntnisse und Ergebnisse für sich reklamieren kann und will. Sie versteht sich vielmehr als ein Instrument zur Reflexion über gesellschaftliche Entwicklungen und über ein darauf bezogenes Handlungsfeld (soziale Arbeit), dessen Akteure (anders als naturwissenschaftliche Untersuchungsgegenstände) aber auch zur Selbstreflexion und zur Veränderung ihrer Lage fähig und aufgefordert sind („Ihre Objekte sind Subjekte", vgl. GRAF 1990). So kann auch nicht der Bestand der sozialwissenschaftlich gewonnenen Ergebnisse und Analysen das primäre Ziel der Praxisforschung sein, vielmehr hat die Gewinnung von wissenschaftlich begründeten Handlungs- bzw. Veränderungsperspektiven einen zentralen forschungsleitenden Stellenwert. Von einer solchen Wissenschaft kann ein geradliniger Erkenntnisfortschritt nicht erwartet werden. Sie muß sich im Gegenteil immer wieder ihres eigenen Standes, ihrer Methoden, ihrer Aufgaben, ihrer Ziele und ihres Bezuges zur gesellschaftlichen Praxis vergewissern. Nur von einer solcherart selbstreflexiven Wissenschaft und Forschung sind dauerhaft innovative Impulse für eine kritisch fortzuentwickelnde Praxis zu erwarten. Denn wiewohl die Sozialwissenschaft kein objektiv-eindeutiges Wissen repräsentiert, so steht doch außer Zweifel, daß sie über einen Fundus an (potentiell) praktisch-wirksamem Wissen verfügt, welches es für die Praxis nutzbar zu machen gilt.

Aufbau der Arbeit

Die hier vorgelegte Arbeit gliedert sich in drei Teile. Im Teil A wird zunächst ein theoretischer Bezugsrahmen aufgespannt, der sich mit wissenschaftstheoretischen und methodologischen Aspekten der Praxisforschung beschäftigt. Über den Weg einer kurzen Auseinandersetzung mit zentralen Fragen des Verhältnisses von Forschung und sozialpädagogischer Praxis und einer Darlegung der Grundlagen praxisorientierter Forschung wird Praxisforschung als eine spezifische Kooperationsform zwischen Wissenschaft und Praxis beschrieben. Am Ende des Teils A wird dann eine Typologie sozialpädagogischer Praxisforschung entworfen, die das Spektrum des Aufgabenfeldes umreißt und die zur Einordnung und kritischen Reflexion der in Teil B dargestellten Projekte dienen soll.

Teil B beginnt mit einem Exkurs zur Darstellung des institutionellen Kontexts, in dem die anschließend referierten Projekte entstanden sind. Hierbei handelt es sich um drei ausgewählte Praxisforschungsprojekte, die der Verfasser im Rahmen seiner Tätigkeit im Institut für soziale Arbeit e.V. durchgeführt hat, sowie um die Beschreibung und Bewertung eines Planungsberatungskonzeptes im Rahmen kommunaler Jugendhilfeplanung. Die Begrenzung der Untersuchung auf den Jugendhilfebereich ergibt sich aus der bisherigen Praxis des Verfassers. Eine Übertragung der Verfahren und Methoden auf andere Felder der sozialen Arbeit ist dabei in der Regel problemlos möglich.

Die exemplarische Darstellung der Praxisforschungs-Projekte erfolgt dergestalt, daß sie einerseits jeweils in sich abgeschlossene Kapitel darstellen und für sich alleine verständlich sind. Andererseits sind die ursprünglichen Projektberichte für den Zweck dieser Arbeit erheblich gekürzt worden. Um die Forschungsarbeiten für den hier gegebenen Kontext aufzuarbeiten, wurden die jeweiligen Gliederungen im wesentlichen nach folgendem Muster synchronisiert:

● Vorspann – Zur Entstehung und Einordnung des Projektes
● fachlicher und fachpolitischer Kontext des Projektes
● Problembeschreibung und methodisches Konzept
● Darstellung von Ergebnissen
● Empfehlungen und Perspektiven
● Nachspann – ... und was daraus wurde

Im abschließenden Teil C werden aus den vorgestellten Projekten nochmals übergreifende Konsequenzen zusammengefaßt und Perspektiven für die Weiterentwicklung praxisorientierter Forschung formuliert.

Teil A

GRUNDLAGEN

1 Strategien und Methoden praxisorientierter Forschung

Wissenschaftstheoretische und methodologische Grundlagen eines Forschungsansatzes

Das Verhältnis der Sozial- und Erziehungswissenschaften zum sozialpädagogischen Alltag ist durch die Besonderheit der Sozialpädagogik als relativ neue wissenschaftliche Disziplin geprägt. DIESSENBACHER/MÜLLER beschreiben das zentrale Dilemma dieses Verhältnisses: „So jung die Sozialpädagogik als wissenschaftliche Disziplin ist, so traditionsreich ist sie als praktische. Kann sie als diese eine Fülle praktisch relevanten Alltagswissens, so als jene nur einen unsicheren und höchst fragmentarischen Bestand wissenschaftlich relevanten Theoriewissens vorweisen." (DIESSENBACHER/MÜLLER 1987, S. 1251 f.)

In der Tat liegt es gerade einmal 25 Jahre zurück, daß 1969 die akademische Disziplin Sozialarbeit/Sozialpädagogik in Gestalt der neu geschaffenen Studiengänge für Diplom-Pädagogik an westdeutschen Hochschulen aus der Taufe gehoben wurde. Mit dem neu eingerichteten Hochschulfach (bis dahin gab es nur vereinzelte pädagogische Hauptfach-Studiengänge, die mit dem Magister Artium (M.A.) oder mit dem Doktor der Philosophie (Dr.phil.) abschlossen) war die Erwartung verbunden, daß neben den ehemals an Pädagogischen Hochschulen ausgebildeten LehrerInnen auch die bis dahin an Höheren Fachschulen für Sozialarbeit oder an Erzieherfachschulen ausgebildeten SozialarbeiterInnen und SozialpädagogInnen zukünftig eine Ausbildung auf wissenschaftlicher Grundlage erhalten und zum wissenschaftlichen Arbeiten befähigt werden sollten. Bereits 1975 – also nur sechs Jahre nach Einrichtung des Diplom-Pädagogik-Studiengangs – gab es bereits 20.000 Studierende dieses Fachs an 55 Hochschulen und Universitäten in Westdeutschland; die meisten von ihnen in den Schwerpunkten „Schulpädagogik" und „Sozialpädagogik". (vgl. MÜLLER 1987, S. 149 ff.) Begleitet wurde diese universitäre Entwicklung durch die Umwandlung von Höheren Fachschulen in Fachhochschulen für Sozialwesen, durch die Neugründung von Fachhochschulen und Fachbereichen für Sozialwesen, durch die Graduierung der AbsolventInnen, d.h. durch die Verleihung des akademischen Grades Sozialarb. (grad.) bzw. Sozialpäd. (grad.), sowie durch die Verzehnfachung der Kapazitäten dieser Ausbildungsstätten. (vgl. OELSCHLÄGEL 1987, S. 163)

Nahezu parallel zur Errichtung und zum Ausbau der akademischen Disziplin „Sozialarbeit/Sozialpädagogik" setzten Anfang der siebziger Jahre Bemühungen ein, sozialpädagogische Forschung mit eigenem Gegenstandsbereich, eigenen Inhalten und eigenen Methoden zu etablieren. So forderte etwa HAN-HART (1973) eine auf der Basis materialistischer Gesellschaftstheorie gründende Sozialarbeitsforschung, verlangten KREUTZ u.a. (1978) eine ausgesprochen empirische Forschung, vertrat THIERSCH (1977) eine interaktionistisch verankerte, dem „labeling-approach" verpflichtete Forschung, vertraten HAAG u.a. (1972) oder HEINZE u.a. (1975) das Konzept einer parteilich den Interessen einer besseren Praxis verpflichteten Handlungs- oder Aktionsforschung. (vgl. zusammenfassend: HORNSTEIN 1987)

Von der „Verwissenschaftlichung der Tradition" (vgl. NIEMEYER 1992, S. 469) sozialpädagogischer Praxis erwartete man allerdings nicht nur die Lösung traditioneller Probleme. Angesichts der sich seit Mitte der siebziger Jahre verschärfenden sozial-ökonomischen Krise in der BRD sollten auch durch wissenschaftliche Analysen und Forschungsergebnisse gestützte und durch theoretische Erklärungen, Konzepte und Perspektiven gespeiste Antworten auf und Strategien für die neu aufkommenden Praxisprobleme entwickelt werden. Insbesondere ging es dabei auch um die theoretische Substantiierung des breiten Professionalisierungsschubs, der durch die skizzierte Veränderung der Ausbildungssituation hervorgebracht wurde.

Die junge Wissenschaft konnte diesen Ansprüchen indes bis heute nicht im gewünschten Umfang gerecht werden. „Der Stand der Theoriediskussion ist in sich unbefriedigend, in vielfältige, miteinander wenig korrespondierende Fragerichtungen zersplittert, unüberschaubar und okkupiert durch nicht immer ergiebige Prioritäten." (THIERSCH/RAUSCHENBACH 1987, S. 985)

Diese Unüberschaubarkeit geht vor allem auf drei Punkte zurück (vgl. auch ebd., S. 985 f.):

● Zum einen kreisen die theoretischen Reflexionen vorwiegend um die allgemeine Frage nach der gesellschaftlichen Funktion der Sozialarbeit/Sozialpädagogik. Sie haben ihren Bezugspunkt eher in allgemeinen staats- und gesellschaftstheoretischen Entwürfen und sind „unbestimmt in ihren Konsequenzen und oft nicht auf institutionelle und handlungsorientierte Konkreta der Sozialarbeit/Sozialpädagogik bezogen." (ebd., S. 985)

● Zum zweiten gibt es – neben dieser Diskussion – eine Reihe von Arbeiten und Forschungsergebnissen zu einzelnen AdressatInnengruppen bzw. zu Teilaspekten sozialer Arbeit, die aber häufig punktuell und in ihren Fragestellungen zufällig sind, oft nur reine Bestandsaufnahmen darstellen und als solche isoliert und unverbunden nebeneinander stehenbleiben.

● Schließlich beziehen sich die derart nebeneinander herlaufenden Diskussionsstränge oft auf ganz unterschiedliche Bezugssysteme: politische Ökonomie, Staatstheorie, Psychologie, Soziologie, Erziehungswissenschaft, sozialpädagogische Methodenlehre u.a.m. „Die in ihrem Stellenwert weitgehend undefinierten Bezüge zu anderen Sozial- und Verhaltenswissenschaften führen nicht selten dazu, daß die spezifisch sozialpädagogischen Fragestellungen gleichsam überfremdet und eher randständig verhandelt werden." (ebd., S. 985 f.)

Vor dem Hintergrund dieser Situation sind die optimistischen Forderungen zur Verwissenschaftlichung sozialer Arbeit und zur wechselseitigen Anregung, Reflexion und Kritik von Wissenschaft und Praxis mehr und mehr der Frage gewichen, „ob und inwieweit Wissenschaft überhaupt Vernünftiges und Hilfreiches zur Lösung von Praxisproblemen beitragen kann." (HORNSTEIN 1987, S. 371)

Auch THIERSCH/RAUSCHENBACH kommen angesichts ihrer (selbst)kritischen Einschätzung zum Stand sozialpädagogischer Forschung und Theoriebildung zu einem verhaltenen, aber in seinen Konsequenzen für die Zukunft herausfordernden Fazit: „Die derzeitige Situation der Theoriediskussion erscheint in diesen Bezügen wie ein weitläufiges, nur flackernd erhelltes Gelände. Die Frage, was eigentlich Theorie der Sozialpädagogik/Sozialarbeit meint, was ihr Ansatz, ihr Gegenstandsbereich und ihre Erklärungskraft ist, bleibt offen." (1987, S. 986)

Die im folgenden vorzustellende Konzeption und Begründung einer sozialpädagogischen Praxisforschung ignoriert die hier aufgeworfenen Probleme sozialpädagogischer Theoriebildung durchaus nicht, basiert aber auf der Annahme, daß Theorieentwicklung und Praxisentwicklung nicht losgelöst voneinander betrieben werden können. Sozialpädagogische Praxisforschung soll daher als ein verbindendes Instrument bzw. als ein Scharnier beschrieben werden, welches sowohl zu einer theorierelevanten Analyse sozialpädagogischer Handlungsfelder als auch zu einer praxisrelevanten Entwicklung (Veränderung) eben dieser Handlungsfelder beitragen kann.

1.1 Sozialpädagogische Praxisforschung – Begründung und Prämissen

Vor dem Hintergrund der einleitend skizzierten Probleme der Etablierung der Sozialpädagogik als wissenschaftliche Disziplin soll in diesem Abschnitt die Begründung für eine auf den Gegenstandsbereich der Sozialpädagogik gerichtete Forschungskonzeption entwickelt und hergeleitet werden, die in der Lage ist, die geforderte Scharnier-Funktion zwischen Theorieentwicklung (Analyse) und Praxisentwicklung (Veränderung) einzulösen.

Hierzu sollen zunächst einige wissenschaftstheoretische Eckpunkte sozialpädagogischer Praxisforschung skizziert und, daraus abgeleitet, die methodologische Konzeption praxisorientierter Forschung dargestellt werden.

1.1.1 Wissenschaftstheoretische Aspekte sozialpädagogischer Praxisforschung

So traditionsreich die Sozialpädagogik als praktische Disziplin und so jung sie als wissenschaftliche Disziplin auch sein mag (siehe oben), so kommt der wissenschaftlich geleiteten und geordneten Erweiterung relevanten Theoriewissens dennoch eine besondere Bedeutung zu. Auch wenn sozialpädagogische Problemstellungen nur im Alltag gelöst werden können, bedarf es einer wissenschaftstheoretischen Reflexion, da nur so die Frage geklärt werden kann, wie Alltagserfahrungen theoretisch verdichtet werden können und welchen Beitrag die Theorie zur Qualifizierung des Alltags leisten kann.

Die pädagogischen Traditionen wissenschaftstheoretischer Reflexion lassen sich in eine normative (Prinzipien- oder Sollenswissenschaft), eine geisteswissenschaftliche (hermeneutisch den Sinn pädagogischer Praxis verstehende) und eine empirische (erziehungswissenschaftliche Tatsachen erforschende) Strömung unterteilen. (vgl. DIESSENBACHER/MÜLLER 1987, S. 1252 f.)

THIERSCH (1978) beschreibt die jüngere Entwicklung pädagogischer Theoriebildung vor dem Hintergrund dieser Grundströmungen pädagogischer Wissenschaftstheorie in drei Phasen:

- die „realistische Wendung" von einer geisteswissenschaftlichen zu einer sozialwissenschaftlichen, pädagogische Tatsachen erforschenden Orientierung;
- die „emanzipative Wendung" von einem positivistischen Wissenschaftsverständnis zu einer parteilichen, gesellschaftspolitisch reflektierten und auf emanzipatorische Gesellschaftsveränderung verpflichteten pädagogischen Wissenschaft;
- die „Alltagswende", die den konkreten pädagogischen Alltag in seiner Widersprüchlichkeit wieder zum Bezugspunkt pädagogischer Theoriebildung und Wissenschaft macht.

Die hier von THIERSCH definierten „Wendungen" der pädagogischen Wissenschaftstheorie geben m.E. eine geeignete Folie ab, auf der sich die methodologischen Grundsatzdiskussionen in der Sozialpädagogik als wissenschaftliche Disziplin darstellen lassen. Sie stellen einen guten Bezugsrahmen dafür dar, das Konzept sozialpädagogischer Praxisforschung in seiner Entstehungsgeschichte und seinen Begründungen zu entwickeln.

Die „realistische Wendung"

Im Zeichen der „realistischen Wendung" löste sich die Pädagogik Anfang der sechziger Jahre zunehmend aus ihrer geisteswissenschaftlichen Tradition und öffnete sich den mit der Expansion der Sozialwissenschaften und der Verwissenschaftlichung des sozialen Lebens verbundenen neuen Entwicklungen. Diese Öffnung zu den erfahrungswissenschaftlichen Methoden und Theorieansätzen war dem Ziel geschuldet, die Pädagogik einer intersubjektiven Prüfbarkeit mittels empirischer Zugänge zur pädagogischen Alltagspraxis zu unterwerfen. „Aufgabe einer erfahrungswissenschaftlichen Methodik muß es gerade sein, Verfahren zu erfinden, die die Prüfung und Realisierung von Fragen, die über den Stand des im Moment zugänglichen hinausragen, erlauben. Empirie, so im Kontext des komplexen Gegenstandsbereichs Erziehung festgemacht, ist unverzichtbar, sie hat – im Wechselverkehr zwischen Theorie, Zielvorstellung und Gesetzlichkeiten – eine instrumentelle Funktion." (THIERSCH 1978, S. 86) Auch wenn sich Pädagogik bei der Analyse ihres Gegenstandes immer auf andere Disziplinen (Psychologie, Politik, Soziologie, Philosophie) zu beziehen hat, also eine Integrationswissenschaft darstellt, entwickelt sie im Zuge der realistischen Wendung das Selbstverständnis einer Sozialwissenschaft unter anderen. (vgl. ebd., S. 82 ff.)

Als vorherrschendes Forschungsparadigma der realistisch gewendeten Pädagogik ist das auf hypothesenprüfenden und standardisierten Verfahren basierende Forschungsmodell des Kritischen Rationalismus (vgl. POPPER 1969) anzusehen. Dieses Modell entsprach in hohem Maße den Erwartungen eher technologisch orientierter Planungs- und Verwaltungsinteressen, und zwar sowohl hinsichtlich der durch den wissenschaftstheoretischen Überbau geforderten Enthaltung der Wissenschaft von Werturteilen, d.h. konkret: der politischen Abstinenz, als auch hinsichtlich des Strebens nach quasi-naturwissenschaftlicher Präzision und Objektivität der verwendeten Methoden.

Das Forschungsmodell des Kritischen Rationalismus basiert im Kern auf folgender Argumentation, die auch als Folge logischer Arbeitsschritte anzusehen ist (vgl. z.B. FRIEDRICHS 1973, S. 50 ff.):

0. Aus – zunächst als vorwissenschaftlich zu begreifenden – Theorien werden Hypothesen abgeleitet.

1. Hypothesen formulieren empirisch überprüfbare Beziehungen zwischen Objekten der untersuchten Realität. Es werden also Bedingungen angegeben, unter denen diese Beziehungen zutreffen sollen.

2. Unter den genannten Bedingungen werden die formulierten Beziehungen der Objekte mit geeigneten Instrumenten untersucht. Die Instrumente bzw. die mit ihnen durchgeführten Messungen müssen
   – objektiv,
   – reliabel (zuverlässig) und
   – valide (gültig)
   sein.

3. Die gemessenen Beziehungen werden mit der zuvor formulierten Hypothese

mittels statistischer Prüfverfahren verglichen. Dabei sind zwei Ergebnisse denkbar. Entweder die Ergebnisse entsprechen nicht der formulierten Hypothese, dann ist diese widerlegt bzw. falsifiziert; oder die Ergebnisse sprechen mit hoher statistischer Wahrscheinlichkeit für die in der Hypothese angelegten Zusammenhänge, dann ist diese zwar nicht bewiesen (verifiziert), hat jedoch in diesem empirischen Verfahren als „bewährt" zu gelten. Spätere Falsifikation durch andere Untersuchungen ist damit nicht ausgeschlossen.

4. Die so überprüfte und ggf. bewährte Hypothese stützt die vorhergehende Theorie und erhöht die Berechtigung, sie zur Interpretation, Beurteilung und Prognose für ihren Gegenstandsbereich heranzuziehen.

Im Zuge der realistischen Wende markierte das hier thesenartig skizzierte Forschungsmodell des Kritischen Rationalismus den (Fort-)Schritt von einer vorwiegend auf individueller Wahrnehmung basierenden geisteswissenschaftlich verankerten Hermeneutik hin zu einer systematischen Beschreibung des Gegenstandsbereiches der Sozialpädagogik durch die Verwendung objektivierender Verfahren.

Allerdings ist bis heute eine auf diesem Forschungsverständnis aufbauende Sozialwissenschaft, die einem traditionellen, den Naturwissenschaften entlehnten Erkenntnismodell und Wissenschaftsverständnis verhaftet ist, erheblicher Kritik und deutlichem Zweifel hinsichtlich ihrer gesellschaftlichen und praktischen Relevanz und Tragweite ausgesetzt (vgl. auch FILSINGER/HINTE 1988, S. 35 ff.):

- Solche Kritik bezieht sich zunächst darauf, daß sich durch die tradierte institutionelle Trennung sozialwissenschaftlicher Forschung einerseits und sozialpädagogischen Handelns in verschiedenen Praxisfeldern andererseits unterschiedliche Relevanzkriterien herausgebildet haben, die gemeinsame Zieldefinitionen von Forschung und Praxis nur schwer zulassen. Während im traditionell wissenschaftlichen Bereich Daten und Informationen eher im Zuge der Theoriebildung beurteilt und verarbeitet werden, besteht für die andere Seite (Praxis) in der Regel ein akuter Handlungsdruck im „Jetzt und Hier", für den in den seltensten Fällen überzeugende Lösungen von seiten der Forschung angeboten werden (können). PraktikerInnen müssen häufig erleben, daß sich die im Zuge sozialwissenschaftlicher Forschung angesammelten Daten und Informationen weder von der Forschungs- noch von der Praxisseite in die ersehnte Produktion realisierbarer Handlungsanweisungen verlängern lassen. (ebd., S. 36)

- Klassische hypothesenprüfende Forschungsstrategien zielen zudem auf die stete Differenzierung des Methodenarsenals, um einzelne, das Feld prägende Merkmale abzugrenzen und in – möglichst durch Signifikanzberechnungen untermauerten – kausalen Wirkungszusammenhängen erfassen zu können. Hierdurch soll eine immer eindeutigere Beschreibung und Identifikation sozialer Wirklichkeit gelingen. In der Praxis finden sich jedoch keine objektiven Eindeutigkeiten sozialer Situationen, sondern soziale Realität ist immer mehrdeutig. Sie enthält einen ganzen „Basar von Wirklichkeiten". (WAHL/HONIG/ GRAVENHORST 1985, S. 392 ff.) Hoch selektive und differenzierte Methoden bewirken jedoch auch ein immer selektiveres Wirklichkeitsverständnis – einer Wirklichkeit, die dem Menschen so nicht begegnet, die folglich für die Ableitung von Kriterien für berufliches Handeln, welches sich stets in der ganzen Komplexität des Alltags realisieren muß, nicht relevant sein kann. (vgl. KRIZ 1985, S. 77 ff.) „Der Preis der wachsenden Präzision und ‚vollständigen' Transformation der Wirklichkeit in subjekts- und situationsunabhängige Tatsachen liegt in einem Sinnverlust, der zu neuen Uneindeutigkeiten führt. Sinnhaftigkeit und technische Exaktheit scheinen in einem umgekehrt proportionalen Verhältnis zu stehen. Je präziser die Identifikation eines einzelnen Elements, desto unklarer wird dessen Bedeutung im Gesamtzusammenhang ..." (BONSS/ HARTMANN 1985, S. 20)

- Schließlich zielen traditionelle Forschungsstrategien darauf, dem Ideal der „Wahrheit" oder „Richtigkeit" von Aussagen und dem Ziel der Prognosefähigkeit möglichst nahezukommen. Dies führt immer zu der Tendenz, Widersprüche – ggf. durch noch mehr Daten – zu eliminieren, weil zwei entgegengesetzte Ergebnisse nicht gleichzeitig „wahr" sein oder zwei entgegengesetzte Interpretationen nicht gleichzeitig „richtig" sein dürfen/können. Praxis jedoch hat sich im eben zitierten „Basar von Wirklichkeiten" zu bewegen und mit ihren beruflichen Strategien zu behaupten. Eindeutige Ursache-Wirkung-Zusammenhänge, auf denen präzise Prognosen aufgebaut werden können, sind hier nicht anzutreffen.[1]

---

1 Ein Beispiel für eine an dem hier skizzierten Forschungsmodell orientierte und auf objektivierende Verfahren setzende Forschung aus neuerer Zeit ist m.E. die Untersuchung von J. SCHOCH (1989) zur Personalfluktuation in der Heimerziehung. Ausgehend von einem theoretisch hergeleiteten, hypothetischen Pfadmodell zur Erklärung der Fluktuation von Heimerziehern (vgl. ebd., S. 65 ff.), werden elf Variablen des theoretischen Modells erhoben und hinsichtlich ihrer statistischen Signifikanz für das Modell untersucht/berechnet. Eine Umsetzung dieses Modells auf die Komplexität der Praxis gelingt allerdings nicht. So können auch die aus den Ergebnissen dieser Analysen abgeleiteten Schlußfolgerungen für Ausbildungsstätten und für Verantwortliche in Heimen die durch das hypothetische Phasenmodell geweckten Erwartungen auf differenzierte Strategien zur Fluktuationsbekämpfung bei weitem nicht einlösen, sondern rezipieren lediglich allgemeine fachpolitische Forderungen (z.B. Ausbau von Ausbildungsplätzen, Schaffung großzügiger Ferienregelungen für MitarbeiterInnen, Stärkung der Autonomie von ErzieherInnenteams). (vgl. ebd., S. 134 ff.)

Die hier in drei Punkten skizzierten Ursachen für Kooperationsprobleme zwischen Wissenschaft und Praxis, die Hoffnungen und Erwartungen der Praxisseite auf Verwertbarkeit von Ergebnissen und die Schwierigkeiten traditioneller Forschung, diese Verwertbarkeit herzustellen oder zumindest zu ermöglichen, konstituieren die oft zitierte Relevanzkrise der Sozialwissenschaft. Die Annahme, daß sich mit Hilfe der empirischen Sozialforschung ein eindeutiges, objektives Wissen verdichten ließe, läßt sich immer weniger halten.

Selbst bezüglich der Naturwissenschaften gerät der Objektivitätsanspruch empirischer Forschung zunehmend unter Zweifel. Auch dort lassen sich wissenschaftliche Beobachtungen als sozial beeinflußte, gedanken- und interessengeleitete, dem jeweiligen „context of discovery" (KNORR-CETINA 1984) ausgesetzte Produktions- bzw. Konstruktionsprozesse von Forschungsresultaten analysieren.

„Der Wahrheitsanspruch der Wissenschaft hat der bohrenden wissenschaftstheoretischen und -empirischen Selbstbefragung nicht standgehalten. Einerseits hat sich der Erklärungsanspruch der Wissenschaft in die Hypothese, die Vermutung auf Widerruf, zurückgezogen. Andererseits hat sich die Wirklichkeit in Daten, die hergestellt sind, verflüchtigt. Damit sind ‚Fakten' – ehemalige Himmelsstücke der Wirklichkeit – nichts als Antworten auf Fragen, die anders hätten gestellt werden können. Produkte von Regeln im Sammeln und Weglassen." (BECK 1986, S. 271)

Im Kontext einer so „entzauberten Wissenschaft" (BONSS/HARTMANN 1985) ändert sich auch die Rolle des Wissenschaftlers/der Wissenschaftlerin.

„Der Experte ist nicht mehr die unangreifbare Instanz, die einen ausdifferenzierten Erkenntnisgewinn sachlich zur Verfügung stellt und nach objektiv eindeutigen Kriterien urteilt. Er büßt seinen Autoritätsvorsprung ein .." (ebd., S. 16)

Die „emanzipative Wendung"

Unmittelbar nachdem sich die Pädagogik als empirisch arbeitende Wissenschaft zu etablieren suchte, geriet sie Ende der sechziger Jahre im Zuge des sogenannten Positivismusstreits (vgl. ADORNO u.a. 1969) in eine Politisierungsdiskussion, die sich durch die Polarisierung von gesellschaftsaffirmativer („positivistischer") und gesellschaftskritischer („emanzipativer" bzw. „kritischer") Erziehungswissenschaft auszeichnete. Emanzipative Erziehungswissenschaft ist in ihren Erkenntnisinteressen weniger durch die Suche nach objektiven Zusammenhängen als durch das Interesse an der Aufhebung von Verdinglichung und Selbstentfremdung und an Befreiung von Zwang, Unterdrückung und Herrschaft geprägt. Forschungstheoretisch setzt die emanzipative Erziehungswissenschaft der „objektiven Geheimwissenschaft" der empirischen Sozialforschung, die von den zu Erforschenden weder verändert noch durchschaut werden kann, das Konzept einer „subjektbezogenen Aufklärungswissenschaft" entgegen. (vgl. DIESSENBACHER 1980) Handlungsleitendes Forschungspara-

digma der emanzipativ gewendeten Pädagogik war das Konzept der Handlungs-
oder Aktionsforschung.

> „Forschung soll hier teilhaben an der Wirklichkeit und den Interessen derer, die Gegen-
> stand der Forschung sind; Forschung dient der Durchsetzung dieser Interessen, ist also in
> ihrem Fortschritt zurückgebunden an die Kommunikation zwischen Forschern und Erforsch-
> ten; die Veränderung der Lage der Erforschten ist auch das Ziel der Forschung.”
> (THIERSCH 1978, S. 94)

Das Konzept handelnd sich einmischender Forschung wurde daher zu Beginn der siebziger Jahre in bewußter Abgrenzung zu den Positionen der sich
wertneutral verstehenden Sozialforschung als „Kritische Theorie der Sozialwissenschaften” (MOSER 1975) offensiv in die Diskussion gebracht. (vgl. auch
HAAG u.a. 1972, HEINZE u.a. 1975, BAACKE u.a. 1982) Dieses Konzept
knüpfte an der von K. LEWIN u.a. in den USA entwickelten „action-research”
an. Der zentrale Unterschied zur traditionellen empirischen Sozialforschung
liegt darin, daß sich Handlungsforschung in einen bewußt verschärften Anwendungsbezug begibt, der sich insbesondere in einer konkreten Fallorientierung/
Projektorientierung und in der Installation eines stetigen Rückkoppelungspro-
zesses zwischen Forschungsergebnissen und Projektpraxis ausdrückt sowie in
einer eindeutigen Favorisierung qualitativer vor quantitativen Methoden.

Handlungsforschung läßt sich – auch hier ungeachtet der Vielfalt an Ausfor-
mungen, die dieses Konzept in der Forschungspraxis hervorgebracht hat – nach
KERN (1982) durch folgende Grundprinzipien charakterisieren:

> „– Aktionsforschung reagiert auf konkrete soziale Bedürfnisse; Problemauswahl und
>   Problemdefinition werden als wissenschaftsübergreifender Vorgang verstanden und vom
>   Zwang zur fachimmanenten Legitimation befreit.
> – Zielgruppen der Aktionsforschung sind sozial Benachteiligte und Unterdrückte. Die For-
>   schung soll einen Beitrag dazu leisten, daß diese Gruppen ihre Lage verbessern können.
> – Aktionsforschung stellt somit nicht auf Erkenntnis ab, vielmehr wird die Erkenntnis als
>   Mittel zum Zweck der Veränderung verstanden. Aktionsforschung bedeutet Versuch des
>   Eingriffs in soziale Prozesse mit dem Ziel des Abbaus von Unterprivilegierung.
> – In der Aktionsforschung werden die ermittelten Daten in einer Weise bearbeitet, daß sie
>   als Veränderungsimpuls wirksam werden können. Die systematische Rückkopplung der
>   Forschung auf die forschungsauslösenden sozialen Bedürfnisse unterprivilegierter
>   Gruppen gilt als konstitutives Moment des Forschungsprozesses selbst.
> – Aktionsforschung verändert das Verhältnis zwischen dem Forscher und der Zielgruppe.
>   Die Arbeitsteilung zwischen beiden wird aufgehoben, Forschung wird immer auch als
>   Selbsterforschung aller Beteiligten verstanden. Die Untersuchten – herkömmlicherweise
>   nur Datenträger – und die Forschenden – herkömmlicherweise nur Datenermittler und -
>   verwerter – sollen in einen gemeinsamen Lern- und Handlungszusammenhang eingebun-
>   den werden.” (KERN 1982, S. 262)

All diese Prinzipien widersprechen den Grundannahmen positivistischer Un-
tersuchungstätigkeit im Kontext quantitativ orientierter Sozialwissenschaft, was
ihr von dieser Seite den Vorwurf der politischen Einseitigkeit und mangelnder
Beweiskraft eingebracht hat. Als besonderes Problem gilt dabei, den Prozeß der

Datenerhebung mit der politischen Intervention direkt zu verbinden. Statt das Erhebungsfeld „konstant" zu halten, wurde dessen Veränderung zur Maxime erhoben. (vgl. ebd., S. 263)

Trotz einer euphorischen Startphase der Handlungsforschung in den siebziger Jahren ist es ihr allerdings nicht gelungen, sich als umfassende Forschungskonzeption in den achtziger Jahren zu konsolidieren; eher trat Ernüchterung über die forschungspraktischen Möglichkeiten ein, sozialwissenschaftliche Forschung mit der Lösung praktischer sozialer Probleme zu verschmelzen.

Die Gründe hierfür legt KERN in seiner historischen Studie zur empirischen Sozialforschung dar. Er stellt fest, daß das Konzept der handelnd sich einmischenden Forschung zwar breite Rezeption fand, jedoch nur in wenigen Bereichen gesellschaftlichen Lebens ein für diese offensive Forschungskonzeption offenes Forschungsfeld fand. So fand die Forschungspraxis der Handlungsforschung fast ausschließlich im Kontext der Pädagogik, und zwar im Bildungsbereich und in der Sozialpädagogik, statt (zur Verknüpfung dieser beiden Bereiche im Rahmen eines Handlungsforschungsprojektes vgl. z.B. BAACKE u.a. 1973, BAACKE u.a. 1982).

In der Bildungsarbeit traf die Handlungsforschung (z.B. im Rahmen der Curriculum-Entwicklung) auf Rahmenbedingungen, die dem Konzept der Handlungsforschung entgegenkommen. „Soweit Lernen nicht bloß als rezeptiver Vorgang verstanden wird, sondern das aktiv Sich-Erschließen neuer Problemfelder umgreift, bestehen zwischen Lern- und Forschungsprozessen Verknüpfungsmöglichkeiten." (KERN 1982, S. 266)

Im Bereich der Sozialpädagogik wurden insbesondere soziale Randgruppen zu AdressatInnen der Handlungsforschung.

„Oft handelt es sich um Zielgruppen der privaten Wohlfahrt; sich dieser Gruppen anzunehmen, erscheint als Handlung, die mit Zustimmung oder doch wenigstens mit Duldung rechnen kann. Das Fehlen originärer Interessensorganisationen der Betroffenen selbst bedeutet im übrigen, daß diejenigen, die helfen wollen, eigene Organisationsstrukturen schaffen müssen und auch können (keine Organisationskonkurrenz). Schließlich ist auch der Erfolgszwang vergleichsweise gering." (ebd.)

Aus dieser Schwerpunktsetzung der Handlungsforschung wird deutlich, daß sie auf besondere Rahmenbedingungen angewiesen ist. Zum einen bezieht sie sich auf Situationen, die eine Veränderung – auch im öffentlichen Konsens – geradezu herausfordern und die nicht durch organisierte Interessen gebunden sind. Zum anderen setzen sie ein – durch die Phase sozialliberaler Reformpolitik Anfang der siebziger Jahre gegebenes – Klima gesellschaftlicher Erneuerung voraus. So kommt denn auch SOUKOUP zu einer differenzierten Bewertung:

„Handlungsforschungsprojekte sind geeignet, in relativ überschaubaren sozialen Institutionen Reformtendenzen auszulösen, ihnen Richtung zu geben und sie voranzutreiben ... Wo Handlungsforschung als Strategie gesamtgesellschaftlicher Veränderung verstanden wurde, war der Anspruch zu weit gefaßt." (1980, S. 215)

Handlungsforschung ist heute als Forschungsstrategie im Kontext wissenschaftlicher Institutionen (Hochschulen, wissenschaftliche Institute) relativ marginalisiert, da sie durch die Aufhebung der Rollenteilung zwischen ForscherInnen und zu Erforschenden immer auch Selbstevaluation aller Beteiligten (auch der ForscherInnen) ist und auf dieser Grundlage die von AuftraggeberInnen meist geforderte Gültigkeit und Objektivität von Ergebnissen nicht nachgewiesen werden kann.

Handlungsforschende Konzepte haben dennoch – unterhalb eines umfassenden wissenschaftlichen Forschungsanspruchs – eine erhebliche und eher noch wachsende Bedeutung im Rahmen von Organisationsentwicklungs- und Selbstevaluationsprojekten innerhalb der Praxis selbst. (vgl. hierzu HEINER 1988b, v. SPIEGEL 1993; vgl. auch Kap. 5)

Die „Alltagswende"

Sowohl in den Konzepten der realistischen als auch der emanzipatorischen Erziehungswissenschaft sind – wie gezeigt – Schwierigkeiten angelegt.

> „Der im Konzept der realistischen Pädagogik angelegte Enzyklopädismus führt zur Zersplitterung und Detaillierung der Untersuchungen, Positionen und Fachrichtungen, die in der emanzipativen Theorie angelegte Überforderung wirkt verunsichernd; das Wissen, daß die Strukturen konkreter pädagogischer Vollzüge erst noch zu analysieren sind, ist in den Schwierigkeiten des Tages nicht hilfreich." (THIERSCH 1978, S. 95)

Vor diesem Hintergrund wird der „Alltag" wieder zu einer Leitformel, die (sozial)pädagogische Praxis und (sozial)pädagogische Wissenschaft zusammenführt. Der gesellschaftliche und professionelle Alltag mit seinen Erfahrungsformen und Erfahrungsinhalten, mit seiner Dominanz pragmatischer Interessen an wirksamen Handlungsstrategien, aber auch mit seiner dialektisch vermittelten Zweideutigkeit von Wesen und (pseudo-konkreter) Erscheinung wird zum zen tralen Bezugspunkt alltagsorientierter Pädagogik.

> „Durchschauen als Lernen, Aufklären, Problematisieren darf ... nur als kommunikativer Prozeß praktiziert werden, als Prozeß, der an gemeinsam begreiflichen und getragenen Zielen orientiert ist und zur Aufhebung von Ungleichheiten in der Kommunikation tendiert. ... Alltagswelten – der Zusammenhang also von Handlungsinteressen, Selbstverständlichkeiten, Relevanzstrukturen, Widersprüchen, Konflikten und Hoffnungen – müssen analysiert werden für Kinder und Heranwachsende ebenso wie für pädagogisch Tätige (Eltern, Lehrer und Sozialarbeiter)." (ebd., S. 98 f.)

Vor dem Hintergrund der hier skizzierten theoriegeschichtlichen Wendungen in der pädagogischen Wissenschaftstheorie kommen DIESSENBACHER/ MÜLLER zu der Einschätzung, daß „die pädagogische ‚Wendung zum Alltag' als vorläufiger Endpunkt einer dreiphasigen Entwicklung begriffen werden darf, in dem die Resultate der ‚realistischen' und der ‚emanzipatorischen Wendung' aufgehoben, aber nicht liquidiert worden sind …" (1987, S. 1254)

Ausgehend von dieser Einschätzung wird von den Autoren eine wissenschaftstheoretische Reflexion gefordert, die sozialpädagogische Praxis und sozialpädagogische Wissenschaft stärker zusammenführt.

„Als wissenschaftstheoretische Position scheint uns dies eine kritische Hermeneutik der Sozialpädagogik leisten zu können, weil sie zwischen Wissenschaft und Alltag tritt, die beide ihr Recht haben, sich aber nicht gerecht werden." (ebd., S. 1252)

Die von den Autoren entwickelte Position einer „kritischen Hermeneutik des (sozial)pädagogischen Alltags" (vgl. ebd., S. 1254) stellt m.E. einen geeigneten wissenschaftstheoretischen Bezugsrahmen für das Konzept sozialpädagogischer Praxisforschung dar.

Die Begründung einer kritisch hermeneutischen Position sozialpädagogischer Wissenschaftstheorie hat ihren Ausgangspunkt in der geisteswissenschaftlichen Hermeneutik. Die geisteswissenschaftliche Pädagogik geht davon aus, daß der pädagogische Alltag nur über verstehende Verfahren erforscht werden kann und daß Forschungsinteresse und Interesse an Verständigung im Alltag nicht voneinander gelöst werden können.

Im geisteswissenschaftlichen Verständnis ist pädagogische Theorie sowohl „Theorie von der Praxis des Alltags" als auch „Theorie für die Praxis des Alltags", und als solche teilt sie sich mit der Praxis die Verantwortung für den Alltag. (vgl. DIESSENBACHER/MÜLLER 1987, S. 1255 f.)

Die geisteswissenschaftliche Hermeneutik trifft jedoch auf Grenzen, wenn es darum geht, dem „Verstehen" des Alltags die Dimension der „Interpretation", der Deutung von im Alltag verborgenem Sinn hinzuzufügen. Andererseits: „Alles Verstehen läuft ins Leere, wenn derjenige, der verstanden werden soll, sich selbst nicht versteht" (ebd., S. 1257). Soll nun die geisteswissenschaftliche Hermeneutik mit ihrem durchaus kritischen Theorie-Praxis-Verständnis dieses kritische Potential zur Geltung bringen, ist es nach DIESSENBACHER/MÜLLER erforderlich, das Erkenntnisverfahren des „Verstehens" um das des „Erklärens" zu ergänzen, wie es sich aus den Konzepten empirischer Sozialforschung als Tatsachenforschung ergibt.

Im Konzept der kritischen Hermeneutik werden die Elemente des hermeneutischen „Verstehens" und des empirischen „Erklärens" dialektisch vermittelt zusammengeführt. Dialektisch vermittelt insofern, als sowohl empirisch erklärende Verfahren auf Verstehens-Prämissen (z.B. der ForscherInnen untereinander oder bezogen auf die Forschungsgegenstände) angewiesen sind als auch hermeneutisch verstehende Verfahren auf Erklärungsmomente (z.B. „in Situationen, in denen das handelnde Subjekt den Sinn seiner Handlung selbst nicht versteht" (ebd., S. 1259)) verwiesen sind.

„Die grundlegende Differenz, an der solche Vermittlung von ‚Verstehen' und ‚Erklären' anknüpft, ist eine an den ‚Forschungsgegenständen' – den gesellschaftlichen Subjekten –

selbst gewonnene Unterscheidung: die nämlich zwischen Gründen und Ursachen ihres Handelns." (DIESSENBACHER/MÜLLER 1987, S. 1257)

Handlungsgründe sind dabei die Absichten, Interessen, Motive und Intentionen, die den Handelnden selbst reflexiv präsent sind und die die Subjekte als Beweggründe ihres Handelns anzugeben vermögen. Handlungsursachen sind dagegen den Subjekten in der Regel nicht bewußt. Sie setzen sich als „objektive Gründe" ihres Handelns zumeist ohne ihr Wissen in ihrem Handeln durch. Gesellschaftliche Prozesse erhalten ihren „objektiven Charakter" dadurch, „daß sie undurchschautes Resultat der Handlungen gesellschaftlicher Subjekte sind, aber dennoch und deshalb determinierenden Zwangscharakter annehmen, weil sie sich von den Subjekten, die gleichwohl eben Urheber dieser Prozesse sind und bleiben, gelöst und als ‚zweite Natur' eine subjektlose Objektivität konstituieren." (DIESSENBACHER/MÜLLER 1987, S. 1259) Gesellschaftliche „Objektivität" drückt sich gerade darin aus, daß sie historisch entstanden ist und das Handeln der Subjekte auch ohne ihre Kenntnis und ihren Willen bestimmt.

Eine an der Emanzipation ihrer AdressatInnen interessierte sozialpädagogische Wissenschaft und Praxis muß sich daher die Aufklärung der Subjekte über die ihr Handeln „objektiv" bestimmenden gesellschaftlichen Handlungsursachen zur Aufgabe machen. Eine auf die Vermittlung von „Erklären" und „Verstehen" gegründete wissenschaftstheoretische Konzeption der Sozialpädagogik hat daher das Ziel,

- die „gesellschaftlichen ‚Gesetze' oder allgemeiner: die implizit – jedoch ohne Bewußtsein der ihnen Folgenden – gültigen Regeln gesellschaftlichen Handelns rekonstruierend zu erklären";
- „diese Erklärungen denen zu vermitteln, an denen diese Erklärungen gewonnen wurden", mit dem Ziel der „Wiederherstellung der Reflexivität menschlicher Handlungen";
- „die Arbeit am Verstehen des aktuellen Adressaten-Bewußtseins von seiten der Forscher" voranzutreiben, d.h., „das aktuelle Selbstverständnis (der) Adressaten durch die ‚Zumutung' (ihrer) reflexiven Erklärung über sich selbst aufzuklären." (DIESSENBACHER/MÜLLER 1987, S. 1259 f.)

Ein solchermaßen wissenschaftstheoretisch verankertes Programm einer kritisch aufklärenden Konzeption der Sozialpädagogik stellt einen geeigneten Bezugspunkt für die im folgenden weiter auszuführenden Strategien praxisorientierter Forschung dar, indem sie nach DIESSENBACHER/MÜLLER

„1. die spezifischen Defizite einer bloß empirischen bzw. bloß hermeneutisch-verstehenden Forschung überwinden kann,
2. ihre Aufgabe, den Adressaten ein besseres Selbst- und Weltverständnis zu ermöglichen und damit die Bedingungen für eine bewußte Praxis herzustellen, am besten gerecht wird und

3. damit die unmittelbar praktische Relevanz des „Theorie-Treibens" wieder angemessen zur Geltung bringt." (1987, S. 1260)

Fazit

Die beiden oben im Zusammenhang mit der „realistischen" und der „emanzipativen" Wendung skizzierten Forschungslinien der klassischen empirischen Sozialforschung einerseits und der Handlungs- und Aktionsforschung andererseits weisen – wie gezeigt – jeweils spezifische Probleme in ihrem oft einseitigen methodischen Bezug auf. Die sich in den Rollen von Forschungssubjekten und Forschungsobjekten aufsplittende Form einer eher quantifizierenden empirischen Sozialforschung läuft Gefahr, in ihren Erkenntnissen und Aussagen die komplexen realen Wirkbedingungen von Praxis zu verfehlen. Ihr Innovationspotential – so die These – bleibt daher relativ gering. Andererseits hat sich das Konzept einer handelnd sich einmischenden Forschung im Sinne eines eher qualitativ festgelegten Handlungsforschungsansatzes ebenfalls nicht durchsetzen können, da es einerseits nur auf wenige gesellschaftliche Bereiche anwendbar ist und andererseits Gefahr läuft, regelhafte gesellschaftliche Phänomene in der Analyse zu vernachlässigen. Auch hier haben sich umgreifende Innovationsimpulse für die soziale Praxis nur begrenzt ableiten lassen.

Auf der Basis dieser Einschätzung ist ein Forschungskonzept gefragt, welches in der Lage ist, berufliches Alltagshandeln und die forschungsgeleitete Reflexion darüber zusammenzubringen, ohne sie allerdings völlig zu verschmelzen. Sozialpädagogische Forschung muß dabei so ausgerichtet sein, daß sich die handelnden Menschen als verantwortliche Träger gesellschaftlicher Praxis begreifen können und sich nicht als bloße Funktionsträger in von ihnen unbeeinflußbaren gesellschaftlichen Verhältnissen sehen müssen. (vgl. HEINZE u.a. 1981)

1.1.2 Methodologische Konzeption praxisorientierter Forschung

Die im vorigen vorgestellte wissenschaftstheoretische Konzeption einer kritisch hermeneutischen Sozialpädagogik soll den Bezugsrahmen darstellen für den hier in den Blick genommenen Forschungsansatz der Praxisforschung. Es gilt dabei das Konzept sozialpädagogischer Praxisforschung als ein „Modell der empirischen Wirklichkeitsaneignung" (vgl. BONSS 1982, S. 10) zu konzipieren, das den Anspruch auf Ursachen erklärende und Sinn verstehende Forschung im sozialpädagogischen Kontext einzulösen vermag.

Ebenso wie in der „Alltagswende" die Resultate der „realistischen" und der „emanzipatorischen Wendung" „aufgehoben, aber nicht liquidiert worden sind" (vgl. DIESSENBACHER/MÜLLER 1987, S. 1254), ist eine methodologische Konzeption der Praxisforschung zu entwickeln, in der die Forschungsstrategien des Kritischen Rationalismus und der Handlungsforschung aufgehoben, aber nicht liquidiert werden. Für das Konzept einer sozialpädagogischen Praxisforschung gilt es also, im Sinne einer produktiven Synthese bzw. im Sinne eines produktiven Eklektizismus die Chancen beider Forschungsstrategien aufzunehmen und ihre Unzulänglichkeiten zu überwinden.

Das Instrumentarium sozialwissenschaftlicher Forschung läßt sich hierzu zunächst analytisch in zwei Teile zerlegen: in die auf die Gewinnung von Informationen gerichteten Methoden der Datenerhebung und in die zur ihrer Deutung erforderlichen Analysetechniken. (vgl. KÜCHLER 1987, S. 282) Im folgenden soll keine umfassende Darstellung der möglichen Erhebungsmethoden und Analysemodelle erfolgen – dies würde den Rahmen dieser Arbeit sprengen. Vielmehr soll es darum gehen, die spezifischen methodischen Besonderheiten im Rahmen des Praxisforschungskonzeptes auf diesen beiden Ebenen der Erhebung und Analyse von Daten herauszuarbeiten.

Zum Konzept praxisforschender Datenerhebung

Die Diskussion um die skizzierten Forschungslinien – die klassische empirische Sozialforschung einerseits und die Handlungs- und Aktionsforschung andererseits – korrespondiert mit einer insbesondere in den siebziger Jahren z.T. heftig geführten Diskussion um die methodologischen Grundlagen der Sozialwissenschaften insgesamt. Hochstandardisierte quantitative Methoden und nicht-standardisierte qualitative Methoden kennzeichnen dabei die extremen Standpunkte bezüglich der Datenerhebung bzw. der Wirklichkeitsaneignung.

WILSON (1982) eröffnete einen Ausweg aus dieser polarisierenden Diskussion, indem er darauf hinwies, daß es nicht sinnvoll sein könne, sich unabhängig vom konkreten Forschungsproblem für die eine oder andere Alternative zu entscheiden, und indem er versuchte, die Notwendigkeit der Integration quantitativer und qualitativer Verfahren systematisch zu begründen.

Hierzu definiert er zunächst, daß sich Sozialwissenschaft allgemein beschäftigt „mit einer sozialen Welt, die durch die situativen Handlungen der Mitglieder der Gesellschaft konstituiert wird." (S. 490) Für seine weitere Argumentation charakterisiert er drei wesentliche Eigenschaften situativen Handelns:

„1. *Die Objektivität der Sozialstruktur.* Für die Mitglieder der Gesellschaft existieren soziale Kategorien, Sitten, Normen und beständige Ereignisstrukturen ‚in der Außenwelt' und unabhängig vom Handeln irgendeines Individuums. Das heißt, aus der Sicht der Individuen und ihrer Handlungen ist die Sozialstruktur etwas scheinbar Objektives, und wie man auch mit ihr in Berührung kommt, sie ist eine Lebenswirklichkeit, die man zu beachten hat – oder man bekommt die Folgen zu spüren.
2. *Die Verständlichkeit des Gezeigten.* Den Mitgliedern einer sozialen Gruppe ist im all-

34

gemeinen völlig klar, was andere tun. Das sozialisierte Individuum erkennt auf einen Blick, daß jemand Holz hackt und nicht Brot backt, oder daß er sagt, zum Postamt gehe es links und nicht geradeaus. Gesten und sprachliche Äußerungen sind also in dem Sinne verständlich, daß Mitglieder der Gesellschaft gewöhnlich die konkrete situative Handlung, die da abläuft, unmittelbar erfassen können.

3. *Die Kontextabhängigkeit des Sinnes.* Der Sinn einer Geste oder sprachlichen Äußerung hängt von dem Kontext ab, in dem sie auftritt; physisch ununterscheidbare Akte können verschiedenen Sinn haben und unterschiedliche denselben, je nach der Situation.

Diese drei Eigenschaften des situativen Handelns sind wesentliche Eigenschaften der sozialen Welt der Gesellschaftsmitglieder. So ‚weiß jeder', daß die Objektivität der Sozialstruktur, die Verständlichkeit des Gezeigten und die Kontextabhängigkeit des Sinnes Beachtung heischen, und nötigenfalls durchgesetzt werden müssen." (WILSON 1982, S. 491)

Unter der Annahme so skizzierter Eigenschaften des situativen Handelns bzw. einer so konstituierten sozialen Welt können einseitig quantitative oder qualitative methodische Ausrichtungen nur je spezifische Ausschnitte sozialer Wirklichkeit abbilden.

„Die radikale quantitative Auffassung beschränkt sich völlig auf die wahrgenommene Objektivität der Sozialstruktur und die Verständlichkeit des Gezeigten, während sie die Kontextabhängigkeit des Sinnes als einen bloßen technischen Mißstand nimmt, mit dem man sich zwar in bestimmten Forschungssituationen auseinandersetzen muß, der aber theoretisch und methodologisch uninteressant ist. Diese Vorstellung ist die logische Grundlage für die Auffassung, daß die Naturwissenschaft das geeignete Vorbild für die Sozialwissenschaft sei, und sie bereitet dem Vorurteil den Weg, daß quantitative Methoden den qualitativen grundsätzlich überlegen seien. Demgegenüber betont die radikale qualitative Auffassung die Kontextabhängigkeit des Sinnes und vernachlässigt die Objektivität der Sozialstruktur und die Verständlichkeit des Gezeigten. Das liefert nicht nur die Grundlage für die Ablehnung des naturwissenschaftlichen Vorbilds, sondern fördert auch die Tendenz, allfälligen Regelhaftigkeiten in den Strukturen des situativen Handelns keine Bedeutung beizumessen." (ebd., S. 492)

In positiver Wendung dieser Kritik argumentiert WILSON, daß situationsübergreifende Regelhaftigkeiten in der sozialen Welt in Hülle und Fülle vorhanden seien, daß deren Verständnis für das Verständnis gesellschaftlicher Teilsysteme wesentlich sei und daß hierfür – oft hochdifferenzierte – quantitative Analysen erforderlich seien. Andererseits seien aber die situativen Handlungen, aus denen sich solche Regelhaftigkeiten erst zusammensetzen, nur aufgrund eines qualitativen Verständnisses, d.h. eines qualitativen methodischen Zugangs, zu identifizieren. (ebd., S. 500) Qualitative und quantitative Methoden sind in diesem Verständnis nicht nur miteinander vereinbar, sondern jeder Ansatz trägt spezifische Zugänge und Informationen bei, die für das Verständnis des jeweils anderen wesentlich sind:

„Quantitative Untersuchungen legen regelhafte Strukturen in situativen Handlungen bloß und liefern im wesentlichen Informationen über Häufigkeitsverteilungen; qualitative Untersuchungen beleuchten konkrete soziale Vorgänge, die bestimmte Strukturen situativer Handlungen hervorbringen. Die Anwendung einer bestimmten Methode kann man also nicht mit seinem ‚Paradigma' oder seinen Neigungen begründen, sondern sie muß von der Eigenart des jeweiligen Forschungsproblems ausgehen." (ebd., S. 501)

Es kann bei der Wahl der Forschungsmethoden also nicht um die Frage der einseitigen qualitativen oder quantitativen Forschungsorientierung gehen; viel wesentlicher ist die Frage, wie quantitative und qualitative Elemente zu einer dem Forschungsproblem angemessenen Bearbeitung zusammengeführt werden können und müssen.

Auch eine kritisch-hermeneutische Praxisforschung beteiligt sich nicht an polarisierenden methodologischen Grundsatzdiskussionen und Kontroversen der Verfechter quantitativer und qualitativer Verfahren der Datenerhebung, sondern sie greift zu quantitativen Untersuchungsmethoden, wenn es gilt, regelhafte Strukturen im Untersuchungsfeld aufzudecken (z.B. im Rahmen quantitativer NutzerInnenanalysen sozialer Dienste oder in der Aufdeckung von Lebenslagen anhand sozialer Indikatoren wie Einkommen, Wohnsituation, Interventionshäufigkeiten etc.) und nutzt qualitative Methoden zur Beleuchtung konkreter sozialer Erscheinungsformen im Untersuchungsfeld (z.B. Analyse von Nutzungsbarrieren sozialer Dienste oder von Ressourcen und Handlungsoptionen von KlientInnen sozialer Arbeit im Rahmen von Empowermentstrategien).

Praxisforschung überwindet damit die einseitige Methodendominanz im Forschungsprozeß zugunsten einer konsequenten Ausschöpfung der breiten zur Verfügung stehenden Methodenvielfalt und folgt damit dem wissenschafts- und methodenkritischen Grundsatz des „anything goes" von Paul FEYERABEND, nach dem wissenschaftlicher Fortschritt vor allem im Denken und Handeln „wider den Methodenzwang" begründet ist. (FEYERABEND 1976, insb. S. 35 ff.) Die Auswahl der Methoden erfolgt dabei allerdings im Rahmen der Praxisforschung nicht willkürlich, sondern sie muß der Nachfrage standhalten, ob und inwiefern die gewählten Methoden angemessen zur Problemlösung im Kontext kritischer Aufklärung beitragen können.

Methodenvielfalt erlaubt es, mit ganz unterschiedlichen Zugriffsweisen auf soziale Realität unterschiedliche Facetten des Untersuchungsfeldes zu beleuchten.

„Bei der Methodenauswahl verhält sich die Praxisforschung eklektisch, bedient sich qualitativer und quantitativer Verfahren, je nach Fragestellung. Sie ist in den meisten Fällen darauf angewiesen, die vorhandenen Instrumente auch auf Kosten der Strenge für die eigenen Zwecke zu modifizieren. Häufig werden Praxisforscher selbst einfache Instrumente entwickeln, ohne sie einer vorhergehenden wissenschaftlichen Analyse unterziehen zu können. Die Rechtfertigung eines solchen Vorgehens liegt in der Gewinnung einer möglichst hohen Gegenstandsnähe (Inhaltsvalidität)." (v. KARDORFF 1988, S. 83)

Ein Plädoyer für Methodenvielfalt im Rahmen der Praxisforschung birgt prinzipiell die Gefahr der methodischen Überfrachtung. Im Alltag ergibt sich jedoch ein erheblicher Zwang zur pragmatischen Begrenzung des Untersuchungsansatzes bzw. des Forschungsdesigns. Anders als die akademische Sozialforschung steht die Praxisforschung oft unter dem Handlungsdruck, innerhalb befristeter Zeiträume bestimmte Problemstellungen zu bearbeiten und in

Entwicklungskonzepte umzusetzen. Fragen der Forschungsökonomie sind daher stete Begleiter von Praxisforschungsprojekten und haben entscheidenden Einfluß auf Untersuchungsumfang und Forschungsdesign.

Darüber hinaus stellt das zu untersuchende Praxisfeld oft selbst ein wichtiges Korrektiv zur Eindämmung allzu ausladender methodischer Strategien dar. In der Regel ist Praxisforschung darauf verwiesen, die Angemessenheit und Sinnhaftigkeit der gewählten Methoden und Instrumente für den spezifischen Kontext und die spezielle Fragestellung zu begründen und mit den Beteiligten in der Praxis auszuhandeln. Kriterien für die Methodenwahl im Rahmen dieses Aushandlungsprozesses sind von seiten der PraktikerInnen vor allem

- die Glaubhaftmachung und Sicherung eines angemessenen Verhältnisses von Aufwand (für die Bearbeitung der Instrumente) und Erfolgsaussichten (auf verwertbare Ergebnisse);
- die Verständlichkeit und Handhabbarkeit der Instrumente für die Beteiligten sowie die Nachvollziehbarkeit und Durchschaubarkeit der gewählten Verfahren in bezug auf die erwarteten Ergebnisse;
- die anzustrebenden und erwarteten Zeiträume, in denen Ergebnisse bzw. Zwischenergebnisse zu erwarten sind.

Das methodische Untersuchungsdesign von Praxisforschungsprojekten ist also in der Regel das Ergebnis eines durch forschungsökonomische Gesichtspunkte und durch unmittelbare Praxisinteressen beeinflußten Aushandlungsprozesses über die zu wählenden Erhebungsstrategien.

In vielen Praxisforschungsprojekten ergibt sich dabei ein spezifisches Zusammenspiel quantitativer und qualitativer Methoden. Oft werden die mit quantitativen Methoden (Sekundäranalysen, Fragebogenbefragungen etc.) gewonnenen Ergebnisse an die Praxis rückgekoppelt und im Zuge qualitativer Methoden (Interviews, Gruppendiskussionen etc.) vertieft.

„Die quantitativen Materialien (Bedarfsziffern, Einwohnerstatistiken, Sturkturdaten usw.) dienen gleichsam als Rohmaterial für die ‚eigentliche' Untersuchung, die detaillierte, facettenreiche und in die Tiefe gehende qualitative Untersuchung ... Dabei kommt der beständigen – einer Supervision vergleichbaren – distanzierenden Reflexion jedes Forschungsschrittes und seiner bewertenden Einordnung in der Praxisforschung eine besondere Bedeutung zu, da hier die Forscher selbst, vermittelt über die durch ihre subjektiven Wahrnehmungen gefilterten Interpretationen der sozialen Prozesse, das entscheidende Forschungsinstrument darstellen." (v. KARDORFF 1988, S. 82)

Durch die derart kombinierte Anwendung qualitativer und quantitativer Methoden ergeben sich für den/die PraxisforscherIn immer wieder Möglichkeiten zum Perspektivenwechsel auf das Untersuchungsfeld. In der Verbindung mit ihrer Distanz zum alltagspraktischen Handlungsdruck der PraktikerInnen kann Praxisforschung so einen spezifischen Beitrag zur praxisrelevanten Erkenntnisproduktion und zur reflexionsgeleiteten Praxisentwicklung leisten.

Datenanalyse als evaluativer Diskurs

Die unter Verwendung quantitativer und qualitativer Methoden gewonnenen Daten sind Träger von Informationen über das spezifische Forschungsfeld, die es im Zuge eines auf den Forschungsgegenstand und auf die Forschungsfragen fokussierten Analyseprozesses zu deuten und zu interpretieren gilt. Im Rahmen eines kritisch- hermeneutischen, handlungsorientierten Wissenschaftsverständnisses kann dies nicht im „Elfenbeinturm" der Wissenschaft erfolgen, sondern ist als wechselseitiger Lernprozeß zwischen ForscherInnen und PraktikerInnen zu gestalten. Nur so ist gewährleistet, daß das konstitutive Element der Praxisforschung, die Gleichwertigkeit von Erkenntnisgewinnung (Analyse) und Praxisentwicklung (Veränderung) bzw. die Integration von Evaluation und Intervention (vgl. HEINER 1988b, S. 11), zum Tragen kommt.

> „Praxisveränderung durch Forschung (also durch Erkenntnis) kann nur geschehen dadurch, daß die ‚Forschungsobjekte' in die Lage einer wissenschaftlichen Selbstreflexion ihrer Sinnorientierungen versetzt werden. Das geht nur, wenn sie ihre Situation in den Formen wissenschaftlicher Reflexion objektivieren können, also durch Teilhabe am wissenschaftlich instrumentalisierten Prozeß, der durch die Forschergruppe in Gang gesetzt wurde. Das heißt aber nichts anderes, als daß die Kommunikation zwischen Forscher und Praktiker sich tendenziell der Form des Diskurses nähert." (MOLLENHAUER 1972, S. 15 f.)

Dieses diskursive Konzept geht von der Prämisse aus, daß eine gleichberechtigte Auseinandersetzung zwischen ForscherInnen und PraktikerInnen ohne Dominanzansprüche anzustreben ist. Für die ForscherInnen bedeutet dies, auf die Unverbindlichkeit und Abstraktheit der auf akademischer Ebene geführten Diskurse zu verzichten und sich in der Interpretation von Daten auf die Probleme und Zwänge der Praxis zu orientieren, sich auf die Situationsdefinitionen von Praxis einzulassen und die PraktikerInnen als sensibel und kompetent Urteilende ernstzunehmen. Für die PraktikerInnen bedeutet dies, ihre Selbst- und Situationsdefinitionen vor dem Hintergrund der Daten kritisch zu überprüfen und sich auf umfassendere Erklärungsmöglichkeiten einzulassen.

> „Dieser Vorgang kann als Aufklärung beschrieben werden, wobei der Forscher über die Sinngrenzen seiner theoretischen Vorentwürfe, der Praktiker über Möglichkeiten, Sinnorientierung zu erklären, Alternativen theoretisch zu denken, aufgeklärt wird." (MOLLENHAUER 1972, S. 16)

In dem Maße, wie Forschung nicht auf die Erzeugung begrifflich-abstrakter und formal-logisch konsistenter Modelle der Wirklichkeit abzielt, sondern auf die Gewinnung handlungsleitenden Gestaltungswissens (und damit Veränderungswissens), ist sie auf den skizzierten Diskurs mit Praxis verwiesen. Praxisforschung ist – wenn sie für die Praxis und die professionelle Tätigkeit im „Feld" nützlich sein soll – auf die Zuverlässigkeit und Gültigkeit (Validität) ihrer Aussagen und Ergebnisse angewiesen. Ein Verfahren zur Gewährleistung der Validität stellt das Konzept der kommunikativen Validierung (vgl. HEINZE u.a. 1981) dar, bei dem es darum geht, die gewonnenen Informationen in einem gemeinsamen Kommunikationsprozeß von ForscherInnen und PraktikerInnen hinsichtlich ihrer Aussagefähigkeit und Praxisrelevanz zu diskutieren.

Im Zuge dieses Verfahrens werden „die Forschungsergebnisse nicht als festes und endgültiges Resultat an die Auftraggeber/Adressaten der Forschung weggegeben ..., sondern [unterliegen] selbst noch einem Prozeß der ‚Herstellung', Modifikation und Präzisierung sowie der Differenzierung ... Das bedeutet freilich keine nachträgliche Manipulation der erhobenen Daten, sondern den Versuch, die gewonnenen Resultate in einen Diskurs einzuführen, einzuordnen und vor dem Hintergrund des Praxisfeldes zu bewerten." (v. KARDORFF 1988, S. 93)

Das im vorigen Punkt skizzierte Verfahren, quantitative Informationen über das Untersuchungsfeld als „Rohmaterial" in qualitative Verfahren (Interviews, Gruppendiskussionen) einzubringen, stellt eine wichtige erste Stufe einer solchen kommunikativen Validierung dar, zumal der weitere Untersuchungsverlauf und die Vertiefung von Fragestellungen hierdurch noch wesentlich mitbeeinflußt werden können.

Zentrales Kriterium einer kommunikativen Validierung ist – gemäß der Leitlinie der Praxisforschung, nach der sich der Wert der Theorie am Erfolg in der Praxis bemißt – die Frage, welche Relevanz den Ergebnissen bezüglich ihres Erkenntnisbezugs und bezüglich ihres Handlungsbezugs zugeschrieben werden kann. Allerdings darf der Aushandlungsprozeß zwischen ForscherInnen und PraktikerInnen nicht einseitig als Bindung der ForscherInnen an die Zustimmung der PraktikerInnen verstanden werden, was u.U. einer Bindung an gerade zu überwindenden Mythen, Stereotypen und Ideologien bedeuten könnte. Es geht vielmehr um die Organisation eines Prozesses der gemeinsamen Interpretation und Bewertung der gewonnenen Ergebnisse im Rahmen eines wechselseitigen Aufklärungsprozesses.

„... einerseits sollen die auf strukturelles Wissen abhebenden Theorien (der Forscher) das Alltagswissen (der Erforschten) erweitern und relativieren; andererseits sollen die Komplexität und Konkretion des Alltagswissens das wissenschaftliche Wissen korrigieren und komplettieren." (HEINZE u.a. 1981, S. 96)

MEINHOLD (1992) konkretisiert dies für das Aufgabenfeld des Wissenstransfers durch Organisationsberatung wie folgt:

„Das, was die Sozialwissenschaften für den Praktiker interessant macht, sind weniger die oft kurzlebigen Forschungsergebnisse, sondern vielmehr die *Forschungsprozesse*, die Regeln zum Erheben, Formulieren und Lösen von Problemen, das systematische Beobachten, Sammeln, Zergliedern, jene Tätigkeiten, die in der Didaktik ‚Prozeßfertigkeiten' genannt werden. Hier wird Wissenschaft als ein ‚geistiges Instrument' verstanden, als eine zusätzliche Art und Weise, die Realität wahrzunehmen, zu dokumentieren, zu befragen, als ein ‚Denkmodus'.

Aus diesen Gründen empfehle ich Praktikern in der Sozialarbeit den Gebrauch der genannten Prozeßfertigkeiten. Solches beinhaltet zum einen die systematische Dokumentation der eigenen Arbeitstätigkeiten in der jeweiligen Organisation. Zum zweiten fördern solche Prozeßfertigkeiten den ‚*autonomen Umgang mit wissenschaftlichem Wissen*', in welchem die Praktiker die benötigten Wissenselemente auswählen und deren Bedeutung für ihr Arbeitsfeld überprüfen. ‚Autonomer Umgang' heißt hier nicht beliebige Auswahl, sondern läuft darauf hinaus, jede Entscheidung des Auswahlprozesses als eine nachvollziehbare und zu revidierende anzusehen." (S. 97)

1.1.3 Praxisforschung als kritische Aufklärung im Kontext einer alltags- und lebensweltorientierten sozialpädagogischen Praxis

Das in den vorigen Abschnitten dargelegte, auf die „Alltagswende" in der (sozial)pädagogischen Wissenschaftstheorie rekurrierende Konzept einer sozialpädagogischen Praxisforschung geht im Sinne einer alltags- und lebensweltbezogenen und damit sozialökologisch motivierten Sozialpädagogik (vgl. MÜHLFELD u.a. 1986) davon aus, daß Schwierigkeiten und Probleme von Menschen dort anzugehen sind, wo sie sich herausgebildet haben, sich zeigen und sich manifestieren: in der Lebenswelt und im Alltag der Betroffenen. Eine solche Sozialpädagogik - will sie das Handeln und Leben von Menschen begreifen - versucht deren eigenen Erfahrungen, Interpretationen, Lösungsstrategien und Ressourcen im Kontext ihrer sozialen Netzwerke zu sehen, zu verstehen und zu akzeptieren. (vgl. THIERSCH 1986, S. 42 ff.) Sie ist darum bemüht, die Voraussetzungen und Dispositionen dafür zu schaffen, daß Menschen in eigener Verantwortung ihr Leben gestalten können. Es geht ihr darum, den Menschen in seiner Umwelt zu begreifen und ihn als verantwortlichen Gestalter seiner Alltagspraxis wahr- und ernstzunehmen. In dieser Grundorientierung akzeptiert (sozial)pädagogische Praxis die Autonomie der individuellen Lebenspraxis von Menschen nicht nur, sondern definiert sie als anzustrebendes Ziel menschlicher Lebensweise.

„Lebensweltorientierte Soziale Arbeit ist (...) zugleich auf den Respekt vor dem Eigensinn gegebener lebensweltlicher Ressourcen verpflichtet und auf die Anstrengung, neue, tragfähige lebensweltliche Verhältnisse - neue Handlungs- und Verständigungsmuster - zu schaffen, also auf die Erkenntnis und die Ermutigung zum Ausbau und zur Inszenierung lebensweltlich tragfähiger Ressourcen." (THIERSCH 1993, S. 14)

Der Begriff der Lebensweltorientierung - wie er sich „gleichsam als geheimes Curriculum der Entwicklung der Sozialen Arbeit der letzten Jahre" (ebd.) entwickelt hat - konkretisiert sich als Programmatik der Sozialpädagogik insbesondere in den im 8. Jugendbericht herausgearbeiteten „Strukturmaximen einer lebensweltorientierten Jugendhilfe", die wesentliche Elemente (Rahmenbedingungen) für eine positive Gestaltung sozialpädagogischer Arbeit benennen: Prävention, Regionalisierung/Dezentralisierung, Alltagsorientierung, Partizipation und Integration. (vgl. BMJFFG 1990, S. 27 ff.) Auf der Grundlage dieser Strukturmaximen konkretisiert sich das Konzept einer lebensweltorientierten Jugendhilfe in einer Gesellschaft, die durch eine Pluralisierung von Lebenslagen und eine Individualisierung von Lebensführungen (vgl. ebd.) gekennzeichnet ist

„– durch die Profilierung von Jugendhilfe als Leistungsangebot und den Verschiebungen zwischen Sozialanspruch und Sozialdisziplinierung,
– durch das Engagement für neue Probleme und Problemgruppen,
– durch die Akzentuierung eines beratenden, indirekten Umgangs, der Erschließung von Ressourcen, der neuen Auslegung der Hilfe zur Selbsthilfe,
– durch die Strategie der Einmischung,
– durch Orientierung an Alltagserfahrungen und -konzepten und
– durch Konzepte der Vernetzung zwischen professionellen und nicht-professionellen Hilfen." (BMJFFG 1990, S. 81)

Alltags- und lebensweltbezogene Sozialpädagogik, die Hilfe zur Selbsthilfe leisten will, zielt darauf, ihren AdressatInnen durch die beste Nutzung persönlicher, sozialer und institutioneller Ressourcen „einen gelingenderen Alltag" (vgl. THIERSCH 1986) zu ermöglichen. Dieses Konzept rückt die individuellen Kompetenzen/Entscheidungen/Ressourcen/Verantwortlichkeiten von Menschen in den Vordergrund sozialpädagogischer Betrachtung.

Eine lebensweltorientierte sozialpädagogische Praxis geht von dem Verständnis aus, daß es den Menschen selbst obliegt, zu entscheiden, ob und wieweit sie ihre (Rechts-)Ansprüche auf fremde Hilfe (Sozialleistungen) realisieren wollen und wo sie ggf. ihr Leben frei von fremder Hilfe und Einmischung nach eigenen Vorstellungen verwirklichen wollen. (vgl. PANKOKE 1986, S. 17) Eine lebensweltorientierte Sozialpädagogik betrachtet Menschen also nicht als Objekte von Hilfe und deren Gewährung, sondern sieht sie prinzipiell als gleichwertige Subjekte im sozialpädagogischen Hilfeprozeß, in dem es darum geht, mit den Betroffenen eine prozeßhafte Verständigung über die Problem- und Situationsdefinition, über eigene Ressourcen, über Veränderungesperspektiven und über gangbare Wege der Problembewältigung herzustellen.

Wenn hier die Handlungsautonomie der Indidividuen zum zentralen Bezugspunkt sozialpädagogischer Wissenschaft und Praxis definiert wird, so ist damit jedoch keinesfalls die Einstellung verbunden, daß normativen Zielsetzungen keine oder nur eine geringe Bedeutung beizumessen sind. Im Gegenteil: Erziehung insgesamt, damit auch Sozialpädagogik bzw. Jugendhilfe, setzt immer - explizit oder implizit - eine Aussage bzw. eine Einschätzung von Normalität voraus. Sowohl bei den allgemein fördernden als auch bei den präventiven und kompensatorischen Angeboten der Sozialpädagogik sind Ziele, Aufgabenschwerpunkte und Intentionen immer auch gekoppelt an Vorstellungen über wünschenswerte Entwicklungsverläufe, über Persönlichkeitseigenschaften, sozial gewünschte Eigenschaften, Haltungen von Personen. Das heißt: Erziehung,

Sozialpädagogik bzw. Jugendhilfe bezieht sich auf Normen, setzt Normen und vermittelt diese im Umgang mit Kindern, Jugendlichen und Erziehungspersonen (vgl. hierzu auch die 1989 einsetzende Diskussion in der „Neuen Praxis" zur Rückgewinnung der normativen Dimension in der sozialen Arbeit und zur Gestaltung der sozialen Arbeit als „gerechte Praxis"; vgl. insbesondere BRUNK-HORST/OTTO 1989, BRUMLIK 1989, KLATETZKI 1990).

Auch ein Handlungsansatz, der von einem Konzept lebensweltorientierter Jugendhilfe ausgeht, ist ohne normative Orientierungen nicht zu denken. Hierauf soll hingewiesen werden, um der Gefahr entgegenzutreten, daß eine Überakzentuierung von Postulaten wie „Individualisierung" und „Pluralisierung" zu einer sozialromantischen Verklärung von objektiv benachteiligenden Lebensverhältnissen führt. So weist THIERSCH zu Recht darauf hin, daß sich lebensweltorientierte Jugendhilfe auch „an Konzepten wie dem der Gerechtigkeit und der Lebensqualität" zu orientieren habe und daß es universelle gesellschaftliche Normen gebe, an deren allgemeiner Durchsetzung auch Jugendhilfe interessiert sein sollte (Hans THIERSCH, Referat beim Workshop von AGJ und DJI 14./15. Mai 1991 in Köln). Zu diesen unviersellen Normen, die nicht aus dem Blick geraten sollen, gehören u.a. sicherlich - neben den bereits genannten Prinzipien der Gerechtigkeit und der Lebensqualität - auch solche wie die Achtung der Menschenwürde, Gleichstellung der Geschlechter, das Prinzip des Gewaltverzichts, der demokratischen Legitimation von Entscheidungen.

Wie diese allgemeinen Prinzipien (normative Grundorientierungen) dann allerdings im einzelnen und konkret umzusetzen und einzulösen sind, dafür gibt es keine „einfachen" und eindeutigen Regeln. Gerade in Phasen raschen gesellschaftlichen Wandels sind hier vielmehr vielfältige Suchbewegungen vonnöten, gilt es Offenheit und Lernfähigkeit im Umgang mit den HandlungsadressatInnen und mit der Umsetzung sozialpädagogischer Handlungskonzepte zu bewahren.

Eine kritisch-hermeneutische Praxisforschung sollte es daher als ihre Aufgabe definieren, durch die Gestaltung ihrer Fragestellungen und Methoden sowie durch die Art und Form der Aufarbeitung ihrer Analysen und Ergebnisse Grundlagen für eine diskursive Auseinandersetzung („Streitkultur") auch über unterschiedliche bzw. konkurrierende normative Konzepte in der sozialen Arbeit zu schaffen. Um dieses zu gewährleisten, hat sozialpädagogische Praxisforschung die impliziten Normen und Regeln des zu untersuchenden Feldes und seiner Akteure zu rekonstruieren, zu thematisieren und dem Diskurs zugänglich zu machen. Damit zielt sie insbesondere darauf, den PraktikerInnen Möglichkeiten und Herausforderungen für die kritische Reflexion ihres Selbstverständnisses anzubieten und damit Optionen für eine andere, problemadäquatere Aufgabenwahrnehmung zu eröffnen.

Praxisforschung präsentiert sich also als ein Instrument, welches – bezogen auf den beruflichen Kontext praktischer Sozialpädagogik – vermittels „stellvertretender Deutungen", Auslegungen oder Interpretationen von Handlungsproblemen zur Aufklärung der Praxis über die ihr impliziten Normen und Regeln beitragen kann. (vgl. DEWE u.a. 1986, S. 94) Ihr Ziel ist es - befreit vom unmittelbaren Handlungszwang der PraktikerInnen im Feld, jedoch nicht von der Verpflichtung, bezogen auf diesen Handlungszwang „stellvertretende Deutungen" (auch im Sinne von ggf. alternativen Handlungsempfehlungen und Perspektivbeschreibungen) anzubieten -, zur kritischen Selbstreflexion der dortigen Akteure anzuregen, ihnen damit ein besseres Selbst- und Fremdverständnis zu eröffnen und letztlich damit die Voraussetzungen für eine bewußtere Praxis zu verbessern.

1.2 Praxisforschung als Kooperationsform zwischen Wissenschaft und Praxis

Wie schon unter dem methodischen Gesichtspunkt der Datengewinnung und Datenanalyse (vgl. 1.1.2) deutlich wurde, handelt es sich bei der Praxisforschung um eine sehr dichte „Wechselbeziehung zweier Praxen". (vgl. FILSINGER/HINTE 1988, S. 46 ff.) Im Rahmen eines wechselseitigen Lernprozesses wird ein enger Zusammenhang zwischen Wissenschaft und sozialer Praxis gestiftet. Die in der wissenschaftstheoretischen und methodologischen Diskussion des Theorie-Praxis-Problems zentral behandelte Frage nach dem Verhältnis und der Gewichtung von Wissensgewinnung und Wissensanwendung wird durch die Verknüpfung von Forschung und praktischer Anwendung im Rahmen eines diskursiv orientierten und dialogisch strukturierten Forschungskonzeptes beantwortet.

Indem praxisorientierte Forschung konstitutiv auf innovative Praxisveränderung gerichtet ist, ist sie gezwungen, Feldanalyse und die Entwicklung von Veränderungsmöglichkeiten konstruktiv miteinander zu verbinden.

„Forschung leistet einen Beitrag zur Praxisverbesserung der Sozialarbeit, wenn sie in kritischer Loyalität zur Praxis und diskursiv
1. Probleme definieren hilft und dabei im Zentrum der Fragestellung der Bürger mit seiner subjektiven Lage steht,
2. Schwachstellen nicht nur benennt, sondern auch erklärt, und dies unter Einbeziehung struktureller und organisatorischer Rahmenbedingungen,
3. Lösungswege entwickelt, die wiederum Strukturen und Organisationen nicht leugnen,
4. sich an den Umsetzungsprozessen begleitend beteiligt und schließlich
5. Aussagen über die Übertragbarkeit des jeweiligen Projektes formuliert." (SENGLING 1987, S. 99 f.)

Trotz des hier geforderten Koinzidenzprinzips (vgl. KORTHALS-BEYER-

LEIN 1981) zwischen Wissenschaft und sozialer Praxis ist das Spannungsverhältnis zwischen Theorie und Praxis nicht etwa aufgehoben oder auch nur
prinzipiell aufhebbar, sondern es bleibt bestehen und ist in gewisser Weise
konstitutiv sowohl für wissenschaftlichen als auch für praktischen Fortschritt.

Es geht darum, die den wissenschaftlichen Forschungsaktivitäten immer
schon vorausgehenden Formen sozialpädagogischer Interventionen, wie sie sich
in der Praxis umsetzen, im Lichte sozialwissenschaftlicher Analyse auf ihre
Voraussetzungen sowie auf die Durchsetzung beruflicher Prozesse und ihre Folgen hin zu untersuchen. Dabei gilt es, aktive Gestaltungs- und Interventions-
strategien zu entwerfen. Die theoretische Diskussion und die zu entwickelnden
Forschungskonzeptionen sollen sich dabei zentral auf das beziehen, was die aktuelle Realität des Handlungsfeldes praktisch ausmacht.

Dabei weist der Prozeß der Praxisforschung als kritisch-hermeneutisch geleitete Form der Wirklichkeitsaneignung eine deutliche Analogie zur sozialpädagogischen Praxis selbst auf. Im Kontext der Sozialpädagogik als „Theorie
eines Handelns" unterliegen die Prozesse der Erkenntnisgewinnung sowohl in
der sozialpädagogischen Forschung als auch in der beruflichen Praxis einem
gemeinsamen Grundverständnis: „Verstehen" und „Erklären" zum Zwecke des
Handelns. Die Kriterien einer kritischen Hermeneutik stellen also einen gemeinsamen Bezugspunkt sowohl für die sozialpädagogische Alltagspraxis als
auch für die sozialpädagogische Forschungspraxis dar. So, wie das berufliche
Handeln sozialpädagogischer Fachkräfte in emanzipatorischer Absicht auf die
Aufklärung von Gründen und Ursachen individueller Entwicklungsbarrieren
zum Zwecke des Entwurfs bemündigender Handlungsstrategien (Hilfe zur
Selbsthilfe) gerichtet sein sollten, ist es der Auftrag und das Interesse praxisorientierter Forschung, Entwicklungsbarrieren und -chancen beruflicher Praxis
zu analysieren und Handlungsstrategien für eine bessere Praxis zu entwerfen.
Ebenso wie bloßes „Verstehen" und „Erklären" individueller Lebens- und
Problemsituationen ohne Handlungsdimension die sozialpädagogische Praxis
konterkarieren würde, bliebe wissenschaftliche Praxisforschung blutleer, wenn
sie nicht unter der handlungsorientierten Perspektive der Verbesserung, Erweiterung oder Veränderung beruflicher Praxis erfolgte.

Praxisforschung als Forschung
- über (Gegenstand),
- mit (Methode),
- für (Ziel)

berufliche Praxis ist daher nicht allein auf die Dimension der Wissensgewinnung, sondern gleichermaßen auf die Dimension der Wissensanwendung bezogen. (vgl. NIEMEYER 1988, S. 189 f.)

Praxisorientierte Forschung im hier verwendeten Sinne ist also unaufhebbar
mit der Praxis sozialer Arbeit verbunden. Es geht um „Forschungen und Pro-

zesse der Theoriebildung, die sich auf die Grundprobleme und Grundaufgaben der sozialen und sozialpädagogischen Arbeit beziehen bzw. beziehen lassen. Diese zielen auf Prozesse kollektiver und individueller Emanzipation, auf die Beförderung von Handlungskompetenz und persönlicher Autonomie und Selbstbestimmung." (HORNSTEIN 1985, S. 463) Damit läßt sich für den Ansatz der Praxisforschung ein Standort bestimmen, der zwischen Forschung, vielfältigen Formen der Organisationsentwicklung und Handlungsqualifizierung angesiedelt ist. Der Begriff der Praxisforschung umschließt also gleichermaßen ein sozialpädagogisches Forschungs- und Entwicklungskonzept.

Auf der Folie dieser spezifischen Einordnung praxisorientierter Forschung läßt sich ihr Handlungsrahmen näher umreißen.

1.2.1 Anlässe und Formen praxisorientierter Forschung

Das Interesse an der Durchführung von Praxisforschungsprojekten kann ganz unterschiedlichen Motiven entspringen. Auf politischer und administrativer Ebene besteht vorrangiges Interesse daran, durch Praxisforschungsprojekte Legitimationen für zukünftige oder zurückliegende Planungs- und Entscheidungsprozesse zu erhalten. Auf der Ebene von Verbänden und Organisationen besteht das Hauptinteresse darin, Anhaltspunkte und Empfehlungen für die zukünftige Gestaltung ihrer Einrichtungen und Dienste zu erhalten und Lösungsmöglichkeiten für institutionelle Problemstellungen angeboten zu bekommen. Die beruflichen Akteure sozialer Arbeit wiederum haben ein hohes Interesse an Anwendungswissen und Handlungsstrategien für den beruflichen Alltag.

Bei ForscherInnen und bei PraktikerInnen geht es auf allen genannten Ebenen, jeweils bezogen auf den eigenen Handlungshorizont bei der Praxisforschung, um zwei zentrale Interessendimensionen:

- dem Bedürfnis nach Erweiterung der Wissensbestände über das eigene Feld (Analyseebene);
- dem Wunsch nach Beratung und Unterstützung bei der weiteren Entwicklung des eigenen Handlungsbereiches (Handlungsebene).

Die enge Verbindung von Analyse- und Handlungsebene ist somit ein zentrales Strukturmerkmal praxisorientierter Forschung, welches von seiten der Praxis selbst an die Forschung herangetragen wird.

Die unterschiedlichen Interessen und „Bedarfs"-Situationen können sich, einzeln oder gegenseitig verstärkend, zu Impulsgebern für Praxisforschungsprojekte verdichten. Besondere Chancen zur Realisierung von Praxisforschungsprojekten sind – solche Bedarfslagen vorausgesetzt – dann gegeben,

- wenn Praxisprobleme bestehen, die sich mit dem verfügbaren Know-how nicht oder nicht mehr befriedigend bearbeiten bzw. lösen lassen (z.B. bei veränderten Anforderungen durch die NutzerInnen sozialer Dienste oder bei Zweifeln an der Angemessenheit bisheriger Arbeitsformen oder bei sich verdichtenden Anzeichen mangelnder Effektivität der geleisteten Arbeit);
- wenn Träger sozialer Dienste im Zuge neuer fachpolitischer Optionen oder in Folge sich verengender finanzieller Rahmenbedingungen offensiv auf der Suche nach neuen, alternativen Formen sozialer Problembearbeitung sind (z.B. im Kontext umfassender Ambulantisierungsstrategien in der Erziehungshilfe, in der Altenhilfe oder im Gesundheitswesen insbesondere der Psychiatrie);
- wenn im Rahmen von Modellprojekten oder im Rahmen von geplanten Veränderungen der Regelpraxis (Neuorganisation sozialer Dienste, Einführung neuer Methoden etc.) wissenschaftliche Begleituntersuchungen durchgeführt werden sollen, die Aufschluß über die Wirksamkeit des Modells bzw. der ergriffenen Maßnahmen verschaffen sollen;
- wenn von seiten interessierter PraxisforscherInnen Themen und Fragestellungen aufgeworfen werden, die auf seiten der Praxis auf Akzeptanz stoßen und Interesse an vertiefender Analyse und Reflexion im Rahmen von Praxisforschung auslösen. (vgl. FILSINGER/HINTE 1988, S. 42 f.)

Vor dem Hintergrund so skizzierbarer Auslöser von Praxisforschungsprojekten lassen sich in enger Anlehnung an unsere Definition (Praxisforschung als empirische Untersuchung der Voraussetzungen, der Gestaltung und der Folgen beruflichen Handelns, vgl. EINLEITUNG) idealtypisch drei Formen der Praxisforschung unterscheiden, die in der Praxis allerdings oft miteinander verknüpft werden:

Lebensfeld- und lebensweltorientierte Sozialforschung

Dieser Typ der Sozialforschung fragt nach den Lebens- und Arbeitsbedingungen von Menschen in sozialen Lebensräumen (Stadtteilen, Regionen etc.).

„Lebensfeld umfaßt ... die objektiv rekonstruierbaren sozialstrukturellen (Bevölkerung, Schichtung) und sozialräumlichen (Verkehr, Wohnumwelt) Infrastrukturen, die Einbindung in spezifische Arbeitsbedingungen und rechtlich-institutionelle Strukturen. Unter Lebenswelt lassen sich die subjektiven Interpretationen, sowohl die kognitiven Orientierungen als auch die gefühlsmäßigen ‚Besetzungen' des Lebensfeldes durch die verschiedenen dort lebenden Gruppen, ihre Deutungsmuster als Grundlage für ihre ortsbezogenen Identitäten, ihre Ängste, Hoffnungen und Wünsche sowie ihre Handlungsentwürfe verstehen." (v. KARDORFF 1988, S. 75)

Ausgehend davon, daß der soziale Lebensraum (Nahraum) von Menschen und dessen besondere Ausprägungen hohen Einfluß auf Normen, Einstellungen und Verhaltensweisen hat und insbesondere hohe Sozialisationswirkungen auf Kinder und Jugendliche entfaltet, ist lebensfeld- und lebensweltorientierte Sozialforschung an den Ursachen, Erscheinungsformen und Folgen sozialer Probleme im Sozialraum ebenso interessiert, wie an den (genutzten und ungenutzten) Ressourcen und Handlungsspielräumen zur Lebensbewältigung dort lebender Menschen. Sie wendet sich gegen die ausschließlich symptomorientierte, auf den Einzelfall bezogene Wahrnehmung sozialer Probleme, sie untersucht deren sozialen und räumlichen Kontext. Aus der Analyse der Wechselwirkungen zwischen sozialräumlichen Rahmenbedingungen (Lebenslage) und individueller Lebensbewältigung (Lebensweise) sollen Ressourcen und Handlungsspielräume aufgespürt und Handlungsoptionen für die alltagsorientierte Gestaltung sozialer Arbeit erschlossen werden. (vgl. v. KARDORFF 1988, S. 75 ff.)

Als theoretisches Konzept bietet sich für eine solche Analyse der aus der amerikanischen Gemeindesoziologie kommende sozialökologische Ansatz in besonderer Weise an. So läßt sich der sozialökologische Ansatz in der Stadtentwicklung, Stadtplanung (ATTESLANDER 1976, FRIEDRICHS 1977), aber auch in der Sozialisationsforschung und Entwicklungspsychologie (vgl. BRONFENBRENNER 1976, HURRELMANN 1976, WALTER 1975, BAACKE 1985, 1992) zur Präzisierung von Fragestellungen und zur erweiterten Interpretation von Daten, Befunden und Zusammenhängen nutzen.

Lassen sich die sozialökologischen Lebensverhältnisse (Lebenslagen) über die Ermittlung und Interpretation von Strukturdaten (soziale Indikatoren) analysieren, so erfordert die Analyse sozialkultureller Lebenswelten (Lebensweise) die Durchführung differenzierter qualitativer Feinanalysen.

Wird im Rahmen eines sozialökologischen Forschungsansatzes nach Prozessen und Wirkgrößen gefragt, die vermittelnd, beeinflussend, kompensierend zwischen objektive Lebenslage, familiäre (Erziehungs-)Milieus und je gruppenspezifische und individuelle Persönlichkeitsausprägungen und Bewußtseinslagen treten, so hat diese Herangehensweise für die praktische Sozialarbeit und Sozialpolitik dort eine besondere Bedeutung, wo soziale Leistungen ihre Wirkungen nur im Kontext des sozialökologischen Umfeldes der LeistungsadressatInnen entfalten. Für die in diesem Zusammenhang bedeutsame Frage nach dem Zusammenhang von objektiven Problemlagen (etwa durch soziale Indikatoren ermittelt), Selbsthilfepotentialen und der Notwendigkeit kompensatorischer sozialer Dienstleistungen kann praxisorientierte Forschung durch die Erarbeitung differenzierter Sozialraumanalysen wertvolle Beiträge leisten.

Organisations- und Berufsfeldforschung

Die Organisations- und Berufsfeldforschung beschäftigt sich im Rahmen sozialpädagogischer Praxisforschung mit der Frage, wie soziale Arbeit einerseits institutionell, andererseits instrumentell umgesetzt wird.

Bezogen auf die Organisation sozialer Dienstleistungen stellt sich die Frage nach den historischen, sozialen, politischen und institutionellen Voraussetzungen bzw. Rahmenbedingungen sozialer Arbeit. Hier rückt die Gestaltung sozialpädagogischer Institutionen und Settings, des Zugangs, der Problemdefinitionen, der Handlungsrationalitäten im besonderen und die Gestaltung der Versorgungsinfrastruktur mit ihren Abgrenzungen und Vernetzungen im allgemeinen in den Blickpunkt der Praxisforschung.

Neben der institutionellen Gestaltung sozialer Arbeit ist eine weitere zentrale Frage, wie sich die Professionalisierung der Sozialpädagogik in den letzten Jahrzehnten in der Praxis umsetzt, welche „Gewinne" (z.B. Versorgungsqualität) und „Verluste" (z.B. Klientifizierung von Betroffenen) durch den Qualifizierungsschub zu verzeichnen sind, wo Grenzen und Möglichkeiten professionellen, methodisch geleiteten sozialpädagogischen Handelns liegen u.a.m.

Aktuell gerät dabei besonders das Verhältnis von Organisation und Profession sowie die Wechselwirkung zwischen diesen beiden Polen sozialpädagogischer Tätigkeitsgestaltung in den Blick der Praxisforschung. (vgl. z.B. OTTO 1991, SCHRAPPER-THIESMEIER 1985) Die zunehmende Unübersichtlichkeit und wachsende Zersplitterung sozialpädagogischer Berufsfelder (wachsende Trägervielfalt, Dezentralisierung sozialer Einrichtungen und Dienstleistungen, Ausbau lebensfeldorientierter ambulanter Konzepte, Ausweitung von Teilzeit- und Honorarkräften) führt zu immer mehr isoliert voneinander arbeitenden kleinen Gruppen oder Einzelpersonen (z.B. Außenwohngruppen oder Erziehungsstellen eines Heimes), die nur noch in lose gekoppelten Systemen zusammengehalten werden, die oft nicht mehr in der Lage sind, umgreifende Handlungsorientierungen zu vermitteln.

„Hier kann und muß die Praxisforschung ihren Teil zu einer empirisch fundierten, reflektierten Aufarbeitung der isolierten Praxiserfahrungen und zu ihrer Weitervermittlung an andere Kollegen leisten. Eine Verzahnung von Forschung und Fortbildung könnte hierbei künftig neue Wege eröffnen." (HEINER 1988a, S. 15)

Evaluationsforschung

Die Evaluationsforschung beschäftigt sich mit den Wirkungen und Folgen sozialpolitischer und sozialpädagogischer Interventionen. Sie bezieht sich in der Regel auf Modellprojekte oder auf innovative Vorhaben und Programme, die auf eine Verbesserung bestehender Handlungsstrukturen durch die exemplarische Realisierung alternativer Entwürfe zielen. Ein wesentliches Ziel dabei ist, die Wirksamkeit solcher Vorhaben und die Bedingungen des Transfers von Erfahrungen des Modells in die Regelpraxis zu analysieren.

„Evaluationsforschung ist angewandte Forschung und verfolgt somit weniger theoretische als praktische Fragestellungen wie die, ob bzw. in welchem Maß vorgegebene Ziele durch eine bestimmte Maßnahme (‚Programm') erreicht werden und welche nicht beabsichtigten Nebenwirkungen u.U. auftreten. Sie kann ferner untersuchen, durch welchen Prozeß die beobachteten Wirkungen zustandekommen." (HOFMANN/FARGEL 1987, S. 313)

In der Praxis haben sich dabei zwei methodisch und instrumentell unterschiedliche Evaluationsansätze herausgebildet, die als formative und summative Evaluation bezeichnet werden. (vgl. WULF 1975, S. 568 f.) Mit formativer Evaluation (Prozeßevaluation) ist eine Orientierung gemeint, die durch stete Rückmeldung von Daten, Informationen und Interpretationen an die MitarbeiterInnen Einfluß auf die Entwicklung und weitere Ausgestaltung des zu evaluierenden Projektes nimmt. Sie ist an der kontinuierlichen Verbesserung der Praxis sozialer Arbeit durch wissenschaftliche Begleitung und Beratung ausgerichtet. Der formativen Evaluation kommt daher vor allem eine Optimierungsfunktion zu.

Der Begriff der summativen Evaluation bezeichnet eine Orientierung, die darauf ausgerichtet ist, eine abschließende (summative) Bewertung des untersuchten Projektes hinsichtlich der formulierten Zielsetzungen vorzunehmen. Die summative Evaluation ist darauf ausgerichtet, Entscheidungshilfe für Träger und Administration zu sein und erfüllt daher in der Regel eine Legitimationsfunktion für (fach)politische Zukunftsentscheidungen.

In aller Regel sind Praxisforschungsprojekte, die sich mit den Wirkungen und Folgen sozialpädagogischen Handelns befassen, als Kombination von formativen und summativen Evaluationselementen organisiert.

1.2.2 Praktische Nützlichkeit als Anspruch der Praxisforschung

Praxisforschung realisiert sich stets in einem Feld, das durch vielfältige, z.T. gegensätzliche Erwartungen und Interessen gekennzeichnet ist. Träger solcher Ansprüche sind z.B. AuftraggeberInnen (Finanziers), das Wissenschaftssystem, das politische System, Administration und Verbände und – last, not least – die unmittelbar kooperierenden Fachkräfte.

„Im Spannungsfeld der Verwertungsperspektiven zwischen Herrschaftswissen und Selbstaufklärung muß sich Praxisforschung immer mit der Frage auseinandersetzen: Wem nutzt der Erkenntnisprozeß? Wer ist das Subjekt? Sind es die Praktiker/-innen, der Auftraggeber, die Wissenschaftler/-innen oder die Betroffenen?" (BITZAN/KLÖCK 1988, S. 122)

Der hier diskutierte Typ der Praxisforschung erhebt grundsätzlich den Anspruch, in den beiden Bezugssystemen Wissenschaft und Praxis gleichermaßen verankert zu sein. Hierdurch konstituiert sich das besondere Spannungsfeld, innerhalb dessen Praxisforschung sich realisiert, da beide Referenzsysteme auf unterschiedlichen Selbstverständnissen aufbauen, unterschiedlichen Handlungsrationalitäten folgen und unterschiedlichen Relevanzkriterien unterliegen.

Aus dem Wissenschaftssystem leitet sich der Anspruch auf die Einhaltung wissenschaftlich-methodischer Standards als zentrales Gütekriterium der Forschungstätigkeit ab. Für die Praxis ist dagegen die Verwertbarkeit der Ergebnisse der herausragende Beurteilungsmaßstab.

Nach FILSINGER/HINTE resultiert hieraus ein prekäres Spannungsfeld für die ForscherInnen:

„(a) Forschung hat sich durch wissenschaftliche Dignität und durch ihre Nützlichkeit für die Praxis auszuweisen, wobei die Nützlichkeit von den ‚Abnehmern' von Forschung im konkreten Fall verschieden beurteilt werden dürfte;

(b) sie muß Problemlösungskompetenz vorweisen, bei gleichzeitig abverlangter ‚Neutralität' bzw. politischer Enthaltsamkeit;

(c) und sie soll sich gegenüber den Beteiligten loyal verhalten, d.h. eine Forschungsarbeit betreiben, die deren – zumeist kontroversen – Interessen nicht zuwiderläuft." (1988, S. 42)

Während sich die wissenschaftliche Dignität in erster Linie auf die Einhaltung der in der „scientific community" konsensualen Regeln wissenschaftlichen Arbeitens bezieht, ist das Kriterium der praktischen Verwertbarkeit von Ergebnissen ein nicht an bestimmte Regeln gebundenes Konglomerat aus unterschiedlichen, oft situativ gebundenen Interessenlagen, Erwartungen und Bewertungsmaßstäben von der kommunalen Sozialpolitik bis zur einzelnen Fachkraft in ihrem Handlungskontext. Dieses komplexe Interaktionssystem bildet eine zentrale Rahmenbedingung der Praxisforschung, die sie dazu zwingt, in einen (oft nicht konfliktfreien) Aushandlungsprozeß mit den Beteiligten zu treten. Dabei müssen die PraxisforscherInnen im Verlaufe des Forschungsprozesses immer wieder entscheiden, auf welches Referenzsystem sie sich mit ihren Aktivitäten beziehen, und diese Entscheidungen gegenüber den KooperationspartnerInnen jederzeit transparent halten: Wo und wie werden Vorgehensweisen durch den Auftraggeber bestimmt? Wo und wie gehen die artikulierten Interessen der PraktikantInnen ein? Welcher Beitrag zur Entwicklung der kommunalen Sozialpolitik wird erwartet? Wo und wie gehen die fachlichen und ethischen Vorstellungen des Forschers/der Forscherin ein? u.a.m.

Angesichts dieser auf den/die PraxisforscherIn einstürmenden Interessenvielfalt plädieren FILSINGER/HINTE:

„Eine Forschung, die der beruflichen Praxis dienlich sein will, muß sich (...) vorrangig an dem Handlungskontext der Praxis, ihren Fragestellungen und Relevanzkriterien orientieren." (ebd., S. 47)

Dieser Handlungskontext beruflicher Praxis umfaßt vier Ebenen, für die je ein spezifisches Nützlichkeitskriterium gilt (vgl. hierzu auch 1.3):

1. Auf der Ebene der Betroffenen hat sozialpädagogische Praxisforschung

einen Beitrag zur Analyse und Beschreibung von Lebenslagen und Lebensbedingungen der AdressatInnen sozialer Arbeit zu leisten. Hier besteht die Erwartung, daß Praxisforschung Probleme öffentlich macht und Chancen und Wege zur Verbesserung dieser Bedingungen – sei es durch die Unterstützung von Selbsthilfe, sei es durch qualifizierte Formen der Unterstützung von außen – herausarbeitet.

2. Auf der Ebene der beruflichen Akteure besteht der Wunsch und die Erwartung nach Beratung, Unterstützung durch extern angeleitete Reflexion, durch die Erarbeitung bzw. Bereitstellung umsetzbaren Wissens über das Handlungsfeld (Struktur der Adressaten, Methoden, Wirksamkeit von spezifischen Handlungsprogrammen u.a.m.). Das spezifische Gebrauchswertversprechen gegenüber dieser Ebene läßt sich am ehesten durch den Begriff der Qualifizierung fassen.

3. Auf der institutionellen Ebene (Verbände, soziale Dienste und Organisationen) richtet sich die Erwartung gegenüber der Praxisforschung vor allem auf Strukturfragen, also auf die Klärung der Frage, wie gut bzw. angemessen das Arbeitsfeld organisiert ist, um aktuell und in Zukunft den eigenen Ansprüchen und den externen Anforderungen (durch die Adressaten im konkreten und durch das soziale Dienstleistungssystem im allgemeinen) zu entsprechen. Das soziale Management erwartet hier auf der Suche nach einer Entscheidungsbasis für institutionelle Gestaltungsprozesse – sei es zur Begründung von Innovationen, sei es zur Legitimation der Fortführung bestehender Arbeitsformen – von der Praxisforschung entscheidungsrelevante Ergebnisse.

4. Auf der Ebene der Fachpolitik und Administration sozialer Arbeit wiederum richten sich die Erwartungen an Praxisforschung auf die Schaffung einer öffentlichen Legitimationsbasis für politische Entscheidungen, z.B. im Rahmen von Evaluationsprojekten, im Rahmen der Realisierung von Modellprojekten oder bei der Wirkungsanalyse von umfassenden Reformprogrammen.

Bei alledem steht Praxisforschung „unter dem Druck, sich der Praxis nützlich zu erweisen, ohne sich vereinnahmen oder funktionalisieren zu lassen und in den eigensinnigen Selbstläufen der Praxis aufzugehen." (BITZAN/KLÖCK 1988, S. 127)

Der in 1.1.2 skizzierte evaluative Diskurs ist – wie diese Beschreibung zeigt – nicht nur auf die Ebene der Datenbeschaffung und -analyse beschränkt, sondern muß zur transparenten Gestaltung der vielfältigen Interaktionsbeziehungen im Rahmen einer Praxisforschung das gesamte Forschungssetting durchziehen.

„Der einer derart kommunikativ angelegten Praxisforschung inhärente Zwang zur Diskursivierung der eigenen Handlungsprogramme kann zu einer präziseren und differenzierteren Konsens- und Kompromißbildung beitragen, sie kann im besten Falle eine Verflüssigung bestehender Verhältnisse einleiten und (idealerweise) kollektive Lernprozesse ermöglichen, mindestens jedoch gewohnte Routinen, offengelegte Defizite, Fehlsteuerungen usw. zur Disposition stellen. Praxisforschung erhält hier gleichsam die Funktion eines Katalysators, der verfestigte Strukturen, eingefrorene Kompromisse der Beteiligten erneut aufbricht und aus reflektierender Distanz und problembezogenem Engagement gleichermaßen Auseinandersetzungen provoziert." (v. KARDORFF 1988, S. 98)

1.2.3 Praxisforschung und Ergebnistransfer

Die Entwicklung von begründeten Handlungsempfehlungen wurde – wie oben dargestellt – als zentrale Aufgabe der Praxisforschung formuliert. Handlungsempfehlungen können sich im wesentlichen auf vier Ebenen beziehen (Transferebenen):

● Transfer von Ergebnissen in das politisch-administrative System (Stichwort: Politikberatung)
● institutioneller Transfer (Stichwort: Organisations- und Institutionsberatung, Planungsberatung, Programmentwicklung, Organisationsentwicklung, Managementberatung, Konfliktberatung, Personalentwicklung, Ökonomie und Effizienz)
● Transfer auf die Ebene professioneller Akteure (Stichwort: Fortbildung, Supervision, Fallberatung, Praxisberatung)
● Transfer auf die Ebene der Betroffenen (Stichworte: Selbsthilfeförderung, politische Aktivierung, Initiativenberatung)

Damit ist Praxisforschung zu einem gewichtigen Teil auf die Erzeugung handlungsleitender Modelle gerichtet und beschränkt sich nicht auf eine rein theoretische Analyse der Wirklichkeit.

Allerdings ist bei der Betrachtung von Forschungsarbeiten in der sozialen Arbeit festzustellen, „daß sehr viele Erörterungen im sozialpädagogischen Bereich praktisch das Adressaten- und Anwendungsproblem unterschlagen, indem sie beispielsweise Modelle oder Konzepte progressiver Praxis, die Produkte theoretischer Konstruktionen sind, als Praxis darstellen, ohne die Frage nach den Realisierungsbedingungen ernsthaft und ausdrücklich zu untersuchen." (HORNSTEIN 1985, S. 473)

Auf seiten der Praxis wird Praxisforschung daran gemessen, ob sie zur Schaffung effektiver Handlungskonzepte beitragen kann. Als „effektive Handlungskonzepte" werden solche angesehen, die zu einer Verringerung der Kluft zwischen den eigenen Ansprüchen und der alltäglichen Arbeitswirklichkeit beitragen und in der Lage sind, die Ansprüche und Tätigkeiten der Fachkräfte einander anzunähern. (vgl. MEINHOLD 1992, S. 96)

„Auffallend ist zunächst einmal die moralisierende Funktion einzelner theoretischer Wissensfragmente: Die Wissensbestände wirken weniger als handlungsleitende denn als handlungsbewertende Stereotypien, wie z.B. ‚Einzelfallarbeit ist schlecht‘, ‚Stadtteilarbeit ist gut‘, ‚Personenorientierung ist schlecht‘, ‚Strukturbezogene Arbeit ist gut‘. Derartige Verwertungsformen von Wissensbeständen sollten aber nicht primär dem mangelnden Durchblick von Wissensanwendern angelastet werden; sie verweisen auch auf einige eigentümliche Qualitäten der Wissensbestände selbst. Da die Erarbeitung theoretischer Wissensbestände zumindest in der Vergangenheit häufig von einer generellen *Kritik* an der Sozialarbeit geleitet war, begünstigt sie eine ‚moralisierende‘ Verwertung, zumal dann, wenn die *Praktikabilität* der erarbeiteten Konzepte gering ist.“ (ebd., S. 96)

Vor diesem Hintergrund ist es erforderlich, sich im Rahmen der Praxisforschung besonders intensiv mit dem Problem des Transfers von Forschungsergebnissen auseinanderzusetzen. So macht es z.B. einen erheblichen Unterschied für die Formulierung der Problemstellungen, für die Wahl des methodischen Vorgehens sowie für die Darstellungsweise der Ergebnisse, ob sich die Ergebnisse und Schlußfolgerungen aus Forschungsprojekten an das Wissenschaftssystem selbst, an die Träger sozialer Arbeit, an PraktikerInnen, an Interessengruppen, an Betroffenengruppen oder an politische Entscheidungsträger wenden. (vgl. HORNSTEIN 1985, S. 473) In aller Regeln entziehen sich jedoch die Darstellungen von Forschungsprojekten der Notwendigkeit, AdressatInnen und Anwendungsbedingungen ihrer Ergebnisse und Folgerungen zu benennen. Sie richten sich in ihrem Duktus häufig wohl eher an eine „unverbindliche Allgemeinheit“, was den Ergebnissen der Forschung denn auch oft eine „allgemeine Unverbindlichkeit“ beschert.

Die Wahl der Sprachebene in der Kooperation von ForscherInnen und PraktikerInnen stellt ein weiteres zentrales Kriterium eines gelingenden Transfers dar.

„Einerseits sind viele Begriffe, die ehedem zur Fachsprache gehörten, in die Umgangssprache eingegangen; andererseits ist die Allergie gegen eine unverständliche Terminologie gewachsen und ist zum Vehikel der Abwehr von Inhalten geworden.“ (HORNSTEIN 1985, S. 474)

Ein wesentliches Qualitätskriterium für Praxisforschung ist es daher, ob und wie es ihr gelingt, die gewonnenen Informationen entsprechend den Bedingungen der AdressatInnen aufzubereiten, d.h., ob und wie es gelingt, sie in einen brauchbaren Kontext für die PraktikerInnen zu setzen. Die Darstellung von Praxisforschungsergebnissen sollte sich daher weitestgehend einer eher mystifizierenden denn erhellenden Wissenschaftssprache (vgl. HINTE/SPRINGER 1992) enthalten.

„Praxisforschung, die mit dem Anspruch antritt, selbstreflexive, nicht reduktive Theorien zu entwickeln, mit alltagsnahen Forschungsmethoden praktisches Handeln zu analysieren, um Praxis zu verändern und zu gestalten ..., erfordert eine *Verständigungs-, Reflexions- und Rekonstruktionssprache*, von der PraktikerInnen ebenso wie WissenschaftlerInnen profitieren können.“ (BEERLAGE/FEHRE 1989, S. 54)

Der in 1.1.2 beschriebene evaluative Diskurs im Rahmen der Datenanalyse ist ein wichtiges Korrektiv zur Wahl verständlicher, d.h. praxisrelevanter Sprachformen und stellt andererseits schon ein erstes wesentliches Instrument des Transfers forschungs- und praxisrelevanter Fragestellungen und Ergebnisse dar.

Ob und wie das Wissen aus Praxisforschungsprojekten Eingang in die Praxis – sprich: in den beruflichen Alltag der sozialen Arbeit – findet, hängt aber nicht nur von der Qualität der gewonnenen Ergebnisse und der angemessenen sprachlichen Aufarbeitung ab. Bruchlose und glatte Integration von Praxisforschungsergebnissen in Praxiszusammenhänge sind sogar eher selten. Die Umsetzung von Praxisforschungsergebnissen ist vor allem ein Aushandlungsprozeß, der von den spezifischen Verwendungsbedingungen und Verwendungsinteressen des Handlungsfeldes abhängig ist, „von den Verarbeitungskapazitäten (Zeit, Ausbildung, Ressourcen), von den strategischen Veränderungs- bzw. Bewahrungsinteressen der Beteiligten, z.B. der Auftraggeber, und von den erwarteten und antizipierten Folgen der Aufnahme dieses Wissens." (FILSINGER/HINTE 1988, S. 63)

> „Vor allem aber sind es strukturelle Nutzungsbarrieren, die die Aufnahme und Verarbeitung von wissenschaftlichem Wissen erschweren: die unterschiedlichen Zeithorizonte von Forschung und Praxis, permanenter Handlungs- und Legitimationsdruck, die Beharrungstendenzen des institutionellen Apparates, politisch oder ökonomisch motivierte Ressourcenknappheit. Da diese Barrieren struktureller Natur sind, sind sie nur begrenzt, wohl aber schrittweise abbaubar." (ebd., S. 64)

Wie solche Schritte aussehen können, dies zu analysieren und zu beschreiben ist eine der wichtigsten Aufgaben der PraxisforscherInnen, nehmen sie denn ihren Auftrag ernst, daß auch ihre Ergebnisse „auf die Praxis orientiert" sein sollen.

Dabei ist es eher ein Gewinn als ein Manko, daß sich eindeutige Lösungswege aus Praxisforschungsergebnissen zumeist nicht ableiten lassen. Die aus Praxisforschungsprojekten abgeleiteten Empfehlungen sollten daher ein *Möglichkeitsspektrum* aufzeigen, welches den Praxisinstitutionen und Fachkräften Spielräume für interne Aushandlungsprozesse läßt. Denn: Für Problemlösungen und innovative Weiterentwicklungen sind und bleiben weiterhin die Feld-Akteure im Rahmen ihrer Möglichkeiten selbst verantwortlich. Von daher ist es anzustreben, durch Praxisforschung eine *Feldentwicklung* als eine von „innen" motivierte, getragene und gestaltete Innovation zu ermöglichen. (vgl. SPÄTH 1987, S. 231 ff.)

Mithin ist hier vom Praxisforscher/von der Praxisforscherin im Umgang mit den Akteuren der Praxis nicht mehr und nicht weniger gefordert als die Einhaltung einer zentralen sozialpädagogischen Tugend selbst: der Balance zwischen Engagement und Distanz. Wie schon in 1.1 gezeigt, ist also ein optimaler Weg zwischen Erkenntnisgewinnung (Analyse) und Praxisentwicklung (Veränderung) dann zu erreichen, wenn die wissenschaftstheoretischen Grundannahmen (kritische Hermeneutik) mit dem Modell des sozialpädagogischen Erkennens und Handelns kompatibel sind.

1.3 Zur Typologie praxisorientierter Forschung

Sozialpädagogische Praxisforschung ist dadurch definiert, daß sie sich auf die Voraussetzungen, die Gestaltung und die Folgen beruflicher Praxis bezieht und dabei sowohl hinsichtlich der Gewinnung der Fragestellungen als auch hinsichtlich der Verwertbarkeit der Ergebnisse auf Praxis orientiert ist. Wie in 1.2.1 dargelegt, lassen sich, dieser Definition folgend, idealtypisch drei Formen der sozialpädagogischen Praxisforschung beschreiben (lebensfeld- und lebensweltorientierte Sozialforschung, Organisations- und Berufsfeldforschung, Evaluationsforschung). Hiermit sind nun zwar der Rahmen und die Gegenstandsbereiche praxisorientierter Forschung beschrieben, jedoch noch keine Aussagen bezüglich der konkreten Gestaltung der Praxisforschung im Einzelfall getroffen. Um hierfür einen geeigneten Bezugsrahmen zu schaffen, soll im folgenden eine Typologie praxisorientierter Forschung entwickelt werden.

Nach HEINER lassen je nach Nähe des Forschungsansatzes zu den alltäglichen Praxisvollzügen sozialer Arbeit und nach Ausmaß der Anwendungsorientierung der Ergebnisse zunächst drei idealtypische Konzepte von Praxisforschung unterscheiden (HEINER 1988a, S. 7 ff.):

Praxisforschung als externe Wirkungskontrolle

Bei diesem Typus liegt die Federführung der Forschung in den Händen der forschenden SozialwissenschaftlerInnen. In der Regel geht es darum, zu einem begründeten Urteil darüber zu kommen, wie bestimmte Programme und Arbeitsweisen wirken oder ob die an Modellprogramme und -projekte geknüpften Erwartungen auch tatsächlich im erwünschten Umfang eintreten. Die Kooperation mit der Praxis vollzieht sich in der Regel über VertreterInnen der Hierarchiespitze. Die Einflußmöglichkeiten der PraktikerInnen auf Anlage, Methodik und Durchführung der Untersuchung sind beschränkt. Die Anwendungsorientierung richtet sich eher auf grundsätzliche Fragen der weiteren Arbeit, die für die EntscheidungsträgerInnen von Bedeutung sind. Für die Fachbasis bleibt die Anwendungsorientierung eher theoretisch, da Umsetzungsstrategien für diese Ebene zumeist nicht (mehr) Gegenstand des Forschungsauftrages sind.

Praxisforschung als Kooperationsprojekt von Wissenschaft und Praxis

Dieser Typus der Praxisforschung knüpft in der Regel unmittelbar an beruflichen Handlungsvollzügen in bestimmten Feldern sozialer Arbeit an. Insbesondere geht es dabei um die wissenschaftliche Begleitung von konkreten Innovationsvorhaben oder Modellprojekten. Ansatzpunkte, Vorgehensweisen und Methoden der Praxisforschung werden, bezogen auf die konkreten Fragestellungen des Praxisfeldes und der Innovationsabsichten, von den ForscherInnen und den PraktikerInnen gemeinsam diskutiert und festgelegt. Der Blick ist nicht allein auf Wirkungskontrolle gerichtet, sondern untersucht wird auch und vor allem, wie und unter welchen Rahmenbedingungen berufliches Handeln zu bestimmten Ergebnissen führt. Die Nähe der ForscherInnen zum Praxisfeld ist hierbei sehr groß. Nicht selten übernehmen sie Aufgaben der Praxisberatung, z.T. kommen sie gar in die Rolle von SupervisorInnen. Die unmittelbare Anwendbarkeit der Ergebnisse für die zukünftige Praxis stellt (nicht nur von seiten der PraktikerInnen) einen zentralen Beurteilungspunkt bezüglich der Qualität so verstandener Praxisforschung dar.

Praxisforschung als Forschung durch Praxis

Bei diesem Typus der Praxisforschung wird von VertreterInnen einzelner Institutionen selbst und primär für den Eigenbedarf geforscht. Solche „Eigenbedarfs-Forschung" liegt z.B. vor, wenn soziale Dienste ihre Beratungsunterlagen systematisch auswerten, um einzelfallübergreifende Fragen zu bearbeiten, wenn Planungsfachkräfte Befragungsaktionen, z.B. zu Bedarfslagen bestimmter Zielgruppen, durchführen oder wenn Fallstudien von bestimmten Betreuungsverläufen erstellt und systematisch aufgearbeitet werden. Federführend sind in solchen, auf Selbstevaluation gerichteten Praxisforschungsprojekten einzig die PraktikerInnen selbst. (vgl. HEINER 1988b; v. SPIEGEL 1993) Die Aufgabe der externen ForscherInnen bestehen vorwiegend in der Beratung der forschenden PraktikerInnen. Das Maß der Anwendungsorientierung wird von den PraktikerInnen selbst bestimmt.

Die drei von HEINER skizzierten Typen der Praxisforschung unterscheiden sich in erster Linie durch die Gewichtigkeit und die Einflußmöglichkeiten, die den Aspekten Forschung und Praxis jeweils zugemessen bzw. zugestanden werden. Vom ersten bis zum dritten Typus nimmt die bestimmende Funktion der ForscherInnen ab, und die Einflußmöglichkeiten der PraktikerInnen nehmen zu. Damit verbunden, wird die Fragestellung von Typ zu Typ immer stärker auf spezifische Bedingungen und Ausschnitte einer konkreten Praxis fokussiert, was dazu führt, daß die Anwendungsorientierung der Analysen wächst, die Übertragbarkeit jedoch abnimmt (vgl. HEINER 1988a, S. 9).

Die Typisierung von HEINER kennzeichnet zwar die Bandbreite möglicher Untersuchungskonzepte praxisorientierter Forschung, für eine systematische Analyse von verschiedenen Praxisforschungsprojekten ist sie jedoch noch nicht hinreichend. Aufbauend auf die bisherige Argumentation zur wissenschaftstheoretischen und methodologischen Grundlage sozialpädagogischer Praxisforschung, soll daher eine Erweiterung vorgenommen werden.

Ausgehend von der oben getroffenen Definition, daß praxisorientierte Forschung immer auch Intervention in Praxis darstellt, und davon ausgehend, daß solche Interventionen zielgebunden erfolgen, soll daher zusätzlich eine differenzierte Typisierung von Praxisforschungsansätzen bezüglich ihrer Interventionsebenen und ihrer Zielebenen entworfen werden, die als Ausgangspunkt für weitere Analysen dienen kann.

Interventionsebenen

Praxisorientierte Forschung läßt sich zunächst – wie in 1.2.2 dargestellt – idealtypisch auf vier unterschiedlichen Interventionsebenen verorten:

Politisch-administrative Ebene

Auf der politisch-administrativen Ebene geht es darum, praxisorientierte Forschung zur Wirkungsanalyse sozialpolitischer Programme, ihrer Voraussetzungen, Implikationen und Folgen einzusetzen. Eine solche Forschung ist auf Projekt- und Programmevaluation zur Qualifizierung politischer und administrativer Entscheidungen ausgerichtet und soll der Absicherung dieser Entscheidungen gegenüber anderen gesellschaftlichen Instanzen und Interessen dienen.

Institutionelle Ebene

Hier geht es um Fragen der institutionellen Gestaltung sozialpädagogischer Interventionen. Wie müssen die Organisationen, Einrichtungen und Dienste organisiert und vernetzt werden, wie müssen Kooperationsformen ausgestaltet sein, um sozialpädagogische Hilfe- und Unterstützungsleistungen zieladäquat zu erbringen?

Ebene der professionellen Akteure

Zentrale Frage ist hier die Vertiefung und Qualifikation des Handlungswissens der professionellen Akteure (z.B. über genauere Kenntnis der Probleme, Ressourcen und Handlungsorientierungen der jeweiligen Zielgruppen; z.B. über die fallbezogene Evaluation sozialpädagogischer Interventionen u.a.m.).

Ebene der Betroffenen

Auf dieser Ebene geht es um die Lebens- und Problemlagen der AdressatInnen sozialer Arbeit und darum, diese Lebensbedingungen aufzuhellen und darauf Problemlösungsstrategien aufzubauen.

Die hier bezeichneten Interventionsebenen sind in der Praxis sozialpädagogischer Forschung selten deutlich voneinander zu trennen. Vielmehr wäre es sogar anzustreben, sie im Rahmen praxisorientierter Forschung miteinander zu verbinden und einen möglichst umfassenden Forschungsplan zu erstellen, der sowohl der Planung und „Verwaltung" sozialer Projekte dient als auch institutionelle Rahmenbedingungen reflektiert, professionelles Handeln in den Blick nimmt und Strategien und Beiträge zur Betroffenenorientierung anbietet.

Es erscheint gleichwohl sinnvoll, auf analytischer Ebene diese unterschiedlichen Ebenen zu differenzieren, um damit zuletzt auch erkennbar zu machen, auf welcher Interventionsebene die ForscherInnen operieren und welchen Stellenwert ihre Beiträge im Gesamtkontext des untersuchten Feldes beanspruchen können.

Zielebenen

Praxisorientierte Forschung ist immer auch zielgebunden. Daher lassen sich neben den eben eingeführten Interventionsebenen auch vier Zielebenen bestimmen, die die Tätigkeit praxisorientierter ForscherInnen je nach Fragestellung und Forschungsansatz in unterschiedlich intensiver Weise prägen:

Legitimierung (Entscheidungsbegründung)

Legitimierend handeln PraxisforscherInnen dann, wenn sie das untersuchte Projekt, Programm oder den Handlungsansatz und dessen Beitrag zur Problemlösung darstellen und die Funktionalität des Vorhabens, bezogen auf die Zielvorgaben, überprüfen. Der Begriff der Legitimierung enthält in diesem Zusammenhang durchaus auch das Element des Infragestellens, was aber – positiv ausgedrückt – wieder die Legitimierung veränderter Strategien enthält. In jedem Falle geht es um die Schaffung fachlich begründbarer Legitimierungen für zukunftsgerichtete Entscheidungen.

Strukturierung

Strukturierend handelt praxisorientierte Forschung dann, wenn sie intrain-

stitutionelle und interinstitutionelle Strukturen und Wirkungsweisen herausarbeitet, analysiert und durchschaubar macht. Das Ziel besteht in der problemangemessenen Gestaltung von Rahmenbedingungen sozialer Arbeit in ökonomischer, organisatorischer, fachlicher und ökonomischer Hinsicht (Organisationsentwicklung).

Qualifizierung

Qualifizierend handeln PraxisforscherInnen dann, wenn sie die ihnen zur Verfügung stehenden Daten, Informationen, Interpretationen informierend, ver-
gleichend und bewertend in das Handlungsfeld einbringen und dort die Diskussion und Auseinandersetzung anregen. Ziel ist es, zur Erweiterung von Wissensbeständen (Bedingungswissen, Bewertungswissen, Handlungswissen) beizutragen.

Motivierung

Motivierend handeln PraxisforscherInnen dann, wenn ihre Impulse auch für die
AdressatInnen sozialer Arbeit Perspektiven und Lernchancen eröffnen. Diese
können von der problemgerechten Hinzuziehung professioneller Hilfen über die
Aktivierung von Eigenpotentialen im Rahmen von Selbsthilfe bis zur politischen Artikulation von Bedürfnissen und Interessen der Betroffenen reichen.

Die solcherart charakterisierten Zielebenen sind eng verbunden mit der Fragestellung der spezifischen Gestaltung des Ergebnistransfers (vgl. 1.2.3) und der
je spezifischen Formulierung von Handlungsempfehlungen. Auch bezüglich der
unterschiedlichen Zielebenen ist zu betonen, daß sie sich ebensowenig wie die
Interventionsebenen eindeutig voneinander trennen lassen, sondern ebenfalls
miteinander verwoben und voneinander abhängig sind. Auch hier dient die ana-
lytische Trennung dem Ziel der Transparenz der verschiedenen Zielbindungen,
die praxisorientierte ForscherInnen im Zuge ihrer Arbeit eingehen (müssen).
      Die so beschriebenen – und in der Matrix dargestellten (vgl. Übersicht 1)
– Ziel- und Interventionsebenen stellen zentrale Aktionsfelder einer praxisorientierten Forschung dar. In Verbindung mit der Typologie von HEINER (siehe
oben) ist die Matrix – so soll im folgenden gezeigt werden – geeignet, die forschungsleitenden Ausgangspunkte sozialpädagogischer Praxisforschung pointiert
zu charakterisieren.
      Anhand der Matrix wird ebenfalls deutlich, daß die unterschiedlichen For-
schungsebenen auch insofern aufeinander bezogen sind, als sie einen zunehmenden Grad der Verdichtung darstellen. Die Diagonale weist dabei ihrer
Struktur nach eine Tendenz vom Allgemeinen zum Konkreten bzw. umgekehrt
auf.

Der hier aufgespannte Bezugsrahmen praxisorientierter Forschung in der sozialen Arbeit soll in den folgenden Kapiteln zur Einordnung verschiedener Praxisforschungsprojekte dienen, die der Autor von 1986 bis 1993 im Kontext des Instituts für soziale Arbeit durchgeführt hat. Dabei sollen jeweils in einem kurzen Vorspann die besonderen Interventions- und Zieldimensionen der einzelnen Projekte bestimmt sowie der Kontext ihrer Entstehung und Durchführung erläutert werden.

INTER-VENTIONS-EBENEN	ZIELEBENEN			
	Legitimierung	Strukturierung	Qualifizierung	Motivierung
politisch-administrative Ebene				
institutionelle Ebene				
Ebene der professionellen Akteure				
Ebene der Betroffenen				

Übersicht 1: Ziel- und Interventionsebenen praxisorientierter Forschung

Teil B

PROJEKTDARSTELLUNGEN

Exkurs:
Institutionalisierung von Praxisforschung
am Beispiel des Instituts für soziale Arbeit e.V.

Praxisforschung hat – wie dargelegt – eine Drehpunktfunktion zwischen Wissenschaft und Praxis. Hochschulen und Fachhochschulen haben es bis heute nur in Ansätzen geschafft, ein bedarfsgerechtes Praxisforschungssystem zu realisieren. Neben einer zu starken Theoriefixierung bzw. einer zu einseitigen Ausrichtung auf die Lehre werden hierfür insbesondere die spezifischen Hochschulstrukturen mit ihren langen Entscheidungswegen und mit ihrer bürokratischen und unflexiblen Ressourcenverwaltung verantwortlich gemacht. (vgl. FILSINGER/HINTE 1988, S. 67 f.; KÄHLER u.a. 1988, S. 101 ff.)

Durch die Einrichtung sog. „Wissenschaftsläden" oder hochschulgebundener Informations- und Beratungsstellen (vgl. KÄHLER u.a. 1988; LEPPER/SCHONE 1983) wurden vereinzelte Versuche unternommen, Praxisfragen und praxisorientierte Forschungsbedürfnisse aufzunehmen und hochschulinterne Ressourcen (kleine Forschungsprojekte, Diplom-Arbeiten, Expertisen etc.) für deren Bearbeitung zu aktivieren. In der Regel waren diese Versuche jedoch befristet angelegt (Projektförderung) und konnten die erwünschte Drehpunktfunktion nicht im erwarteten Umfang realisieren. (vgl. z.B. LEPPER/SCHONE 1983) Aktuell erlebt dieses Konzept der Vernetzung von Wissenschaft und regionaler Praxis einen erheblichen Auftrieb, allerdings eher außerhalb des sozialwissenschaftlichen Bereichs, indem eine Reihe von Hochschulen eigens Stabstellen zur Verbesserung der Kooperation zwischen Hochschule und regionaler Wirtschaft einrichten und so eine engere Einbindung der Hochschulen in die regionale Infrastrukturpolitik und Wirtschaftsförderung anstreben.

Im Bereich der sozialen Arbeit hat sich dagegen ein Trend eingestellt, die Drehpunktfunktion zwischen Wissenschaft und Praxis stärker aus dem engeren Kontext der (Fach-)Hochschulen zu lösen. Besonders hervorzuheben ist hierbei das Deutsche Jugendinstitut (DJI) in München, das bereits 1961 gegründet wurde, sich als sozialwissenschaftliches Forschungsinstitut mit den Problemen der Sozialisation in der Kindheit und im Jugendalter befaßt und seine besondere Aufgabe in der wissenschaftlichen Praxis- und Politikberatung sieht. Daneben sind – mit einiger Verzögerung – in den letzten 10 bis 20 Jahren zum einen eine Reihe sogenannter An-Institute an Hochschulen entstanden, die z.T. mit eigenem Personal und eigener Ressourcenverwaltung, z.T. mit WissenschaftlerInnen aus dem Hochschulbereich besetzt sind und die gegenüber dem engeren Hochschulbereich erheblich flexibler agieren können. Zum anderen sind aber auch außerhalb des Hochschulbereichs eine Vielzahl kleinerer selbständiger Institute entstanden, deren erklärtes Ziel die wissenschaftlich geleitete, auf die

Bedürfnisse der Praxis ausgerichtete Forschung, Beratung und Unterstützung ist.

Mit eben diesem Anspruch wurde im September 1979 auch das Institut für soziale Arbeit e.V. (ISA) in Münster von Fachkräften aus den Bereichen Wissenschaft, Administration und Praxis (öffentliche und freie Träger) gegründet. Zentraler Auslöser der Gründung des ISA war die Einschätzung, daß für immer brennendere Praxisfragen zur organisatorischen, inhaltlichen und methodischen Gestaltung der Arbeit und zu den Voraussetzungen und Wirkungen sozialpädagogischen Tuns immer weniger Antworten, Impulse oder Denkanstöße aus der akademischen Sozialwissenschaft zu erhalten waren. Ziel der Gründung des ISA war es, die Lücke zwischen der immer isolierter voneinander verlaufenden „Praxisdiskussion" und „Wissenschaftsdiskussion" mit einem eigenen, sowohl der Praxis als auch der Wissenschaft verbundenen Arbeitsansatz zu füllen und damit die Kluft zwischen universitärer Forschung einerseits und Bedürfnissen der Praxis andererseits zu schließen.

„Treibendes Moment der Gründung des ISA war der Wunsch nach einem Forum, das den notwendigen Dialog zwischen Theorie und Praxis anstößt und belebt, Kreativität und Initiative Raum gibt und jenseits von festgefahrenen Strukturen, Rücksichtnahmen und Denkbarrieren Perspektiven aufzeigt. Diese Interessen wurden formuliert und schließlich auch im Rahmen des ISA realisiert durch engagierte Fachkräfte aus der sozialen Arbeit, innovationsorientierte Mitarbeiter und Mitarbeiterinnen in Trägerorganisationen sowie an Praxis und praktischer Wirksamkeit orientierten Wissenschaftlern und Wissenschaftlerinnen aus Fachhochschulen und Universitäten.

Mit dem ‚Experiment ISA' sollte der Beweis geführt werden, daß tragfähige Verbindungen zwischen mehr und mehr auseinanderfallenden Handlungsfeldern der sozialen Arbeit, zwischen verschiedensten Trägerinstitutionen, zwischen reflexionsbereiten Praktikern und Praktikerinnen sowie praxisorientierten Wissenschaftlern und Wissenschaftlerinnen auf- und ausgebaut werden können. Es sollte gezeigt werden, daß es auch in scheinbar verkrusteten Strukturen Handlungsspielräume für Innovationen gibt, und daß diese durch Reflexion und Kooperation ausgefüllt und erweitert werden können." (INSTITUT FÜR SOZIALE ARBEIT 1985, S. 3)

Zum Tätigkeitsprofil des ISA

Zur Realisierung des skizzierten Anspruchs wurden die Elemente Praxisforschung, Praxisberatung (als Planungs-, Programm-, Organisations- und Politikberatung) und Fortbildung von Beginn an als die drei tragenden Säulen eines einheitlichen Konzeptes parallel entwickelt.

Praxisforschung

Zur Praxisforschung des ISA gehört die Beschreibung von sozialarbeiterischen und sozialpädagogischen Praxisvollzügen ebenso wie die Untersuchung sozialpolitischer Instrumentarien und institutioneller Handlungsmöglichkeiten. Praxisorientierte Forschung hat die Aufgabe, die Praxis sozialer Arbeit durch wissenschaftlich ausgewiesenes Wissen zu unterstützen, zu stabilisieren und zu effektivieren. Dies meint insbesondere, daß die Praxis sozialer Arbeit durch die Anwendung wissenschaftlicher Methoden untersucht und begleitet werden soll, wobei

- Auswahl und Akzentuierung der forschungsleitenden Fragestellungen aus praktischer Perspektive geschehen und
- die praktische Wirkung und Verwertbarkeit der Ergebnisse durch die Art ihrer Aufbereitung und Darstellung optimiert werden sollen.

Die Formulierung der Ergebnisse in einem Bericht bildet dabei nicht den Endpunkt, sondern stellt ein Element eines interaktiven Forschungsprozesses dar, in dem Erkenntnisse im Diskurs gewonnen und vermittelt werden können.

Insgesamt sind seit der Gründung des ISA 1979 bis 1993 ca. 30 Praxisforschungsprojekte mit einer Laufzeit zwischen drei Monaten und drei Jahren durchgeführt worden. Auftraggeber/Förderer waren die Stiftung Deutsche Jugendmarke e.V., verschiedene Bundes- und Landesministerien, Spitzenverbände der Deutschen Wohlfahrtspflege sowie verschiedene Kommunen (Städte und Kreise). Längerfristige Praxisforschungsprojekte waren z.B.:

- Jugendliche AusreißerInnen und sozialpädagogische Krisenintervention – Ursachen und Erscheinungsformen der Familien- und Heimflucht von Kindern und Jugendlichen (Förderer: Stiftung Deutsche Jugendmarke e.V.; Ministerium für Arbeit, Gesundheit und Soziales NRW – Laufzeit: 1.5.1981–31.5.1984)
- Kinder und Jugendliche aus Ein-Eltern-Familien in Erziehungshilfen (Förderer: Stiftung Deutsche Jugendmarke e.V.; Ministerium für Arbeit, Gesundheit und Soziales NRW – Laufzeit: 1.1.1985–31.12.1987)
- Untersuchung über Zielgruppen, Bestand und Wirkung ausgewählter Erziehungshilfen des Stadtjugendamtes Kassel (Förderer: Stadt Kassel – Laufzeit: 1.9.1985–31.3.1987)
- Erziehungshilfen im Grenzbereich von Jugendhilfe und Jugendpsychiatrie (Förderer: Stiftung Deutsche Jugendmarke e.V.; Ministerium für Arbeit, Gesundheit und Soziales NRW – Laufzeit: 15.11.1987–14.11.1989)
- Forschungsprojekt AIDS-Beratung für Mädchen mit besonderer Berücksichtigung von Mädchen in Krisen sexueller Entwicklung (Förderer: Bundesministerium für Jugend, Frauen und Gesundheit – Laufzeit: 1.7.1989–31.12.1991)
- Das Kinder- und Jugendhilfegesetz in der Praxis (Förderer: Stiftung Deutsche Jugendmarke e.V.; Ministerium für Arbeit, Gesundheit und Soziales NRW; projektbeteiligte Städte und Landkreis – Laufzeit: 1.5.1992–30.4.1994)

Auch die drei in den Kapiteln 2 bis 4 vorgestellten Projekte sind im Rahmen der Praxisforschung des ISA entstanden. Alle Projekte sind in verschiedenen Buchpublikationen und Aufsätzen veröffentlicht, d.h. dem öffentlichen Diskurs zugänglich gemacht worden.

Praxisberatung

Zur Beratung bei der *Planung und Programmentwicklung* öffentlicher und freier Träger der sozialen Arbeit gehören Bestandsaufnahmen der verschiedenen sozialarbeiterischen/sozialpädagogischen Arbeitsfelder, Ist-/Soll-Vergleiche sowie die Mitwirkung bei komplexen Planungsprozessen in der sozialen Arbeit. Verwirklicht werden kann diese Aufgabenstellung u.a. durch Beratung, Beteiligung, Entwicklung von Planungsmodellen sowie die Weiterentwicklung von Veranstaltungen, Einrichtungen und Diensten. Im Rahmen der *Organisationsberatung* erhalten Träger sozialer Arbeit bei der Entwicklung neuer Organisationsstrukturen, bei Programmen und Arbeitsformen durch Betreuung und Begleitung einzelner Einrichtungen und Angebote fachliche Unterstützung. *Politikberatung* schließlich informiert politisch-administrative Instanzen über gesellschaftliche Entwicklungen und stellt empirische Daten zur Versachlichung von Diskussionen und Zielfindungsprozessen zur Verfügung. Sozialwissenschaftliches Grundlagenmaterial soll für Gesetzesvorhaben und andere politische Planungen erarbeitet werden.

Die Politikberatung geschieht einerseits allgemein durch die Entwicklung von Handlungsempfehlungen im Rahmen von Praxisforschungsprojekten. Andererseits erhält das ISA seit 1990 Zuwendungen vom Land Nordrhein-Westfalen, die mit dem Auftrag der Entwicklung von Konzeptionen und Materialien für die Praxis der Jugendhilfe in Nordrhein-Westfalen, konkret: mit einem Politikberatungsauftrag, verbunden sind.

Einen besonderen Ansatz der Praxisberatung stellt außerdem das vom ISA entwickelte Beratung- und Unterstützungsmodell bei der Jugendhilfeplanung der Kommunen dar (vgl. hierzu Kap. 5). In diesem Praxisberatungskonzept sind sowohl Planungs- und Programmfragen, Fragen der Organisationsentwicklung als auch Fragen der (kommunalen) Jugendpolitik angesprochen, wobei all diese Elemente wiederum in einen größeren Zusammenhang der Praxisforschung durch die Praxis selbst (vgl. 1.3) und der breiten Qualifizierung der Fachkräfte eingebunden sind.

Fortbildung

Fortbildungsschwerpunkte des Instituts liegen auf mehreren Ebenen. Fachkräften verschiedenster Berufsgruppen mit mehrjähriger Praxis sollen durch Fortbildungsangebote neuere wissenschaftliche Ergebnisse mit dem Ziel einer

Interpretations- und Reflexionshilfe zur Verarbeitung beruflicher Erfahrung angeboten werden. Andere Fortbildungsangebote sollen der Spezialisierung von Fachkräften in verschiedenen sozialpädagogischen Arbeitsbereichen dienen. Schließlich soll durch institutionsbezogene Fortbildungsangebote Fachkräften die Möglichkeit gegeben werden, ihre bisherige Praxis (vor allem auch im Team) zu diskutieren, zu evaluieren und ggf. zu korrigieren.

Im Laufe der Jahre haben sich folgende Arbeitsschwerpunkte des ISA im Fortbildungsbereich herausgebildet und stabilisiert:

- Jugendhilfe und Jugendpolitik
- Mädchenforschung und Mädchenarbeit
- Sozialhilfe und Sozialpolitik
- Soziale Arbeit und Recht

Innerhalb dieser Schwerpunktbereiche wird jeweils eine breite Themenpalette angesprochen. Die TeilnehmerInnen an den Veranstaltungen kommen – wie eine interne Auswertung ergab – zu ca. 60% aus dem Bereich öffentliche Träger, zu ca. 20% von freien Trägern der Wohlfahrtspflege und zu weiteren ca. 20% von anderen im Feld der sozialen Arbeit tätigen Gruppierungen und Organisationen.

Wesentliche Anstöße für Inhalte und Themen der Fortbildungsangebote des ISA kommen aus zwei Richtungen:

- Zum einen ergeben sich wichtige Impulse aus den Praxisforschungsprojekten des ISA. Ergebnisse, die im Rahmen der Forschung erarbeitet wurden, sollen damit unmittelbar an die interessierte Praxis zurückgegeben werden.
- Zum anderen kommen Anstöße zur inhaltlichen Gestaltung des Fortbildungsprogramms von Trägern und Fachkräften der sozialen Arbeit selbst, die Anfragen an das ISA richten und Interesse an Veranstaltungen zu aktuellen fachpolitischen Fragen oder noch häufiger an Fortbildungen zu spezifischen Problemen des sozialpädagogischen Alltags (z.B. nach Inkrafttreten des neuen Kinder- und Jugendhilfegesetzes) formulieren.

Da sich seit Beginn der neunziger Jahre die externen Anfragen von Institutionen (Jugendämter, Einrichtungen und Dienste öffentlicher und freier Träger) erheblich vermehrt haben, die spezifische, auf die Probleme ihrer Institutionen abgestellte Fortbildungsveranstaltungen für ihre Fachkräfte wünschen, wurde das Fortbildungsprogramm des ISA mit dem Jahr 1994 verstärkt auf solche institutionsbezogenen Fortbildungsangebote zu bestimmten Themenkomplexen ausgerichtet. Institutionsbezogene Fortbildungen nähern sich inhaltlich und methodisch sehr stark organisationsberatenden/organisationsentwickelnden Arbeitsformen an.

Zum institutionellen und fachpolitischen Profil des ISA

Die zentrale Basis für die Arbeit des ISA ist der Verein, der nicht nur formal als Träger fungiert, sondern durch die Zusammensetzung der Mitglieder und durch deren Engagement die erforderliche Vielfalt und Offenheit, aber auch die Verankerung in den Systemen Wissenschaft, Administration und Praxis sicherstellt.

Die Mitgliederliste des ISA umfaßte am 31.12.1993 insgesamt 39 Personen. Davon kommen

- 11 aus dem wissenschaftlichen Bereich (5 Hochschule, 3 Fachhochschule, 3 wissenschaftliche Institute),
- 13 aus dem Bereich der Verwaltung und Administration (7 Kommunalverwaltung, 7 Landesverwaltung und sonstige übergeordnete Behörden),
- 7 aus dem Bereich freier Träger (3 Einzelträger, 4 Spitzenverbände),
- 2 arbeiten als selbständige(r) SupervisorIn, FortbildnerIn),
- 5 kommen aus anderen Bereichen (z.B. Verlag).

24 Mitglieder kommen aus Nordrhein-Westfalen und 15 aus insgesamt sechs anderen Bundesländern.

Die Einbeziehung der Mitglieder in die Aktivitäten des ISA und der Rückgriff auf ihr je spezifisches Know-how ist vor diesem Hintergrund ein wesentliches qualitätssicherndes Organisationsmerkmal des ISA.

Die hier skizzierten Rahmenbedingungen und die spezifische Organisationsform des ISA mit seinen über die Mitglieder hergestellten „Verankerungen" im Wissenschafts- und Praxissystem fördern und sichern in hohem Maße, daß das anvisierte Ziel der Gewinnung neuer und Transformation unterschiedlicher Wissensbestände zum Zwecke der Verbreitung von Innovationen in der sozialen Arbeit im „Institutsalltag" und besonders bei den dort tätigen MitarbeiterInnen nicht aus dem Blick gerät, sondern vielmehr als Leitlinie der Arbeit stets präsent ist.

Die Zahl der hauptamtlichen MitarbeiterInnen des ISA schwankte in der Zeit seit seiner Gründung zwischen fünf und zehn (inklusive Sekretariat und Verwaltung). Da sich das ISA weit überwiegend projektbezogen finanzieren muß, ist eine hohe MitarbeiterInnenfluktuation ein unvermeidliches konstitutives Merkmal einer solchen Organisation.

Für die hauptamtlichen wissenschaftlichen MitarbeiterInnen stellt sich besonders die Aufgabe, die Qualitätsansprüche und Standards der Referenzsysteme Wissenschaft und Praxis in ihrer Arbeit zusammenzuführen. Hierbei müssen sie in der Lage sein, die Ambivalenz auszuhalten, keinem System richtig anzugehören – von PraktikerInnen als „TheoretikerInnen" und von Universitäts-WissenschaftlerInnen als „unwissenschaftliche Praxis-Dokumentare" klassifiziert zu werden.

Durch die Einbindung der MitarbeiterInnen in das ISA mit seinem institutionellen Selbstverständnis als Praxisforschungs-Institut ist diese Ambivalenz ein Teil des jeweiligen Stellenprofils, so daß sie nicht einseitig (durch Selbstdefinition als „ForscherIn" oder „PraktikerIn") aufgelöst werden kann.

Nicht zufällig verfügen die MitarbeiterInnen des ISA oder ähnlicher Institute und Einrichtungen in der Regel über eine „Doppelqualifikation" in dem Sinne, daß sie einerseits eine wissenschaftliche Ausbildung abgeschlossen haben und andererseits selbst längere Zeit als PraktikerInnen in verschiedenen Felder und auf verschiedenen Ebenen sozialer Arbeit tätig waren. Hieraus resultiert günstigstenfalls die gleichzeitige Anerkennung der Relevanzkriterien beider Handlungssysteme als professionelle „Double-bind"-Situation, die es gilt, in jedem Einzelfall (Einzelprojekt) auf der Suche nach dem optimalen Weg aufzulösen/auszugestalten.

Die Struktur eines selbständigen Praxisforschungsinstitutes, das nicht durch dauerhafte institutionelle Förderung durch staatliche Stellen abgesichert ist, ist geprägt durch seine „Marktabhängigkeit". So ist auch das ISA seit seiner Gründung darauf angewiesen, Auftraggeber bzw. Förderer für seine Praxisforschungsprojekte zu gewinnen. Als „bezahlte Forschung" sind so geförderte Projekte aber auch immer (verwertungs)interessengebunden, wobei dieses Verwertungsinteresse – mit Ausnahme bei der direkten Auftragsvergabe durch Träger sozialer Arbeit selbst – nicht einseitig linear gedacht werden darf. Bei einer Förderung durch Stiftungen oder Ministerien besteht eher ein „allgemeines" Interesse an der Verwertbarkeit der Forschungsergebnisse im Sinne der jeweiligen Förderphilosophie bzw. Förderrichtlinien der mittelvergebenden Institutionen. Folglich ist unverzichtbar, bei Forschungsanträgen bzw. -angeboten neben der inhaltlichen Konzeption und methodischen Struktur auch den aus dem Projekt erwarteten Nutzen für das jeweils untersuchte Praxisfeld („Gebrauchswertversprechen"; vgl. BITZAN/KLÖCK 1988, S. 123 ff.) differenziert darzulegen.

Damit stellt die Praxisforschung eines selbständigen Instituts – so auch des ISA – eine spezifische Form der Dienstleistung dar, die erhebliche Folgen für die zeitliche, inhaltliche und methodische Gestaltung von Forschungsvorhaben hat. Dies bedeutet z.B., daß diese nicht nur verfahrens- und methodenorientiert, sondern schwerpunktmäßig produktorientiert zu sein haben. Da – anders als im System der Hochschulen – die institutionelle Existenz selbständiger Institute von der Auftragsvergabe bzw. Förderung durch öffentliche Stellen abhängig ist, unterliegen sie außerdem deutlich verschärften Bedingungen der Gebrauchswertorientierung.

Um infolge der geschilderten Markabhängigkeit und Gebrauchswertorientierung nicht der Gefahr zu erliegen, sich durch partielle Interessen instrumentalisieren zu lassen, bedarf es zur Sicherung der inhaltlichen Unabhängigkeit eines eigenen fachlichen und fachpolitischen Profils.

Ein solches fachliches und fachpolitisches Profil stellt einerseits das zentrale Widerstandspotential gegenüber partikularistischen Gebrauchswertinteressen von Teilen der Praxis dar, dient andererseits aber auch der Gewährleistung eines inhaltlichen, marktsichernden „Markenzeichens" im Sinne eines inhaltlichen Qualitätsmerkmals der Arbeit. Kurz: Auftragsforschung macht nicht profillos, sondern nur wer Profil hat, bekommt Aufträge (Filterfunktion für die Art der Aufträge).

Das fachpolitische Profil des ISA läßt sich schlagwortartig charakterisieren durch folgende Programmatik:

- Verknüpfung von Forschung und Praxis (Praxisforschung, Praxisberatung, Fortbildung)
- Erweiterung der Handlungsspielräume von PraktikerInnen in der sozialen Arbeit
- Unterstützung sozialer Reform- und Innovationsprozesse auf allen Ebenen der sozialen Arbeit
- Unterstützung von Selbstorganisation und Sicherung von Partizipationsinteressen von Betroffenen
- Vermeidung von Desintegrationsprozessen in der Gesellschaft
- Sicherung einer lebensweltorientierten Gestaltung sozialer Arbeit (Prävention, Dezentralisierung, Alltagsorientierung, Integration, Partizipation) (vgl. BMJFFG 1990, S. 17)
- Entwicklung des Jugendamtes von einer Ordnungsbehörde zu einer Leistungsbehörde
- Einmischung in alle für die soziale Arbeit relevanten Politikbereiche

Die Sicherung des hier angedeuteten fachlichen und fachpolitischen Profils geschieht zum einen über die oben dargestellte Pluralität der Mitgliederstruktur und deren Einbindung in die inhaltliche Arbeit des Instituts. Daneben dient die spezifische Verankerung des Instituts bzw. einzelner MitarbeiterInnen in der „Fachszene" (Mitgliedschaft des ISA im Deutschen Verein für öffentliche und private Fürsorge, in der Arbeitsgemeinschaft sozialwissenschaftlicher Institute e.V. oder in der Internationalen Gesellschaft für erzieherische Hilfen e.V.) eben diesem Ziel der Profilsicherung.

Am deutlichsten jedoch wird das inhaltliche Profil des ISA nach außen (aber auch nach innen) geprägt durch die Vielzahl von Kongressen, Fachtagungen und Fortbildungen, die das Institut durchführt, sowie durch seine Schriftenreihe SOZIALE PRAXIS und sonstige Veröffentlichungen aus den verschiedenen Projekten und Projektzusammenhängen. Hier werden alle Arbeiten – den Spielregeln des wissenschaftlichen Diskurses entsprechend – der öffentlichen Fachdiskussion zugänglich gemacht. Hier werden die im Sinne des skizzierten fachlichen und fachpolitischen Profils interessengeleiteten Praxisforschungsaktivitäten transparent und damit nachvollziehbar und ggf. rekonstruierbar gemacht. Und hier wird schließlich eine kritische (Fach-)Öffentlichkeit zur – möglichst über das einzelne Projekt hinausgehenden – Rückmeldung aufgefordert, um eine Weiterentwicklung der jeweiligen Themen innerhalb und außerhalb des Instituts zu befördern.

Ein so charakterisiertes verbindliches und transparentes fachliches und fachpolitisches Profil ist zum einen nicht statisch zu sehen, sondern unterliegt in einer sich rasch wandelnden Gesellschaft ebenfalls ständiger Diskussion und Weiterentwicklung. Die nunmehr 15jährige Geschichte des ISA zeigt aber, daß ein mittlerer Institutionalisierungsgrad eine wichtige Voraussetzung dafür ist, ein elaboriertes und mit hoher Verbindlichkeit ausgestattetes (institutionalisiertes) Fachprofil gewährleisten zu können.

2 Bestand, Zielgruppen und Wirksamkeit ambulanter Hilfen zur Erziehung[2]

2.1 Vorspann – Zum Entstehungskontext des Projektes

Das im folgenden dargestellte Praxisforschungsprojekt „Empirische Untersuchung zu Zielgruppen, Umfang und Wirksamkeit ambulanter Hilfen zur Erziehung als Alternative zur Erziehung außerhalb der eigenen Familie" wurde in der Zeit vom 1.7.1985 bis 30.6.1987 im Auftrag des Bundesministeriums für Jugend, Familie, Frauen und Gesundheit (BMJFFG) vom Institut für soziale Arbeit e.V. durchgeführt. Das Projekt erfolgte parallel und in Abstimmung mit einer Untersuchung stationärer Erziehungshilfen, welche ebenfalls im Auftrag des BMJFFG und nahezu zeitgleich an der Fachhochschule Münster durchgeführt wurde.

Für beide Projekte lag die Federführung für die Auftragsvergabe des Ministeriums beim Referat für Fragen des Jugendhilferechts. In diesem Referat wurde zur gleichen Zeit – nach mehrmaligem Scheitern einer Jugendhilferechtsreform in den zurückliegenden 15 Jahren – ein erneuter Referentenentwurf zur Neufassung des Jugendhilferechts vorbereitet.

Hierbei – wie auch in den zurückliegenden Referentenentwürfen – lag ein Schwerpunkt im Bereich der Hilfen zur Erziehung darauf, diejenigen Hilfen stärker zu normieren, die die sozialpädagogische Beratung, Betreuung und Unterstützung von Minderjährigen und ihren Familien im bestehenden Lebensraum sicherstellen sollten.

Den Überlegungen zur Durchführung der ISA-Studie lag daher die Einschätzung zugrunde, daß ambulante und offene Hilfen sowohl unter quantitativen als auch unter fachlich-pädagogischen Gesichtspunkten zukünftig an Bedeutung gewinnen würden. Ziel der Studie waren demzufolge systematische Aussagen über Bestand, Ausstattung, Strukturen, Aufgabenschwerpunkte, Qualität und Entwicklungslinien ambulanter Erziehungshilfen.

Die Initiative zu diesem Projekt ging vom ISA aus, das einen entsprechenden Forschungsantrag an das Ministerium richtete. Fachlicher Hintergrund dieses Antrages war, daß das ISA schon im Jahr 1984 eine vielbeachtete Bestandaufnahme fachlicher Entwicklungen in der sozialpädagogischen Familienhilfe in Nordrhein-Westfalen durchgeführt hatte (vgl. ELGER 1985) und parallel

---

2 Ausführliche Darstellungen dieses Praxisforschungsprojektes finden sich in: SCHONE 1987, INSTITUT FÜR SOZIALE ARBEIT 1988a.

zum beantragten Projekt eine Intensivstudie über Zielgrupen, Bestand und Wirkung ausgewählter Erziehungshilfen des Stadtjugendamtes Kassel durchführte. (vgl. ELGER u.a. 1987) Darüber hinaus bildeten die verschiedenen Formen ambulanter und stationärer Erziehungshilfen schon seit Bestehen des ISA einen Schwerpunkt in Forschung, Praxisberatung und Fortbildung.

Da das Forschungsprojekt jedoch nicht nur Grundlagenmaterial für die Neugestaltung des Jugendhilferechts anstrebte, sondern gleichermaßen das Ziel verfolgte, Planungshilfen für eine problemgerechte und bedürfnisorientierte Weiterentwicklung von Erziehungshilfeangeboten in der Praxis zu liefern, wurde das Forschungskonzept ebenso wie das methodische Vorgehen von vornherein mit dem Landesjugendamt Westfalen-Lippe, den kommunalen Spitzenverbänden (Städtetag, Landkreistag, Städte- und Gemeindebund) sowie mit der Arbeitsgemeinschaft der Spitzenverbände der freien Wohlfahrtspflege Nordrhein-Westfalen abgestimmt. Zum einen waren dies entscheidende Instanzen für einen zukünftigen Transfer von Ergebnissen; zum anderen konnte durch diese Abstimmung die Akzeptanz und Beteiligung der im Verlauf der Untersuchung befragten Kommunen und freien Träger sichergestellt werden.

INTER-VENTIONS-EBENEN	ZIELEBENEN			
	Legitimierung	Strukturierung	Qualifizierung	Motivierung
politisch-administrative Ebene				
institutionelle Ebene				
Ebene der professionellen Akteure				
Ebene der Betroffenen				

Übersicht 2.1: Ziel- und Interventionsebene des Projektes

Wie aus den hier dargestellten Forschungszielen und dem Forschungszugriff schon deutlich wird, war das Projekt von vornherein eher als *„externe Wirkungskontrolle"* (vgl. 1.3) angelegt, indem es überblickartig das Gesamtfeld ambulanter Hilfen und ihrer Arbeitsweisen zu erhellen trachtete.

Bezogen auf unsere Typologie (1.3) hatte das Projekt vorrangig die *politisch-administrative* Ebene (Gestaltung von Gesetzen, Richtlinien, Förderinstrumenten) und die *institutionelle Ebene* (Planungshilfe für eine Weiterentwicklung der Angebotsstruktur) im Blick. Auf der Zielebene ging es im wesentlichen um die Schaffung fachlich begründeter *Legitimationen* für zukunftsgerichtete Entscheidungen in diesem Feld.

2.2 Fachlicher und fachpolitischer Kontext

Bis Mitte der siebziger Jahre war die ambulante Beratung, Betreuung und Unterstützung von Kindern, Jugendlichen und Familien mit besonderen Problemlagen ein fachlich und fachpolitisch wenig beachtetes Phänomen. Doch schon 1973 wies Wolfgang BÄUERLE in seinen prägnanten und vielbeachteten Thesen zur Situation der Jugendhilfe auf die durch nichts zu rechtfertigende Unterrepräsentanz offener und ambulanter Angebote der Erziehungshilfe hin. (vgl. BÄUERLE 1973, S. 369 ff.) Heute, gut 20 Jahre danach, haben ambulante Beratungs-, Hilfs- und Unterstützungsangebote eine beträchtliche Aufwertung erfahren und erfreuen sich einer hohen Aufmerksamkeit bei PolitikerInnen, PraktikerInnen und WissenschaftlerInnen. Diese Entwicklung deutet auf weitreichende Veränderungsprozesse in der Erziehungshilfelandschaft hin, die hier kurz skizziert werden sollen.

Im Rahmen der gesellschaftlichen Umdenkungsprozesse Ende der sechziger, Anfang der siebziger Jahre wurden auch gravierende Mißstände der bis dahin dominanten Heimerziehung offenbar. Nach einer Welle von Heimskandalen geriet die Heimerziehung insgesamt unter erheblichen Druck. Es wurde zunehmend grundsätzlich in Frage gestellt, daß unter den weitgehend entmündigenden und stigmatisierenden Heim-(Anstalts-)Strukturen befriedigende Lebens- und Entwicklungsmöglichkeiten für die betroffenen Kinder und Jugendlichen herstellbar seien, zumal auch die fachliche Qualifikation der MitarbeiterInnen in der Mehrzahl der Einrichtungen eklatante Mängel aufwies.

Durch die Reformbewegung der siebziger Jahre gerieten unter dem Stichwort „offensive Jugendhilfe" (vgl. BMJFG 1974) neue fachliche Konzepte in den Mittelpunkt der Diskussion. Zunächst wurde − zusätzlich vorangetrieben durch die Kostenexplosion im Heimbereich infolge teurer Veränderungs- und Qualifizierungsprozesse − der Rückgriff auf Pflegefamilien rasch ausgeweitet. Dies hatte allerdings vorerst nur eine rein quantitative Verlagerung der Gesamtunterbringung von der Heim- zur Familienpflege zur Folge. Das Problem der häufigen Trennungen der Kinder von ihren Eltern war damit nicht zu lösen.

Der ebenfalls in den siebziger Jahren forcierte Ausbau institutionalisierter Beratungsstellen für Eltern, Kinder und Jugendliche konnte zwar das Angebot der Beratung in Erziehungsfragen, der Bearbeitung problematischer Beziehungsstrukturen und der Thematisierung des gegenseitigen familialen Umgangs miteinander wesentlich verbessern und verbreitern; hinsichtlich der klassischen Erziehungshilfeklientel blieben diese Beratungsstellen jedoch weitgehend wirkungslos (Schwellenproblematik, Mittelschichtorientierung). Zudem hatten auch Beratungsstellen die Gefahr nicht aufheben können, daß die an sie herangetragenen Probleme auf ihre individuelle psychische Ebene reduziert und die ökonomischen und sozialen Verursachungszusammenhänge, wenn nicht schon bei der Problemdiagnose, so doch bei der Bearbeitung, vernachlässigt oder ausgeblendet werden.

An dieser Stelle traf die Kritik, daß Probleme allzuoft lösgelöst von den konkreten Lebensbedingungen der Betroffenen betrachtet und behandelt werden, sowohl auf das traditionelle Verständnis von Heimerziehung als auch auf das traditionelle Verständnis von Erziehungsberatung zu.

Da sich die Erziehungsberatung nicht als wirkungsvolle Alternative zur Fremdunterbringung von Kindern und Jugendlichen entwickeln konnte – sei es aufgrund ihres Arbeitsansatzes, sei es aufgrund unterschiedlicher Ziel- bzw. Klientelgruppen –, aber gleichzeitig die Erziehung außerhalb der eigenen Familie sowohl in Heimen und Wohngruppen als auch in Pflegefamilien immer stärker in Frage gestellt wurde, trat eine Leistungslücke im System der Erziehungshilfe deutlich hervor. Es wurde offensichtlich, daß kaum adäquate Instrumente und Hilfsansätze für die Arbeit mit problembelasteten Kindern, Jugendlichen und Familien in deren Herkunftsmilieus zur Verfügung standen. So gewannen denn auch in Theorie und Praxis solche Konzepte und Versuche zunehmend an Interesse, die durch ambulante und teilstationäre Arbeitsansätze versuchten, trennende Eingriffe in die Lebenssituation von Eltern und Kindern zu vermeiden und stärker ursachen- und milieuorientierte Arbeitsformen zu entwickeln. Deutlichster Beleg für diese Entwicklung ist der rasante Ausbau der sozialpädagogischen Familienhilfe seit Beginn der 80er Jahre. (vgl. NIELSEN/NIELSEN/MÜLLER 1986, INSTITUT FÜR SOZIALE ARBEIT 1986, ELGER 1985, CHRISTMANN/ MÜLLER 1986)

Die Forderung nach unbedingtem Vorrang familiengerichtlicher ambulanter Hilfen vor der Unterbringung von Kindern und Jugendlichen in Heim- und Familienpflege wurde denn auch zu einem zentralen Entwicklungsziel der Erziehungshilfe mit einem hohen Verbindlichkeitsgrad. Sie zielte als Ausfluß der Diskussion um eine offensive Jugendhilfe auf ein neues Selbstverständnis der Erziehungshilfen. Die zugrundeliegende Entwicklungslogik vom Monopol der Heimerziehung über den Ausbau des Beratungs- und Pflegekindschaftswesens zur Präferenz ambulanter Hilfen „entspricht nicht nur fachlichen Postulaten (familienbezogene, offene, präventive und freiwillig angenommene Hilfen haben Vorrang vor Eingriffen/Interventionen), auch die Respektierung der elterlichen Rechte und die Anerkennung ihrer Bedeutung für den Sozialisationsprozeß begünstigen ebenso wie fiskalische, von der Kostenseite her angelegte Argumentationen einen Ausbau familienunterstützender Hilfen und begründen deren Priorität vor familienersetzenden Hilfen." (JORDAN/ SENGLING 1988, S. 139) Unter der griffigen Formel „Ambulante Hilfen – besser und billiger" fand diese Argumentation große Beachtung in der Diskussion um eine Verbesserung des Erziehungshilfesystems.

Die Erziehungshilfepraxis vieler Jugendämter ging daher schon Mitte der achtziger Jahre erheblich über das hinaus, was die seinerzeitige Rechtsgrundlage des Jugendwohlfahrtsgesetzes (JWG) vorschrieb. Auch wenn von einzelnen Jugendämtern mitunter noch die Auffassung vertreten wurde, daß offene Hilfen freiwillige Leistungen seien, die nicht zu ihren Pflichtaufgaben gehörten, schufen sich dennoch viele Jugendämter unter extensiver Auslegung des JWG neue Spielräume für innovative Wege in der Erziehungshilfe.

Die jugendhilferechtlichen Unzulänglichkeiten haben die fachliche Entwicklung in Richtung auf einen Ausbau offener Hilfen also nicht entscheidend behindert, aber doch dazu geführt, daß es vor allem von lokalen Aktivitäten und Interessen einzelner Jugendämter und freier Träger, von der politischen Willensbildung und Durchsetzungsfähigkeit kommunaler Jugendhilfepolitik (Jugendwohlfahrtsausschuß) und nicht zuletzt von der Finanzkraft der Kommunen abhing, ob, wie und in welchem Umfang ambulante Erziehungshilfen zur Bearbeitung familialer und persönlicher Problemlagen von Kindern und Jugendlichen zur Verfügung gestellt wurden. (vgl. ebd., S. 139 ff.)

Dennoch wird allenthalben ein Perspektivenwechsel in der Erziehungshilfe deutlich. Nicht mehr (nur) die Symptome und Probleme einzelner Individuen werden zum Gegenstand für Hilfe und Intervention, sondern der Blick richtet sich zunehmend auf größere soziale Systeme (Familie, Nachbarschaft, Gemeinwesen). Dies ist Folge der sich zunehmend durchsetzenden Interpretation, daß Störungen und Defizite bei Kindern und Jugendlichen in der Regel Ausdruck und Folgen defizitärer, entwicklungshemmender Lebensverhältnisse in den sie umgebenden sozialen Systemen sind. Jugendhilfe kann und will sich nicht mehr nur auf die Bearbeitung „gestörten Verhaltens" beschränken, sondern versucht, sich mit gestörten Verhältnissen auseinanderzusetzen, indem sie den sozialen Kontext der Betroffenen in den Blick nimmt und diesen ebenfalls zum Adressaten von Veränderung macht.

Die gesellschaftlichen, fachpolitischen und fachlichen Triebfedern für eine derartige Argumentation und damit für den Auftrieb ambulanter Konzepte und für den Aufschwung ambulanter Dienste lassen sich auf verschiedenen Ebenen verorten:

Gesellschaftspolitischer Aspekt

Im Gegensatz zum fast völlig vergesellschafteten Qualifikationsbereich (Schule, z.T. Kindergarten) blieben direkte staatliche Aktivitäten im Sozialisationsbereich bis weit nach dem Zweiten Weltkrieg meist streng subsidiär. Dort, wo Jugendhilfe aufgrund nicht eingelöster Minimalstandards familialer Sozialisation (Vernachlässigung, Verwahrlosung) aktiv wurde, geschah dies oft in repressiver Form (Fürsorge-, Erziehungsanstalten). Soziale Dienste und Jugendhilfe waren nahezu ausschließlich gerichtet auf stark normverletztende Personen und Familien (kriminell, auffällig etc.). In den letzten 25 Jahren werden allerdings immer deutlicher Veränderungstendenzen in diesem Bereich sichtbar. „Familie und Kindererziehung werden mehr und mehr zum Gegenstandsbereich staatlicher Sozialpolitik. Die Institution Familie stößt zunehmend an Leistungsgrenzen. Sie kann aus verschiedenen Gründen (z.B. Einbeziehung von immer mehr Frauen in den Produktionsprozeß) bestimmte Sozialisationsaufgaben, bestimmte, bisher wahrgenommene Reproduktionsfunktionen nicht mehr erfüllen. Familienpolitik (...) soll diesen Tendenzen entgegenwirken. Die Familie soll über einen Katalog unterschiedlichster Maßnahmen in ihren Sozialisationspotenzen gestützt bzw. entlastet werden. Neben materiellen Hilfen finden dabei mehr und mehr auch Erziehungshilfen und psychische Hilfen Berücksichtigung." (NESTMANN/TAPPE 1979, S. 156 f.)

Vor diesem Hintergrund ist der in den siebziger und achtziger Jahren erfolgte Anstieg professionalisierter und institutionalisierter ambulanter Beratungs- und Unterstützungsangebote zu interpretieren als Folge zunehmender familialer Krisen (Verschlechterung der sozialen Lage breiter Bevölkerungsgruppen durch Massenarbeitslosigkeit − neue Armut, Zunahme von Entfremdungsprozessen in allen Lebensbereichen, Zerfall alltäglicher Bezüge wie Familie, Nachbarschaft etc.). Die Aufgabe ambulanter Angebote wurde darin gesehen, die sich zuspitzenden und ausbreitenden, auf gesellschaftliche Ursachen und Widersprüche zurückführbaren persönlichen und sozialen Schwierigkeiten der Menschen und ihrer Familien im Vorfeld von Problemeskalationen und damit erforderlichen massiveren Interventionen zu entschärfen. (vgl. ebd., S. 158 ff.)

Normativer Aspekt

Ausgehend von der gesellschaftlichen Erwartung, daß die Erziehung der Kinder zuvörderst das Recht und die Pflicht der leiblichen Eltern ist, verfolgt staatliche Familienpolitik und Sozialarbeit das primäre Ziel, familiale Sozialisationsleistungen zu erhalten und ggf. zu restaurieren.

In der Stellungnahme der Bundesregierung zum 7. Jugendbericht wurde der im Bericht selbst sehr weit gefaßte Begriff von Familie (vgl. S. 12: „jede auf persönliche Beziehung gegründete Gemeinschaft, in der Erwachsene und junge Menschen auf Dauer angelegt miteinander leben, dabei aufeinander Einfluß nehmen und füreinander Verantwortung tragen") scharf eingeengt, indem betont wurde, daß „die Politik der Bundesregierung darauf ausgerichtet [ist], die *eheliche* Lebensgemeinschaft zu schützen und zu fördern. Sie ist in Artikel 6 Abs. 1 GG unter den besonderen Schutz der staatlichen Ordnung gestellt und in

besonderer Weise geeignet, den Anspruch des Kindes auf verläßliche Bindung einzulösen."
(BMJFFG 1986, S. IV; Hervorhebung d.Verf.)

Obwohl der Typus der ehelichen „Normalfamilie" im Schwinden begriffen ist (nicht-eheliche Lebensgemeinschaften, Ein-Eltern-Familien etc.), wurde ihre Grundidee auch im zitierten 7. Jugendbericht beschworen und durchzog bei genauerer Analyse auch einen Großteil ambulanter Hilfskonzepte. Die in der Vergangenheit sicher allzuoft der Selbstbe-stimmung der Betroffenen entzogenen (insbesondere fremdunterbringenden) Erziehungs-hilfen, die maßgeblich zum Ruf entmündigender Wirkung öffentlicher Sozialisationsleistun-gen beigetragen hatten, dienten denn auch oft als Argument zur ideologiebestimmten gesell-schaftspolitischen Rückbesinnung auf Familie und zur Verstärkung des Familiengedankens. Dabei ließ sich die in den Mittelpunkt der Diskussion gestellte Familienorientierung er-zieherischer Hilfen je nach gesellschaftspolitischem Standort durchaus sehr unterschiedlich interpretieren. Was für die einen die bloße Rückverlagerung gesellschaftlicher Risiken in den Nahraum der Familie und damit die Zementierung der Privatisierung sozialer Probleme war, war für den anderen eine bürgernahe, bedarfsgerecht aktivierende und Selbstbestimmung fördernde Form des Kampfes gegen defizitäre Lebens- und Sozialisationsbedingungen.

Sozialökologischer Aspekt

Eine zunehmende Ausrichtung erzieherischer Hilfen am Lebensfeld der Betroffenen, d.h. an ihren Lebenszusammenhängen und an der Art und Weise, wie sie in ihrer jeweiligen Situa-tion ihr Leben gestalten, kennzeichnet die sozialökologische Sichtweise, der sich insbesonde-re ambulante Hilfen verpflichtet fühlen. Für die Entwicklung der Erziehungshilfe bedeutete die Rezeption ökologischer Konzepte die Erweiterung vom „Fallbezug" zum „Feldbezug". Ökologische Intervention bedeutet den Eingriff in die Entwicklung von Lebensräumen. Für die Erklärung und Bearbeitung sozialer Problemlagen wird auf die lebensweltlichen Zu-sammenhänge, die bestehenden oder zu schaffenden kleinen sozialen Netze zurückgegriffen. „Bei der ökologischen Intervention (...) orientiert sich soziale Politik unterhalb der all-gemeinen Ebenen ökonomischer, juridischer oder professioneller Systembildung − aber auch oberhalb des individualisierenden Fallbezugs klinisch-therapeutischer Methoden. Vielmehr geht es um eine ‚soziale Politik des Besonderen', die eine Bearbeitung sozialer Probleme, insbesondere aber deren Überantwortung an davon Betroffene, an der je besonderen Lage-rung von ‚Sozialräumen' und ‚Lebensfeldern' zu orientieren sucht." (PANKOKE 1986, S. 10)

Ökonomischer Aspekt

Häufig im Vordergrund der Diskussion ambulanter Hilfen fand sich der Hinweis darauf, daß sie „besser und billiger" seien als traditionelle stationäre Hilfen (vgl. z.B. SCHULZ 1983, S. 114 ff.), eine angesichts angespannter kommunaler Finanzen sehr verlockende Perspekti-ve. „Die Programmformel ‚ambulant vor stationär' verknüpft durch den Hinweis auf den Charakter des ‚besser und billiger', der ‚ambulanten' Hilfen zugeschrieben wird, die Erwar-tung eines fachlichen Fortschritts mit der Hoffnung auf kostengünstige Lösungen. Der Verweis auf die wirtschaftlichen Effekte wird häufig in den Vordergrund der Diskussion gestellt, da Jugendämter und Jugendpolitiker die Erfahrung gemacht haben, daß ein Ausbau offener Hilfeformen in der Jugendhilfe gegenüber anderen Politikressorts nur noch realisier-bar erscheint, wenn damit gleichzeitig Einsparungen in anderen Teilbereichen der Jugend-hilfe verbunden sind. Dies hat dazu geführt, daß in der politischen Auseinandersetzung das Kriterium ‚billiger' deutliche Priorität vor der fachlichen Beurteilung (‚besser') erhalten hat. Die kostendämpfende Wirkung wurde zum bestimmenden Motiv der politischen Debatte." (MERCHEL 1986, S. 114)

Aspekt aktiver Professionalisierung bestimmter Berufsgruppen

Nicht unerwähnt bleiben soll, daß als weitere Triebfeder für den Ausbau ambulanter Erziehungshilfen neben den Interessen staatlicher und kommunaler Instanzen und den objektiven Problemen der Betroffenen auch Professionalisierungsbedürfnisse von Angehörigen bestimmter Berufsgruppen (Diplom-PädagogInnen, SozialarbeiterInnen, ErzieherInnen, z.T. LehrerInnen) eine wichtige Rolle spielten. Die Geschichte des Ausbaus ambulanter Hilfen zeigt, daß viele Dienste ihren Anfang in der ehrenamtlichen Tätigkeit oder Honorarmitarbeit (arbeitsloser) PädagogInnen genommen haben. Die weitere Entwicklung ist geprägt durch einen hohen Anteil von ABM-MitarbeiterInnen und einem niedrigen Anteil fester Planstellen. Ausgehend von der Kritik, daß die bisherigen Interventionsformen (Heimerziehung – Beratungsstellen) die in sie gesetzten Erwartungen zur Bearbeitung und Überwindung individueller sozialer Probleme nicht befriedigend lösen würden, und angesichts ausgeprochen schlechter Arbeitschancen in beiden Bereichen (gesättigter MitarbeiterInnenstand, geringe Fluktuation im Beratungsbereich – Heimplatzabbau, unattraktive Arbeitsbedingungen im stationären Bereich), schienen vielen PädagogInnen/ErzieherInnen ambulante Hilfen im Herkunftsmilieu als Leistungslücke in der Jugendhilfe und damit als Marktlücke für berufliche Interessen eine in jeder Hinsicht erfolgversprechende Alternative zu sein.

Der Bereich der ambulanten Hilfen hatte darüber hinaus im Gegensatz zu den anderen Bereichen geringe Professionalisierungsstandards, da nur selten feste Ausbildungsanforderungen gestellt wurden. Hierdurch bot sich für PädagogInnen/ErzieherInnen ein neues, weithin noch gestaltbares Berufsterrain in der sozialpädagogischen Arbeit.

2.3 Definition, Fragestellung und methodisches Vorgehen

Zum Zeitpunkt der Untersuchung war im Bereich der Erziehungshilfe die Praxis noch weit von einer eindeutigen und widerspruchsfreien Begriffsbildung entfernt, so daß es z.T. aufgrund der ungenauen und widersprüchlichen Nomenklatur kaum möglich war, überregionale quantitativ und qualitativ vergleichbare Angaben zu erhalten. Für eine theoretische und praktische Eingrenzung unseres Gegenstandes war es also notwendig, einige begriffliche Klärungen vorzunehmen.

Der Begriff der „ambulanten Hilfe" setzte sich in der Erziehungshilfediskussion erst in den achtziger Jahren zunehmend durch. Bis dahin wurde er sehr unsystematisch und in unterschiedlichen Zusammenhängen gebraucht. Zudem fand er teils synonym, teils in Abgrenzung zu anderen Begriffen Anwendung. Im Zusammenhang mit ambulanten Hilfen häufig verwandte Begriffe waren z.B. prophylaktische Erziehungshilfen, präventive Erziehungshilfen, offene und halboffene erzieherische Hilfen, familienunterstützende und familienergänzende Hilfen, milieuorientierte Hilfen.

Diese Begriffsvielfalt macht deutlich, daß es noch nicht gelungen war, die realen Entwicklungen in der Jugendhilfe in einer verbindlichen Nomenklatur und in klaren Begriffskategorien zu erfassen und begriffliche Ordnungskriterien zu erarbeiten. Die bestehenden Begriffskonstruktionen waren nur bedingt in der Lage, die vielfältigen Angebote und Reaktionsmuster der Jugendhilfe angemessen zu beschreiben, zumal sich neue Formen und Ansätze oft quer zu den bestehenden Kategorien entwickelten. (vgl. MERCHEL 1986)

Für unsere Untersuchung war es daher zunächst erforderlich, den Gegenstand „ambulante Erziehungshilfe" definitorisch näher zu bestimmen. Diese Definition sollte Aussagen über Form, Inhalt, Funktion und Methode der Hilfe enthalten. Wir definierten daher solche Angebote als ambulante Erziehungshilfen,

● denen eine einzelfallbezogene Entscheidung über den Einsatz der Hilfe zugrunde lag (Maßnahmestruktur),

● die in einem institutionalisierten Rahmen, also vom Jugendamt oder von freien Trägern, angeboten wurden (Institutionalisierung),

- die über fachlich qualifizierte, hauptamtliche MitarbeiterInnen verfügten (Professionalisierung),
- bei denen der Lebensmittelpunkt des/der betroffenen Minderjährigen im bestehenden sozialen und familialen Bezugssystem verblieb (Lebensfelderhaltung),
- die mit spezifischen methodischen Ansätzen einem festgestellten oder formulierten Hilfebedürfnis eines Minderjährigen oder seiner Familie begegneten (methodisches Konzept),
- deren Arbeitsansatz das soziale und familiale Umfeld in Veränderungsstrategien einbezog (Milieuorientierung).

Unter Zugrundelegung dieser Kriterien wurden folgende Hilfeformen in die Untersuchung einbezogen:[3]

1. sozialpädagogische Familienhilfe
2. Erziehungsbeistandschaft
3. organisierte Einzelvormundschaft
4. nachgehende Betreuung nach der Entlassug aus dem Heim
5. erzieherische Hilfen für strafunmündige Kinder bzw. Jugendliche nach strafbaren Handlungen
6. erzieherische Hilfen für Kinder und Jugendliche aus sozial schwachen Familien, die in Städten bzw. Wohngebieten mit unterdurchschnittlichen Sozialisationsbedingungen leben
7. Tagespflege
8. teilstationäre Gruppen von Heimen der Jugendhilfe (Tagesheimgruppen)
9. sozialpädagogische Hausaufgabenhilfe
10. soziale Trainingskurs
11. betreutes Wohnen

Schaut man sich diese − sicher bei weitem nicht vollständige − Liste genauer an, kristallisieren sich trotz verschiedener Bezeichnungen und konkreter Ausprägungen vier Grundtypen ambulanter Hilfen heraus, die allerdings ein breites, sich z.T. überlappendes Spektrum umfassen:

- *familienorientierter Ansatz im Lebensfeld:* Am eindeutigsten wird dieser konzeptionelle Ansatz von der sozialpädagogischen Familienhilfe repräsentiert.
- *jugendlichenorientierter Ansatz im Lebensfeld:* Arbeitsansatz und -ausrichtung orientieren sich stärker am Jugendlichen selbst mit seinen Problemen (Erziehungsbeistandschaft, erzieherische Hilfen für strafunmündige/straffällige Kinder/Jugendliche).
- *institutionelle Tagesbetreuung:* Diese Form repräsentiert ein sehr breites Spektrum, dessen Inhalte von wöchentlichen bis täglichen mehrstündigen Betreuungskontakten und von Freizeitangeboten über begrenzte Unterstützungsangebote bis zu intensiven therapeutischen Angeboten reichen (sozialpädagogische Hausaufgabenhilfe, erzieherische Hilfen für Kinder und Jugendliche aus sozial schwachen Familien (Spielstube), Tagesheimgruppe).
- *private Tagesbetreuung:* Diese Form kennzeichnet die ganz- oder halbtägige Betreuung in Tagespflege.

Zentrale Fragestellungen der Untersuchung waren vor allem,

---

3 Die Hilfeformen 3−6 waren definiert entsprechend den "Richtlinien über die Gewährung von Zuwendungen zur Förderung offener erzieherischer Jugendhilfe in Nordrhein-Westfalen" − Runderlaß des Ministers für Arbeit, Gesundheit und Soziales vom 28.4.1983. Die Wahl der anderen Hilfeformen erfolgte in Abstimmung (z.T. auf Anregung) des Landesjugendamtes Westfalen-Lippe.

- welchen besonderen Organisations- und Rahmenbedingungen die jeweiligen Hilfeformen unterliegen,
- welche spezifischen inhaltlichen Arbeitsschwerpunkte gesetzt werden (Angebotsprofil),
- welche Ziel- und AdressatInnengruppen von den einzelnen Hilfeformen angesprochen werden (Zielgruppenprofil) und
- welchen Bezug ambulante Hilfeangebote zur Fremdunterbringung von Kindern und Jugendlichen haben.

Der Zugang zur Bearbeitung der hier skizzierten Fragestellungen erfolgte im wesentlichen über folgende Wege:

Standardisierte Trägerbefragung

Für die Befragung der Träger ambulanter Hilfen wurde ein Erhebungsbogen entwikkelt, der Fragen zu folgenden Bereichen enthielt:
- Art der Hilfe
- sachliche und organisatorische Rahmenbedingungen
- konzeptionelle Gestaltung des Dienstes
- Zielgruppen des Dienstes
- vermutete oder tatsächliche Wirkung der Hilfe

Es wurden 476 Dienste in Westfalen-Lippe, deren Adressen in einer Vorerhebung gesammelt worden waren, angeschrieben (davon 190 in öffentlicher und 286 in freier Trägerschaft). Soweit nicht andere Zeiträume ausdrücklich gefragt waren, bezogen sich alle Angaben auf den Stichtag 1.10.1986. Die Gesamtrücklaufquote dieser Befragung betrug 43,3% (206 Dienste).

Standardisierte Jugendamtsbefragung zur Klientel

Mit einem zweiten Fragebogen wurden Daten über Minderjährige und deren Familiensituation erhoben, die im Zeitraum vom 1.10.1986 bis zum 31.12.1986 von den 76 Jugendämtern im Bereich des Landschaftsverbandes Westfalen-Lippe in ambulante Erziehungshilfen vermittelt worden waren. Dieser Fragebogen enthielt Fragen zu folgenden Bereichen:
- Art der Maßnahme
- Sozialdaten des/der Minderjährigen
- biographischer Hintergrund des/der Minderjährigen
- Interaktionen mit dem Jugendamt
- Angaben zur Familie des/der Minderjährigen
- Angaben zu den Bedingungen und Perspektiven der durchgeführten Maßnahme
- Einschätzung des Bearbeiters zum Erfolg der Maßnahme

An dieser Befragung beteiligten sich 52 Jugendämter (68%). 18 Jugendämter davon gaben allerdings an, keine Vermittlung im genannten Zeitraum durchgeführt zu haben, so daß tatsächlich Fragebogen von 34 Jugendämtern (45%) zur Auswertung vorlagen. Insgesamt standen zu diesem Komplex 165 auswertbare Fragebogen zur Verfügung.

ExpertInnengespräche

Um Fragestellungen der schriftlichen Befragungen vertiefen zu können, wurden darüber hinaus Gespräche mit ExpertInnen geführt. In insgesamt 10 leitfadengestützten

Interviews (fünfmal mit Einzelpersonen; fünfmal mit Teams verschiedener ambulanter Dienste) wurden VertreterInnen öffentlicher und freier Träger zu den jeweiligen Konzepten und Rahmenbedingungen ihrer Arbeit befragt.

Die Gespräche ergaben eine Vielzahl von Hinweisen, Informationen und Einblicken in die konkreten Arbeitszusammenhänge der verschiedenen ambulanten Dienste, die dazu dienten, die Plausibilität der erhaltenen empirischen Daten und statistischen Zusammenhänge zu prüfen und zu hinterfragen, wie gut sie die Probleme der Praxis abzubilden in der Lage waren.

2.4 Darstellung von Ergebnissen

Im folgenden sollen wichtige Ergebnisse des Praxisforschungsprojektes in geraffter Form dargestellt werden. Eine vollständige Wiedergabe aller Ergebnisse würde zum einen den Rahmen dieses Kapitels sprengen; zum anderen waren viele Resultate nur im engeren zeitlichen Kontext relevant und sind durch neuere Entwicklungen (z.B. Verabschiedung des Kinder- und Jugendhilfegesetzes) heute bereits überholt.

Von den 206 an der Befragung beteiligten ambulanten Diensten waren 78% nach 1975 und 51% nach 1980 gegründet worden. Die Zahl der Neugründungen in den achtziger Jahren wurde in besonderer Weise von der sozialpädagogischen Familienhilfe und von den Tagesheimgruppen bestimmt. 72% (33 von 46) der befragten Dienste der sozialpädagogischen Familienhilfe wurden nach 1980 (bis 1986) gegründet. Bei den Tagesheimgruppen waren dies 92% (12 von 13).

Aber auch alle anderen Hilfeformen verzeichneten mehrere Neugründungen nach 1980, wobei besonders die Zahl der Neugründungen einer so traditionellen Erziehungshilfe wie der Erziehungsbeistandschaft (8 von 27) bemerkenswert war.

Die Bestandsentwicklung zeigte insgesamt, daß die Untersuchung direkt zu einem Zeitpunkt deutlicher Expansion des Arbeitsfeldes angesiedelt war, sich die in 2.2 skizzierten Triebkräfte also zunehmend in der Praxis kommunaler Jugendhilfe durchzusetzen begannen.

2.4.1 Rahmenbedingungen ambulanter Erziehungshilfen

Ein wichtiges Definitionskriterium für die Auswahl der untersuchten ambulanten Erziehungshilfen war, daß sie einen gewissen Grad der Professionalisierung aufweisen, d.h. über fachlich qualifizierte, hauptamtliche MitarbeiterInnen verfügen sollten. Zum Zeitpunkt der Untersuchung waren in den 206 an der Untersuchung beteiligten Diensten insgesamt 811 MitarbeiterInnen beschäftigt, über die Daten zu Qualifikation, Anstellungsverhältnis und Arbeitszeit vorlagen.

Personelle Ausstattung

Die quantitative Ausstattung der Dienste mit Fachkräften variierte innerhalb der einzelnen Hilfeformen und zwischen den verschiedenen Angeboten sehr stark. Knapp ein Drittel aller Dienste verfügten lediglich über eine(n) einzelne(n) pädagogische(n) MitarbeiterIn. Besonders betroffen hiervon war die Hilfeform der Erziehungsbeistandschaft, wo zwei Drittel der MitarbeiterInnen allein, also außerhalb von Teamstrukturen arbeiteten. Die quantitativ beste personelle Ausstattung fand sich im Bereich der sozialpädagogischen Familienhilfe, in dem über drei Viertel der Teams aus mindestens vier MitarbeiterInnen bestanden.

Insgesamt war festzuhalten, daß die Personalausstattung ambulanter Hilfen oft nicht den inhaltlichen Notwendigkeiten nach fachlichem Austausch, Fallbesprechungen, Reflexion und Rückmeldung im Team entsprach. Ob dienstübergreifende Reflexions- und Austauschmöglichkeiten — sofern sie bestanden — der Isolation vieler MitarbeiterInnen in ihrer Arbeit angemessen entgegenwirken konnten, ist eher zweifelhaft.

Qualifikation der Fachkräfte

Unter den Fachkräften aller ambulanten Hilfen war die Berufsgruppe der SozialarbeiterInnen/SozialpädagogInnen mit 42% am stärksten vertreten. Ihr folgte die Gruppe der ErzieherInnen mit 21%. Diplom-PädagogInnen/PsychologInnen wiesen zusammen nur einen Anteil von 4% auf. Mit 21% überraschend hoch war der Anteil von MitarbeiterInnen, die über keine originär pädagogische Ausbildung verfügten.

Hinsichtlich der Qualifikationsniveaus der einzelnen Hilfeformen ergaben sich bedeutsame Unterschiede. Einerseits gab es Hilfeformen mit einem sehr hohen Qualifikationsstand der MitarbeiterInnen. So lag in der Erziehungsbeistandschaft, der Tagespflege und den erzieherischen Hilfen für strafunmündige Kinder/straffällige Jugendliche der Anteil der SozialarbeiterInnen/SozialpädagogInnen bzw. DiplompädagogInnen bei über 70%; nur je weniger als 10% der MitarbeiterInnen dieser drei Hilfeformen verfügten über keine pädagogische Ausbildung. Auf der anderen Seite gab es mit der sozialpädagogischen Familienhilfe, den erzieherischen Hilfen für sozial schwache Familien und der sozialpädagogischen Hausaufgabenhilfe Dienste, deren MitarbeiterInnenschaft sich zu über 20% aus Laienkräften bzw. aus MitarbeiterInnen anderer Berufsrichtungen zusammensetzte.

Art der Beschäftigung

Bei der Aufschlüsselung der Dienste nach Art der Beschäftigung (Festanstellung, ABM, Honorarkräfte) ließ sich zum einen die absolute Zahl der Beschäftigten, zum anderen der Anteil der von diesen geleisteten regelmäßigen wöchentlichen Arbeitsstunden zugrunde legen.

Während die erste Sichtweise deutlich macht, welcher Anteil der beschäftigten Personen in den jeweiligen Hilfeformen durch welche Anstellungsmodalitäten abgesichert (bzw. nicht abgesichert) ist, ermöglicht die zweite Sichtweise eine Einschätzung darüber, welcher Stundenanteil in den Diensten auf die einzelnen Beschäftigungsarten entfällt.

Ein Blick auf das Gesamtfeld der ambulanten Hilfen mag die Bedeutung dieser differenzierten Betrachtung unterstreichen. Nur 59% aller Mitarbeiter verfügten über eine Festanstellung. Sie deckten jedoch insgesamt 71% der in den Hilfen geleisteten Arbeit (Arbeitsstunden) ab. Von den 22% auf Honorarbasis beschäftigten MitarbeiterInnen wurden dagegen nur 5% der Gesamtarbeitsstunden abgedeckt.

Insgesamt war der Anteil von 41% aller MitarbeiterInnen, die nur über ABM- oder Honorarverträge abgesichert waren und deren Arbeitssituation damit durch große Arbeitsplatzunsicherheit und zeitlich begrenzte Perspektive gekennzeichnet war, außerordentlich hoch. Erhöht wurde diese Zahl noch durch die (von uns nicht erhobene) Zahl derjenigen festangestellten Kräfte, die aufgrund nur befristeter Finanzierungszusagen ebenfalls lediglich über Zeitverträge verfügten.

Arbeitszeit der Fachkräfte

Bei der Betrachtung der durchschnittlichen Wochenstundenzahl pro MitarbeiterIn fiel auf, daß im gesamten Bereich der ambulanten Hilfen ein hoher Anteil an Teilzeitbeschäftigten tätig war bzw. nur ein Teil einer Vollzeitstelle in die jeweiligen Hilfen einfloß (wie z.B. bei SozialarbeiterInnen eines freien Trägers, die zu 50% Erziehungsbeistandschaften durchführten und zu 50% andere Verbandsaufgaben wahrnahmen).

Nur für die Tagesheimgruppen und für die Erziehungbeistandschaften betrug der Anteil der vollzeitbeschäftigten MitarbeiterInnen (40 Wochenstunden) über 50%. Die durchschnittliche Wochenarbeitszeit pro Fachkraft lag hier mit 33,5 Stunden bzw. 32,2 Stunden am höchsten.

Supervision, Beratung, Fortbildung

Supervision, Beratung und Fortbildung stellen wichtige Instrumentarien zur Qualifizierung sozialpädagogischer Arbeit dar. Sie gewinnen um so mehr an Bedeutung je stärker die Fachkräfte am komplexen Alltagsgeschehen von Familien beteiligt sind bzw. je direkter sie ihre Hilfe auf die Betroffenen in ihrem sozialen Umfeld abstellen. Supervision, Beratung und Fortbildung haben einerseits die Funktion von Entlastung und distanzierter Betrachtung, andererseits sollen sie befähigen, komplexe Lebenssituationen von Betroffenen adäquat wahrzunehmen und einschätzen zu können sowie engagiert Veränderungsstrategien zu entwickeln und umzusetzen.

Zum Zeitpunkt der Untersuchung konnten nur 19% (39 von 206) der Dienste Gruppensupervision und 38% (78 von 206) Praxisberatung in Anspruch nehmen, wobei sozialpädagogische Familienhilfe (39%/80%) und Tagesheimgruppen (36%/57%) als „neue" Arbeitsformen hierbei führend waren.

Konzeptionen

In der Regel bilden Konzeptionen die Grundlage für die Arbeit sozialpädagogischer Hilfen. Sie spiegeln das fachliche Selbstverständnis eines Trägers wider, indem sie Aussagen zu den Zielen, zur Organisation und Struktur, zur Zielgruppe, zum Problemverständnis sowie zu den Methoden des jeweiligen Hilfeansatzes enthalten. Selbst wenn Konzeptionen nicht schriftlich fixiert sind, ist Klarheit über die genannten Bereiche die Voraussetzung für planvolles pädagogisches Handeln.

Nur 54% der Dienste arbeiteten auf der Grundlage einer schriftlichen Konzeption. Für die anderen Dienste kann dies nur bedeuten, daß sie ihre Arbeit an externen Richtlinien oder Vereinbarungen (Gesetzestexte, Förderrichtlinien etc.) ausrichteten oder daß zwischen Träger und Jugendamt mündliche Verabredungen über Ziele, Inhalte und Methoden der pädagogischen Arbeit bestanden.

Allerdings schienen insbesondere die neueren intensiven Hilfeformen (sozialpädagogische Familienhilfe zu 82% und Tagesheimgruppen zu 86%) am ehesten in der Lage − oder durch erhöhten Legitimationsdruck gezwungen −, ihre Arbeit in Form einer schriftlich fixierten Konzeption darzustellen.

2.4.2 Angebotsprofile der untersuchten Erziehungshilfen

Ein Ziel der Untersuchung war es, die jeweiligen Angebots- und Zielgruppenprofile der verschiedenen ambulanten Hilfen herauszuarbeiten. In diesem Rahmen soll auf eine detaillierte Wiedergabe dieser Ergebnisse verzichtet werden. (vgl. hierzu ausführlich: SCHONE 1987 und 1988) Es sollen lediglich die Zusammenfassungen und Einschätzungen der Einzelergebnisse von vier Hilfeformen hier kurz referiert werden. Diese Formen sind einerseits von bundesweiter Bedeutung und können andererseits jeweils als exemplarisch für einen Grundtyp ambulanter Hilfen gelten:

- *Sozialpädagogische Familienhilfe* für den Typ der familienorientierten Hilfen im Lebensfeld
- *Erziehungsbeistandschaft* für den Typ der kind-/jugendlichenorientierten Hilfen im Lebensfeld
- *Tagespflege* für den Typ der privaten Tagesbetreuung
- *Tagesheimgruppe* für den Typ der institutionalisierten Tagesbetreuung

Sozialpädagogische Familienhilfe

Im Rahmen des Ansatzes sozialpädagogischer Familienhilfe sollen Familien durch eine umfassende Beratung, Betreuung und Begleitung bei der Wahrnehmung ihrer Erziehungsaufgaben, bei der Bewältigung von Alltagsproblemen und -konflikten und bei der Überwindung von Krisensituationen unterstützt werden. Die in der Regel längerfristige Hilfe findet in der vertrauten Umwelt der Betroffenen statt und setzt unmittelbar an den Alltagsproblemen der Familie und ihrer Mitglieder an. Das Ziel besteht darin, die Eltern in die Lage zu versetzen, Defizite und Probleme im sozialen Zusammenleben sowie im Versorgungs-, Erziehungs- und Bildungsbereich selbständig oder durch die Inanspruchnahme verfügbarer Unterstützungsangebote aufzuarbeiten. Die AdressatInnen (konzeptionelle Zielgruppen) sind dabei vor allem

- überforderte alleinerziehende Elternteile,
- überforderte Eltern in kinderreichen Familien,
- Familien bei längerfristigen Krankheiten von Kindern oder Eltern,
- psychisch beeinträchtigte Eltern oder Elternteile, die überfordert sind, Partnerschafts-, Erziehungs- und Hauswirtschaftsprobleme ohne fremde Hilfe zu bewältigen,
- Familien mit auffälligen Kindern im außerfamiliären Bereich (z.B. Schule),
- Familien bei der Reintegration zeitweilig fremdplazierter Kinder ins Elternhaus

Schwerpunktmäßig realisiert sich die Betreuung von Familien bei der Wahrnehmung ihrer Erziehungsaufgaben und bei der Bewältigung ihrer Alltagsprobleme durch

- Hilfe in Konflikt- und Krisensituationen,
- Beratung der Eltern in Erziehungsfragen,
- Anleitung und Beratung in Fragen der Haushaltsführung und Budgetplanung,
- Reflexion von Kommunikations- und Interaktionsprozessen zwischen den Familienmitgliedern,
- Unterstützung beim Umgang mit Behörden, Schulen etc.,
- Motivation zur Teilhabe am außerfamilialen gesellschaftlichen Leben (Nachbarschaft, Freizeitangebot etc.), um einer Isolation der Familie entgegenzuwirken.

Der Auswertung über die sozialpädagogische Familienhilfe wurden Angaben über 46 Dienste dieser Hilfeform und 39 in diese Hilfeform vermittelte Kinder und Jugendliche zugrunde gelegt.
Die Inanspruchnahme von sozialpädagogischer Familienhilfe war gekennzeichnet durch

- ein geringes Durchschnittsalter (7,8 Jahre) der betreuten Kinder (Durchschnitt aller ambulanten Hilfen: 10,4 Jahre),
- überdurchschnittliche Kinderzahl (2,9 Kinder) der betreuten Familien (Durchschnitt: 1,7),
- Unterrepräsentanz (5%) ausländischer Minderjähriger und Familien (Durchschnitt: 15%),
- kumulierte Problemlagen in den Bereichen materieller Existenzsicherung, familialer Konflikte und allgemeiner Belastungen der Familien (Suchtprobleme, Krankheit, Invalidität),
- einen hohen Anteil von Familien in Umbruchsituationen (z.B. Geburt eines weiteren Kindes (28%) (Durchschnitt: 8%), neue Partnerschaft eines Elternteils (25%) (Durchschnitt: 15%)).

Die Belastungsprofile der in die Hilfeform vermittelten Familien wiesen insbesondere in den Problembereichen materieller Existenzsicherung und allgemeiner familiärer Belastungen stark überdurchschnittliche Werte auf, wo sich die Dienste selbst als unterdurchschnittlich gut geeignet eingestuft hatten. Für die Vermittlungs- und Entscheidungspraxis zugunsten sozialpädagogischer Familienhilfe bedeutet dies, daß möglicherweise viele Problemlagen der Bearbeitung durch diese Hilfeform nicht adäquat zugänglich waren und daß Zuweisungskriterien der Jugendämter und Angebotsstruktur der Träger stärker aufeinander abzustimmen wären.

Zu beobachten war allerdings eine außergewöhnlich hohe Übereinstimmung bezüglich der pädagogischen Zielvorstellungen zwischen den Trägern (Ziele des Angebotes) und den JugendamtsmitarbeiterInnen (Ziele in bezug auf einzelne Kinder/Jugendliche). Dennoch wurde auf der anderen Seite bei weit über einem Drittel der eingeleiteten Maßnahmen von den SozialarbeiterInnen die Auffassung vertreten, daß die Hilfe zu spät erfolgt sei (41%) (Durchschnitt: 30%).

Erziehungsbeistandschaft

Die Erziehungsbeistandschaft ist ein persönliches Beratungs- und Unterstützungsangebot für Kinder und Jugendliche unter engster Abstimmung und möglichst weit gehendem Einbezug der Familie und unter Verzicht auf einen Umgebungs- oder Milieuwechsel für den jungen Menschen. Zentrale Ziele der Hilfe sind Unterstützungsleistungen für Kinder und Jugendliche und ihre Eltern bei gravierenden Erziehungsproblemen und/oder sozialen Auffälligkeiten des Minderjährigen sowie die Bearbeitung konflikthafter Lebenssituationen, die die physische und psychische Lebenssituation von Kindern und Jugendlichen beeinträchtigen. Zentrale konzeptionelle Zielgruppen sind dabei

- Kinder und Jugendliche sowie ihre Eltern, die in ihrem familialen und sozialen Umfeld in schwierige, krisenhafte Lebenssituationen geraten sind,
- Kinder und Jugendliche mit Auffälligkeiten im Sozialverhalten (Aggressivität, Einzelgängertum etc.),
- Kinder und Jugendliche, die unter familiären Spannungen und Insuffizienzen leiden (divergierende Erziehungsstile, Ausfall von Erziehungspersonen),
- Kinder und Jugendliche mit massiven Konflikten im Schul- bzw. Arbeitsbereich, die von den Eltern allein nicht aufgefangen werden können.

Methodisch vollzieht sich die Arbeit als intensive Einzelfallhilfe unter Einbeziehung des sozialen Umfeldes (Familie, Schule, Nachbarschaft, Lehr- bzw. Arbeitsstelle, Freundes- und Bekanntenkreis) sowie als ergänzende Arbeit in Gruppen:

- Einzelarbeit in Form persönlicher Gespräche mit dem Jugendlichen, Schulaufgabenhilfe, Beratung in persönlichen, familiären, schulischen Angelegenheiten etc.,
- soziale Gruppenarbeit im Rahmen von Freizeitgestaltung, Sport, thematische Gruppengespräche,
- Familienberatung und Elternarbeit, Diskussion von Erziehungsproblemen und Veränderungschancen,
- Arbeit mit Schlüsselpersonen in Schule, Nachbarschaft und Gemeinwesen.

Die Auswertung zur Erziehungsbeistandschaft basierte auf Angaben über 30 Dienste dieser Hilfeform und 32 in diese Hilfeform vermittelte Kinder und Jugendliche.

Die Inanspruchnahme der Erziehungsbeistandschaft war besonders gekennzeichnet durch

- ein relativ hohes Durchschnittsalter (13,9 Jahre) der betreuten Minderjährigen (Durchschnitt aller ambulanter Hilfen: 10,4 Jahre),
- Unterrepräsentanz (3%) ausländischer Minderjähriger (Durchschnitt: 15%),

- Überrepräsentanz (70%) männlicher Minderjähriger (Durchschnitt: 57%),
- Überrepräsentanz von Kindern und Jugendlichen aus Ein-Eltern-Familien (78%), insbesondere aus geschiedenen Ehen (53%) (Durchschnitt: 26%),
- hohe Problembelastung im Bereich der Verhaltensauffälligkeit von Minderjährigen.

Die Chancen für eine erfolgreiche Durchführung der Erziehungsbeistandschaft wurden – so die Einschätzung der Fachkräfte – oft geschmälert durch Akzeptanzprobleme bei den Eltern (56% Zustimmung zur Hilfe; Durchschnitt: 75%) sowie durch den zu späten Einsatz der Hilfe. (Während durchschnittlich in 30% aller Vermittlungsfälle von den Fachkräften die Hilfe als „zu spät" einsetzend beurteilt wurde, war dies bei der Erziehungsbeistandschaft in 53% der Fälle so.) Da zwischen dem Erstkontakt mit der Familie und dem Beginn der Maßnahme durchschnittlich knapp drei Jahre lagen, blieb die Frage, ob nicht eine stärker präventive Orientierung, d.h. ein früherer Einsatz von Erziehungsbeiständen, die Aussicht auf eine erfolgreiche Problembearbeitung steigern oder zumindest dazu beitragen könnte, Problemeskalationen zu vermeiden.

Der von den vermittelnden Fachkräften gegebene Hinweis darauf, daß bei einem großen Teil der durch Erziehungsbeistandschaft betreuten Minderjährigen die Durchführung einer sozialpädagogischen Familienhilfe als Alternative in Frage gekommen wäre, ließ auf die Einschätzung der Fachkräfte schließen, daß die zugrundeliegenden Probleme und Konflikte durch ein intensiveres Einklinken in den Familienalltag auch bei älteren Jugendlichen effektiver bearbeitet werden können. Andererseits wurde in dieser Einschätzung aber auch deutlich, daß zum Zeitpunkt der Befragung eine eindeutige konzeptionelle Abgrenzung der beiden Hilfeformen nicht ohne Problem möglich war.

Tagespflege

Mit Tagespflege wird die Vermittlung und Unterbringung eines Kindes während des Tages in einer anderen Familie bezeichnet. Zielgruppe der Tagespflege sind vorwiegend Kinder erwerbstätiger Eltern, insbesondere alleinerziehender Elternteile, und hier schwerpunktmäßig Kinder im Kleinkindalter. Die Tagespflege stellt eine Laien-Betreuung mit hoher Alltagsnähe und geringem Formalisierungsgrad der Hilfe dar und ist nicht an „Einrichtungen" gebunden. Vor allem für kleinere Kinder, bei denen ein begrenzter erzieherischer Bedarf besteht bzw. deren Versorgung zeitweise nicht gesichert ist, bietet die Tagespflege im Gegensatz zum Besuch institutionalisierter Tageseinrichtungen (Krippe, Kindertagesstätte) eher die Möglichkeit zu individuellen Betreuungsinhalten und -zeiten und kann sich eher nach den Bedürfnissen des Kindes und seiner Eltern richten.

Die Werbung, Beratung und Vermittlung von Tagespflegestellen erfolgt in der Regel durch sozialpädagogische Fachkräfte der Jugendämter. Die fachliche Beratung und Unterstützung durch die Fachkräfte umfaßt sowohl die Arbeit mit den leiblichen Eltern als auch mit den Tagespflegeeltern und erfolgt in Form von Einzelberatung und Gruppenarbeit.

Zum Bereich der Tagespflege greift die Auswertung zurück auf Angaben zu 25 Diensten der Hilfeform und 38 in diese Hilfeform vermittelten Kindern.

Die Inanspruchnahme von Tagespflege war gekennzeichnet durch

- ein sehr geringes Durchschnittsalter der betreuten Kinder (4,0 Jahre) (Durchschnitt aller ambulanten Hilfen: 10,4 Jahre),
- geringe Kinderzahl (1,2) der betreuten Familien (Durchschnitt: 1,7 Kinder),
- hoher Anteil von Kindern aus Ein-Eltern-Familien (60%) (Durchschnitt: 53%), insbesondere von ledigen Müttern (40%) (Durchschnitt: 3%),
- hohe Belastung durch zeitweisen Ausfall von Erziehungspersonen aus Gründen der Berufstätigkeit,
- weit unterdurchschnittliche Belastung in den Bereichen materieller Versorgung, familialer Konflikte, Verhaltensauffälligkeit und allgemeiner familiärer Belastungen,

- hohes Maß an Akzeptanz (87% Zustimmung; Durchschnitt: 75%) der Hilfe bei den betroffenen Eltern/Elternteilen.

Die Zielgruppencharakteristik verdeutlicht, daß sich die Klientel der Tagespflege hinsichtlich des Alters der betreuten Kinder und hinsichtlich der der Hilfe zugrundeliegenden Problematik von der anderer Hilfeformen stark unterschied. Die „typische" Jugendhilfeklientel mit zumeist mehrdimensionalen familialen und sozialen Problembelastungen trat im Zusammenhang der Tagespflege kaum in Erscheinung. Dies war um so bemerkenswerter, als gerade in der Tagespflege eine Chance zur prophylaktischen Arbeit besteht, indem insbesondere jüngere Kinder aus benachteiligten Familien in Antizipation möglicher späterer Probleme eine besondere Förderung erhalten könnten.

Tagesheimgruppen

Tagesheimgruppen (bzw. nach Inkrafttreten des Kinder- und Jugendhilfegesetzes: Tagesgruppen – vgl. § 32 KJHG) sind ein besonders intensives Hilfsangebot für Kinder und ihre Familien, welches sich aus der Heimerziehung entwickelt hat. Anders als in der klassischen Heimerziehung werden die Kinder jedoch nur tagsüber betreut, so daß die Familie als primäres Bezugsfeld erhalten bleibt. Das Ziel der Hilfe ist Gewährleistung eines teilstationären Angebotes zwischen Heimerziehung und ausschließlicher Beratung bei Problemen im familialen Kontext. Für Familien, die aufgrund familialer Konfliktlagen ihrer Erziehungsaufgabe allein nicht gewachsen sind, bieten Tagesheimgruppen Hilfe und Entlastung durch intensive sozial- und heilpädagogische Tagesbetreuung von Kindern bei gleichzeitiger Arbeit mit den Eltern.

Vorrangige konzeptionelle Zielgruppen sind dabei

- Kinder im Grundschulalter,
- Kinder mit massiven Problemen im häuslichen Milieu,
- Kinder mit erheblichen Schulschwierigkeiten – Defizite im Leistungsbereich mit Verhaltensauffälligkeiten in der Schule.

Methodisch realisiert sich die Hilfe insbesondere durch

- therapeutisch-pädagogische Einzelbetreuung und Kleingruppenarbeit (Spieltherapie, Rollenspiel, Bewegungs- und Entspannungsübungen etc.),
- schulbezogene Förderung in Zusammenarbeit mit der Schule,
- Einüben alltagspraktischer Fähigkeiten (Einkaufen, Busfahren etc.),
- Eltern- und Familienberatung,
- Elterngruppenarbeit (Familiennachmittage, Elternabende), Eltern-Kind-Freizeiten, Hospitation von Eltern in der Gruppe (Modellernen).

Den Auswertungen zum Bereich der Tagesheimgruppen lagen Angaben über 14 Dienste dieser Hilfeform und 11 in diese Hilfeform vermittelte Kinder und Jugendliche zugrunde. Aufgrund dieser geringen Anzahl sind folgende Aussagen lediglich als Trendaussagen zu interpretieren. Die Inanspruchnahme der Tagesheimgruppen läßt sich tendenziell kennzeichnen durch

- einen überdurchschnittlichen Anteil männlicher Kinder/Jugendlicher,
- eine überdurchschnittlich hohe Kinderzahl der betroffenen Familien,
- eine schwerpunktmäßige Problembelastung im Bereich familialer Konflikte,
- ein hohes Maß an Akzeptanz der Hilfe durch die betroffenen Eltern,
- einen hohen Erwartungsdruck bezüglich der Vermeidung von Fremdunterbringungen.

Zum Zeitpunkt der Untersuchung nahm das Angebot der Tagesheimgruppen nur einen geringen quantitativen Stellenwert in der Jugendhilfe ein. Da Tagesheimgruppen jedoch einerseits eine hohe Zielgruppennähe zum Fremdunterbringungsbereich aufweisen, sie andererseits durch die teilstationäre Betreuung der Kinder mit paralleler Elternarbeit bei Familien Entlastung verschaffen und weniger massiv in die privaten Lebenssphären der Familien eingreifen als z.B. die sozialpädagogische Familienhilfe und damit geringere Akzeptanzschwellen bei den Eltern zu überwinden haben, wurde im Forschungsbericht empfohlen, durch einen Ausbau des Tagesheimgruppenangebotes dazu beizutragen, bestehende Lücken im Erziehungshilfesystem zu schließen.

2.4.3 Zielgruppentypologie und Art der ambulanten Erziehungshilfe

In einem nächsten Analyseschritt sollte untersucht werden, ob sich die Gesamtgruppe der InanspruchnehmerInnen ambulanter Erziehungshilfen in bestimmte Zielgruppen bzw. Zielgruppentypen differenzieren läßt, um auf dieser Grundlage herausarbeiten zu können, wie sich verschiedene Zielgruppen auf die untersuchten Hilfeformen verteilen.

Unter Zuhilfenahme des statistischen Verfahrens der Clusteranalyse (vgl. STEIN-HAUSEN/LANGER 1977) wurden die Fragebögen zur Klientel ambulanter Hilfen (n=165) zu Clustern (Gruppen) zusammengefaßt. Als Basis für diese Gruppenbildung wurde auf folgende Variablen zurückgegriffen:

- *Alter* der Minderjährigen bei Einleitung der Hilfe,
- *materielle Probleme* (z.B. Arbeitslosigkeit, unzureichende Unterkunft, Verschuldung, Obdachlosigkeit),
- *familiäre Konflikte* (z.B. Partnerprobleme, Gewalt in der Familie, Mißhandlung, Vernachlässigung),
- *Verhaltensauffälligkeit von Minderjährigen* (z.B. Kriminalität, Fortlaufen, Suchtmittelgebrauch, Schulprobleme),
- *(zeitweiser) Ausfall von Erziehungspersonen* (z.B. fehlende Betreuung der Kinder für die Zeit der Berufstätigkeit, Krankheit, Freiheitsstrafe eines Elternteils, Trennung von Eltern),
- *allgemeine familiäre Belastungen* (z.B. Invalidität, Suchtproblematik der Eltern/eines Elternteils, körperliche oder geistige Behinderung/Krankheit in der Familie).

Für die genannten Problemlagenbereiche des zweiten bis sechsten Punktes waren auf der Grundlage der Fragebögen jeweils Punktwerte (scores) gebildet worden, die Basis der mathematischen Clusterbildung waren.

Unter den hier nur kurz angerissenen Bedingungen ließen sich fünf Cluster bzw. Gruppen bilden, die folgendermaßen charakterisiert werden konnten (vgl. ausführlich: SCHONE 1987):

Gruppe 1: Sehr junge Kinder aus unterdurchschnittlich belasteten Familien mit (zeitweisem) Ausfall von Erziehungspersonen (n=45)

Gruppe 2: Jüngere Kinder aus Familien mit sehr hoher familialer Konfliktbelastung (n=16)

Gruppe 3: Kinder und Jugendliche aus materiell und strukturell hoch belasteten Familien (n=22)

Gruppe 4: Ältere Kinder und Jugendliche mit hohem Grad registrierter Verhaltensauffälligkeit bei gleichzeitiger hoher familialer Belastung (n=35)

Gruppe 5: Jugendliche mit erhöhtem Grad von Verhaltensauffälligkeiten aus Familien mit ansonsten geringer Belastung (n=47)

Nachdem die benannten Zielgruppentypen herauskristallisiert waren, ließ sich untersuchen, wie sich diese auf die verschiedenen ambulanten Hilfeformen verteilen. Tabelle 2.1 differenziert die Inanspruchnahme der einzelnen Hilfeformen nach Clusterzugehörigkeit.

Tabelle 2.1: *Ausgewählte ambulante Hilfe nach Clusterzugehörigkeit*

Hilfeform (n = Träger)	Clusterzugehörigkeit in % Gruppen				
	1 n=45	2 n=16	3 n=22	4 n=35	5 n=47
sozialpädagogische Familienhilfe (n=39)	13	26	26	26	10
Erziehungsbeistandschaft (n=32)	3	0	13	44	41
Tagespflege (n=38)	100	0	0	0	0
Tagesheimgruppen (n=11)	9	36	0	27	27
andere* (n=45)	0	4	18	18	60
Gesamt (n=165)	27	10	13	21	28

* nachgehende Betreuung nach Heimaufenthalt, betreutes Wohnen, erzieherische Hilfen für strafunmündige Kinder/straffällige Jugendliche, erzieherische Hilfen für sozial schwache Familien, sozialpädagogische Hausaufgabenhilfe

Dabei wurde zunächst sichtbar, daß mit Ausnahme bei der sozialpädagogischen Familienhilfe deutliche Zusammenhänge zwischen den herausgearbeiteten Zielgruppentypen und den gewählten Hilfeformen bestehen. Am ausgeprägtesten ist dieser Zusammenhang bei der Tagespflege, die ausschließlich Kinder der Gruppe 1 (sehr junge Kinder, geringe familiale Belastung, zeitweiser Ausfall von Erziehungspersonen) betreut.

Im einzelnen ließ sich bezüglich des Zusammenhanges von Zielgruppentypus und gewählter Hilfeform feststellen, daß

- die Gruppe der sehr jungen Kinder aus unterdurchschnittlich gering belasteten Familien mit (zeitweisem) Ausfall von Erziehungspersonen (Clustertyp 1) zum weitaus überwiegenden Teil durch *Tagespflege* betreut wurden;
- für jüngere Kinder aus Familien mit hoher familialer Konfliktbelastung (Clustertyp 2) fast ausschließlich auf die Betreuungsangebote der *Tagesheimgruppe* und der *sozialpädagogischen Familienhilfe* zurückgegriffen wurde;
- Kinder und Jugendliche aus materiell und strukturell hoch belasteten Familien (Clustertyp 3) vorwiegend durch das Angebot der *sozialpädagogischen Familienhilfe* erfaßt wurden;
- die Betreuung der Kinder und Jugendlichen mit hohem Grad registrierter Verhaltensauffälligkeit bei gleichzeitiger hoher familialer Belastung (Clustertyp 4) schwerpunktmäßig im Rahmen der *Erziehungsbeistandschaft* erfolgte;
- die Jugendlichem mit erhöhtem Grad an Verhaltensauffälligkeiten bei ansonsten geringer Belastung der Familie (Clustertyp 5) vorwiegend in Angebote der *Erziehungsbeistandschaft* vermittelt wurden. (Die hohe Dichte der in diesem Clustertyp vertretenen anderen Hilfeformen ist darauf zurückzuführen, daß die erzieherischen Hilfen für strafunmündige Kinder/straffällige Jugendliche fast ausschließlich Jugendliche des Clustertyps 5 erfaßten.)

2.4.4 Ambulante Erziehungshilfen und ihr Bezug zur Fremdunterbringung von Kindern und Jugendlichen

Eine besondere Zielrichtung des Projektes lag von Anfang an darin, herauszuarbeiten, ob und inwieweit ambulante Hilfen eine Alternative zur Erziehung außerhalb der eigenen Familie darstellen können (vgl. den vollständigen Projekttitel). Tatsächlich wurde sowohl mit dem Angebot ambulanter Hilfen als auch mit deren Inanspruchnahme durch die Jugendämter häufig die Zielperspektive verbunden, Fremdunterbringungen von Kindern und Jugendlichen zu vermeiden.

Tabelle 2.2 gibt einen Gesamtüberblick darüber, welchen Stellenwert dieses Ziel innerhalb der einzelnen Hilfeformen einnahm.

42% der Träger gaben an, daß die Vermeidung von Fremdunterbringung ein zentrales pädagogisches Anliegen des Angebotes ist. Gleichzeitig ließ sich für 35% der im Untersuchungszeitraum in ambulante Hilfen vermittelten Minderjährigen festhalten, daß die Maßnahmewahl u.a. unter der Perspektive erfolgte, die Herausnahme der Kinder und Jugendlichen aus ihren Familien zu vermeiden. Es wurde also deutlich, daß der Anspruch der Träger, Fremdunterbringungen durch qualifizierte ambulante Angebote verhindern zu können, nicht lediglich reine Programmatik darstellte, sondern die Inanspruchnahme der Dienste tatsächlich häufig unter diesem Blickwinkel stattfand, wobei allerdings nichts darüber ausgesagt ist, ob die Fremdplazierung für die betroffenen Minderjährigen akut notwendig geworden wäre oder ob sie nur beim Fehlen ambulanter Maßnahmen mittel- oder langfristig absehbar gewesen wäre.

Besondere Bedeutung als Alternative zur Fremdplazierung kommt den Hilfeformen sozialpädagogische Familienhilfe, Erziehungsbeistandschaft und Tagesheimgruppen zu. 80% aller von uns erfaßten Kinder und Jugendlichen, für die eine Herausnahme aus ihren Familien drohte oder absehbar erschien, befanden sich in einem dieser drei Angebote.

Tabelle 2.2: *Zielperspektive „Vermeidung von Fremdplazierung" aus Trägersicht (n=193) und aus Sicht der Inanspruchnehmenden (n=158)*

Hilfeform	Träger			Klientel		
	n	abs.	%	n	abs.	%
sozialpädagogische Familienhilfe	42	27	64	37	22	59
Erziehungsbeistandschaft	30	16	53	31	13	42
Tagespflege	24	7	29	34	5	15
Tagesheimgruppe	11	8	73	10	9	90
andere*	86	24	28	46	6	13
Gesamt	193	82	42	158	55	35

* Einzelvormundschaft, Nachbetreuung, betreutes Wohnen, soziale Trainingskurse, erzieherische Hilfen für strafunmündige Kinder/straffällige Jugendliche, erzieherische Hilfen für sozial schwache Familien, sozialpädagogische Hausaufgabenhilfe

Die an die Träger gerichtete Frage, wie sie die Wirkung ihres Hilfeangebotes in bezug auf die „Erziehung außerhalb der eigenen Familie" beurteilten, erbrachte, daß nur 11% von einer direkt substituierenden, also Fremdunterbringung ersetzenden Wirkung der jeweiligen Hilfeform ausgingen. Die überwiegende Mehrzahl der Träger vertrat dagegen die Auffassung, daß die ambulante Hilfe dazu beitragen könne, einer späteren Unterbringung der Kinder und Jugendlichen vorzubeugen. Ganz ohne Bezug zur Fremdunterbringung wird das jeweilige Angebot von nur 6% der Dienste gesehen. In ergänzender Funktion zu einer Unterbringung sahen sich nur einige der unter „Sonstiges" zusammengefaßten Hilfeformen, die auch strukturell im Zusammenhang mit der Heimerziehung stehen (Nachbetreuung, betreutes Wohnen) sowie die organisierte Einzelvormundschaft (vgl. Tabelle 2.3).

Tabelle 2.3: *Bezug ambulanter Hilfen zur Fremdunterbringung (Trägerbefragung) (n = 174)*

Hilfeform (n = Träger)	abs. und in %				
	substi- tuierend	vor- beugend	ergänzend	ohne Bezug	Sonstiges
sozialpädagogische Familienhilfe (n = 40)	5 (13%)	28 (70%)	0 (--)	1 (3%)	6 (15%)
Erziehungs- beistandschaft (n = 30)	4 (13%)	25 (83%)	0 (--)	0 (--)	1 (3%)
Tagespflege (n = 15)	4 (27%)	3 (20%)	0 (--)	4 (27%)	4 (27%)
Tagesheimgruppe (n = 14)	2 (14%)	7 (50%)	0 (--)	0 (--)	5 (36%)
andere* (n = 75)	5 (7%)	44 (59%)	8 (11%)	5 (7%)	13 (17%)
Gesamt (n = 174)	20 (11%)	107(61%)	8 (5%)	10 (6%)	29 (17%)

* org. Einzelvormundschaft, Nachbetreuungen, betreutes Wohnen, soz. Trainingskurse, erzieherische Hilfen für strafunmündige Kinder/straffällige Jugendliche, erzieherische Hilfen für sozial schwache Familien, sozialpädagogische Hausaufgabenhilfe

Es wird also deutlich, daß auch in der Selbsteinschätzung der Träger nicht oder nur selten der Anspruch erhoben wurde, Fremdunterbringungen unmittelbar ersetzen zu können. Vielmehr wurde davon ausgegangen, daß ein frühzeitiger Einsatz der ambulanten Hilfen sich langfristig so auswirken kann und soll, daß eine Problemeskalation der Familiensituation verhindert und damit einer ansonsten absehbaren Trennung der Kinder von der Familie vorgebeugt wird.

Übergänge aus ambulanten Hilfen in stationäre Hilfeformen

Von 130 Trägern lagen Daten darüber vor, für wie viele Minderjährige die ambulante Maßnahme im Laufe des Jahres 1985 endete und in wie vielen Fällen davon sich eine Fremdunterbringung direkt anschloß. Tabelle 2.4 schlüsselt die Ergebnisse nach Hilfeformen auf.

Von den 1.156 erfaßten Abgängen des Jahres 1985 aus ambulanten Hilfen wurden 131 anschließend fremduntergebracht. Das entspricht einem Anteil von 11%. Der größte Teil der betroffenen Kinder und Jugendlichen wurde in Heimen bzw. Wohngruppen untergebracht; nur 24% der fremduntergebrachten Kinder wurden in eine Pflegefamilie vermittelt.

Während die fremduntergebrachten Kinder und Jugendlichen aus der sozialpädagogischen Familienhilfe sich gleichmäßig auf Pflegefamilien und Heime aufteilten, war für die Hilfeformen *Erziehungsbeistandschaft* und *Tagesheimgruppen* eindeutig ein Übergewicht zugunsten der Vermittlung in institutionelle Formen (Heimerziehung) zu beobachten. Am deutlichsten war dieses für die Erziehungsbeistandschaften, wo fast ausschließlich in Fällen anschließender Fremdunterbringung auf Heime und Wohngruppen zurückgegriffen wurde. Eine Prioritätensetzung zugunsten von Pflegefamilien gab es nur bei Übergängen aus dem Bereich der Tagespflege.

Tabelle 2.4: *Beendigung der Maßnahme im Jahr 1985 und Anschluß stationärer Hilfen*

| Hilfeformen (n = Träger) | Abgänge 1985 | davon in: | | Fremdunterbringungen | |
		Pflegefamilien (abs.)	Heimen/ Wohngruppen (abs.)	abs.	in % der Abgänge
sozialpädagogische Familienhilfe (n=25)	343	16	16	32	9
Erziehungsbeistandschaft (n=22)	293	1	40	41	14
Tagespflege (n=20)	148	6	–	6	4
Tagesheimgruppe (n=11)	60	2	12	14	23
andere (n=52)	312	6	32	38	12
Gesamt (n=130)	1.156	31	100	131	11

Die relativ bedeutsame Quote der Wechsel von ambulanten zu stationären Hilfen zeigt, von welcher Relevanz die Zielperspektive der Vermeidung von Fremdunterbringungen für die Träger und insbesondere für die betroffenen Familien war. Fast alle Hilfeformen waren mit dem Problem konfrontiert, bei einem Teil der betreuten Kinder und Jugendlichen die bestehenden Problemlagen nicht ausreichend im Lebensfeld der Betroffenen bearbeiten zu können, was letztlich zu dem Ergebnis führte, daß neue Wohn- und Lebensmöglichkeiten für die Kinder und Jugendlichen erschlossen werden mußten.

Einerseits mag dies eine Folge davon sein, daß – wie die von den vermittelnden SozialarbeiterInnen oft abgegebenen Einschätzungen nahelegen – die Einleitung der ambulanten Maßnahme häufig zu spät erfolgte und die Problemsituationen von Familien bereits zu stark eskaliert waren. Andererseits ist aber auch vorstellbar, daß im Verlauf der ambulanten Betreuung mit allen Beteiligten als positives Ergebnis herausgearbeitet wurde, daß die familialen Probleme und Konflikte unter der bestehenden Familienkonstellation nicht aufgehoben werden konnten und eine befristete oder dauerhafte Trennung von Eltern und Kindern beiden Seiten neue Entwicklungsmöglichkeiten eröffnen würde.

Eine Interpretation der Übergänge aus ambulanten in stationäre Hilfen als Scheitern des ambulanten Ansatzes ist insbesondere im zweiten Fall nicht zulässig. Die ambulante Hilfe übernimmt hier die Funktion der intensiven Abklärung und Trennungsbearbeitung, die eine spätere Fremdunterbringung ohne gegenseitige Schuldzuschreibung der Familienmitglieder ermöglicht und ihnen (getrennte) Entwicklungsperspektiven aufzeigt.

Übergänge von ambulanten Hilfen in Fremdunterbringung können für die Betroffenen vor allem dann spezifische Chancen und Entwicklungsmöglichkeiten eröffnen, wenn sie nicht wie Abbrüche und Neuanfänge von Betreuungsverhältnissen gehandhabt, sondern als eine von den Familien (und den beteiligten Fachkräften) nachvollziehbare, Kontinuität sichernde Lösungsmöglichkeit spezifischer Problemkonstellationen gesehen werden.

2.4.5 Zusammenfassung der wichtigsten Untersuchungsergebnisse

Folgende zentrale Ergebnisse der Untersuchung ließen sich thesenförmig festhalten:

- Der Auf- und Ausbau ambulanter Hilfsangebote erfolgt schwerpunktmäßig seit Beginn der achtziger Jahre und hielt offensichtlich bis zum Zeitpunkt der Untersuchung unvermindert an.
- Obwohl die Versorgungsbreite mit unterschiedlichen ambulanten Erziehungshilfen nach Jugendamtsbereichen erheblich schwankt, werden von den meisten Jugendämtern mehrere unterschiedliche Angebotstypen (familienorientiert, jugendlichenorientiert, institutionelle Tagesbetreuung, private Tagesbetreuung) vorgehalten.
- Hinter dem Oberbegriff „ambulante Erziehungshilfen" verbergen sich eine Vielzahl differierender Angebote und Organisationsformen. Demzufolge stellen ambulante Hilfen hinsichtlich ihrer institutionellen Rahmenbedingungen (personelle, qualifikatorische Ausstattung etc.) und hinsichtlich ihrer Arbeitsschwerpunkte und Zielsetzungen ein breites Spektrum unterschiedlicher Strukturen und Aktivitäten dar.
- Ein hoher Anteil ambulanter Dienste ist personell nur mit einer Fachkraft ausgestattet. Lediglich die Hälfte aller Dienste arbeitet mit Teams, die aus drei und mehr MitarbeiterInnen bestehen.
- Die Arbeit in ambulanten Diensten wird zum überwiegenden Teil auf der Basis von Teilzeitarbeit oder als Teilbereich im Rahmen eines weiter gefaßten Aufgabengebietes geleistet.
- Weniger als zwei Drittel der Fachkräfte ambulanter Dienste sind durch eine Festanstellung beruflich abgesichert. Eine langfristige Absicherung der Dienste ist aufgrund des hohen Anteils an ABM- und Honorarkräften nur zum Teil gewährleistet.
- Ambulante Hilfen greifen zu einem hohen Prozentsatz auf MitarbeiterInnen ohne spezifisch pädagogische Ausbildung zurück.
- In ca. einem Drittel der Vermittlungsfälle erfolgt die ambulante Maßnahme nach Einschätzung der vermittelnden SozialarbeiterInnen zu spät. Präventive Potentiale ambulanter Hilfen werden – da diese nicht rechtzeitig in Anspruch genommen werden – zuwenig genutzt.
- Für fast alle ambulanten Hilfen stellt es eine wichtige Zielvorstellung dar, Fremdunterbringungen von Kindern und Jugendlichen zu vermeiden, wobei sie ihr Angebot seltener als direkt substituierend, sondern eher als vorbeugend einstufen.
- Der Anteil der Überleitungen aus ambulanten Hilfen in Fremdunterbringung beträgt ca. ein Zehntel aller Abgänge. Wenn Kinder und Jugendliche aus ambulanten Hilfen in Fremdunterbringung wechseln, findet in der Mehrzahl der Fälle eine Heimunterbringung statt.

2.5 Folgerungen und Perspektiven

Die empirische Untersuchung ambulanter Erziehungshilfen in Westfalen-Lippe vermochte einige zentrale Aspekte dieses Teilbereichs der Jugendhilfe herauszuarbeiten. Jetzt galt es, das Profil dieser Hilfeformen vor dem Hintergrund der an sie gestellten theoretischen und praktischen Ansprüche kritisch zu diskutieren und weiterzuentwickeln. Zudem hatte der gerade vorgelegte 7. Jugendbericht der Bundesregierung und die darin gezogenen Folgerungen deutlich gemacht, daß auch in Zukunft eine verstärkt familienorientierte Entwicklung der Erziehungshilfen angestrebt werden würde. Das Tätigkeitsfeld ambulanter, milieuorientierter, offener, vorbeugender Hilfen würde also auch weiterhin im Brennpunkt des Interesses stehen. Zum Abschluß des Berichts wurden daher einige zentrale Folgerungen und Perspektiven bezüglich der institutionellen und konzeptionellen Weiterentwicklung ambulanter

Hilfsangebote zur Diskussion gestellt:

I

Zunächst einmal war bei der Betrachtung des von uns untersuchten Feldes der ambulanten Hilfen festzustellen, daß es sich in einer deutlich expansiven Phase befand. Viele Dienste befanden sich noch im Aufbau- bzw. Experimentierstadium und hatten noch keine langfristig tragfähige institutionelle Gestalt angenommen. Die Untersuchung offenbarte deutlich die Notwendigkeit der verstärkten Absicherung des Personals (Abbau des ABM- und Honorarkräfteüberhangs zugunsten von Planstellen) und einer Qualifizierung der Dienste (verstärkter Rückgriff auf qualifizierte Fachkräfte), wenn auch nur eine Konsolidierung des Erreichten gewährleistet werden sollte.

Darüber hinaus wurde aber auch deutlich, daß ein weiterer Ausbau ambulanter Dienste erforderlich war, um eine annähernd gleiche Ausstattung in allen Kreisen und Städten des Landes herzustellen. Für diesen weiteren Ausbau wurde empfohlen, auf die Präsenz der vier Kernformen ambulanter Hilfen (familienorientierte Hilfen im Lebensfeld, jugendlichenorientierte Hilfen im Lebensfeld, institutionelle Tagesbetreuung, private Tagesbetreuung; vgl. 2.3) hinzuwirken und deutliche Leistungsprofile der einzelnen Hilfen herauszuarbeiten. Nur die Präsenz des ambulanten Spektrums und die Deutlichkeit der Leistungsprofile — so die Empfehlung — könnten die Entscheidungsfindung bei der Wahl der Erziehungshilfen verbessern und die Wahrscheinlichkeit erhöhen, daß die im Einzelfall notwendige Hilfe auch zur Verfügung steht.

II

Des weiteren war bei der Betrachtung der untersuchten ambulanten Ansätze festzustellen, daß sie nur selten über das einzelne Familiensystem als Adressat ihrer Arbeit hinausgingen. Damit unterlagen sie sehr deutlich der Gefahr, daß die individualisierende Defizitzuschreibung klassischer Erziehungshilfeinterventionen nicht tatsächlich aufgebrochen wurden, sondern daß sich der Blick lediglich auf das nächstgrößere System (Familie) erweiterte.

Familiengruppenarbeit, Stadtteilarbeit und Gemeinwesenarbeit, wie sie im 7. Jugendbericht als Bestandteil des Begriffs der Familienarbeit gefordert wurden, spielten in der Praxis nur eine weit untergeordnete Rolle bzw. fehlten ganz. Der im Rahmen ambulanter Ansätze herrschende Begriff vom „umfassenden Familienalltag" reduzierte sich in der Praxis häufig auf einen Begriff von Familienalltag, der lediglich auf die inneren Abläufe und Voraussetzungen des Familienlebens abstellte. Der Eingebundenheit und der Auseinandersetzung der Familien in/mit ihrem gesellschaftlichen, sozialen (Nah-)Umfeld wurde in der praktischen Gestaltung ambulanter Hilfen kaum Rechnung getragen.

Die zu beobachtende Konzentration auf intrafamiliale Problemlagen und Funktionsprobleme wirft die Familien nur allzuoft auf sich selbst zurück, obwohl — möglicherweise allen Beteiligten deutlich — gesellschaftliche Rahmenbedingungen (Arbeitslosigkeit, hohe Mieten, schlechte Wohnverhältnisse, Ausschluß von gesellschaftlicher Teilhabe etc.) defizitäre Lebens- und Sozialisationsbedingungen erst hervorrufen.

Die prophylaktische bzw. präventive Komponente ambulanter Hilfen — die ihnen nur allzuoft und allzugern zugeschrieben wird — sollte also perspektivisch auch darin liegen, defizitäre Lebensverhältnisse von jungen Menschen und Familien offensiv zu thematisieren, aktiv auf andere Politikbereiche (Wohnungs-, Verkehrs-, Ausländerpolitik etc.) Einfluß zu nehmen und so auch für die Veränderung der Lebensbedingungen von „Noch-Nicht-KlientInnen" einzutreten.

III

Ein weiteres Problem familienzentrierter, im Alltag der Betroffenen ansetzender Vorgehensweisen liegt in der Gefahr, daß die „Privatheit" der Primärgruppe Familie (jedenfalls partiell) aufgebrochen und öffentlichem Einfluß zugänglich wird. Die intendierte zeitliche Vorverlagerung professioneller Intervention und ihre räumliche und inhaltliche Umverlagerung in die Familie verschärft – da helfende und kontrollierende Elemente der Arbeit untrennbar miteinander verbunden sind – das auf den Familien lastende Problem nur schwer zu entweichender sozialer Kontrolle. Familienzentrierte ambulante Dienste erhalten Einblick in engste persönliche Angelegenheiten der Familie und erheben diese zum Gegenstand ihrer Hilfe und Intervention.

In dieser Situation erhält das persönliche Vertrauen zwischen den pädagogischen MitarbeiterInnen und den Familienmitgliedern eine zentrale Bedeutung. Das Spannungsverhältnis zwischen Hilfe und Kontrolle kann nur dann verringert werden, wenn es gelingt, den Hilfe- und Unterstützungsprozeß auf der Basis gleichberechtigter Zusammenarbeit und gegenseitiger Akzeptanz zu gestalten. Den Familien muß freigestellt bleiben, wo sie sich fremder Hilfe unterwerfen, sie sich also der Entlastung, Unterstützung und Beratung des ambulanten Dienstes bedienen und wo sie sich frei von fremder Einmischung um eigenständige Problembewältigung bemühen wollen. Das fachliche und politische Selbstverständnis ambulanter Hilfe muß darauf abzielen, die ihr inhärente Kontrollfunktion weitestgehend zu begrenzen und den Familien größtmögliche Freiräume zu Eigeninitiativen und Selbsthilfe zu eröffnen.

IV

Eine auf Ganzheitlichkeit der Problembetrachtung und -bearbeitung abgestellte Konzeption von Erziehungshilfe muß versuchen, die betroffenen Menschen in ihrem (nicht nur intrafamiliären) Umfeld zu begreifen und sozialstrukturelle Bedingungen mit in Veränderungsstrategien einzubeziehen. Eine solche Sichtweise erfordert, daß sich familienbezogene Hilfen an den konkreten regionalen Lebensbedingungen orientieren und dezentral angeboten werden. Gleichzeitig müssen auch die verschiedenen, in einer Region (Stadtteil) wirksam werdenden Hilfsangebote miteinander verbunden und aufeinander abgestimmt werden. Angesichts der entstehenden Vielfalt verschiedener Angebote gewann die häufig erhobene Forderung nach einem regionalen Erziehungshilfeverbund zunehmend an Bedeutung. Ein solcher Verbund sollte gewährleisten, daß die Vielzahl eigenständiger, bislang häufig nebeneinander existierender Konzepte und Profile ambulanter und stationärer Erziehungshilfen zu einem Gesamtkonzept kleinräumig und regional organisierter Angebote zusammengebunden werden.

Enge Koordination und Kooperation (regionale Arbeitsgemeinschaften, Stadtteilkonferenzen) innerhalb eines solchen Verbundes sind die Mindestvoraussetzung für eine bedarfsgerechte, ihre präventive Wirkung entfaltende Gestaltung von Erziehungshilfen. Eine qualifizierte Organisation von Verbundsystemen, sei es nun in einer Trägerschaft oder in Kooperation unterschiedlicher Träger, erhöht die Wahrscheinlichkeit, daß für artikulierte oder festgestellte Hilfebedürfnisse von Betroffenen von vornherein die angemessenste Hilfe ausreichend bereitgestellt werden kann. Flexible Durchlässigkeit verschiedener Hilfeformen bzw. Arbeitsansätze erlaubt es, einmal getroffene Entscheidungen bei veränderten Problemsituationen oder bei Fehleinschätzungen des tatsächlichen Hilfebedarfs qualifiziert zu revidieren, ohne daß damit zwangsläufig auch ein Wechsel der Fachkräfte verbunden sein muß.

Aufgabe eines „starken Jugendamtes" wird es sein, hemmende Konkurrenzen und Rivalitäten von Jugendhilfeträgern abzubauen und, analog der sich um ganzheitliche Sicht- und Handlungsweisen bemühenden Erziehungshilfen, in enger Zusammenarbeit mit freien Trägern eine regionale Erziehungshilfeversorgung zu gewährleisten, die dem Gesichtspunkt ganzheitlicher Jugendhilfeentwicklung Rechnung trägt.

2.6 Nachspann – ... und was daraus wurde

Das Projekt „Zielgruppen, Umfang und Wirksamkeit ambulanter Hilfen zur Erziehung als Alternative zur Erziehung außerhalb der eigenen Familie" wurde zwar in enger Abstimmung mit den Vertretern der kommunalen und freien Spitzenverbände und mit dem Landesjugendamt Westfalen-Lippe durchgeführt, ein über die Projektlaufzeit kontinuierlicher Dialog zwischen ForscherInnen und PraktikerInnen fand jedoch nicht statt. Das Projekt war eindeutig auf die Erarbeitung von Handlungs- und Entscheidungskriterien (Legitimierung) für die politisch-administrative und für die institutionelle Ebene gerichtet und daher eher als „externe Wirkungskontrolle" konzipiert.

Demzufolge wurden die Ergebnisse auch zunächst im Deutschen Städtetag vor Vertretern der kommunalen Spitzenverbände NRW, der Spitzenverbände der freien Wohlfahrtspflege NRW, dem Bundesministerium für Jugend, Familie, Frauen und Gesundheit, dem Ministerium für Arbeit, Gesundheit und Soziales NRW und dem Landesjugendamt Westfalen-Lippe vorgestellt und diskutiert. Zur Einrichtung einer Projektgruppe zur Diskussion von Möglichkeiten des Transfers von Projektergebnissen auf die kommunale Ebene – wie von seiten der kommunalen Spitzenverbände angeregt – kam es dann allerdings nicht. Dies lag in erster Linie daran, daß durch die erwartete Jugendhilferechtsreform ohnehin neue Rahmenbedingungen für den Auf- und Ausbau ambulanter Hilfen erwartet wurden.

Der Transfer der Projektergebnisse geschah dadurch deutlich zeitversetzt und erfolgte in erster Linie über Publikationen. (INSTITUT FÜR SOZIALE ARBEIT 1988a, 1989b, SCHONE 1989, GEBERT/SCHONE 1993) Diese Publikationen sind jedoch nicht alleine zu sehen, sondern sie stehen in einem engen inhaltlichen Zusammenhang mit weiteren Veröffentlichungen des ISA im Bereich der Erziehungshilfen. In ihrer Gesamtheit war es das Ziel dieser Veröffentlichungen, die bis dahin verwirrende Nomenklatur im Bereich der ambulanten Erziehungshilfen sowie den weiteren institutionellen und fachlichen Entwicklungsbedarf der ambulanten Erziehungshilfen im allgemeinen und der einzelnen Hilfeformen im besonderen zu klären.

In der Zeit seit 1986 wurden vom ISA mehrere Fachtagungen/ExpertInnentagungen zu verschiedenen Bereichen ambulanter Hilfen durchgeführt, die einerseits dazu dienten, die gewonnenen Forschungsergebnisse darzustellen und mit PraktikerInnen zu diskutieren und die andererseits die Möglichkeit eröffneten, einzelne Fragestellungen vertiefend zu bearbeiten.

Themen solcher Fachtagungen waren z.B.:

- Sozialpädagogische Familienhilfe: Neuere Ergebnisse der Forschung, aktuelle fachpolitische Entwicklungen und Folgerungen für die Praxis (April 1986)

- Offene erzieherische Hilfen zwischen Erwartungsdruck und pädagogischer Leistungsfähigkeit (März 1987)
- Sozialpädagogische Familienhilfe – Konzeptionelle Antworten auf Fragen der Praxis (April 1988)
- Situation und Perspektiven der Erziehungsbeistandschaft im Hinblick auf eine gesetzliche Neuregelung des Jugendhilferechts (November 1988)
- 10 Jahre sozialpädagogische Familienhilfe (April 1989)

Darüber hinaus fanden die Ergebnisse der verschiedenen Forschungsprojekte zu diesem Bereich Eingang in einer Reihe von Fortbildungsveranstaltungen, die sowohl als allgemeine Fortbildungsveranstaltungen im Rahmen des ISA-Fortbildungsprogramms angeboten wurden als auch in Form institutionsbezogener Fortbildungen in Einrichtungen oder Jugendämtern (Verbindung von Fortbildung und Praxisberatung).

Da das Forschungsprojekt selber und der Beginn der öffentlichen Diskussion der Ergebnisse in einer Phase stattfand, in der an einem Referentenentwurf zum Kinder- und Jugendhilfegesetz (KJHG) gearbeitet wurde (dieser Referentenentwurf wurde im August 1988 vorgelegt), ist anzunehmen, daß die verschiedenen Aktivitäten und Praxisforschungsergebnisse – so auch das hier referierte Projekt – nicht ohne Einfluß auf die Gestaltung dieses Entwufes geblieben sind.

In der heutigen Gestalt des KJHG (gültig seit dem 1.1.1991) finden sich die Projektergebnisse denn auch in hohem Umfang aufgehoben. Die ambulanten Erziehungshilfen sind auch im Gesetz zwischen der Erziehungsberatung (§ 28) und der Fremdunterbringung in Familienpflege (§ 33) und Heimerziehung und anderen betreuten Wohnformen (§ 34) eingeordnet.

- Als jugendlichenorientierte Angebote sind in das Gesetz die soziale Gruppenarbeit (§ 29) und die Erziehungsbeistandschaft (§ 30) aufgenommen worden.
- Als familienorientiertes Angebot enthält das Gesetz die sozialpädagogische Familienhilfe (§ 31).
- Der Bereich der institutionellen Tagesbetreuung ist als Tagesgruppe (§ 32) normiert.
- Der Bereich der privaten Tagesbetreuung (Tagespflege) ist gesetzeslogisch im Bereich der „Förderung von Kindern in Tageseinrichtungen und Tagespflege" als Tagespflege (§ 23) angesiedelt. Als Hilfe zur Erziehung taucht die Tagespflege jedoch auch als eine besondere Form der privaten Tagesbetreuung im Rahmen des § 32 (Tagesgruppe) auf.

Die hier vorgenommene kurze Aufzählung, in welcher Weise die verschiedenen ambulanten Hilfeformen ihren Niederschlag im Kinder- und Jugendhilfegesetz gefunden haben, zeigt, daß die erwähnten Forschungsprojekte – inklusive des hier vorgestellten Projektes – insbesondere auf der politisch-administrativen

Ebene (Gesetzgebung) nicht ohne Resonanz geblieben sind.

Die Gefahr, auf die der Forschungsbericht ebenfalls hingewiesen hat, daß durch eine differenzierte Normierung der verschiedenen Hilfeformen diese unverbunden nebeneinanderstehen könnten, wird durch die katalogartige Aufzählung der Hilfeformen im Kinder- und Jugendhilfegesetz allerdings eher verstärkt.

Hier zeigen sich jedoch in der Praxis der Jugendhilfe – sehr stark angeregt auch durch den Aufbau des Jugendhilfesystems in den neuen Bundesländern – neue Konzepte, die im Rahmen von Jugendhilfestationen/Erziehungshilfeeinheiten versuchen, die verschiedenen ambulanten (und stationären) Angebote „unter einem Dach" zu bündeln. Die Phase der fachlichen Differenzierung und Profilierung verschiedener ambulanter Hilfsangebote geht also derzeit in eine Phase der Integration verschiedener Hilfekonzepte im Rahmen eines ganzheitlichen Angebotes über.

3 „Grenzfälle" zwischen Heimen und Psychiatrie – Zur gegenseitigen Inanspruchnahme von Jugendhilfe und Jugendpsychiatrie in Hamburg[4]

> *„Der Hirbel ist der schlimmste von allen, sagten die Kinder im Heim. Das war nicht wahr. Doch die Kinder verstanden den Hirbel nicht. ... Der Hirbel hatte eine Krankheit, die niemand richtig verstand. Als er geboren wurde, mußte der Arzt ihn mit einer Zange aus dem Leib der Mutter holen und er hatte ihn dabei verletzt. Von da an hatte er Kopfschmerzen, und die Großen behaupteten, er sei nicht bei Vernunft. Seine Mutter wollte ihn nicht haben. Seinen Vater hatte er nie gesehen. ...*
> *Niemand ... wußte, was der Hirbel dachte und wer er eigentlich war. Im Grunde war er ein Fremdling. Er war krank, er konnte sich nicht ordentlich ausdrücken, er tat eine Menge Sachen, die alle durcheinanderbrachten oder aufregten. Der Doktor hatte Begriffe für Hirbels Krankheit, aber die waren keine Hilfe, denn sie konnten einem nicht erklären, was in ihm steckte."*
>
> *(Peter Härtling, Das war der Hirbel)*

3.1 Vorspann – Zur Entstehung des Projektes

Das Praxisforschungsprojekt „Grenzfälle zwischen Heimen und Psychiatrie" wurde vom Institut für soziale Arbeit e.V. (ISA) in der Zeit vom 1.11.1989 bis 31.10.1990 im Auftrag der Stadt Hamburg, Behörde für Schule, Jugend und Berufsbildung – Amt für Jugend – durchgeführt. Es knüpfte an an eine Untersuchung, die das ISA von 1987 bis 1989 zum Thema „Erziehungshilfen im Grenzbereich von Jugendhilfe und Jugendpsychiatrie"[5] in Nordrhein-Westfalen durchgeführt hatte. (vgl. GINTZEL/SCHONE 1989)

Im Zentrum dieses vorhergehenden Praxisforschungsprojektes standen Kinder und Jugendliche mit ausgeprägten Lebenskrisen, für die wechselweise eine Zuständigkeit von Instanzen der Jugendhilfe und der Kinder- und Jugendpsychiatrie festgestellt wurde. Es handelte sich dabei um junge Menschen, die aufgrund zugespitzter Krisen ihrer ökonomischen, sozialen und emotionalen

---

4 Eine ausführliche Darstellung dieses Projektes findet sich in: SCHONE, R. 1991; GINTZEL/SCHONE 1989

5 Dieses Projekt wurde von der Stiftung Deutsche Jugendmarke e.V. gefördert.

98

Lebensbedingungen auf die Unterstützung und Hilfe durch unterschiedliche Institutionen und Professionen angewiesen waren.

Heimerziehung und jugendpsychiatrische Kliniken sind zwei Bereiche, die sich die Aufgabe gestellt haben, zur Bewältigung und Überwindung solcher Lebenskrisen beizutragen und bei der Schaffung befriedigender Lebensperspektiven Unterstützung zu leisten. Hierbei erweisen sich allerdings die von Professionen und Institutionen beider Disziplinen gezogenen Grenzlinien zwischen Jugendhilfe und Jugendpsychiatrie als nicht eindeutig und z.T. sehr problematisch.

Vor diesem Hintergrund erhielt das ISA von zwei Seiten Anstöße zur Beschäftigung mit dem Thema „Erziehungshilfen im Grenzbereich von Jugendhilfe und Jugendpsychiatrie".

Zum einen thematisierten PraktikerInnen aus der Jugendhilfe und insbesondere der Heimerziehung den scheinbar zunehmenden Anteil von HeimbewohnerInnen, die über Vorerfahrungen in kinder- und jugendpsychiatrischen Kliniken verfügten. So wurde z.B. auf die Praxis von Jugendämtern hingewiesen, zur Klärung von Verhaltensphänomenen bei notwendig werdenden Erziehungshilfen kinder- und jugendpsychiatrische Kliniken in verstärktem Umfang einzuschalten. Umgekehrt wurde aber auch die Vermutung geäußert, daß die Heime der Jugendhilfe in zunehmendem Umfang „schwierige", „verhaltensoriginelle" Jugendliche zur Entlastung in kinder- und jugendpsychiatrische Kliniken überwiesen. Letztere Feststellung fand ihre Entsprechung in der Forderung von JugendpsychiaterInnen nach Schaffung geschlossener Unterbringung im Rahmen der Heimerziehung. (vgl. DAUNER 1987)

Zum anderen erbrachten wissenschaftliche Arbeiten erste Hinweise zum Umfang des Überschneidungsbereichs von Jugendhilfe und Heimerziehung. In einer Studie des ISA und des Landeswohlfahrtsverbandes Hessen (LWV) über „Mädchen in öffentlicher Erziehung" wird herausgearbeitet, daß vor Beginn der Freiwilligen Erziehungshilfe (FEH) oder Fürsorgeerziehung (FE) 18% der erfaßten Mädchen und jungen Frauen in einer jugendpsychiatrischen Klinik stationär behandelt worden waren. (vgl. INSTITUT FÜR SOZIALE ARBEIT/ LANDESWOHLFAHRTSVERBAND HESSEN 1987, S. 43) BIRTSCH (1986) wies in der zusammenfassenden Auswertung des Hessischen Modellprogramms zur heilpädagogischen Intensivbetreuung bei dieser besonderen Gruppe von Kindern und Jugendlichen darauf hin, daß 39% der Gruppe in pädagogisch-therapeutischer Intensivbetreuung (Gesamtzahl 86) frühere Aufenthalte in einer jugendpsychiatrischen Klinik zu verzeichnen hatten. VON WOLFFERS-DORFF-EHLERT u.a. (1987, S. 28) kommen in ihrer Untersuchung zur geschlossenen Unterbringung in Heimen ebenfalls zu dem Ergebnis, daß ein Viertel der geschlossen untergebrachten Jugendlichen bereits Aufenthalte in der Kinder- und Jugendpsychiatrie hinter sich hatte.

Im ISA wurde vor diesem Hintergrund eine Projektkonzeption entwickelt, die sich speziell mit dem Überschneidungsbereich von Jugendhilfe und Jugendpsychiatrie beschäftigte. Im Zentrum dieser Konzeption stand der Grenzbereich von Heimerziehung und Kinder- und Jugendpsychiatrie. Ziel war es, die Problemlagen junger Menschen in diesem Bereich deutlich zu machen, Entscheidungsprozesse, Konflikte und Kooperationen zu beschreiben und nach Möglichkeit Empfehlungen für eine Verbesserung der Zusammenarbeit beider Disziplinen zu entwickeln. Dabei sollten durch den Untersuchungsansatz die Sichtweisen der Jugendhilfe und der Jugendpsychiatrie gleichermaßen Berücksichtigung finden.

Im Kontext dieses Forschungsprojektes entstanden im Rahmen von Fachtagungen und Fortbildungen auch vielfältige Kontakte zu VertreterInnen aus Jugendhilfe und Jugendpsychiatrie der Stadt Hamburg. Im Verlauf dieses Diskussionszusammenhangs entstand dort der Wunsch, das Verhältnis von Heimerziehung und Jugendpsychiatrie im Rahmen einer auf die spezifische Situation in der Stadt Hamburg abgestimmten Studie zu bearbeiten.

Ausgangspunkt der Überlegungen, eine eigene Hamburger Studie über die Situation von Kindern und Jugendlichen im Grenzbereich von Heimerziehung und stationärer Jugendpsychiatrie anzufertigen, war die Arbeit eines Arbeitskreises im Amt für Jugend der Stadt Hamburg, der sich 1986/87 mit der Situation jener Jugendlichen befaßt hatte, „die zwischen Heimen und Psychiatrie hin- und hergeschoben wurden".

Im Ausschreibungstext der Untersuchung hieß es: „Der Arbeitskreis ... konnte auf wenig vorhandes Untersuchungsmaterial zurückgreifen. Die wenigen, meist unveröffentlichten Untersuchungen lagen teilweise jahrelang zurück. Da mit psychiatrischen Diagnosen häufig jahrelange Hospitalisierungsschicksale verbunden sind, die eine Reintegration in die Gesellschaft erschweren, bedarf es der Schließung vorhandener Forschungslücken. Ein Beitrag dazu ist das ausgeschriebene Forschungsprojekt, in dem der Grenzbereich von Jugendhilfe und Kinder- und Jugendpsychiatrie beschrieben und untersucht werden soll."

Der Wunsch des Hamburger Amtes für Jugend, eine Studie zur Situation der „Grenzfälle" zwischen Heimerziehung und Jugendpsychiatrie durchzuführen, wurde vom ISA u.a. deshalb so gerne aufgenommen, weil gerade in Hamburg die Diskussion zum Verhältnis von Jugendhilfe und Jugendpsychiatrie zumindest von seiten der Jugendhilfe besonders intensiv geführt wurde. (vgl. z.B. die Beiträge in: KÖTTGEN/KRETZER/RICHTER 1990)

Das Projekt wurde vom ISA in enger Kooperation mit dem jugendpsychiatrischen Dienst des Amtes für Jugend der Stadt Hamburg vorbereitet (Entwicklung von Herangehensweisen und Erhebungsinstrumenten) und durchgeführt. Auf dieser Ebene handelte es sich also deutlich um ein *„Kooperationsprojekt".* Mit den befragten jugendpsychiatrischen Kliniken und den befragten sozialpädagogischen Einrichtungen gab es weniger enge Kooperationen, so daß aus dieser Sicht eher von einer *„externen Wirkungskontrolle"* zu sprechen ist (vgl. 1.3).

Mit Blick auf die entwickelte Typologie war die Interventionsrichtung schwerpunktmäßig auf das *politisch-administrative System* und auf die *institutionelle Ebene* ausgerichtet. Auf beiden Ebenen ging es um die Gewinnung fachlicher *Legitimation* für die zukünftige Gestaltung der städtischen Jugendhilfepolitik sowie um die *strukturierende Herausarbeitung* von Wirkungsweisen des bestehenden Systems und darauf beruhenden Impulsen zur Organisationsentwicklung.

INTER-VENTIONS-EBENEN	ZIELEBENEN			
	Legitimierung	Strukturierung	Qualifizierung	Motivierung
politisch-administrative Ebene				
institutionelle Ebene				
Ebene der professionellen Akteure				
Ebene der Betroffenen				

Übersicht 3.1: Ziel- und Interventionsebenen des Projektes

3.2 Fachlicher und fachpolitischer Kontext

Jugendhilfe und Jugendpsychiatrie in der Diskussion

Der Grenzbereich von Jugendhilfe und Jugendpsychiatrie ist Ende der achtziger Jahre zu einem zentralen Thema vieler Auseinandersetzungen innerhalb der und zwischen den Disziplinen geworden. Die Diskussionen vieler ExpertInnentagungen und Arbeitsgruppen verdichten sich gerade in dieser Zeit durch eine Reihe von Veröffentlichungen zu diesem Thema. (vgl. u.a. INSTITUT FÜR SOZIALE ARBEIT E.V. 1989a; KÖTTGEN/KRET-ZER/RICHTER 1990; GINTZEL/SCHONE 1989, 1990; SOZIALMAGAZIN Heft 4/1990).

Zentraler Angelpunkt aller Diskussionen ist immer wieder die Frage nach der Zuständigkeit der beiden Fachdisziplinen für die Bearbeitung besonders ausgeprägter Lebenskrisen von Kindern und Jugendlichen. Die Klärung der Zuständigkeit ist zwangsläufig verbunden mit dem Problem der Abgrenzung zur jeweils anderen Disziplin bzw. mit der Notwendigkeit zur Kooperation in den sogenannten „Grenzfällen", wo sich eine alleinige Zuständigkeit von Jugendhilfe oder Jugendpsychiatrie nicht begründen läßt.

Aber gerade für diese Kinder, Jugendlichen und jungen Erwachsenen ist die Frage nach der Grenzziehung der Systeme von existentieller Bedeutung, zumal Überweisungen zwischen Heimen und Kliniken nicht selten mit dem (dauerhaften) Verlust bestehender sozialer Bezüge einhergehen (vgl. GINTZEL/SCHONE 1989). Diese Dynamik gewinnt ihr besonderes Gewicht gerade vor dem Hintergrund des Wissens, daß Notlagen vorwiegend dort entstehen, wo Kinder und Jugendliche unter mangelhaften ökonomischen, sozialen und emotionalen Lebensbedingungen leben und aufwachsen müssen.

Bei herausragenden Lebenskrisen wird von gesellschaftlichen Institutionen (Kindergärten, Schulen, Jugendamt, Polizei, Gericht) oder Fachkräften (Ärzte/ Ärztinnen, PädagogInnen, PsychologInnen) ein Hilfebedarf festgestellt, der – je nach Fachlichkeit – das Verhalten der Kinder und Jugendlichen eher als erziehungsbedürftig oder behandlungsbedürftig (im Sinne einer psychiatrischen Krankenbehandlung) definiert.

Je nach Nähe der Betroffenen (oder besser noch der sie beratenden Fachkräfte) zu den Systemen von Jugendhilfe oder Jugendpsychiatrie wird die für nötig befundene Hilfe in unterschiedlicher Weise, in unterschiedlichen Institutionen und auf unterschiedlichen Rechtsgrundlagen geleistet. Je nach Definition ergibt sich eine Zuständigkeit der Jugendhilfe gemäß Kinder- und Jugendhilfegesetz (KJHG) bzw. früher Jugendwohlfahrtsgesetz (JWG) oder der Jugendpsychiatrie gemäß Reichsversicherungsordnung (RVO).

Bei besonders ausgeprägten Problemen und Lebenskrisen läßt sich die Zuständigkeit von Jugendhilfe und Jugendpsychiatrie nicht alternativ feststellen. Bei diesen jungen Menschen geht es eher um eine Addition unterschiedlicher Hilfs- und Unterstützungsleistungen, als um deren gegenseitigen Ausschluß. Umstritten ist in der Diskussion um das Verhältnis von Jugendhilfe und Jugendpsychiatrie im allgemeinen und um die Rolle der Jugendpsychiatrie im Gesamtfeld psychosozialer Hilfen im besonderen denn auch weniger, daß es eine Gruppe von jungen Menschen gibt, die Hilfen von beiden Disziplinen benötigen. Vielmehr geht der Streit um die Definition der Notlangen junger Menschen (erziehungsbedürftig oder krank?), um die Zugänge der Betroffenen zu den Hilfesystemen, um Zuweisungen von einem System in das andere, um die Anwendung „richtiger" (Be)-Handlungskonzepte für Problemlösungen sowie um die mit der Inanspruchnahme der Systeme verbundenen Stigmatisierungseffekte.

In Hamburg vollzog sich die Diskussion zum Verhältnis von Jugendhilfe und Jugendpsychiatrie dabei vor dem Hintergrund der 1980 aufgehobenen geschlossenen Unterbringung in der Heimerziehung und – in den folgenden Jahren – einer konsequent durchgeführten Dezentralisierung und Entspezialisierung der Heimerziehung (vgl. PETERS 1988, RÖSS-LER/TÜLLMANN 1988) auf der einen Seite und einer stationären Kinder- und Jugendpsychiatrie auf der anderen Seite, die gemessen an der Wohnbevölkerung (im Vergleich z.B. zu Nordrhein-Westfalen) traditionell über wenig Plätze verfügt, wohingegen es jedoch ein gut ausgebautes Netz ambulanter jugendpsychiatrischer Dienste gibt.

Die Arbeit des in den Jahren 1986/87 gebildeten Arbeitskreises „Psychiatrie – Heime" stand daher „unter dem Vorzeichen, daß eine einhellige positiv bewertete Grundsatzentscheidung für die Heimreform in Hamburg zwar getroffen, ihre Folgeprobleme jedoch, die die inhaltliche Arbeit und damit auch die Belastbarkeit und Kompetenz der Mitarbeiter betrafen, noch nicht hinreichend aufgearbeitet waren." (KÖTTGEN/KRETZER 1989, S. 92)

Häufig ertöne daher der Ruf nach jugendpsychiatrischer Unterbringung aus den Reihen der Jugendhilfe (Heimerziehung) dort, wo MitarbeiterInnen angesichts kumulierter Probleme von Kindern und Jugendlichen überfordert und überbelastet seien und wo „überhöhte Kompetenzerwartungen an psychologisch-psychiatrische Fachleute" bestehen. Für den betroffenen Jugendlichen bedeute der Ruf nach Spezialeinrichtungen (Jugendpsychiatrie) Ausgrenzung.

Die hier anklingende Diskussion um den Stellenwert der Jugendpsychiatrie und besonders der stationären Jugendpsychiatrie wird gerade zu dieser Zeit zusätzlich genährt durch bundesweite Impulse wie z.B.

- das Erscheinen der „Empfehlungen der Expertenkommission der Bundesregierung zur Reform der Versorgung im psychiatrischen und psychotherapeutisch/psychosomatischen Bereich" der im Teil D.1 „Psychisch kranke Kinder und Jugendliche" u.a. zu folgenden Ergebnissen kommt (vgl. BMJFFG 1988, Zusammenfassung S. 34-38):
  - 15% bis 18% (etwa 2 Millionen) Kinder und Jugendliche in der Bundesrepublik seien psychisch und sozial über das Maß üblicher Entwicklungskrisen hinausgehend auffällig,
  - 5% (etwa 750.000) aller Kinder und Jugendlichen seien „eindeutig psychiatrisch behandlungsbedürftig",
  und der auf der Grundlage dieser Zahlen u.a. fordert:
  - 50 bis 80 jugendpsychiatrische Klinikplätze pro 500.000 bis 750.000 Einwohner ($\approx$ pro 100.000 bis 150.000 Minderjährigen) vorzuhalten,
  - in Regionen mit ca. 250.000 Einwohnern ($\approx$ 50.000 Minderjährigen) einen niedergelassenen Kinder- und Jugendpsychiater anzusiedeln;
- die bundesweit diskutierten, entschieden kontroversen Positionen zu den Empfehlungen der Expertenkommission z.B. von der Bundeskonferenz für Erziehungsberatung e.V. (vgl. BUNDESKONFERENZ FÜR ERZIEHUNGSBERATUNG 1989) oder der Deutschen Gesellschaft für soziale Psychiatrie (vgl. DGSP-Rundbrief 43, 1988), die darauf hinweisen,
  - daß die o.g. Größenordnung der als jugendpsychiatrisch behandlungsbedürftig klassifizierten Kinder und Jugendlichen absolut überzogen sei und
  - daß der im Expertenbericht implizit geforderte Vorrang der Kinder- und Jugendpsychiatrie im psychosozialen Versorgungssystem entschieden abzulehnen sei, da eine Bevorzugung medizinisch-psychiatrischer Versorgung zu Lasten pädagogisch-therapeutischer Hilfeansätze den Problemen von Kindern und Jugendlichen in unserer Gesellschaft nicht gerecht werden, sondern eher einer Psychiatrisierung sozialer Probleme (d.h. Betrachtung der Auswirkungen sozialer Probleme unter der Perspektive individueller Krankheit des jungen Menschen) Vorschub leisten würden;
- die Verabschiedung des neuen Kinder- und Jugendhilfegesetzes, das in § 10 regelt, daß für seelisch behinderte Kinder und Jugendliche ein Vorrang der öffentlichen Jugendhilfe vor der Sozialhilfe besteht. Damit wird die problematische, jeweils im Einzelfall durch jugendpsychiatrischen Befund zu ziehende Schnittlinie zwischen verhaltensauffälligen und in der seelischen Entwicklung gefährdeten jungen Menschen (bisher Zuständigkeit bei der Jugendhilfe) und seelisch wesentlich behinderten jungen Menschen (bisher Zuständigkeit der Sozialhilfe) zugunsten einer eindeutigen Zuständigkeit der Jugendhilfe beseitigt (vgl. § 10 Abs. 2 und Begründung, in: BMJFFG 1989, S. 53);
- die Einsetzung einer Arbeitsgruppe der Gesundheitsministerkonferenz und der Jugend-

ministerkonferenz mit dem Auftrag der Erarbeitung eines gemeinsamen Positionspapiers zum Verhältnis von Jugendhilfe und Jugendpsychiatrie. Die Federführung dieser Arbeitsgruppe lag beim Amt für Jugend der Stadt Hamburg;

- die Stellungnahme der Bundesregierung zum 8. Jugendbericht, die angesichts der Einsetzung o.g. Arbeitsgruppe formuliert:

„Eine solche Kooperation (zwischen Jugendhilfe und Jugendpsychiatrie, d.V.) setzt voraus, daß beide Bereiche die Bedürfnisse des Kindes und des Jugendlichen, nicht aber fach- oder berufspolitische Interessen in den Vordergrund stellen. Die Bundesregierung erwartet eine nachhaltige Verbesserung der Zusammenarbeit durch die Ergebnisse einer gemeinsamen Arbeitsgruppe von Vertretern der Jugendhilfe und der Jugendpsychiatrie, die sowohl von der Gesundheitsministerkonferenz als auch von der Jugendministerkonferenz in diesem Jahr einstimmig beschlossen worden ist" (BMJFFG 1990, S. VIII).

Die gegenseitige Inanspruchnahme von Jugendhilfe und Jugendpsychiatrie – oder: Was sind „Grenzfälle"?

Die oben erwähnte Untersuchung des ISA zum Thema „Erziehungshilfen im Grenzbereich von Jugendhilfe und Jugendpsychiatrie" beschäftigt sich mit solchen Kindern und Jugendlichen, deren ausgeprägte Lebenskrisen zu einer wechselseitigen Zuständigkeit bzw. zu einem wechselseitigen Tätigwerden von Instanzen der Jugendhilfe und der Jugendpsychiatrie geführt haben (vgl. GINTZEL/SCHONE 1989).

In dieser Studie, die sich auf den Untersuchungsraum Nordrhein-Westfalen (mit Schwerpunkt Westfalen-Lippe) bezog, wurde deutlich, daß ein erheblicher Teil der Kinder, die von Jugendämtern in Heime vermittelt werden, zuvor bereits Kontakt zum System der Jugendpsychiatrie hatten. 18% aller vermittelten Kinder und Jugendlichen waren bereits einem Jugendpsychiater/einer Jugendpsychiaterin vorgestellt worden, drei Viertel davon (14% aller vermittelten Kinder und Jugendlichen) im Rahmen eines stationären Klinikaufenthaltes. Auch auf der Seite der Kinder- und Jugendpsychiatrie ergibt sich ein ähnliches Bild. 13% der Kinder und Jugendlichen in Kliniken haben bereits Vorerfahrungen mit Heimunterbringungen. (vgl. GINTZEL/SCHONE 1989, S. 54 ff.).

Als Fazit aus den zitierten Untersuchungen ließ sich festhalten, daß jeder siebte bis achte junge Mensch in Heimen und Kliniken beide Hilfesysteme (Klinik/Heim) kennt. Pro Jahr gibt es z.B. in Westfalen-Lippe 170 Direktüberweisungen von einem Heim in eine Klinik und 250 Direktüberweisungen von einer Klinik in ein Heim. Bezogen auf die Heime macht diese Zahl etwa 10% aller Neuaufnahmen aus.

Warum kommt es nun zur gegenseitigen Inanspruchnahme – zu wechselseitigen Überweisungen – zwischen den Einrichtungen beider Disziplinen?

Direkte Überweisungen zwischen Heimen und Kliniken markieren zunächst einmal relativ deutlich die von den Fachkräften beider Disziplinen gezogenen Grenzen ihrer Fachzuständigkeit. Bei der Überweisung eines Minderjährigen von einer Institution in eine andere wird jeweils für den Einzelfall eine Grenzlinie zwischen den Disziplinen gezogen, indem die eigenen Möglichkeiten als ausgeschöpft bzw. nicht (mehr) hinreichend im Hinblick auf die Problematik des einzelnen Kindes oder Jugendlichen definiert werden und gleichzeitig der Institution der anderen Diszplin bessere Handlungsmöglichkeiten unterstellt werden.

„Die abgebende Institution formuliert für den einzelnen jungen Menschen (ggf. mit ihm zusammen) Zielvorstellungen, die den eigenen Handlungsrahmen sprengen und somit eine Überweisungen in eine andere Einrichtung notwendig erscheinen lassen. Die um Aufnahme gebetene Institution muß im Vergleich zur abgebenden Institution eine zugeschriebene, behauptete oder tatsächlich erweiterte Kompetenz haben. Dies gilt sowohl bei der Überweisung vom Heim in die Klinik als auch im umgekehrten Fall. (…) Allgemein skizziert können die erweiterten Kompetenzen der Klinik aus Sicht des Heimes in spezieller jugendpsychiatrischer Diagnostik und Therapie sowie in der Krisenintervention gesehen werden, während die erweiterte Kompetenz des Heimes aus Sicht der jugendpsychiatrischen Klinik in der Gewährleistung eines alternativen Lebensortes und in der Gestaltung eines langfristigen Erziehungsprozesses liegt. Im ersten Fall führt eine Überforderung der Universalisten (HeimerzieherInnen) bezüglich des Verhaltens der HeimbewohnerInnen zur Überweisung an die Spezialinstitution jugendpsychiatrische Klinik. Im zweiten Fall suchen die auf psychiatrische Erscheinungen spezialisierten Fachkräfte der Klinik nach Lebensorten für die jungen Menschen, die – neben ggf. notwendigen besonderen Förderangeboten – vor allem universellen Charakter haben (Gewährleistung gelingenden Alltags)." (GINTZEL/SCHONE 1989, S. 100)

Das bisher Gesagte zeigt, daß man das Problem der „Grenzfälle" zwischen Jugendhilfe und Jugendpsychiatrie nur sehr bedingt von den Problemen, Verhaltensweisen und Leidensgeschichten der betroffenen Kinder und Jugendlichen aufrollen kann. Die Frage nach den „Grenzfällen" scheint in erster Linie die Frage nach der Zuständigkeit von Jugendhilfe und Jugendpsychiatrie für Kinder und Jugendliche in besonders ausgeprägten Lebenskrisen sowie die Frage nach Abgrenzung beider Disziplinen voneinander zu sein. Erst durch die Klärung von Zuständigkeit und Nichtzuständigkeit können „Grenzfälle" überhaupt entstehen.

„Grenzfall" zu sein, ist kein subjektives Merkmal von jungen Menschen, sondern Ergebnis der fachlichen Zuständigkeits- bzw. Abgrenzungserklärung von Institutionen und Disziplinen. Dabei ist der Begriff der Abgrenzung (von Hilfesystemen) nicht weit entfernt vom Begriff der Ausgrenzung (von Jugendlichen), denen bekundet wird, daß sie nicht in die bestehenden Hilfesysteme passen.

„Wenn Kinder und Jugendliche in Einrichtungen der Kinder- und Jugendpsychiatrie kommen, so wird häufig davon gesprochen, daß es sich dabei um ‚Grenzfälle' zwischen Jugendhilfe und Psychiatrie handelt. Die Rede über ‚Grenzfälle' sagt jedoch weniger etwas über die Kinder und Jugendlichen aus als darüber, daß bestimmte Heime bzw. die Mitarbeiter dieser Heime subjektiv das Empfinden haben, in der Arbeit mit dem entsprechenden Kind an eine Grenze ihrer Möglichkeiten gekommen zu sein. So wenig es möglich ist, bei Kindern und Jugendlichen genau zwischen psychischer Krankheit und psychischer Gesundheit zu unterscheiden oder eine Grenzlinie zwischen vermeintlich noch normaler und bereits pathologischer psychischer Entwicklung zu ziehen so wenig läßt sich eine ‚Indikation' für Kinder- und Jugendpsychiatrie definieren. Die Grenzen sind fließend und die Einschaltung psychiatrischer Einrichtungen markiert das Scheitern bisheriger Erziehungsbemühungen und eine gewisse Hilflosigkeit in bezug auf das weitere pädagogische Handeln. Insofern sind ‚Grenzfälle' gemacht, sind als Zustandsbeschreibung pädagogisch erfolgloser Interaktion anzusehen." (DPWV-LANDESVERBAND NORDRHEIN-WESTFALEN 1988, S. 41)

Jochen RÖSSLER beschreibt, welche Funktion Überweisungen und Ausgrenzungen für die abgebende Einrichtung haben: „Mitarbeiter der Jugendhilfe haben es immer wieder mit jungen Menschen zu tun, die sie an ihre Grenzen bringen und die die Grenzen der Einrichtung deutlich machen. Was kann man tun, wenn man erkennt, daß bestimmte Ereignisse dazu führen werden, das System sozialen Handelns innerhalb der vorhandenen Grenzen einer Institution zu zerstören? Die nächstliegende Problemlösung besteht in der Regel darin, den ‚Grenzfall' einer anderen Institution zu übergeben, der man größere Leistungsfähigkeit zutraut. Das ist häufig die Strategie des Umgangs der Jugendhilfe mit der Psychiatrie. Die Kinder- und Jugendpsychiatrie wird angefragt, weil man unterstellt, die Psychiatrie werde dem Fall besser gerecht. Interessanterweise wird dieses Verfahren um so überzeugter angewandt, je weniger über die wirklichen Hilfemöglichkeiten der Kinder- und Jugendpsychiatrie bekannt ist. Das macht deutlich, es geht nicht nur um die bestmögliche Hilfe für einen Einzelfall, es geht dabei auch um die Stabilisierung des sozialen Systems, das einen ‚Grenzfall' abgibt. Die weitverbreitete Strategie der Ausgrenzung von Problemen führt dazu, das vorhandene System eingespielter Handlungsmuster zu stabilisieren und die Grenzen von Institutionen deutlicher zu markieren." (RÖSSLER 1990, S. 135 f.)

Wiewohl die Definition eines „Grenzfalles" also nur aus den Möglichkeiten und Grenzen der handelnden Institutionen erfolgt, werden nicht selten die Kinder und Jugendlichen selbst als Grenzfälle bezeichnet. Diese in hohem Maße stigmatisierende Bezeichnung lenkt also sehr häufig von den strukturellen, institutionellen, fachlichen und ggf. menschlichen Unzulänglichkeiten der Hilfesysteme ab und suggeriert, das „Grenzfall"-Sein sei eine aus den Eigenschaften des jungen Menschen herleitbare Bezeichnung. Mit der Etikettierung als „Grenzfall" wird den betroffenen Kindern und Jugendlichen, die sich in der Regel ohnehin in schwierigsten Lebenssituationen befinden, zusätzlich die Bürde nicht hinreichender Hilfemöglichkeiten als von ihnen selbst hervorgerufen allein aufgelastet.

Angesichts dieser Prozesse und der ihnen innewohnenden Dynamik sei quasi als Kontrapunkt zum Abschluß dieses Kapitels Friedrich Specht zitiert, der in seinem Aufsatz „Fremdplazierung und Selbstbestimmung" fordert, die Absicht und das Vorgehen bei Fremdplazierungen (und dies gilt sicher ungleich mehr bei Verlegungen, R.S.) an entsprechenden Kriterien zu messen:

„● Drückt sich in der geplanten Maßnahme tatsächlich ein ernstes Interesse an der Person des Kindes aus?
● Kann es aus dem Plan der Fremdunterbringung als Ausdruck von Achtung vor seiner Eigenart verstehen oder erlebt es darin Mißachtung seiner Bindungen und Beziehungen?
● Wird es sich als Objekt von Verfügung erleben oder bleibt es Beteiligter mit – wenn auch begrenztem – Einfluß auf die eigene Lage?

Werden diese Kriterien nicht beachtet, dann wird Fremdplazierung ihre Absicht verfehlen und statt dessen zu einer anhaltenden Überzeugung von Hilflosigkeit oder zu einem aufreibenden Kampf um Vergewisserung von Selbstbestimmung führen." (SPECHT 1989, S. 194)

3.3 Problemstellung und methodisches Vorgehen

Fragestellungen

Vor dem Hintergrund des in 3.2 skizzierten Verhältnisses von Jugendhilfe und Jugendpsychiatrie und der aktuellen Diskussion innerhalb und zwischen den Disziplinen sollte eine Beschreibung und Analyse von Situationen vorgenommen werden, in denen Jugendhilfe auf Jugendpsychiatrie verweist und umgekehrt. Im Zentrum der Betrachtung standen also jene Prozesse und Entscheidungen, die zu wechselseitigen Überweisungen zwischen den Disziplinen und damit zur potentiellen Entstehung von „Grenzfällen" beitragen.

Gegenstand der Untersuchung war zum einen die Gruppe von Kindern und Jugendlichen in der Freien und Hansestadt Hamburg, die stationäre Erziehungshilfe in Heimen der Jugendhilfe erfahren haben und bereits ein- oder mehrmals stationär in jugendpsychiatrischen Kliniken aufgenommen und behandelt wurden. Zum anderen sollten die Erfahrungen der an gegenseitigen Überweisungen von Kindern und Jugendlichen beteiligten Institutionen und Fachkräfte dokumentiert werden.

Folgende Fragestellungen galt es unter dieser Perspektive zu bearbeiten:

● Was sind lebensgeschichtliche Hintergründe für die Zuweisung von Kindern und Jugendlichen in jugendpsychiatrische Kliniken?
● Welche konkreten Anlässe und Faktoren lösen die Zuweisung in eine jugendpsychiatrische Klinik aus?
● Auf welchen Zuweisungswegen gelangen die Kinder und Jugendlichen in jugendpsychiatrische Kliniken?
● Welche Institutionen der Jugendhilfe sind an der Zuweisung beteiligt?
● Welche Formen der Zusammenarbeit werden von den Fachkräften der beteiligten Einrichtungen und Dienste der Jugendhilfe und der Jugendpsychiatrie bei der wechselseitigen Überweisung von Kindern und Jugendlichen praktiziert?

- Welche Mängel werden dabei gesehen bzw. welche Vorstellungen über eine verbesserte Praxis haben die Fachkräfte?
- Welche Konsequenzen ziehen die Fachkräfte der Heime aus jugendpsychiatrischen Diagnosen und Gutachten für ihre weitere Arbeit?

Methodisches Vorgehen und Erhebungsinstrumente

Um Aufklärung über die Art der Problemlagen von jungen Menschen und ihren Familien, über die institutionellen Entscheidungs- und Zuordnungsprozesse, über die je spezifischen Handlungsstrukturen von Heimen und Kliniken in Hamburg sowie über die zwischen diesen praktizierten Kooperationsprozesse zu erhalten, war es erforderlich, verschiedene Methoden und Instrumente zur Anwendung zu bringen. In enger Abstimmung mit den von der Stadt Hamburg für die Projektbetreuung benannten MitarbeiterInnen des jugendpsychiatrischen Dienstes wurden folgende Zugänge zum Untersuchungsfeld gesucht:

1. Durchführung einer Voruntersuchung zur konzeptionellen und quantitativen Bestandsaufnahme psychosozialer Einrichtungen und Dienste in Hamburg.
2. Durchführung einer standardisierten Aktenanalyse von Kindern und Jugendlichen, die in Einrichtungen der Jugendhilfe leben und bereits stationäre Erfahrungen mit jugendpsychiatrischen Kliniken haben.
3. Durchführung von leitfadenstrukturierten Einzel- bzw. Kleingruppeninterviews mit Fachkräften in Kliniken und Heimen.
4. Durchführung biographischer Fallanalysen.

Der Untersuchungsaufbau sicherte einerseits den Zugang zu einer Reihe von Querschnittsinformationen (Gesamtpopulation, Organisationsstrukturen, Entscheidungsstrukturen, Problemcharakteristika), andererseits war es möglich, anhand der biographischen Fallanalysen exemplarisch Längsschnittbetrachtungen über Prozeßverläufe anzustellen, und zwar sowohl, was die Entwicklung von individuellen Problemlagen, als auch was die Handlungsprozesse der beteiligten Institutionen und Personen angeht.

Voruntersuchung

Zum Einstieg in das Projekt und als Basisinformation wurde zunächst eine Bestandsaufnahme quantitativer Entwicklungen stationärer Unterbringungsformen in den letzten
10 Jahren erstellt, die folgende Bereiche umfaßte:

- Heime der Jugendhilfe
- Unterbringungen in Familienpflege,
- jugendpsychiatrische Kliniken,
- Jugendstrafvollzug inklusive Untersuchungshaft.

Aktenanalyse

Im Rahmen der Aktenanalyse im Amt für Jugend wurden anhand eines standardisierten
Erhebungsbogens Heimeinweisungs-Entscheidungen in der Stadt Hamburg analysiert.
Die Erhebung erfolgte in Form eines standardisierten Aktenerhebungsbogens, der sich
vor allem auf folgende Bereiche bezog:

- Sozialdaten der Minderjährigen/Familien,
- individuelle und familiale Problemlagenprofile,
- Gründe für die Heimeinweisung,
- Art der jugendpsychiatrischen Vorerfahrung,
- vorhergehende (ambulante) Hilfen.

Die Aktenerhebung wurde durchgeführt, nachdem die MitarbeiterInnen der aktenführenden Dienststelle (Erziehungssachgebiet) gebeten worden waren, eine Liste aller
Neuaufnahmen der Jahre 1988/89 in öffentliche Erziehung zu erstellen, die über stationäre jugendpsychiatrische Erfahrung verfügen. Dies Verfahren wurde gewählt, da eine
Direktdurchsicht der über 2.000 Neuaufnahmen der Jahre 1988/89 seitens des ISA den
Rahmen des Möglichen überstiegen hätte. Letztendlich konnten 27 Akten von Jugendlichen mit stationären Klinikaufenthalten ausgewertet werden. Als Kontrollgruppe
wurden 64 Akten von Jugendlichen ohne Klinikerfahrung ausgewertet, die nach einem
Zufalls-Stichprobenverfahren aus den Heimeinweisungen des Jahres 1989 (Gesamtzahl
der Neuaufnahmen: 1.075) gezogen wurden.
Die Ergebnisse der Aktenanalyse wurden den MitarbeiterInnen des Erziehungssachgebietes im Rahmen einer Dienstbesprechung vorgestellt und mit ihnen diskutiert. Die
Inhalte dieser Diskussion sind in die Interpretation der Ergebnisse eingeflossen.

Interviews

Im Rahmen von leitfadenstrukturierten Einzel- und Gruppeninterviews/-diskussionen in
Heimen und Kliniken und mit Fachkräften in den zuweisenden Bezirksämtern sollten
praktizierte gegenseitige Unterstützung- und Kooperationsformen zwischen den Instanzen und Disziplinen von Jugendhilfe und Jugendpsychiatrie thematisiert werden. Insbesondere sollten gegenseitige Erwartungen und Forderungen an die eigene und an die
jeweils andere Disziplin herausgearbeitet werden, deren Einlösung den Fachkräften für
eine verbesserte Praxis notwendig erscheint. Besonderes Gewicht der Interviews und
Gespräche lag auf den bestehenden Weiterentwicklungsvorstellungen der einzelnen
Disziplinen bezüglich ihres eigenen Arbeitsfeldes und bezüglich der Kooperation mit
anderen Arbeitsfeldern.

Die Gespräche mit den VertreterInnen der Praxis von Jugendhilfe und Jugendpsychiatrie erfolgten in Form von Einzelinterviews und Gruppeninterviews/-diskussionen, weil

- Einzelbefragungen von VertreterInnen der verschiedenen Institutionen stärker darauf abgestellt werden können, Informationen über die Einrichtung und ihr Selbstverständnis (Ziele, Strukturen, Auftrag, Arbeitsweise etc.) zu gewinnen und einzelne Fragestellungen vertiefend zu behandeln (problemzentriertes Interview), während
- Gruppenbefragungen eher Informationen über den institutionellen Alltag erbringen, indem sie das in der Regel breitere Meinungs-, Erfahrungs- und Einschätzungsspektrum verschiedener MitarbeiterInnen in verschiedenen Positionen erfassen.

Folgende Fragenkomplexe wurden im Rahmen der leitfadenstrukturierten Einzel- und Gruppeninterviews bearbeitet:

- Informationen zur Einrichtung (Ziele, Struktur, Arbeitsweise),
- Zielgruppen und Zuweisungswege,
- Kooperationsprozesse und -erfahrungen,
- Problem der „Grenzfälle",
- Vorschläge und Ideen für eine verbesserte Praxis.

Sowohl die Einzel- als auch die Gruppeninterviews dauerten zwischen 1,5 und 3 Stunden. Die Interviews wurden – bis auf wenige Ausnahmen – auf Tonband mitgeschnitten. Die Interviews fanden zwischen März und Juni 1990 statt.

Folgende Interviews mit Fachkräften der Jugendhilfe und Jugendpsychiatrie wurden geführt:

- *Jugendpsychiatrische Kliniken* (zwei Einzelinterviews mit den leitenden Ärzten der beiden Hamburger Kliniken; zwei Gruppeninterviews mit Stationsteams beider Kliniken)
- *Bezirksamt Eimsbüttel* (Einzelinterview mit Sozialdezernentin und stellvertretender Leiterin des Amtes für soziale Dienste, Gruppeninterviews mit Amtsvormündern)
- *Amt für Jugend – jugendpsychiatrischer Dienst* (zwei Einzelinterviews mit Jugendpsychiaterinnen)
- *Heimerziehung* (zwei Einzelinterviews und drei Gruppeninterviews mit VertreterInnen aus Heimen in öffentlicher und freier Trägerschaft)
- *Amt für Jugend – Kinder- und Jugendnotdienst* (Einzelinterview mit dem Leiter)
- *Amt für Jugend – Erziehungssachgebiet* (Datenrückmeldung und Gruppendiskussion)

Über die hier aufgeführten Interviews hinaus gab es eine Reihe weiterer informeller Gespräche und Diskussionen mit unterschiedlichen Fachkräften von Jugendhilfe und Jugendpsychiatrie, die ebenfalls Eingang in die Darstellungen und Auswertungen der Interviews finden.

Biographische Fallgeschichten

Im letzten Untersuchungsabschnitt wurden zwei Einzelfallberichte über junge Menschen erstellt, die Kontakt mit der Jugendpsychiatrie hatten und deren Problemlage die Jugendhilfe an ihre Grenzen gebracht hat. Ziel dieses Untersuchungsschrittes war es, in Form offener, biographischer Interviews mit den jungen Menschen deren Einschätzungen, subjektive Wahrnehmungen und Interpretationen zu ihrer eigenen Lebensgeschichte und den darin aufgetretenen pädagogischen und kinder- und jugendpsychiatrischen Hilfeinstanzen aufzuspüren und zu beschreiben. (Die biographischen Fallgeschichten sind in dieser Arbeit nicht dargestellt; vgl. diesbezüglich SCHONE 1991, S. 85 ff.)

3.4 Darstellung von Ergebnissen

3.4.1 Quantitativer Stellenwert institutioneller Interventions- und Betreuungsformen in Hamburg

In Hamburg hat vor allem die Aufhebung der geschlossenen Unterbringung im Rahmen der Heimerziehung 1980 und damit das Kappen der repressiven Enden im Jugendhilfesystem von Anfang an zu der Vermutung geführt, daß andere Instanzen (Jugendpsychiatrie, Jugendstrafvollzug) die vormals geschlossen untergebrachten Jugendlichen „auffangen" würden. Der Verzicht auf die Möglichkeit der geschlossenen Unterbringung im Rahmen der Jugendhilfe – so die häufig geäußerte These – würde zu einer Interventionsverlagerung führen, sei es in Richtung verstärkt polizeilich, juristischer Zugriffe (U-Haft, Jugendstrafvollzug), sei es in Form vermehrter oder verschärfter Krankheitszuschreibung im jugendpsychiatrischen Sinne (z.B. Dissozialität).

Tabelle 3.1 versucht auf der Grundlage zur Verfügung stehender sekundärstatistischer Daten die quantitative Entwicklung in den Bereichen Heimerziehung, Familienpflege, Jugendpsychiatrie und Jugendstrafvollzug/U-Haft in den Jahren 1979 bis 1989 nachzuzeichnen.

Die Tabelle verdeutlicht zunächst, daß sich die Zahl der Minderjährigen (unter 18 Jahre) in Hamburg von 1979 bis 1988 um ca. 80.000 (25%) verringert hat. Die Zahl der im Rahmen von *Heimerziehung* untergebrachten Kinder und Jugendlichen sank im gleichen Zeitraum um etwa 800 und verringerte sich damit überproportional von ca. 8 Promille auf etwa 7 Promille. Der absolute Rückgang der Unterbringungen in Heimen geht zum großen Teil einher mit der Halbierung der staatlichen Heimplätze von ca. 1.600 auf 800 in der Zeit von 1979 bis 1988 (Näheres zur Heimreform in Hamburg vgl. auch PETERS 1988).

Seit 1987 ist wieder ein absoluter und prozentualer Anstieg der Heimunterbringungszahlen zu verzeichnen. Von 1987 auf 1988 stieg die Zahl der in Heimen untergebrachten jungen Menschen um 6,8% (31.12.1987 = 100) und auf 1989 um weitere 4,7%. Dieser Anstieg ist mit der demographischen Wende - seit 1988 steigt die absolute Zahl der unter 18jährigen in Hamburg wieder leicht an - nicht zu erklären. Nach Angaben der MitarbeiterInnen im Erziehungssachgebiet liegt der Grund vielmehr in der hohen Zahl von unbegleiteten Flüchtlingskindern, die inzwischen etwa 10% der Neuaufnahmen in öffentlicher Erziehung ausmachen. Läßt man diese Spezialproblematik außer Betracht, ist eher ein weiterer Rückgang Hamburger Kinder und Jugendlicher in öffentlicher (Heim-)Erziehung zu konstatieren.

Für den Bereich der *Familienunterbringungen im Rahmen der öffentlichen Erziehung* gab es keine nennenswerten, von der demographischen Entwicklung abweichenden Veränderungen. Er liegt für den gesamten Zeitraum bei oder leicht unter 2 Promille der unter 18jährigen Wohnbevölkerung. Für die *Pflegestellenunterbringungen in den Bezirken*, die ebenfalls etwa bei 2 Promille liegen, standen leider nur Zahlen seit 1985 zur Verfügung, so daß über den betrachteten Gesamtzeitraum nicht ersichtlich ist, ob sich hier Veränderungen ergeben haben.

Nimmt man z.B. für das Jahr 1988 die Pflegestellenunterbringungen zusammen, ergibt sich, daß sie 37% (986 von 2.661) der gesamten Erziehung außerhalb der eigenen Familie ausmachen. Der Anteil der Pflegestellen an der gesamten Fremdunterbringung entspricht damit etwa der Quote von 40%, wie sie z.B. die Kreisfreien (Stadt-)Jugendämter in Westfalen-Lippe aufweisen (max.: Bielefeld 54%; min.: Herne 27%) (vgl. LANDSCHAFTS-VERBAND WESTFALEN-LIPPE 1987, S. 124).

Tabelle 3.1: *Entwicklung stationärer Unterbringungsformen für Minderjährige in Hamburg in öffentlicher Erziehung, Pflegefamilien, jugendpsychiatrischen Kliniken und Jugendstrafvollzug/U-Haft (1979-1989)*

Jahr	<18 Jahre am 31.12.	in öffentlicher Erziehung am 31.12. (inkl. junge Volljähr.)				Pflegekinder i.d. Bezirken (Dauerpflege) am 31.12.		Jahresfallzahl i.d. stationären Jugendpsychiatrie			Unterbringungen von unter 20jährigen in AKO³ (Jahresfallzahl)		Untersuchungshaft (Jahresfallzahl)			Jugendstrafvollzug Jugendstrafanstalt Hahnöfersand		
		in Heimen abs.	%	in Familien abs.	%	abs.	%	UKE¹	KW²	ges.	<20	davon <18	14-15	16-17	ges.	14-15	16-17	ges.
1979	315.027	2.545	8,1	604	1,9			105			17		21	85	106	7	24	31
1980	307.033	2.381	7,8	570	1,9			125			29		9	89	98	6	29	35
1981	295.876	2.168	7,3	570	1,9			132			14		16	89	105	6	27	33
1982	283.598	2.020	7,1	523	1,8			114			10		40	125	165	8	34	42
1983	270.380	1.848	6,8	499	1,8			124			6		22	94	116	5	45	50
1984	255.856	1.686	6,6	496	1,9			91			14		49	90	139	3	25	28
1985	245.021	1.615	6,6	425	1,7	484	2,0	101			23		39	83	122	7	25	32
1986	237.061	1.626	6,9	452	1,9	481	2,0	86			34		41	90	131	5	15	20
1987	235.815	1.568	6,6	463	2,0	518	2,2	75	73	148	29		37	100	137	3	18	21
1988	237.331	1.675	7,1	465	2,0	521	2,2	93	70	163	22	4	25	111	136	1	20	21
1989		1.754		469		483		87	71	158	27	7				3	9	12

Quellen:
1 Universitätsklinikum Eppendorf – Abt. Kinder- und Jugendpsychiatrie (24 Betten)
2 Kinderkrankenhaus Wilhelmstift – Abt. Kinder- und Jugendpsychiatrie (32 Betten)
3 Allgemeinkrankenhaus Ochsenzoll – Abt. für Psychiatrie

– Statistisches Landesamt Hamburg
– Jugendhilfestatistik. Meldungen der Jugendämter zu Berichtsbogen 18 (Pflegekinder in den Bezirken)
– Jugendhilfestatistik (J241 – 15/28.2.1990)
– Eigenangaben der Kliniken (UKE, KW, AKO) 1990
– Justizbehörde Hamburg – Strafvollzugsamt
– eigene Berechnungen

111

Für den Bereich der *stationären Kinder- und Jugendpsychiatrie* lagen leider nur Zahlen aus dem Universitätsklinikum Eppendorf (UKE) für den Gesamtzeitraum der letzten 10 Jahre vor. Das Wilhelmstift konnte nur die Unterbringungszahlen der Jahre 1987–1989 ermitteln. Die in der Tabelle 3.1 enthaltenen Jahresfallzahlen jugendpsychiatrischer Kliniken dürfen dabei nicht direkt mit den Stichtagsdaten der Heim- und Pflegestellenunterbringung verglichen werden. Zu einem gegebenen Stichtag liegt die maximale Unterbringungshöhe in den Kliniken bei 56 jungen Menschen (Zahl der Klinikplätze in Hamburg).

Wie unterschiedlich die Versorgungsstruktur mit stationären jugendpsychiatrischen Plätzen in verschiedenen Bundesländern ausgestaltet ist, zeigt ein Vergleich mit Westfalen-- Lippe. Während in Westfalen-Lippe ein Platz in der Jugendpsychiatrie auf 2.338 Minderjährige kommt, kommt in Hamburg ein Platz auf 4.232 Minderjährige. Umgekehrt ist es bei der Heimunterbringung. In Westfalen-Lippe erfolgt eine Unterbringung auf 285 Minderjährige, in Hamburg auf 141 Minderjährige. Während in Westfalen-Lippe das Verhältnis der Platzzahlen Heim - Klinik also etwa 8 : 1 beträgt, liegt es in Hamburg bei 30:1.

Anders als in anderen Bundesländern gibt es in Hamburg zudem keine jugendpsychiatrische Pflichtversorgung,[6] d.h. die jugendpsychiatrischen Kliniken sind u.a. nicht zu Maßnahmen verpflichtet, die gegen den Willen der Betroffenen aufgrund des Hamburger PsychKG (insbesondere nach § 31 – sofortige Unterbringung) erfolgen. Die Pflichtversorgung wird durch die psychiatrische Abteilung des AK Ochsenzoll wahrgenommen. Die Zahlen ergeben für dieses Krankenhaus eine durchschnittliche Fallzahl pro Jahr von 20 unter 20jährigen (vgl. Tabelle 3.1).

Nur für die Jahre 1988 und 1989 lagen die Zahlen der eingewiesenen unter 18jährigen vor. Auf der Grundlage dieser Zahlen kann man davon ausgehen, daß jährlich maximal 10 Jugendliche von dieser Erwachsenen-Psychiatrie aufgenommen werden. Häufig kommt es entweder in den auf die Aufnahme folgenden Tagen wieder zur Entlassung oder zur Überweisung an eine jugendpsychiatrische Klinik zur weiteren Behandlung.

Als letzter Teilbereich institutioneller Unterbringung soll der Bereich *Jugendstrafvollzug/U-Haft* kurz in den Blick genommen werden. Häufig – auch in den durchgeführten Interviews – wurde die Vermutung geäußert, daß der Hamburger Verzicht auf geschlossene Unterbringung im Rahmen von Heimerziehung und jugendpsychiatrischen Kliniken bedeuten würde, daß es insbesondere bei den sogenannten dissozialen Jugendlichen vermehrt zu U-Haft und nach Gerichtsverfahren zu Jugendstrafen komme. Diesem Vorwurf trat die Behörde für Arbeit, Jugend und Soziales schon 1982 entgegen, indem sie feststellte:

„● auf Grundlage der Jugendgerichtshilfe-Statistik ließ sich ermitteln, daß der Anteil der Fälle von Jugendlichen, die schon einmal in öffentlicher Erziehung waren, zwischen 1974 und 1982 kontinuierlich von ca. 25% auf ca. 17% gesunken war. Die Aufhebung der gesicherten Unterbringung hatte augenscheinlich keinen – zumindest keinen verstärkenden – Effekt auf die Kriminalitätsbelastung von Minderjährigen in Heimerziehung;

● die Zahl der U-Haft-Entscheidungen steigt zunächst nach Aufhebung der g.U., relativiert sich aber, wenn die verstärkte Zuführung von 14- und 15jährigen durch die Polizei mit dem Ziel der Inhaftierung mitbetrachtet wird." (PETERS 1988, S. 147)

Wie Tabelle 3.1 zeigt, pendelt die Jahresfallzahl der Minderjährigen in U-Haft mit Aus-

---

6 Der Pflichtversorgungsauftrag bedeutet, daß das entsprechende Krankenhaus verpflichtet ist, "jedes krankenhauspflegebedürftige Kind bzw. jeden Jugendlichen aus dem Aufnahmegebiet aufzunehmen. Zur Versorgungspflicht gehören insbesondere Kinder und Jugendliche, die zur geschlossenen Unterbringung z.B. nach dem PsychKG, JGG oder dem StGB eingewiesen werden" (LANDSCHAFTSVERBAND WESTFALEN-LIPPE 1985, S.11).

nahme des Jahres 1982 zwischen 100 und 140.

Für den Bereich des *Jugendstrafvollzugs* läßt sich feststellen, daß die Zahl der inhaftierten Minderjährigen im Jahre 1983 zwar mit 50 Jugendlichen ihren Höhepunkt erreichte, in den darauffolgenden Jahren aber kontinuierlich zurückging, bis sie im Jahr 1989 mit 12 inhaftierten Jugendlichen ihren niedrigsten Stand überhaupt fand. Daß der Anstieg der Zahl der inhaftierten Jugendlichen bis 1983 (analog des Anstiegs der U-Haft 1982, s.o.) eine indirekte Folge der Aufhebung der geschlossenen Unterbringung ist, ist zumindest nicht völlig auszuschließen; die dann aber rapide sinkenden Zahlen zeigen jedoch, daß offensichtlich auch im Rahmen der Jugendstrafrechtspflege inzwischen alternative Lösungen entwickelt worden sind.

Zum Zeitpunkt 31.3.1988 (Stichtag) waren z.B. in Hamburg 124 junge Menschen in Jugendstrafanstalten inhaftiert, davon 10 Jugendliche unter 18 Jahre (drei 16jährige und sieben 17jährige). Diese 10 Jugendlichen befanden sich ausnahmslos in offenem Vollzug.

Auch wenn sich vorübergehend ein Anstieg der Inhaftiertenzahlen Anfang der 80er Jahre konstatieren läßt, zeigt die Entwicklung der Jahresfallzahlen über die letzten 10 Jahre, daß der Verzicht auf geschlossene Unterbringung im Rahmen von Heimerziehung und Jugendpsychiatrie nicht zu früheren und schärferen Reaktionen der Polizei/Justiz gegenüber Jugendlichen führen muß. Im Gegenteil mag der Verzicht auf sozialpädagogisch oder jugendpsychiatrisch begründetes Einschließen von Jugendlichen sogar auch für die Strafjustiz ein Ansporn gewesen sein, auf einschließende Maßnahmen mehr und mehr zu verzichten.

Als Fazit zur hier vorgenommenen Längsschnittbetrachtung der Fallzahlenentwicklung institutioneller Interventionen im Jugendalter läßt sich also festhalten, daß der Verzicht auf geschlossene Unterbringung entgegen der anfangs referierten These − zumindest quantitativ − weder zu vermehrtem Zugriff der Jugendgerichtsbarkeit noch zu vermehrten oder verschärften jugendpsychiatrischen Krankheitszuschreibungen geführt hat.

3.4.2 Heimplatzvermittlung und jugendpsychiatrische Vorerfahrung

Die Auswahlkriterien für die in die Analyse einbezogenen Akten sind unter Punkt 3.3 dargestellt worden. Es wurden insgesamt 91 Akten ausgewertet; 27 davon von Kindern und Jugendlichen mit stationärer Vorerfahrung in jugendpsychiatrischen Kliniken. Wie schon beschrieben, erlaubt die durchgeführte Aktenanalyse keine Aussagen über die tatsächliche Größenordnung der Heimaufnahmen mit stationärer Jugendpsychiatrieerfahrung. Hierzu wäre eine Totalerhebung nötig gewesen, die allerdings den Rahmen der Studie gesprengt hätte.

Es wurden Akten von 45 Jungen (13 mit Psychiatrieerfahrung) und 46 Mädchen (14 mit Psychiatrieerfahrung) ausgewertet. Die im folgenden vorgestellten Ergebnisse wurden im Rahmen einer Dienstbesprechung an die aktenführenden Kollegen und Kolleginnen des Erziehungssachgebietes im Amt für Jugend rückgekoppelt und mit ihnen diskutiert bzw. interpretiert.

Die Aktenanalyse ergab zunächst folgende zentrale Befunde, die hier nicht weiter vertieft und kommentiert werden sollen, die aber für die Diskussion in Hamburg eine besondere Bedeutung erlangten:

- Jugendliche mit Psychiatrieerfahrung hatten bei der letzten Heimunterbringung bereits doppelt so oft Wechsel ihres Lebensfeldes erlebt, wie Jugendliche ohne Psychiatrieerfahrung. Für die meisten Jugendlichen mit jugendpsychiatrischer Vorerfahrung stellte die letzte Maßnahme der Heimunterbringung (zum Zeitpunkt der Aktenanalyse) bereits ein fortgeschrittenes Stadium institutioneller Intervention/Reaktion dar. Bei mehreren Jugendlichen im Grenzbereich der Institutionen Heim und Klinik konnte man davon sprechen, daß es sich um „entwurzelte" junge Menschen handelte, mit z.T. massiven familialen Umbrüchen und Erschütterungen und mit z.T. häufigen Wechseln von unmittelbaren Bezugspersonen.

113

● Ein besonderes Augenmerk verdient in diesem Zusammenhang der hohe Anteil von adoptierten Kindern und Jugendlichen in der Untersuchungsgruppe. Zehn Kinder waren von ihren Eltern adoptiert worden; bei zwei weiteren war eine Adoption durch den Stiefvater erfolgt. *Von diesen 12 adoptierten Kindern* lebten zehn bei ihren verheiratet zusammenlebenden (Adoptiv-)Eltern und zwei bei der alleinerziehenden (Adoptiv-)Mutter. Acht der 12 adoptierten Kinder hatten vor ihrer Heimaufnahme bereits Erfahrungen mit der stationären Jugendpsychiatrie. Bezogen auf die Gruppe jugendpsychiatrie-erfahrener Kinder stellen diese acht Kinder/Jugendlichen aus Adoptionsfamilien mehr als ein Viertel der Gesamtklientel (mit Psychiatrieerfahrung) dar.

● In engem Zusammenhang mit dem gerade skizzierten Problem ist auch das Problem des Todes einer nahen Bezugsperson zu sehen. Das schon in der Untersuchung von Westfalen-Lippe beobachtete Phänomen, daß mit 25% überproportional viele Kinder und Jugendliche im Überschneidungsbereich von Heimen und Kliniken mit Verlusterfahrungen enger Bezugspersonen konfrontiert waren (GINTZEL/SCHONE 1989, S. 85 f.) ließ sich auch im Rahmen der in Hamburg durchgeführten Aktenanalyse beobachten. Während 5% der Kinder und Jugendlichen ohne Psychiatrieerfahrung den Tod einer nahen Bezugsperson erlebt haben, betrug dieser Anteil bei den Jugendlichen mit Psychiatrieerfahrung 22%. Auch in Hamburg treten also solche Kinder und Jugendlichen im Schnittbereich von Jugendhilfe und Jugendpsychiatrie besonders häufig auf, bei denen es gleichermaßen darum geht, neue Lebensorte mit neuen Bezugspersonen für die betroffenen Kinder und Jugendlichen zu finden anderseits und ggf. traumatische Verlusterfahrungen der Betroffenen zu berücksichtigen und aufzuarbeiten.

Im folgenden wollen wir uns der Dauer und den Gründen für die Klinikaufenthalte der Jugendlichen mit Psychiatrieerfahrung etwas näher zuwenden. Tabelle 3.2 gibt einen Überblick über das Alter der Kinder und Jugendlichen bei Aufnahme in der Klinik, die Dauer der Klinikaufenthalte und über die in den Akten genannten Gründe für den stationären Jugendpsychiatrie-Aufenthalt. Bei der Betrachtung und Interpretation dieser Tabelle ist zu berücksichtigen, daß die Beschreibungen den Akten der Allgemeinen Sozialdienste (AS) entnommen sind und sich dort zum Teil unzulängliche Beschreibungen finden, z.T. nur solche Aspekte berücksichtigt werden, die der/die AS-KollegIn für die Entscheidung zur Heimunterbringung für relevant hielt.

Anhand der Tabelle lassen sich zunächst einmal die durchschnittlichen Aufenthaltsdauern der später in die Heime vermittelten Jugendlichen in den verschiedenen Kliniken errechnen. Die durchschnittlichen Verweildauern betrugen

● im UKE 2,2 Monate
● im KW 9,3 Monate
● im AKO/UKE Erwachsenenbereich unter 1 Monat[7]
● in Kliniken außerhalb HH 5,3 Monate.

Die sehr unterschiedliche Verweildauer von Kindern und Jugendlichen in den beiden Kliniken betreffen nicht nur junge Menschen im Übergang zur Heimerziehung. Sie werden von den Kliniken konzeptionell begründet. Die Erwachsenenpsychiatrien übernehmen nur Interimsfunktionen; in zwei Fällen erfolgte eine baldige Verlegung in eine jugendpsychiatrische Abteilung.

---

7 Die Verweildauern in diesen Einrichtungen betrugen alle unter einem Monat und wurden in der Tabelle lediglich aufgerundet.

Tabelle 3.2: *Dauer und Gründe der Klinikaufenthalte / Art der Klinik /*
Alter bei Aufnahme in die Klinik

lfd. Nr.	m/w	Alter bei Klinikauf-nahme (Jahre)	Klinik	Dauer des Klinikauf-enthaltes (Jahre;Monate)	Gründe / Diagnosen
1	w	15	UKE	0;4	• "Pubertätskrise mit dissozialer Symptomatik und Suizidgefährdung" • Weglaufen, Drogenkonsum • Wunsch der Eltern, öffentliche Erziehung umgehen zu können
2	m	15	UKE	0;3	• zugespitzte Konflikte mit Adoptiveltern bei Beurlaubungen aus Heim; Tätlichkeiten
3	w	15	UKE	0;1	• Anorexie, Bulimie
4	w	14	UKE	0;1	• psychosomatische Störungen • hysterische Reaktionen, psychische Zusammenbrüche
5	m	16	UKE	0;3	• Suizidversuch • Drogengebrauch/Kriminalität
6	w	17	UKE	0;2	• Suizidalität
7	m	16	UKE	0;4	• multiple Verhaltensauffälligkeiten (hypochondrische Ängste, Konflikte mit Mutter, Kontaktschwierigkeiten, Aggressivität)
8	w	17	AKO UKE	0;1 0;1	• Wunsch des Vaters wegen vermuteter Prostitution der Tochter • Weglaufen
9	m	16	UKE	0;1	• keine Angaben
10	m	12	KW	1;6	• epileptische Anfälle
11	m	13	KW	0;7	• Aggressivität
12	m	11 13	KW KW	1;1 0;3	• "Störung der Persönlichkeitsentwicklung mit schweren Kontaktstörungen, Zwangssymptomen, Rückzug und Leistungsverweigerung" • Aggressivität
13	w	16	KW	0;10	• depressive Phasen • Suizidgedanken und -versuche • Hyperventilation
14	m	14	KW	0;1	• "Zwangshandlungen, Tics, Schlafstörungen vor dem Hintergrund einer ausgeprägten Lernbehinderung" • "Denken inhaltlich und formal gestört" • "massives Rückzugsverhalten"
15	w	11	?	0;8	• Enuresis, Enkopresis

16	w	16	KW	0;3	• Suizidalität, Suizidversuch
17	m	16	AKO KW	0;1 0;10	• "jugendliche Schiziphrenie" • "deutliche Minderbegabung" • sich selbst verletzend, verwirrt, abgemagert, verwahrlost
18	m	17	AKO	? (kurz)	• Drogenentzug
19	w	16	AKO	0;1	• eigener Wunsch; AS: Sie wollte dem Kreislauf zu Hause entkommen und ihre eigene Situation klären
20	m	16	UKE Erw.- Psych	0;1	• Vergiftung durch Patex-Schnüffeln
21	w	16	SH	0;11	• "schwere neurotische Fehlentwicklung mit depressiven und hysterischen Zügen" • Suizidgedanken, Weglaufen, Schlafstörungen, Pseudohalluzinationen
22	w	7	HES	0;5	• Beziehungsstörung zwischen Mutter und Tochter • Selbstverletzungen • Distanzlosigkeit
23	w	11	NDS	0;8	• "Zappeligkeit, Unkonzentriertheit, Frustrationsintoleranz, Schulleistungsversagen, Wutanfälle; Neigung zu psychosomatischen Reaktionen; migräneartige Kopfschmerzen"
24	m	9	SH	0;2	• körperliche Angriffe auf Kinder • panische Angst vor imaginären großen Kindern • redet dauernd, phantasiert • lautes, schrilles, unmotiviertes Schreien in der Schule etc.
25	m	10	SH	0;1	• "Anzeichen drohender Verwahrlosung mit neurotischer Fehlentwicklung" • Weglaufen (Strichermilieu), Kriminalität
26	w	15	NW	0;5	• Aufnahme "nach einem Suizidversuch, der im Rahmen einer Entwicklungskrise stattgefunden hat" • Epilepsie
27	w	?	?	?	• "Zustand nach Schädelhirntrauma (S-Bahn-Surfen) mit folgendem hirnorganischem Psychosyndrom"

Legende:
UK   UniversitätsklinikumEppendorf(Kinder- und Jugendpsychiatrie)
KW   KinderkrankenhausWilhelmstift(Kinder- und Jugendpsychiatrie)
AKO   Allgemeines Krankenhaus Ochsenzoll
SH   Klinik in Schleswig-Holstein

HES   Klinik in Hessen
NDS   Klinik in Niedersachsen
NW   Klinik in Nordrhein-Westfalen
""   Originalzitate aus psychiatrischen Gutachten

Die jugendpsychiatrischen Vorerfahrungen von Jugendlichen in Kliniken außerhalb Hamburgs sind in den meisten Fällen darauf zurückzuführen, daß die Jugendlichen/ihre Familien von außerhalb in Hamburg zugezogen sind und der Klinikaufenthalt vor dieser Zeit lag. Einen Hinweis darauf, daß häufig Hamburger Jugendliche außerhalb Hamburgs in Kliniken untergebracht werden, ergibt sich aus unserem Material nicht.

Bezüglich der Aufenthaltsdauern in den Kliniken sei abschließend noch ein Vergleich zur Untersuchung in Westfalen-Lippe gezogen. Dort betrug die durchschnittliche Dauer pro Aufenthalt 7,5 Monate und die durchschnittliche Gesamtdauer (Mehrfachaufenthalte) 10,3 Monate. Allein über 20% der in die Untersuchung eingegangenen Fälle hatte dort bereits einen zusammenhängenden Aufenthalt von über einem Jahr abgeschlossen (vgl. GINTZEL/ SCHONE 1989, S. 89). In Hamburg waren dies dagegen nur 2 von 27 (7%) (beide Wilhelmstift).

Bezüglich der in den AS-Berichten enthaltenen Aussagen zu Lebenssituationen, Gründen und Diagnosen, die zur Klinikeinweisung geführt haben, soll Tabelle 3.2 die verschiedenen Hintergründe illustrieren. Eine weitere Auswertung soll an dieser Stelle unterbleiben, da die Beschreibungen in den AS-Berichten zum Teil diesen Bereich eher unzulänglich abdecken. Bei nur knapp der Hälfte der Fälle (44%) liegt eine mündliche oder schriftliche Stellungnahme der Jugendpsychiatrie vor.

Eine Bewertung dieses Tatbestandes fällt schwer, wenn man bedenkt, daß die AS-Berichte nicht dazu dienen, jugendpsychiatrische Diagnosen/Indikationen nachzuvollziehen, sondern dazu, aktuelle Heimunterbringungen zu begründen. Hinzu kommt, daß von seiten der Kliniken auch nur dann Berichte und Gutachten an die sozialen Dienste weitergegeben werden (dürfen), wenn die Sorgeberechtigten ihre Zustimmung geben.

Während es also noch verständlich ist, daß nur wenig Gutachten/Diagnosen in den Berichten auftauchen, muß jedoch deutlich kritisiert werden, daß (fast) keine Auskünfte über sozialpädagogische oder therapeutische Arbeitsinhalte der Jugendpsychiatrie in den Akten enthalten sind. Das Tun der Jugendpsychiatrie bleibt (in den Akten) im Dunkeln. Für die HeimmitarbeiterInnen bedeutet dies einen Mangel an Transparenz bezüglich des Lebensabschnitts „Klinik" der von ihnen betreuten Jugendlichen und die Unmöglichkeit begonnene pädagogisch/therapeutische Ansätze fortzuführen (oder bewußt zu verwerfen). (zur Transparenz vgl. FÖRSTER 1981, S. 42 ff.)

3.4.3 „Grenzfälle" aus der Sicht der beteiligten Institutionen und Fachkräfte von Jugendhilfe und Jugendpsychiatrie

Da es das objektive Phänomen „Grenzfall" – wie in 3.2 erläutert – nicht gibt, sondern „Grenzfälle" das Ergebnis von Aushandlungsprozessen innerhalb und zwischen den Disziplinen darstellen, geraten die harten empirischen Methoden (Fragebögen, Aktenanalyse) bezüglich dieser Fragestellung schnell an ihre Grenzen. Mit Hilfe leitfadenstrukturierter Einzel- und Gruppeninterviews mit Fachkräften beider Disziplinen sollte deshalb herausgearbeitet werden, welche Kriterien, Handlungsmotive, Einstellungen und Einschätzungen bezüglich der betreuten Jugendlichen die Fachkräfte dazu veranlassen, über den Einbezug von Fachkräften der anderen Disziplin nachzudenken, ihn einzufordern beginnen oder tatsächlich Kooperation zu vollziehen bzw. Überweisungen vorzunehmen.

In der ersten Jahreshälfte 1990 wurden in den beiden Hamburger jugendpsychiatrischen Kliniken, in verschiedenen Heimen/Gruppen der Jugendhilfe und mit weiteren Fachkräften aus Jugendhilfe und Jugendpsychiatrie diese Interviews durchgeführt (vgl. 3.3). Im Rahmen der Interviews ging es vorrangig darum, Erfahrungen mit der Zusammenarbeit von Jugendhilfe und Jugendpsychiatrie im Falle wechselseitiger Überweisungen von Kindern und Jugendlichen in der Schnittstelle beider Disziplinen zu erkunden. Dabei wurden sowohl bestehende gegenseitige Unterstützungs- und Kooperationsformen mit ihren Vorteilen und

Unzulänglichkeiten thematisiert, als auch perspektivisch gegenseitige Erwartungen und Forderungen an die jeweils andere Disziplin herausgearbeitet.

Kinder- und jugendpsychiatrische Kliniken

Im Universitätsklinikum Eppendorf und im Kinderkrankenhaus Wilhelmstift gibt es, wie dargestellt, zusammen 56 Plätze für Kinder- und Jugendpsychiatrie. Die Jahresfallzahl liegt etwa bei 150-160 Kindern und Jugendlichen, wobei ein Teil der jungen PatientInnen aus den benachbarten Bundesländern kommt (ca. 30% im Wilhelmstift).

Die Zugänge zu den Kliniken erfolgen in aller Regel über die Eltern, die sich zumeist direkt an die Kliniken wenden. Die Initiatoren für diesen Schritt seien in einem hohen Umfang Lehrer, die angesichts der in der Schule offenkundig werdenden Probleme der Kinder/Jugendlichen die Eltern auffordern würden, die Jugendpsychiatrie aufzusuchen. Von beiden Kliniken wird der Anteil der durch Schulen (z.T. Kindergärten) initiierten Kontakte auf über 30% geschätzt. Diese exponierte Rolle, die die Schulen bei der Inanspruchnahme der Jugendpsychiatrie spielten, habe damit zu tun, daß die LehrerInnen - häufig schon in der Grundschule beginnend - mit einem so komplexen Bündel von Verhaltensproblematiken (Unruhe, Klauen, Aggression, Weglaufen, Einkoten) konfrontiert seien, daß sie sich völlig überfordert sähen, den Unterricht durchzuführen. In ihrer eigenen Hilflosigkeit angesichts dieser Verhaltensweisen der Kinder/Jugendlichen würden sie zunehmend häufiger den Eltern raten, mit den Kindern die Jugendpsychiatrie aufzusuchen.

Auf Initiative des Jugendhilfesystems (BezirkssozialarbeiterInnen/Heime) kommen nur etwa 10 % der Kinder und Jugendlichen. Häufiger sei es umgekehrt so, daß schon während des Erstgesprächs in der Klinik deutlich werde, daß keine jugendpsychiatrische Symptomatik sondern eine Jugendhilfe-Problematik vorliegt. In diesen Fällen werde von den Kliniken auf das Jugendamt verwiesen, die dann versuchen müßten, mit sozialpädagogischen Mitteln (z.B. Heimunterbringung) der Problematik zu begegnen.

Zum Zeitpunkt der Interviews wurden in den Kliniken drei Jugendliche stationär behandelt, die direkt aus Heimen kamen (zwei im UKE; eine im Wilhelmstift). Nach Aussagen der befragten Fachkräfte wird bei Anfragen aus dem Bereich der Heimerziehung in der Regel auf den jugendpsychiatrischen Dienst des Amtes für Jugend verwiesen, der in der Regel auch alternative Lösungen zur stationären Behandlung anbieten könne. Nur in Ausnahmefällen würden Kinder und Jugendliche aus Heimen und Wohngruppen aufgenommen, zumeist dann, wenn

- sie akut suizidal sind,
- sie akut psychotisch sind oder
- sie schon früher in der Klinik behandelt wurden und die (befristete) Wiederaufnahme eine sinnvolle Fortsetzung der schon geleisteten Arbeit darstelle.

Den Aufnahmen aus den Heimen seien mitunter jedoch kurze Aufenthalte in Allgemeinkliniken zwischengeschaltet, die z.B. im Falle von Suizidhandlungen die erste Krisenintervention durchgeführt haben.

Auf die Frage, welche Diagnosegruppen in den beiden Einrichtungen in welchem Umfang stationär versorgt werden, konnten beide Kliniken keine genauen quantitativen Angaben machen, da es z.T. erhebliche Schwankungen in der Belegungsstruktur gebe.

Als Hauptdiagnosegruppen im Wilhelmstift werden angegeben:

- Kinder und Jugendliche mit akuten Psychosen
- Jugendliche mit Anorexia Nervosa (nach Gewichtsunterschreitung unter ein kritisches Maß)
- Kinder und Jugendliche mit emotionalen (Depressionen) und sozialen Anpassungsstörungen

- Epileptiker mit schwerer psychischer Symptomatik
- Kinder und Jugendliche in schweren Pubertätskrisen

Aufgrund seiner Infrastruktur sei das Wilhelmstift insbesondere für die Aufnahme und Betreuung von PatientInnen mit mittelfristiger Behandlungsdauer geeignet.

Als Hauptdiagnosegruppen im UKE wurden genannt:

- psychotische Kinder und Jugendliche (ca. 40–60%)
- suizidale Jugendliche (ca. 30%)
- Jugendliche mit Zwangserkrankungen (Neurosen)
- Borderline-Patienten.

Die durchschnittliche Aufenthaltsdauer sei je nach Patientengruppe sehr unterschiedlich. Während die suizidalen Jugendlichen in der Regel nach ein paar Tagen entlassen würden, könne es bei borderline-Patienten längere Aufenthalte bis zu einem Jahr, ggf. auch darüber gehen. Bei den psychotischen Jugendlichen sei die Aufenthaltsdauer sehr unterschiedlich. Etwa zwei Drittel dieser Jugendlichen werde innerhalb der ersten 3 Monate entlassen. Bei dem anderen Drittel seien längere Aufenthalte notwendig.

Fast allen Anfragen – unabhängig von der gestellten Diagnose – sei gemein, daß das bisherige soziale Umfeld der betroffenen Minderjährigen angesichts der aufgebrochenen Probleme ratlos und hilflos sei und in der Klinikaufnahme so etwas wie eine „letzte Rettung" gesehen werde. Übereinstimmend wurde folgerichtig von MitarbeiterInnen beider Kliniken als unmittelbarste Funktion der stationären Aufnahme (noch vor allem Tätigwerden der Fachkräfte) die Entlastung des Umfeldes vom Jugendlichen und des Jugendlichen vom Umfeld genannt. Die Aufnahme in die jugendpsychiatrische Klinik stelle so etwas wie eine „Auszeit" dar, ein Moratorium, in dem zunächst alle bisherigen Regeln außer Kraft gesetzt seien und die Kinder und Jugendlichen zunächst nur geringen Anforderungen ausgesetzt seien. Insbesondere für das Wilhelmstift, als einer stärker auf längerfristige Therapie angelegten Einrichtung, gelte, daß sie den dort betreuten Kindern und Jugendlichen eine personelle und sachliche Infrastruktur und einen „Lebensraum" vorgeben wollen, in dem sie regredieren können und in dem sie lernen können, langsam zusätzliche Belastungen zu tragen. Zumindest was den Aspekt der Entlastung des Minderjährigen und seiner Umwelt angeht ist die Klinikaufnahme also nicht nur Mittel zum Zweck (Behandlung), sondern selbst schon Zweck (Moratorium).

In der Klinik werde eine Abklärung vorgenommen. Häufig könne man auch einen organisch/psychiatrischen Hintergrund feststellen, an dem sich aber oft nichts mehr ändern lasse, und dann gehe es eben um die Frage, wie man vor dem gegebenen sozialen, psychischen und z.T. organischen Hintergrund eine langfristige Lebensperspektive der jungen Menschen sichern könne. Zum Teil kommt man dabei zu dem Ergebnis, daß eine langfristige Trennung von Eltern und Kindern die beste Lösung für alle Beteiligten darstellt. Dann gehe es darum, eine Einrichtung zu finden, wo der Jugendliche länger bleiben kann. Häufig reiche es, wenn die Einrichtung die Symptomatik des Jugendlichen aushalte, da es in vielen Fällen nichts zu therapieren gäbe. Diese Aufgabe gehöre dann in den Arbeitsbereich der Jugendhilfe und sei nicht Gegenstand und Ziel der Jugendpsychiatrie.

An der dann mit Instanzen der Jugendhilfe im Einzelfall beginnenden Zusammenarbeit bei der Suche und Vermittlung eines geeigneten Heimplatzes werden von beiden Kliniken eine Reihe von Kritikpunkten angemeldet:

- Das Unterbringungsverfahren dauere zu lange. Nach der Entscheidung eines Jugendlichen/seiner Familie einen Heimplatz zu suchen, bis zur Aufnahme in einem Heim vergingen nicht selten 4 bis 6 Wochen. Der als zu bürokratisch und unflexibel beurteilte Prozeß der Heimplatzvermittlung bewirke auf diese Weise bei vielen Jugendlichen im Grenzbereich zur Jugendhilfe eine unnötige „Überpsychiatrisierung" (vgl. hierzu auch KÖTTGEN/KRETZER 1990, S.91).

- Die KollegInnen im Bezirkssozialdienst (AS) seien zwar für die Initiierung der Unterbringung zuständig - müßten also zunächst überzeugt werden und den Unterbringungsbedarf in einem entsprechenden Bericht begründen – verlören dann – wenn sie sich in einem Fall gerade kompetent gemacht haben – aber ihre Zuständigkeit an das Erziehungssachgebiet des Amtes für Jugend. Hierdurch würden sich längerfristige Kooperationsprozesse gar nicht erst ergeben.
- Bei einer Heimplatzvermittlung können die Kliniken nicht an eigene Kooperationszusammenhänge mit bestimmten Heimen anknüpfen, da das Erziehungssachgebiet, die Kompetenz der Kliniken, selbst geeignete Heime zu benennen und anzusprechen, nicht anerkennt.
- Der Mangel an heilpädagogischen Heimen in Hamburg würde dem z.T. intensiven Betreuungsbedarf einzelner Jugendlicher nicht gerecht. Besser ausgestattete Heime in Schleswig-Holstein würden aber vom Amt für Jugend nur widerwillig belegt.
- Die Rolle des jugendpsychiatrischen Dienstes bei Unterbringungsverfahren aus der Klinik sei unklar. Es bestehe hier ein Kooperationsmangel, der sich unter Umständen bei später im Heim wieder akut werdenden psychiatrischen Zuständen negativ für die Minderjährigen auswirken kann.

Die Kooperation mit den Heimen selbst wird von beiden Kliniken als uneingeschränkt positiv beurteilt. In den Fällen, wo ein junger Mensch in ein Heim gehe, werde den entsprechenden Einrichtungen weitere Unterstützung und Beratung angeboten und in der Regel auch die Bereitschaft erklärt, in erneuten Krisensituationen des Kindes/Jugendlichen eine Wiederaufnahme in der Klinik durchzuführen. Meistens würden diese Angebote von den Heimen jedoch nicht in Anspruch genommen, da ihre eigenen Ressourcen ausreichten, eventuellen Krisen zu begegnen.

Alle befragten MitarbeiterInnen der jugendpsychiatrischen Kliniken erklärten übereinstimmend, daß sie das Platzangebot an stationären Klinikplätzen in Hamburg für ausreichend halten. Die von der Expertenkommission der Bundesregierung entwickelten Platzzahlvorstellungen für den stationären klinischen Bereich (vgl. BMJFFG 1988) werden in Hamburg – wie oben gezeigt – weit unterschritten. Dennoch wird eine Aufstockung der Plätze in Hamburg für unnötig erachtet. Im Gegenteil: Bezieht man die von beiden Kliniken geäußerte Kritik, daß eine bessere Kooperation/Koordination mit ambulanten (jugend)psychiatrischen Diensten in Hamburg die Zahl der stationären Aufenthalte noch verringern könne (oder die Dauer verkürzen), in die Betrachtung mit ein und nimmt man die eigene Einschätzung des UKE, daß es in vielen Fällen als „Übergangsheim" fungiere und daß es im Übergang zur Heimerziehung zu unnötigen Zeitverzögerungen komme (von 4-6 Wochen) („Überpsychiatrisierung"), scheinen eher noch Reduktionen stationärer Kapazitäten denkbar. Ein gänzlicher Verzicht auf stationäre Kapazitäten – wie er mitunter aus Jugendhilfekreisen gefordert werde – sei allerdings völlig illusionär und würde den unverantwortlichen Verzicht auf ein für manche Kinder und Jugendlichen doch existenziell notwendiges Hilfsinstrument darstellen.

Zum Thema Pflichtversorgung: Die Kritik, daß die Jugendpsychiatrie die Pflichtversorgung auch für Minderjährige der Erwachsenenpsychiatrie (AK Ochsenzoll) überlasse und sich damit einer wichtigen Verantwortung entziehe, lassen beide Kliniken nicht gelten. Zum einen sei der Anteil der nach § 31 Hamburger PsychKG eingewiesenen Jugendlichen in Hamburg äußerst gering (vgl. auch Tabelle 3.1), zum anderen bestehe mit dem AK Ochsenzoll eine Vereinbarung, daß nach Überwindung der akuten Krise, die zur Einweisung geführt habe, eine Überweisung an die Jugendpsychiatrie erfolgt.

Würde eine der jugendpsychiatrischen Kliniken die Pflichtversorgung übernehmen, wäre sie gezwungen, einen geschlossenen Teilbereich zu institutionalisieren, wo man zwangseingewiesene Jugendliche festhalten könne. Beide Jugendpsychiatrien wollen aber bewußt keine geschlossene Unterbringung durchführen – was jedoch nicht heiße, daß man darauf verzichten könne, in besonderen Krisen Jugendliche in der Klinik festzuhalten. Die wenigen

Fälle, die im AK Ochsenzoll aufgenommen würden, würden ein von vornherein institutionalisiertes geschlossenes Angebot im Rahmen der Jugendpsychiatrie jedoch nicht rechtfertigen. Die Aufhebung der geschlossenen Heimerziehung in Hamburg wurde in diesem Zusammenhang auch von allen InterviewpartnerInnen in der Jugendpsychiatrie begrüßt.

Man habe jedoch bezüglich der Heimerziehung die Kritik, daß die Entspezialisierung und Alltagsorientierung der Einrichtungen zu weit ginge. Dies könne vielleicht für einige Minderjährige in öffentlicher Erziehung angebracht sein, aber die Kinder und Jugendlichen aus der Jugendpsychiatrie und viele, die aus dem Elternhaus aufgenommen würden, seien nach Ansicht der Klinikfachkräfte mit dem Leben in solchen Heimen/Wohngruppen überfordert. Im einzelnen wurde kritisiert:

- Es fehle in Hamburg an heilpädagogischen Heimen (mit besonderen Personalschlüsseln und übergreifenden therapeutischen Diensten). Komplexen mehrdimensionalen Betreuungsbedürfnissen von Kindern und Jugendlichen werde man daher nicht gerecht.
- Die Diskrepanz zwischen dem intensiven, strukturgebenden Leben in der Klinik und dem „Dschungel des Alltags" in den Heimgruppen sei zu hoch. Gerade für ehemals psychotische Kinder und Jugendliche würden enge Betreuungsrahmen benötigt.
- Innerhalb der Heimerziehung werde zu wenig strukturiert gearbeitet und zu wenig klare Rahmen geschaffen, an denen Jugendliche sich orientieren können („Liebevolle Strenge").
- In zu vielen Einrichtungen beständen aufgrund des Mangels an „Rund-um-die-Uhr"-Betreuungen erhebliche Betreuungsdefizite, die für viele Krisen von Kindern und Jugendlichen mitverantwortlich zu machen seien.
- Die meisten Einrichtungen in Hamburg seien zu „hochschwellig", d.h. die Kinder und Jugendlichen müßten, um dort zurecht zu kommen, ein Maß an Selbständigkeit und Eigenverantwortlichkeit erreicht haben, was für die meisten Kinder und Jugendlichen aber eher unrealistisch sei.
- Bezüglich der (begrüßten) Abschaffung der geschlossenen Unterbringung in Heimen besteht allerdings die Frage, ob genügend Anstrengungen unternommen würden, neue, andere Formen der Arbeit mit den ehedem eingesperrten Jugendlichen zu entwickeln. Die Jugendpsychiatrie könne für dieses Problem zwar kurzfristige Kooperationen anbieten, aber keine Lösungen.

Im Hinblick auf die „Grenzfall"-Diskussion und auf die Zusammenarbeit zwischen Kliniken und Heimen wurden im Laufe der Interviews folgende Wünsche und Empfehlungen ausgesprochen:

- Drastische Verbesserung des Supervisionsangebotes in Heimen. Dies sei nötig, da Supervision im Vorfeld von Überforderung einsetze. So könne man im Heim Eskalationen von Lebenskrisen vorzeitig erkennen und ggf. unterbinden, was Klinikeinweisungen häufiger überflüssig machen könne.
- HeimmitarbeiterInnen sollten ihre „Berührungsängste" zur Jugendpsychiatrie abbauen, dann würden sie erkennen, daß sie die Qualifikation der MitarbeiterInnen der Klinik zumeist völlig überhöht sehen. Erst wenn es zu einer realistischen Einschätzung der HeimmitarbeiterInnen über ihre besonderen Qualifikationen komme und zu einer realistischen Einschätzung der begrenzten Wirkungsmöglichkeiten von Jugendpsychiatrie, könne ein gleichwertiger Aushandlungsprozeß über die richtige Maßnahme für einen Jugendlichen erfolgen. Ein Mittel könnten z.B. wechselseitige Hospitationen und die Pflege fachlicher interdisziplinärer Kontakte sein.
- Die Kliniken brauchen eine verbesserte Öffentlichkeitsarbeit. Außerdem sei die Herstellung persönlicher Kontakte zwischen (Leitungs-)Fachkräften eine Voraussetzung für gelingende Kooperation zwischen den Systemen.
- Eine verbesserte Koordination und Kooperation mit ambulanten (jugend-)psychiatrischen Diensten. Hierdurch ließe sich die Zahl (dauer-)stationärer Aufenthalte weiter verringern.

- Die Vermittlungen von Kindern und Jugendlichen von der Klinik ins Heim sollten entbürokratisiert werden. Wenn das Erziehungssachgebiet schon anerkenne, daß die Entscheidung zur Heimunterbringung in der Klinik qualifiziert herausgearbeitet wurde – hier gibt es grundsätzlich keine Probleme – sollte es auch die inhaltliche Kompetenz der Klinikfachkräfte anerkennen, über den zukünftigen Lebensort des jungen Menschen maßgeblich mitentscheiden zu können.
- Verzicht auf stigmatisierende Zuschreibungen im Rahmen der Unterbringung als „seelisch Behinderter". Das Amt für Jugend sollte bei notwendigen Heimunterbringungen auf die Anforderung von Unterlagen aus den Kliniken verzichten und sich ggf. lieber auf eigene Diagnostik stützen. „Sie wollen Befunde bezüglich eines Jugendlichen zum Zeitpunkt X für den Gebrauch zum Zeitpunkt Y, wo sie ohnehin nicht mehr stimmen." Die Diagnosen bzw. Befunde, die die Klinik bei Aufnahme erstelle, seien in der Regel für die Frage der Heimunterbringung wertlos, da sie lediglich Zustandsbeschreibungen enthalten, die sich im Entwicklungsprozeß der Kinder und Jugendlichen ohnehin ständig verändern würden.
- Mehr Transparenz bezüglich der Rolle des jugendpsychiatrischen Dienstes bei der Zusammenarbeit mit dem Jugendhilfesystem. Der jugendpsychiatrische Dienst solle dort als Transformator zwischen Heimen und Kliniken dienen, wo Kooperation notwendig aber schwierig ist. Statt dessen erlebe man die Zusammenarbeit mit dem jugendpsychiatrischen Dienst selbst als schon sehr schwierig.
- Schaffung von mehr „niedrigschwelligen" Einrichtungen in der Jugendhilfe (wo die Selbständigkeits-Anforderungen an die Jugendlichen nicht so hoch sind).
- Schaffung integrierter Wohn- und Betreuungsangebote für jene Jugendlichen, die zur Zeit weder von der Jugendpsychiatrie noch von der Jugendhilfe erreicht werden.
- Schaffung eines ständigen paritätischen Ausschusses mit MitarbeiterInnen aus Heimen, Kliniken und Behörde. Trete man heute erst dann zusammen, wenn ein konkretes Problem überschäume, könne ein solcher Ausschuß – der sich gar nicht so häufig treffen bräuchte – präventiv Kommunikationsformen entwickeln, die einer Lösung der dann auftretenden konkreten Probleme/Konflikte eher dienlich wären, als heute oft entstehende gegenseitige Schuldzuschreibungen im Falle universeller Hilflosigkeit.
- Lösung des Datenschutzproblems bei erweiterten Fallkonferenzen in Konfliktsituationen. Bislang sei das Problem des persönlichen Datenschutzes bei interdisziplinären Fallkonferenzen („alle an einem Tisch") nicht hinreichend gelöst. Gerade die besonders exponierten „Fälle" waren in der „gesamten Fachwelt Hamburgs" bekannt.
- Überwindung der zersplitterten Rechts- und Finanzierungssysteme für Jugendliche und junge Erwachsene. Das bestehende Rechts- und Finanzierungssystem fördere eher Ausgrenzungsprozesse, als daß es integrierend wirke („Institutionenborniertheit"). Eine Pool-Finanzierung aller pädagogischen, psychotherapeutischen und psychiatrischen Maßnahmen aus einem Topf würde ein drastisches Absinken von Konflikten zur Folge haben.

Heime und Wohngruppen

Wie dargestellt, findet der größte Teil der Kooperation zwischen Heimen und Kliniken im Rahmen von Überweisungen von der Klinik ins Heim statt. Etwa 30% der in Kliniken behandelten jungen Menschen wechseln danach in Heimerziehung über. Die Überweisung von Heimen in die Kliniken stellt dagegen eher die Ausnahme dar.

Übereinstimmend bestand bei allen befragten MitarbeiterInnen aus dem Bereich der Heimerziehung die Einschätzung, daß die Hamburger Heimreform mit ihren Prinzipien, Verzicht auf geschlossene Unterbringung, Dezentralisierung und Entspezialisierung ein wesentlicher Grund dafür sei, daß sich der Überschneidungsbereich zwischen Heimerziehung und Jugendpsychiatrie in den letzten Jahren stetig verkleinert habe. Im Heimbereich auftretende Probleme würden zunehmend – z.T. unter Hinzuziehung ambulanter jugendpsychiatrischer Dienste – auch im Heimbereich gelöst. Überweisungen an Kliniken seien vor diesem Hintergrund nur in Ausnahmefällen nötig.

Es habe sich als ein besonderer Wert in Hamburg herausgebildet, daß Kinder und Jugendliche in Problemsituationen nicht an andere Institutionen (Heime oder Kliniken) abgegeben (abgeschoben) werden sollen. Dies sei zwar nicht völlig zu verhindern, aber man habe in Hamburg Organisationsformen entwickelt, die es den Heimen und ihren MitarbeiterInnen erlauben, flexibel auch auf schwierigste Konflikt- und Problemsituationen mit Kindern und Jugendlichen zu reagieren. Eine befragte Mitarbeiterin vertrat die These, daß seit der Heimreform in Hamburg der Mut der MitarbeiterInnen und die Bereitschaft, sich auch schwierigen Problemlagen von Kindern und Jugendlichen zu stellen, eher gestiegen sei.

Die Organisationsform ermögliche es, individuelles Verständnis und individuelle Blickweisen zu entwickeln, und aus einer etwas distanzierteren professionellen Sichtweise heraus auch schwierigere Situationen zu ertragen und hierfür unkonventionelle Handlungsstrategien zu entwerfen.

Hierzu gehört es auch, sich im Bedarfsfall der professionellen Unterstützung durch z.B. Therapeuten außerhalb der Heimorganisation zu bedienen. Es werde auch von den MitarbeiterInnen als Zeichen erhöhter Problemlösungskompetenz für sie selbst erlebt, wenn sie nicht auf vorgesetzte Angebote des Heimes zurückgreifen müßten, sondern sich Gedanken machen müßten, welche Angebote des psychosozialen Dienstleistungssektors in Hamburg für eine adäquate Problembearbeitung hilfreich wären.

Ausgehend von der Erkenntnis, daß Jugendliche dann in die Jugendpsychiatrie kommen, wenn sie aus dem Rahmen (der Heimerziehung) fallen, gehe die Philosophie vieler Heime davon aus, daß die Rahmenbedingungen flexibel gehalten werden müssen. Dann, wenn Rahmenbedingungen besonders starr gehalten sind, würden Jugendliche häufiger diesen Rahmen sprengen bzw. sich außerhalb dieses Rahmens begeben, womit dann die Notwendigkeit von Psychiatrieaufenthalten begründet wird. In Hamburg gebe es eine zunehmende Zahl von Heimen und Wohngruppen, die so flexibel seien, daß sie auch besondere Verhaltensproblematiken von Kindern und Jugendlichen verkraften könnten.

Außerdem gebe es in Hamburg eine andere Erwartungshaltung gegenüber Heimen und HeimerzieherInnen als z.B. in anderen Bundesländern. Dort werde in hohem Maße von den Heimen erwartet, daß sie die Probleme von Kindern und Jugendlichen „in Schach" halten, ohne daß die tatsächlich gegebenen Handlungsrahmen reale Lösungsmöglichkeiten für die Probleme der Kinder und Jugendlichen bereithalten würden. „Da ist mein Eindruck, daß die Kollegen aus anderen Bundesländern ein Stück weit dazu gezwungen sind, immer zu legitimieren, daß der Jugendliche ja krank sein muß, wenn er diese und jene Schwierigkeiten mache. Je klarer es dann gelingt, ihm gegenüber die Definition „Er ist krank" durchzusetzen – und die perfekte Definition davon ist „Er ist ein Psychiatriefall" –, desto stärker ist man entlastet von der Frage, was man selbst ändern könnte? Hierbei ist das Problem der Verteilung von Schuld die entscheidende Kategorie in der Kommunikation. Die Einrichtung ist dann aus dem Schneider, wenn es ihr gelingt, dem Jugendlichen die Schuld zuzuweisen."

Das folgende Zitat aus einem Gruppeninterview macht ein anderes Verständnis deutlich: „Wir haben gerade bei der Betreuung von Jugendlichen viele Betreuungsformen, wo man die Intensität des Kontaktes zu den Jugendlichen dosieren kann. Mein Eindruck ist, daß in Schichtdienst-Gruppen, wo man dableiben muß, wo man immer die Nacht vor sich hat, die Angst sehr viel schneller zunimmt, weil man weiß, daß alles, was der Jugendliche an Problemen produziert, sozusagen unmittelbar auf einen selbst zurückschlägt. Dann gibt es andere Betreuungsformen - die Jugendwohnungen und die flexible Betreuung –, da betreffen einen ein Teil der Probleme, die die Jugendlichen machen, nicht unmittelbar selber. Die macht er in der Gesellschaft, aber man selber wird als Mitarbeiter nicht zwangsläufig unmittelbarer Adressat dieser Probleme. Das ermöglicht einem dann, in den zeitlich reduzierten Kontakten – wo man ihm nicht von morgens bis abends ausgeliefert ist, sondern wo man sich zu bestimmten Zeitpunkten mit ihm trifft –, daß man sich in diesen Zeiten richtig auf ihn einlassen kann. Da spielt die Angst eine ganz geringe Rolle, und deswegen stellt sich dort die Frage der Abschiebung auch wesentlich weniger scharf. Wenn der an dem Abend ausflippt und irgendwo Scheiße baut, das ist nicht ein Problem, das man sich von vornherein anzieht. Man stehe nicht unter dem Druck, von vornherein alle möglichen, denkbaren abweichenden Verhaltensweisen des Jugendlichen unbedingt verhindern zu müssen. Der sozialpädagogische Anspruch ist zurückgenommen. Man sagt sich: Darauf habe ich unmittelbar gar keinen Einfluß, ich kann nur andere Rahmenbedingungen herstellen, die Deeskalation bedeuten. Das ist wirklich eine ganz bewußte Strategie, die auf der anderen Seite große Bescheidenheit in den Zielen zur Folge hat. Man geht nicht davon aus, daß man den jetzt in Schach halten kann, daß auf keinen Fall etwas passiert, oder daß man ihn völlig umkrempeln kann, sondern man geht eher davon aus, bestimmte Schwierigkeiten wird der Jugendliche auch machen, und damit muß die Gesellschaft eben leben. Und wir können für ihn Partei ergreifen, weil wir nicht die ganze Zeit unmittelbar mit ihm zusammenleben. Das wäre unerträglich bei einigen dieser Jugendlichen. Weil wir punktuell mit ihm zu tun haben, können häufig ganz intensive Sachen mit ihm stattfinden. In diesem Ansatz liegen meiner Ansicht nach Hoffnungen, aber auch Gefahren."

Trotz der hier getroffenen sehr positiven Einschätzung der Situation der Heimerziehung in Hamburg wurden jedoch auch einige (selbst-)kritische Punkte im Rahmen der Interviews angesprochen, die für das hier betrachtete Verhältnis zur Jugendpsychiatrie von Bedeutung sind:

- Die Chance, Betreuungsarrangements zu schaffen, die es den ErzieherInnen ermöglichen, die Nähe zum Jugendlichen sowie die Intensität der Arbeit – anders als im Rund-um-die-Uhr-Schichtdienst klassischer Heime – selbst zu bestimmen, berge das nicht geringe Risiko, daß Jugendliche auch dort auf sich selbst zurückgeworfen werden, wo sie der Hilfe und Unterstützung oder auch des Widerspruchs oder Einschreitens der ErzieherInnen bedurft hätten. Auf dieses Problem werde von seiten der Jugendpsychiatrie immer wieder hingewiesen und eingefordert, daß gerade die an den stark strukturierten, betreuenden und versorgenden (Lebens-)Zusammenhang der Kliniken gewöhnten Kinder und Jugendliche hiervon überfordert würden. Es gebe z.Z. in Hamburg zu viele Heimplätze, bei denen keine Rund-um-die-Uhr-Betreuung mehr stattfinde.
- Es gebe in Hamburg zwar den hohen moralischen Anspruch, Kinder und Jugendliche nicht in andere Einrichtungen zu verlegen. Dennoch gebe es natürlich ErzieherInnen und Einrichtungen, die überfordert seien. Hier hätten sich z.T. subtilere Strategien der ‚Abschiebung' eingeschlichen, indem z.B. bei besonderen Schwierigkeiten Jugendliche aus der öffentlichen Erziehung zu den Eltern entlassen würden, obwohl allen Beteiligten klar sei, daß dies kein Ausweg sei. Später wieder nötig werdende Heimaufnahmen (in anderen Einrichtungen) wären dann nicht mehr eindeutig als Abschiebung zu erkennen („Spiel über Bande"), sondern würden wie gescheiterte Reintegrationsbemühungen in die Familie erscheinen. Die jugendpsychiatrischen Kliniken spielten als zwischengeschaltete Instanz bei der Verlegung in andere Einrichtungen allerdings nur in Ausnahmefällen eine Rolle.
- Unter dem Stichwort ‚Grenzfälle' gebe es in Hamburg eine zunehmende Zahl von Kindern und Jugendlichen, die als drogenabhängige Trebegänger (hier gebe es sogar schon 11/12jährige) z.B. im Milieu der Hafenstraße als „Stadtindianer" leben und für die die Heimerziehung/Jugendhilfe - im Moment - keine Antwort habe. Dies seien allerdings keine Grenzfälle der Jugendpsychiatrie, sondern Grenzfälle innerhalb der Jugendhilfe, da es hier keinerlei Lösungen gebe, die für solche Kinder und Jugendliche die notwendige Attraktion besäßen, deren Lebensmaxime es geworden sei, unter auch noch so schlechten Bedingungen (Sucht, Gewalt, Prostitution etc.) autonom zu leben. Die Jugendpsychiatrie würde sich berechtigterweise (außer in der Frage des Drogenentzugs bei Kindern und Jugendlichen) für dieses Problem überhaupt nicht zuständig erklären.

124

Bezüglich der Arbeit der jugendpsychiatrischen Kliniken in Hamburg ergaben die Interviews folgende Einschätzungen von seiten der befragten MitarbeiterInnen aus dem Heimbereich:

- Bei vielen Kindern und Jugendlichen, die aus Kliniken aufgenommen werden, sei die Ursache und Begründung für den Klinikaufenthalt nicht nachvollziehbar. Gerade in solchen Situationen, in denen die Klinik clearing-Funktion übernehme („Übergangswohnheim"), wären Klinikaufenthalte oft überflüssig gewesen, wäre die Problematik gleich an die Jugendhilfe herangetragen worden.
- Die jugendpsychiatrischen Kliniken halten Kinder und Jugendliche zu lange in ihren Stationen fest. Diese Kritik richtet sich in erster Linie an das Wilhelmstift. Es sei unverständlich und nicht nachvollziehbar, warum Kinder und Jugendliche mit annähernd gleichen Problemen und Symptomatiken um das mehrfache länger im Wilhelmstift behandelt würden als im UKE. Das Ziel langfristiger psychotherapeutischer Arbeit unter den Bedingungen einer jugendpsychiatrischen Klinik wird vom überwiegenden Teil der befragten HeimmitarbeiterInnen entschieden abgelehnt.
- Angesichts der beiden erstgenannten Punkte sei die stationäre Jugendpsychiatrie immer noch überdimensioniert. Würden Ressourcen noch stärker und konsequenter in den ambulanten und teilstationären Bereich verlagert, könnten a.) heute noch stattfindende Klinikaufenthalte reduziert werden, b.) die Klinikverweildauern (insbesondere im Wilhelmstift) erheblich reduziert werden. Dort, wo es darum gehe, daß Behandlungen aufgrund der dortigen Situation nicht zuhause durchgeführt werden könnten, stehe schließlich das Heimplatz- und ggf. auch das Familienpflegeangebot der Stadt zur Verfügung.
- Die Zusammenarbeit, die sich bei wechselseitigen Überweisungen zwischen Heimen und Kliniken ergibt habe sich in den letzten Jahren erheblich verbessert. Mehrfach positiv herausgehoben wurde hier das UKE. Abstriche sind beim Wilhelmstift zu machen, da sich hier positive und negative Rückmeldungen zur Qualität der Zusammenarbeit die Waage halten.
- Es sei abzulehnen, daß Kinder und Jugendliche teilweise mehr als ein Jahr unter (klinischen) Rahmenbedingungen leben, die unter Kriterien der Heimaufsicht zu einem Entzug der Heimbefreiung führen würden (UKE Station mit 14 Plätzen im 8. Stock eines Krankenhauses). (Die Kliniken seien unflexibel, würden Kinder und Jugendliche an das eigene System anpassen statt flexible Lösungen für die einzelnen jungen Menschen zu entwickeln). Wolle man junge Menschen gesund machen, müsse man zunächst einmal nachweisen, daß die Lebensverhältnisse, die man *gestalte*, gesundmachend sind. Kliniken müßten ökologisch günstige, zu positiven Inspirationen animierende (Lebens-)Bedingungen schaffen, müßten selbst soviel Entwicklung zeigen, wie sie von den Jugendlichen immer verlangen.
- Unterschiedliche Einschätzungen gab es hinsichtlich der Wirkungen und Wirkmöglichkeiten der jugendpsychiatrischen Kliniken. Die Extrempole dieser Einschätzungen werden durch folgende Positionen markiert:
  - Die Jugendpsychiatrie ist nötig und leistungsfähig. Dort werden fast ausschließlich desorientierte Jugendliche, die manisch, psychotisch, stark depressiv oder suizidal sind, behandelt. Diese Jugendlichen bräuchten erst einmal eine Phase, um wieder zu sich zu kommen. Die Jugendpsychiatrie verfolge dies ernsthaft und könne dies auch leisten. Solange dies möglichst kurzfristig (zur Überwindung akuter Krisen) erfolge sei das auch erfolgversprechend; von längerfristigen Aufenthalten in der Psychiatrie gehen keine positiven Wirkungen aus.
  - Die Jugendpsychiatrie habe sich in den letzten Jahren nur wenig verändert. Räumliche und therapeutische Settings seien über viele Jahre unverändert und gerieten in immer deutlichere Widersprüche zu einer Heimerziehung, die sich bemühen würde, zunehmend individuelle, am Jugendlichen orientierte Wohn- und Betreuungsformen anzubie-

ten. Von Seiten der Kliniken würden keinerlei Anstrengungen unternommen, innovative und alternative Konzepte zur „traditionellen" Klinik zu entwickeln. Die totale Institution „jugendpsychiatrische Klinik" könne hier zwar Entlastung für die Patienten und deren Umwelt schaffen; produktive Formen und Strategien der Bewältigung von Problemen und Konflikten seien so jedoch nicht möglich. Hierzu müsse man dann doch wieder auf (häufig geschmähte) Formen der Heimerziehung zurückgreifen.

Im Hinblick auf die „Grenzfall"-Diskussion und auf die Zusammenarbeit mit Kliniken wurden im Verlauf des Interviews von den befragten HeimmitarbeiterInnen folgende Wünsche und Empfehlungen ausgesprochen:

- Das Supervisions- und Praxisberatungsangebot für die Gruppen sollte erheblich ausgebaut werden. Gerade unter den Bedingungen der Dezentralität komme einem guten Supervisions- und Praxisberatungsangebot eine zentrale Bedeutung für die fachliche Reflexion und Weiterentwicklung zu. In jenen Fällen, wo mit psychisch kranken Jugendlichen gearbeitet werde, sollte regelmäßig eine fachgebundene (von jugendpsychiatrischen Fachkräften durchgeführte) Supervision des Teams erfolgen.
- Es sollten wesentlich mehr Heime gefunden werden, die sich für „Psychiatriefälle" engagieren, damit verhindert wird, daß sich die Jugendlichen aus der Psychiatrie in einigen wenigen qualifizierten Gruppen ballen. Es solle unter keinen Umständen eigene Wohngemeinschaften für psychisch kranke Jugendliche geben (möglichst nicht mehr als ein/e bis zwei pro Gruppe), da die Jugendlichen auf der Suche nach gegenseitigen Lernmodellen auch mit sogenannten „normalen" Jugendlichen zusammenleben müssen und sollen. Die Arbeit mit psychisch kranken Jugendlichen müsse daher auf breitere Beine gestellt werden. Man könne zwar nicht von allen ErzieherInnen Hamburgs verlangen, daß sie sich zu SpezialistInnen in bezug auf psychisch kranke Jugendliche entwickeln. Es sei jedoch schon ein großer Fortschritt zu erreichen, wenn man mehr Gruppenteams fände, die bereit wären, mit psychisch kranken Jugendlichen zu arbeiten und sich hierfür (für den speziellen Einzelfall) besonders zu qualifizieren.
- Die bisher in ihren Anfängen stehenden gegenseitigen Hospitationen zwischen Fachkräften aus Heimen und Kliniken sollten verstärkt gestellt werden. Nur wenn möglichst viele Heime und Wohngruppen durch Hospitationen gefestigte persönliche Kontakte zu den Klinikfachkräften herstellen, ließe sich ein so breites Netz von Kooperation bilden, daß die oben beklagte Spezialisierung einzelner Heime für psychiatrieerfahrene Kinder und Jugendliche überwunden werden kann. Darüber hinaus sei zu überlegen, ob man bei Aufnahmen von Kindern und Jugendlichen aus den Kliniken nicht generell einige Tage in der Klinik hospitieren solle, um den Jugendlichen kennenzulernen („ihn abzuholen") und nach dem Wechsel ins Heim ein/e KlinikmitarbeiterIn einige Tage dort hospitiert („ihn zu begleiten"). Dieses, am Jugendlichen orientierte Verfahren im Einzelfall würde auf Dauer zu dem o.g. breiten Kooperationsnetz führen können.
- An die jugendpsychiatrischen Kliniken richteten mehrere GesprächspartnerInnen den Wunsch und die Forderung, daß sie sich – solange es in Hamburg keine besseren Konzepte gebe – der drogenabhängigen Kinder und Jugendlichen annimmt. Solange der Drogenentzug in den Bereich der Medizin falle, sei es absurd, daß es eine Jugendpsychiatrie gäbe und gleichzeitig der Drogenentzug von Jugendlichen in Erwachsenenstationen durchgeführt werde und nicht unter der Regie von (jugend-)psychiatrischen Ärzten.
- Da es heute vorkommt, daß ältere Jugendliche und junge Erwachsene aus Heimen nicht mehr im Rahmen von Jugendpsychiatrie, sondern im Rahmen von Erwachsenenpsychiatrie (AK Ochsenzoll) behandelt werden und diese Einrichtungen wenig Erfahrungen und Ansatzpunkte für eine intensive Kooperation mit der Jugendhilfe haben und entwickeln (können), richtet sich die Forderung und der Wunsch an die jugendpsychiatrischen Kliniken, sich grundsätzlich für alle Jugendlichen und jungen Erwachsenen zuständig zu bekennen, die aufgrund ihrer persönlichen (Entwicklungs-)Krisen im Rahmen öffentlicher

Erziehung betreut werden. Die Gewährung der Jugendhilfe über das 18. Lebensjahr hinaus fände hier ihre Entsprechung in einer weiteren, institutionell festgelegten Zuständigkeitserklärung der Jugendpsychiatrie für diesen Personenkreis. Die fortschrittlichen Regelungen im neuen Kinder- und Jugendhilfegesetz (KJHG – Hilfen für junge Volljährige) sollten auch in der Jugendpsychiatrie nicht ohne Konsequenzen bleiben.

- Da von einzelnen Einrichtungen gute Erfahrungen mit psychiatrischen Tageskliniken bestehen, sollte überlegt werden, ob nicht auch eine spezifisch jugendpsychiatrische Form der Tagesklinik entwickelt und bereitgestellt werden kann, die die Betreuungslücke zwischen den ambulanten und stationären Angeboten ausfüllen könnte. Insbesondere längerfristige Hospitalisierungen würden sich durch die Kombination Heim/Wohngruppe und jugendpsychiatrische Tagesklinik erheblich reduzieren lassen.
- Damit eine fruchtbare Kooperation zwischen Fachkräften der Jugendhilfe und Fachkräften der Jugendpsychiatrie entstehen kann, sei es nötig, gleichrangige Diskussionsebenen zwischen beiden Disziplinen zu schaffen, wo das „bessere Argument und nicht der höhere Status" zählt. Die Jugendhilfe müsse mehr als bisher das Selbstbewußtsein der Heimfachkräfte stärken (s. auch oben, Hospitationen), damit gleichberechtigte Aushandlungsprozesse über die beste Lösungsstrategie für Kinder und Jugendliche möglich sind. Hierfür sei es dienlich, wenn
  - Heimfachkräfte sich klar machen, daß Jugendpsychiatrie keinen umfassenden Anspruch habe, sondern ihr allenfalls die Rolle (konsiliarischer) Komplementärdisziplin für Heime zukomme;
  - wenn jugendpsychiatrische Fallbesprechungen/Supervisionen grundsätzlich in Jugendhilfeeinrichtungen stattfinden würden, damit der Komplementärcharakter auch bewußtseinsmäßig symbolisiert wird;
  - im Rahmen der Heimerziehung Psychiatriearbeitskreise initiiert würden, die nach bestehenden einzelnen Erfahrungen den intensiven Austausch über erlebte Extremsituationen möglich machen, dadurch deutlich angstreduzierend wirken und zu realistischen Einschätzungen (Desillusionierungen) bezüglich der Möglichkeiten der Psychiatrie führen.

Weitere Perspektiven

Neben den zentralen Blickwinkeln der Heimerziehung und der jugendpsychiatrischen Kliniken sollen mit den Ämtern für soziale Dienste (AS), den Amtsvormündern, dem jugendpsychiatrischen Dienst (im Amt für Jugend) und dem Kinder- und Jugendnotdienst abschließend noch weitere Perspektiven zum Thema Grenzfälle kurz skizziert werden, wie sie zum Teil in Interviews, z.T. in weiteren Gesprächen und Diskussionen deutlich wurden.

Ämter für soziale Dienste (AS)

Obwohl von Anfang an beabsichtigt war, Gruppeninterviews mit Fachkräften der Allgemeinen Sozialdienste zu ihren Erfahrungen in der Zusammenarbeit mit den jugendpsychiatrischen Kliniken und zu der Frage, wann von ihnen auf diese Kliniken verwiesen werde, durchzuführen, kam es zu keinem Interview, da sich keine KollegInnen fanden, die aktuell über Erfahrungen in der Zusammenarbeit mit Kliniken verfügten. Wenn Fragen im Alltag des Allgemeinen Sozialdienstes auftauchen – so eine AS-Mitarbeiterin –, die das Bedürfnis nach jugendpsychiatrischer Abklärung/Intervention hervorriefen, würde in aller Regel auf die bei den Gesundheitsämtern der Bezirke angesiedelten jugendpsychiatrischen Dienste zurückgegriffen, oder an Erziehungsberatungsstellen mit einschlägigen Kompetenzen weiterverwiesen. Konkrete Initiativen zur ggf. notwendig werdenden Klinikeinweisung würden dann allenfalls von diesen Stellen unternommen. Auch wenn Heimunterbringungen von Kindern und Jugendlichen aus Kliniken nötig werden, und von seiten der zuständigen AS-Fachkraft ein entsprechender Antrag/Bericht für das Amt für Jugend erstellt werden muß, komme es nur selten zu konkreten Kooperationen zwischen den BezirkssozialarbeiterInnen und der Klinik. Die AS-Fachkraft stelle lediglich den (verwaltungsmäßigen) Transfer des Unterbringungsanliegens von der Klinik an das Amt für Jugend sicher und verliere dann wieder die Fallzuständigkeit. Die Familienarbeit werde gemäß Absprache dann von den Heimeinrichtungen wahrgenommen.

Amtsvormünder

Obwohl selten thematisiert, kommt den Amtsvormündern eine hohe Bedeutung im Zusammenhang mit der öffentlichen Erziehung zu. Für weit über ein Drittel der 2.227 Kinder und Jugendlichen, die 1988 in öffentlicher Erziehung lebten, war nach Entzug elterlicher Sorgerechte ein Amtsvormund bestellt worden (vgl. große Anfrage an den Senat, Drucksache 13/5198 vom 18.12.1989).

Von den etwa 60 Kindern und Jugendlichen, die durch die beiden befragten Amtsvormünder betreut werden, befanden sich zum Zeitpunkt des Interviews 50 Kinder und Jugendliche in öffentlicher Erziehung (einige davon in Pflegefamilien).

Die Amtsvormünder in den Bezirken der Stadt Hamburg nehmen neben der formalrechtlichen Seite auch die persönliche Betreuung der ihnen anvertrauten Mündel wahr, insbesondere auch solche Aufgaben, die ansonsten von der Bezirkssozialarbeit (AS) übernommen wird. Hieraus erkläre sich die relativ geringe Fallzahl von 30 Kindern/Jugendlichen pro MitarbeiterIn.

Auf die Frage, wie häufig es vorkomme, daß die Amtsvormünder auf die Jugendpsychiatrie bzw. auf die Kliniken der Jugendpsychiatrie zurückgreifen würden, betonten beide Amtsvormünder, daß dies relativ selten geschehe. Die Jugendpsychiatrie spiele zumeist dann eine Rolle, wenn ein Jugendlicher einen Suizidversuch begeht oder wenn „Drogen im Spiel" sind. Bezüglich der Drogenproblematik wird sehr bedauert, daß es außer der Psychiatrie (Ochsenzoll) keine Möglichkeit gebe, diesen Jugendlichen zu helfen. Es sei sehr bedauerlich, daß die begonnenen Planungen, eine Einrichtung für drogenabhängige Minderjährige zu schaffen, bisher nicht realisiert worden seien.

Zum Thema der „Grenzfälle" zwischen Heimerziehung und Jugendpsychiatrie gebe es nur sporadische Erfahrungen. So habe es vor einiger Zeit die Situation gegeben, daß ein 13jähriger Junge mit extremen Verhaltensäußerungen auf Anraten von Jugendpsychiatern zeitweise in einer Klinik außerhalb Hamburgs (geschlossen) untergebracht worden sei. Dies sei nur gegen erheblichen Widerstand aus den Reihen der Jugendhilfe und des Amtes für Jugend (jugendpsychiatrischen Dienstes), der sich zu einem scharfen Konflikt ausgeweitet habe, möglich gewesen. Im Kern habe es sich hierbei aber nicht um einen Systemkonflikt zwischen Jugendhilfe und Jugendpsychiatrie gehandelt, sondern um einen Konflikt innerhalb des Systems der Jugendhilfe, die auf der einen Seite (ad hoc) keine, für den Amtsvormund akzeptable, Lösungsmöglichkeiten für den Jungen habe bieten können, andererseits aber auch der Jugendpsychiatrie nicht das Feld überlassen wollte. Der Amtsvormund habe in seiner Verantwortung als rechtlicher Vertreter der elterlichen Sorge der befristeten Klinikeinweisung zugestimmt, da er keine bessere Lösung habe erkennen können. Die Zusammenarbeit des Amtsvormundes mit der Klinik sei in der Folge sehr positiv verlaufen, so daß eine baldige Entlassung des Jungen in eine eigens geschaffene Jugendhilfemaßnahme habe erfolgen können.

Jugendpsychiatrischer Dienst

Der jugendpsychiatrische Dienst des Amtes für Jugend ist eingebunden in das Referat „Jugendpsychiatrischer und -psychologischer Dienst, Grundsatzfragen, Erziehungsberatung, Beratungsstellen" (J 313). Das Referat ist zuständig für Fragen der Suchtberatung und -prävention, der Erziehungsberatung, der Unterstützung und Beratung im Kontext von Pflegekinder-

und Adoptionsvermittlung und der öffentlichen Erziehung. Durch diesen Zuschnitt des Referates sei eine institutionenübergreifende Sichtweise gewährleistet. Für den Bereich der öffentlichen Erziehung übernimmt der jugendpsychiatrische Dienst Beratungs- und Unterstützungsaufgaben im Einzelfall. Durch die strukturelle Verknüpfung von Fallzuständigkeit und Zuständigkeit in Grundsatzfragen werde eine produktive Spannung innerhalb des Referates erzeugt, die es nicht erlaube, Einzelfälle losgelöst von Grundsatzfragen zu behandeln und die andersherum dazu führe, daß alltägliche Probleme in der Praxis sehr schnell zu grundsätzlichen Fragestellungen verdichtet werden können. Dies sei u.a. auch ein Grund dafür, daß sich Probleme, Mängel und Konflikte im psychosozialen Versorgungsnetz der Stadt häufig zunächst im jugendpsychiatrischen Dienst zeigen und sie von hier aus offensiv thematisiert würden.

Neben dem jugendpsychiatrischen Dienst des Amtes für Jugend, der besonders für den Bereich der öffentlichen Erziehung zuständig ist, gibt es in Hamburg, jeweils an die Gesundheitsämter der Bezirke angegliedert, weitere jugendpsychiatrische Dienste, die im ambulanten Bereich tätig sind. Eine organisatorische Vernetzung dieser beiden jugendpsychiatrischen Dienste gibt es nicht. Es bestehe jedoch ein intensiver fachlicher Austausch. Am häufigsten werde der jugendpsychiatrische Dienst des Amtes für Jugend von den Heimen eingeschaltet, wenn Jugendliche in Heimen Drogen konsumieren oder wenn sie Suizidversuche unternehmen bzw. damit drohen. Meistens lautet die Botschaft der Heime dann: „Wir schaffen das nicht mehr mit dem Kind, wir sind überfordert - nehmt uns das Kind ab."

Bei einer Einschaltung des jugendpsychiatrischen Dienstes durch ein Heim bestehe die Aufgabe der Jugendpsychiaterin darin, zunächst eine Abklärung der Situation vorzunehmen. In der Regel würde es ausreichen, zu schauen, welche Fachinstitutionen in Hamburg für die speziellen Beratungs- oder Behandlungswünsche zuständig sind und die ErzieherInnen bzw. den Jugendlichen dorthin zu vermitteln. Nur in wenigen Fällen werde der jugendpsychiatrische Dienst umfangreich diagnostisch oder therapeutisch tätig. Feste Kriterien dafür, wann dies der Fall sei, bestehen nicht. In der Regel handele es sich aber um solche Situationen, wo kein adäquates Angebot im Rahmen der psycho-sozialen Regelversorgung bestehe. Die Tätigkeit des jugendpsychiatrischen Dienstes sehe dann so aus, daß vorwiegend die betroffenen Teams beraten würden, nur in wenigen Ausnahmefällen würden die JugendpsychiaterInnen direkt therapeutisch tätig.

Bei Heimaufnahme von Jugendlichen aus jugendpsychiatrischen Kliniken wird der jugendpsychiatrische Dienst vom Erziehungssachgebiet dann regelmäßig eingeschaltet, wenn es um die Frage der Abklärung einer „seelischen Behinderung" und der damit verbundenen Frage der Rechtsgrundlage der Unterbringung geht. Ansonsten sei die Einschaltung des jugendpsychiatrischen Dienstes eher zufällig und folge keinen festgelegten Kriterien. Häufig spiele der persönliche Kontakt zu den MitarbeiterInnen des Erziehungssachgebietes eine sehr wichtige Rolle in dieser Frage.

Bezüglich der häufigen Klage der Kliniken, daß es zu Reibungen mit den MitarbeiterInnen des Erziehungssachgebietes komme, wenn es um die Unterbringung eines Kindes/Jugendlichen in einer bestimmten Einrichtung gehe, sei zu bedenken, daß die Kliniken das Erziehungssachgebiet häufig erst sehr spät in eigene Überlegungen einschalten würden. Hier sei es sicher dienlich, wenn die Kliniken schon im Vorfeld konkret werdender Unterbringungen mit den MitarbeiterInnen des Erziehungssachgebietes zusammenarbeiten würden.

Häufig bestehe ein Konflikt darin, daß die Klinikfachkräfte pauschal davon ausgingen, daß in Hamburg die von ihnen gesuchte Einrichtung nicht vorhanden sei und sie aus diesem Grund Belegungen in benachbarten Bundesländern favorisieren würden. Dies sei jedoch häufig auch ein Resultat mangelnder Information über das Angebot an Hamburger Heimplätzen. So gebe es durchaus in Hamburg Einrichtungen (z.B. Margaretenhort), die feststrukturierte Rahmenbedingungen für z.B. psychotische oder epilepsiekranke Kinder bieten würden. Die Einstellung der Klinikfachkräfte zur Hamburger Heimszene sei nicht differenziert genug. Es sei bedauerlich, daß die Klinikfachkräfte besonders des Wilhelmstiftes sich zu selten die Mühe machen würden, sich die Einrichtungen, die vom Erziehungssachgebiet vorgeschlagen werden, persönlich anzuschauen.

Werden von seiten der Heime Überlegungen angestellt, ein Kind oder eine/n Jugendliche/n in stationäre jugendpsychiatrische Behandlung zu geben, bestehe auf Seiten des jugendpsychiatrischen Dienstes der Wunsch, in solche Überlegungen frühzeitig einbezogen zu werden, sei es um alternative Konzepte entwickeln zu können, sei es um die Entscheidung fachlich (jugendpsychiatrisch) abzusichern und zu begleiten.

Als ein besonderes Manko wird es von seiten des jugendpsychiatrischen Dienstes empfunden, daß es in Hamburg keine kinder- und jugendpsychiatrische Pflichtversorgung gebe. In akuten Krisen/bei Zwangsunterbringungen würden die Jugendlichen nur in der Erwachsenenpsychiatrie (Ochsenzoll, Eilbeck, Eppendorf) Aufnahme finden. Dies sei ein sehr großes Problem und es sei die Frage zu stellen, ob nicht auch die Jugendpsychiatrie in der Lage sein müßte, in akuten Krisen bzw. bei Zwangseinweisungen, Jugendliche aufzunehmen. Es sei z.B. ein Unding, daß heute in besonderen Krisen von Kindern und Jugendlichen Verlegungen aus den jugendpsychiatrischen Kliniken in geschlossene Erwachsenenabteilungen erfolgen würden. Nach Auffassung der befragten Psychiaterin geht es bei der Diskussion um die Pflichtaufnahme nicht darum, geschlossene Stationen zu schaffen, sondern darum, in den beiden jugendpsychiatrischen Kliniken „Krisenbetten" bereitzustellen. Diese Krisenbetten sollten allerdings in eskalierten Situationen die Möglichkeit der geschlossenen Führung mit erhöhtem Personaleinsatz haben.

Ein weiteres zentrales nicht gelöstes Problem bestehe in dem anwachsenden Kreis drogenabhängiger Jugendlicher und z.T. Kinder. Dies sei ein Kreis von jungen Menschen, für den weder die Jugendpsychiatrie noch die Jugendhilfe über wirksame Handlungskonzepte verfüge. Die Jugendhilfe sei zwar noch in der Lage, diesen Jugendlichen Unterkunft und Betreuung anzubieten, eine perspektivische pädagogische Arbeit sei jedoch in den allerseltensten Fällen möglich. Auch die Jugendpsychiatrie habe hier keine Konzepte. Die einzige medizinische Möglichkeit sei z.Zt. die Entgiftung im AK Ochsenzoll.

Kinder- und Jugendnotdienst

Der Kinder- und Jugendnotdienst (KJND) leistet für das gesamte Stadtgebiet Hamburgs Krisenhilfe (incl. Unterbringung und Notaufnahme) für Minderjährige in Notsituationen. Er ist als Clearing-Institution für die Minderjährigen tätig. Im Rahmen dieser Funktion werden vom KJND Klärungsprozesse oft unter Einbezug verschiedenster Institutionen und Professionen u.a. auch der (Jugend-)Psychiatrie eingeleitet und begleitet.

Kinder oder Jugendliche aus dem KJND würden der Psychiatrie dann vorgestellt, wenn man sich unsicher sei, ob es sich bei bestimmten Phänomenen z.B. um psychotische Symptome handele. Hier sei zum Teil Abklärung/Vergewisserung und zum Teil medizinische Hilfe notwendig.

Die Erfahrung habe gezeigt, daß die Kooperation immer dann gut funktioniere, wenn es gelingt, gegenseitig die Gleichwertigkeit von sozialarbeiterischem und ärztlichem Handeln anzuerkennen. Problematisch werde es genau dort, wo diese Gleichwertigkeit nicht anerkannt werde, sei es aus Statusüberhöhung seitens des Arztes, sei es aus Minderwertigkeitsgefühlen seitens der SozialarbeiterInnen. Wichtig sei es, Hilfeprozesse aus der Sicht beider Professionen zu diskutieren und abzustimmen. Schwierig werde es insbesondere auch dort, wo der Arzt qua seiner Profession eine Entscheidung treffe, und wo das gesamte Risiko bei Nichtbefolgen dieser ärztlichen Entscheidung bei den SozialarbeiterInnen verbleibe. Dieses betreffe z.B. die Situation, daß der Arzt eine Einweisung verfüge, die SozialarbeiterInnen sich jedoch dieser Einweisung widersetzen.

Kooperationen liefen immer solange gut, solange man gleichberechtigt um seine Sichtweise argumentieren würde. Kooperation liefe immer dann schlecht, wenn ein beteiligter Partner sich hinter seiner Professionalität verstecken würde. Insgesamt wird vom KJND die Zusammenarbeit mit der (Jugend-)Psychiatrie auf dieser Basis als sehr gut bezeichnet. Die Entfernung zwischen der Jugendpsychiatrie und der Jugendhilfe verringere sich zusehends.

Der Weg zu der anfangs geforderten partnerschaftlichen Kooperation werde schon in der heutigen Praxis deutlich sichtbar. Dem Anwachsen sozialarbeiterischen Selbstbewußtseins stehe in der heutigen Zeit ein Bröckeln der überhöhten Kompetenzerwartung an Ärzten überhaupt gegenüber. Von beiden Elementen würde die richtige zukunftsweisende Dynamik ausgehen. Kritik und Anregungen des befragten Mitarbeiters des KJND beziehen sich denn auch weniger auf das Verhältnis zur Psychiatrie als auf den Bereich der eigenen Disziplin.

Zunächst einmal sei zu fordern, daß jenen Kollegen und Kolleginnen, die sich unter Einsatz ihrer gesamten Persönlichkeit und Kompetenz schwierigen und schwierigsten Jugendlichen widmen, mehr Unterstützung und Solidarität zuteil werden müsse. Dies geschehe zu wenig.

Sobald etwas Ungewöhnliches öffentlich werde, kommen diese KollegInnen in einen ungeheuerlichen Rechtfertigungsdruck. Aus dieser Erfahrung bzw. Angst entstünde häufig ein vorzeitiges Verzagen oder Überforderungsgefühl, wo man durchaus noch weitere Kräfte und Ressourcen mobilisieren könnte, wäre man sich nur der solidarischen Unterstützung von Kollegen und Vorgesetzten sicher.

Eine weitere, eher strukturelle Problematik bestehe darin, daß MitarbeiterInnen in der Heimerziehung, die zum Teil über Jahre mit extrem problematischen Kindern und Jugendlichen arbeiten (und z.T. leben) zu wenig professionelle Entwicklungsperspektiven haben. Es sei für den Erhalt der Qualität der Heimerziehung notwendig für ‚ausgebrannte' Kollegen und Kolleginnen qualifizierte Umsteigemöglichkeiten in andere Arbeitsfelder bereitzuhalten. Ansonsten sei die Überforderung der noch so engagierten Menschen schon strukturell angelegt, was das Thema „Grenzbereich zwischen Jugendhilfe und Jugendpsychiatrie" langfristig zu einem Dauerbrenner machen würde, da diese Überforderung von Fachkräften in der Heimerziehung immer wieder auf den Rücken von Jugendlichen ausgetragen würde, indem strukturelle Probleme durch individuelle Schuldzuschreibung an den überfordernden Jugendlichen abgearbeitet würden.

3.4.4 Zusammenfassung – Konkordanzen und Diskrepanzen

Zunächst ist als wichtigstes Ergebnis der Interviews festzuhalten, daß von den meisten InterviewpartnerInnen die Zusammenarbeit von Jugendhilfe und Jugendpsychiatrie in Hamburg generell als gut bis sehr gut bezeichnet wurde. Der folgende Versuch, einige zentrale Positionen nochmal besonders zu benennen und daran Übereinstimmungen und Gegensätzlichkeiten der VertreterInnen beider Disziplinen herauszuarbeiten vollzieht sich also auf einem relativ hohen Niveau von heute schon gewährleisteter Zusammenarbeit und gegenseitiger Akzeptanz.

Ein hohes Maß an Übereinstimmung aller befragten Fachkräfte aus Jugendhilfe und Jugendpsychiatrie bestand hinsichtlich der Zahl der jugendpsychiatrischen Klinikplätze in Hamburg. Von allen befragten Fachkräften wurde die Auffassung vertreten, daß das stationäre Platzangebot für Kinder- und Jugendpsychiatrie ausreichend und angemessen für Hamburg sei. Die Forderungen der Expertenkommission der Bundesregierung zur Reform der Versorgung im psychiatrischen/psychotherapeutisch/psychosomatischen Bereich (50 bis 80 jugendpsychiatrische Klinikplätze für 100.000 bis 150.000 Minderjährige) wurden von allen befragten Fachkräften aus Jugendhilfe und Jugendpychiatrie als weit überzogen charakterisiert. Das sehr weit ausgebaute ambulante jugendpsychiatrische Netz in Hamburg erweise sich als sehr tragfähig und lasse ein stationäres Platzangebot weit unterhalb der Forderungen der Expertenkommission für angemessen und ausreichend erscheinen. Während von seiten einzelner Fachkräfte der Jugendhilfe jedoch ein weiterer Abbau der stationären Platzkapazität für erstrebenswert gehalten wird, waren die Fachkräfte der Jugendpsychiatrie jedoch eher der Meinung, daß der heutige Stand nicht unterschritten werden dürfe. Allerdings wurde auch von dieser Seite eingeräumt, daß durch effektivere Nutzung ambulanter Angebote einerseits und durch effektivere Übergangsmodalitäten von Kindern und Jugendlichen in die Heimerziehung andererseits ein Teil der Hospitalisierungen verkürzt werden oder überflüssig gemacht werden könnte.

Ein weiterer zentraler Punkt, in dem die Interviews Übereinstimmung erbrachten, war die Frage der geschlossenen Unterbringung von Kindern und Jugendlichen. Von allen Seiten wurde die Aufhebung der geschlossenen Unterbringung begrüßt. Auch von den befragten KlinikmitarbeiterInnen wird diese jugendhilfepolitische Grundsatzentscheidung mitgetragen. Die Praxis der letzten zehn Jahre habe erwiesen, daß ein Verzicht auf geschlossene Unterbringung im Rahmen der Jugendhilfe nicht zu vermehrter Krankheitszuschreibung und damit zu vermehrten Klinikeinweisungen führe (vgl. 3.4.1). Auch von seiten der Kliniken wird das Vorhalten geschlossener Klinikplätze für Kinder- und Jugendpsychiatrie abgelehnt. Es komme zwar vor, daß einzelne selbst- und fremdgefährdende Jugendliche festgehalten werden müssen, jedoch würden diese Einzelfälle das Vorhalten einer institutionell geschlossenen Jugendpsychiatrie nicht rechtfertigen.

Eine dritte Übereinstimmung über die Fachkräfte beider Disziplinen hinweg ergibt sich in der Frage der Definition von „Grenzfällen". Von VertreterInnen beider Disziplinen wurde dieser Begriff für sehr unglücklich gehalten. Einig war man sich darin, daß wenn Jugendliche aus dem Jugendhilfesystem in eine jugendpsychiatrische Klinik kommen, die Zuständigkeit der Jugendhilfe (des Heimes) in vollem Umfang aufrechterhalten bleibt. Anders als in anderen Bundesländern (vgl. GINTZEL/ SCHONE 1989) komme es in Hamburg so gut wie nicht vor, daß ein Heim, welches ein Kind oder einen Jugendlichen in die Klinik bringe, die Wiederaufnahme verweigere. Hier habe sich auf breiter Ebene die Haltung durchgesetzt, daß eine Überweisung an die Klinik keine Delegation von Zuständigkeit beinhaltet, sondern lediglich – analog jeglicher anderer Krankenbehandlung – die spezielle Kompetenz eines Jugendpsychiaters/einer Jugendpsychiaterin bei einem bestimmten Problem *hinzugezogen* wird. Sowenig wie man z.B. von einem „Grenzfall" zwischen Familie und Jugendpsychiatrie sprechen könne, wenn ein Kind aus der Familie in einer Klinik behandelt wird, sowenig könne man auch von einem Grenzfall zwischen Heim und Jugendpsychiatrie sprechen. Die Zuständigkeit einerseits der Familie und andererseits des Heimes als primärer sozialer Bezugsrahmen wird von seiten der Kliniken nicht bestritten, muß häufiger von ihnen sogar explizit eingefordert werden. Die starke Sichtweise von Jugendpsychiatrie als Krankenbehandlung spiegelt sich in einer Reihe der oben dokumentierten Fallbeispiele für „Grenzfälle" wider. Seltener geht es um eskalierende Verhaltensweisen von Jugendlichen, die den Einbezug von Jugendpsychiatrie bewirken. In mehrerenBeispielen bestehen dagegen deutlich somatische Krankheitshintergründe. In diesen Fällen besteht zumeist ein breiter Konsens über die Notwendigkeit integrierter (medizinischer, psychologischer und pädagogischer) Arbeitsansätze – in unserem Fall der eng verzahnten Zusammenarbeit von Jugendhilfe und Jugendpsychiatrie.

Deutlich unterschiedliche Einschätzungen erbrachten die Interviews jedoch hinsichtlich der weiteren Eckpfeiler der Hamburger Heimreform: Dezentralisierung, Entspezialisierung. Den meisten KlinikmitarbeiterInnen ging das Konzept der Entspezialisierung und Alltagsorientierung der Hamburger Heimeinrichtungen zu weit. Gerade jene Kinder und Jugendlichen, die aus dem „beschützten Raum" der Kliniken in öffentliche Erziehung vermittelt würden, seien durch das hohe Maß der Alltagsorientierung der Heime oft überfordert. Die Diskrepanz zwischen dem strukturgebenden Leben in der Klinik und dem Alltagsleben in den Heimgruppen sei für viele Kinder zu hoch. Gerade für ehemals psychotische Kinder und Jugendliche würden engere Betreuungsrahmen benötigt, als dies die meisten Heime in Hamburg bieten würden. Nach Einschätzung insbesondere der MitarbeiterInnen des Wilhelmstiftes fehle es in Hamburg an heilpädagogischen Heimen (mit besonderen Personalschlüsseln und übergreifenden therapeutischen Diensten). Dagegen gebe es bei weitem zu viele Jugendwohnungen, in denen die „Rund-um-die-Uhr"-Betreuung nicht gewährleistet sei. Von seiten der Heimeinrichtungen wird dieser Kritik deutlich entgegengehalten, daß die zentrale Person im Umgang mit den jungen Menschen der/die Sozialpädagoge/-pädagogin

132

bzw. ErzieherIn ist. Er/sie ist im unmittelbaren Umgang mit den Betreuten für die Gestaltung der gemeinsamen Lebenswelt verantwortlich. Auch wenn im Rahmen des Entspezialisierungskonzeptes auf gruppenübergreifende therapeutische Dienste gänzlich verzichtet werde, werde hierin jedoch keine spezialistenfeindliche Haltung deutlich. Das Konzept der Entspezialisierung gehe vielmehr davon aus, daß kein generell institutionalisiertes Angebot in den Heimeinrichtungen vorgehalten werde, sondern psychologische, therapeutische oder jugendpsychiatrische Fachkompetenz ausschließlich extern entsprechend den individuellen Notwendigkeiten und Bedürfnissen im Einzelfall in Anspruch zu nehmen. Es erfolge also weniger eine Abkehr von der Inanspruchnahme von Spezialisten, als eine Effektivierung durch eine auf den Einzelfall abgestimmte Wahl externer Spezialisten.

In der Frage der Spezialisierung/Entspezialisierung wird allerdings das grundsätzlich unterschiedliche eigene Handlungsverständnis von jugendpsychiatrischen Kliniken (Behandlungsinstitutionen) und Heimen (Lebensorten) deutlich. Vor diesem Hintergrund meldeten mehrere der befragten HeimpädagogInnen Zweifel an, ob es gerechtfertigt sei, Kinder und Jugendliche über die akute Krankenbehandlung hinweg in der Klinik zu betreuen. Insbesondere an das Wilhelmstift richtet sich die Kritik, daß es Kinder und Jugendliche zu lange in ihren Stationen festhalte. Häufig sei bei Übergängen aus der Klinik ins Heim unverständlich und nicht nachvollziehbar, warum die vorangegangene Klinikbehandlung so lange gedauert habe. Das Ziel längerfristiger psychotherapeutischer Arbeit unter den Bedingungen einer jugendpsychiatrischen Klinik wird vom überwiegenden Teil der befragten HeimmitarbeiterInnen abgelehnt. Eindeutige Kriterien für die Entlassung von Kindern und Jugendlichen nach erfolgter (Kranken-)Behandlung existieren offensichtlich nicht. Schwierig und aus dem Auftrag der Jugendpsychiatrie nicht begründbar wird die Situation insbesondere dann, wenn die Klinik das Kind oder den Jugendlichen behält, nicht weil dieses/dieser der Behandlung noch bedürfte, sondern weil man dessen Rückkehr in die Familie aufgrund der dortigen Situation (noch) nicht für vertretbar hält. Dies hat mit krankenhausbegründender Krankheit nichts mehr zu tun. Hier ergäbe sich nach Ansicht der befragten Heimfachkräfte insbesondere für das Wilhelmstift viel häufiger das Erfordernis, Jugendhilfe frühzeitiger einzuschalten.

Abschließend sei noch einmal betont, daß von fast allen befragten Fachkräften insbesondere in den letzten Jahren eine stete Verbesserung der Zusammenarbeit von jugendpsychiatrischen Kliniken und Heimen konstatiert wird. Eine hohe Sensibilisierung für wechselseitige Überweisungsprozesse habe gerade in den letzten Jahren zu vermehrten gegenseitigen Hospitationen zwischen Heim- und Klinikfachkräften geführt. Von allen Beteiligten wird hierin ein sinnvoller Weg gesehen, „Berührungsängste" zwischen den Fachkräften der Disziplinen und ungerechtfertigte überhöhte Vorstellungen bezüglich der Qualifikation der KlinikmitarbeiterInnen abzubauen. Durch die wechselseitigen Darlegungen der eigenen Wirkungsmöglichkeiten von Jugendpsychiatrie und Heimerziehung würden zunehmend realistischere Einschätzungen bezüglich der Leistungsfähigkeit und Begrenzungen der jeweils anderen Disziplin möglich, die wiederum Voraussetzung für einen gleichwertigen Aushandlungsprozeß beider Disziplinen über die richtige Maßnahme für einen jungen Menschen sei.

3.5 Empfehlungen und Perspektiven

Zum Abschluß dieses Berichtes sollen nicht noch mal die oben dargelegten vielfältigen Anregungen und Empfehlungen in ihrer Gänze referiert werden, sondern es soll der Versuch unternommen werden, einige zentrale Punkte noch mal explizit hervorzuheben, auf die sich m.E. die zukünftige Diskussion besonders konzentrieren sollte.

Ungeachtet ihres unterschiedlichen Auftrages richten sich Jugendhilfe und Jugendpsychiatrie prinzipiell an den gleichen AdressatInnenkreis: Kinder und Jugendliche in Krisensituationen. Hieraus ergibt sich die unabweisliche Verpflichtung der engen Zusammenarbeit in dem gemeinsamen Ziel, jungen Menschen bei der Bewältigung ihrer Lebenskrisen zu helfen. Es wurde bereits dargestellt, daß sich die Zusammenarbeit zwischen den Fachkräften beider Disziplinen auf einem relativ hohen Niveau gegenseitiger Akzeptanz vollzieht. Ein zentrales Problem besteht nun darin, daß dieses hohe Kooperationsniveau insbesondere für junge Erwachsene nicht mehr greift, da es vorkommt, daß ältere Jugendliche und junge Erwachsene aus Heimen nicht mehr im Rahmen von Jugendpsychiatrie, sondern im Rahmen von Erwachsenenpsychiatrie behandelt werden (AK Ochsenzoll). Kliniken für Erwachsenenpsychiatrie gehen jedoch von ganz anderen Handlungsrationalitäten aus und verfügen nur über geringe Erfahrungen und weniger Ansatzpunkte für eine Kooperation mit der Jugendhilfe (Heimerziehung). Wenn von Kooperations- und Abstimmungsproblemen zwischen dem Heim und der Psychiatrie die Rede war, betraf dieses besonders häufig die Zusammenarbeit mit der Erwachsenenpsychiatrie bezüglich älterer Jugendlicher bzw. junger Erwachsener.

Durch die Neuregelung des Kinder- und Jugendhilfegesetzes (KJHG) werden zukünftig vermehrt junge Erwachsene bis zum 21. Lebensjahr (z.T. darüber hinaus) im Rahmen von Jugendhilfemaßnahmen betreut werden. Aus dem Kreis der Jugendhilfe wurde angeregt, daß sich die jugendpsychiatrischen Kliniken nicht aus ihrer Zuständigkeit für junge Erwachsene zurückziehen dürften, solange diese aufgrund ihrer persönlichen (Entwicklungs-)Krisen im Rahmen der Jugendhilfe betreut werden. Damit die immer wieder geforderte Kontinuität von Behandlungs- oder Betreuungsaktivitäten insbesondere mit Blick auf die Jugendpsychiatrie nicht einfach mit erreichter Volljährigkeit abbricht, richten sich die Forderung und der Wunsch von Jugendhilfefachkräften darauf, daß sich die jugendpsychiatrischen Kliniken generell institutionell für alle Jugendlichen und jungen Erwachsenen für zuständig erklärt, die aufgrund ihrer Persönlichkeitsentwicklung auch weiterhin im Rahmen von Jugendhilfe betreut werden. Gerade angesichts der Neuregelung in § 41 KJHG (Hilfe für junge Volljährige) ließe sich durch eine analoge Zuständigkeitserklärung der Jugendpsychiatrie (jugendpsychiatrische Kliniken) für den hier angesprochenen Personenkreis das Hilfs- und Unterstützungsnetz wesentlich effektivieren.

Ein hiermit eng verbundenes Problem, welches zwar quantitativ nur eine nachgeordnete Dimension einnimmt, ist die Frage der kinder- und jugendpsychiatrischen Pflichtversorgung. Pro Jahr werden etwa zwischen 20 und 30 unter 20jährige in den Aufnahmestationen des AK Ochsenzoll aufgenommen. Die Zahl der unter 18jährigen beträgt jährlich maximal 10 Jugendliche. Betrachtet man jedoch allein die 27 psychiatrieerfahrenen Kinder und Jugendlichen, über die eine Aktenanalyse bezüglich ihrer Heimeinweisung vorgenommen wurde (vgl. Tabelle 3.2), sieht man, daß allein fünf von diesen (Kurz-)Aufenthalte in Erwachsenenpsychiatrien erlebt haben (vier junge Menschen im AKO, einer in der Erwachsenenpsychiatrie des UKE). Diese Situation wird vor allem von MitarbeiterInnen der Jugendhilfe (besonders des jugendpsychiatrischen Dienstes) für unbefriedigend gehalten. Die VertreterInnen von Jugendhilfe und Jugendpsychiatrie sind hier in ihrer gemeinsamen Verantwortung auch für die jungen Erwachsenen aufgefordert, an alternativen Lösungen zur derzeitigen Situation zu arbeiten. Gerade angesichts der brisanten Thematik der Zwangsunterbringung von selbst- und fremdgefährdenden jungen Menschen verbietet es sich, diese Aufgabe allein der jeweils anderen Disziplin zuzuschreiben. Gefordert ist hier vielmehr ein gemeinsames Handeln bzw. ein gemeinsames Angebot von Jugendhilfe und Jugendpsychiatrie, welches z.B. auch in gemeinsam betriebenen Krisenstellen für junge Menschen (die z.B. nach § 31 HamPsychKG zwangseingewiesen werden) bestehen könnte. Nach Ansicht des jugendpsychiatrischen Dienstes wird die Notwendigkeit jugendpsychiatrischer Unterstützung für junge Menschen in Krisensituationen (z.B. im Falle von Drogenabhängigkeit) zukünftig zunehmen. Die Konzeptionierung solcher Krisenstellen sollte in Zusammenarbeit zwischen den Institutionen von Jugendhilfe und Jugendpsychiatrie möglichst bald in Angriff genommen werden.

Ein erster Schritt in Richtung auf eine so wahrgenommene gemeinsame Verantwortung und gemeinsame Planung könnte der aus den Reihen der jugendpsychiatrischen Kliniken vorgeschlagene ständige paritätische Ausschuß mit MitarbeiterInnen aus Heimen, Kliniken und Behörde sein. Während man heute erst dann zusammenträte, wenn ein konkretes Problem eskaliere, könne ein solcher Ausschuß präventiv Organisations- und Kommunikationsformen entwickeln, die einer Lösung der dann auftretenden konkreten Probleme/Konflikte eher dienlich wäre, als die heute oft entstehenden gegenseitigen Schuldzuschreibungen im Fall universeller Hilflosigkeit.

Ein weiterer Schritt hinsichtlich der gemeinsamen Verantwortung von Jugendhilfe und Jugendpsychiatrie könnte in der Einrichtung einer interdisziplinären Besuchskommission für die kinder- und jugendpsychiatrischen Kliniken bestehen. Eine zentrale Kritik seitens der Jugendhilfefachkräfte an den jugendpsychiatrischen Kliniken in Hamburg bestand darin, daß hier Kinder und Jugendliche z.T. über lange Zeit unter deutlich Krankenhaus-geprägten Lebensbedingungen leben. Nach Kriterien der Heimaufsicht – so die mehrfach geäußerte These – müßten die Kliniken geschlossen werden. Obwohl es auch in den jugendpsychiatrischen Stationen zu freiheitsbeschränkenden Maßnahmen in Einzelfällen kommt, sind die Aufsichtskommissionen für psychiatrische Kliniken gemäß § 40 Hmb Psych KG nicht für die jugendpsychiatrischen Kliniken zuständig. Vor diesem doppelten Hintergrund sollte im Rahmen „freiwilliger Selbstkontrolle" der jugendpsychiatrischen Kliniken eine Besuchskommission gebildet werden, die paritätisch mit Personen aus den Disziplinen Kinder- und Jugendpsychiatrie und Jugendhilfe zu besetzen wäre. Neben der Beratung der Kliniken (analog der Heimaufsicht) wäre es eine Aufgabe dieser Besuchskommission, mit den Kliniken das Spannungsverhältnis zu diskutieren, welches zwischen der Krankenbehandlung auf der einen Seite und der (z.T. eben längerfristigen) sozialpädagogischen Betreuung auf der anderen Seite besteht.

Bezüglich der immer wieder geforderten Beschränkung des stationären Aufenthaltes in jugendpsychiatrischen Kliniken auf den Zeitraum einer akuten Krisenintervention ergibt sich ein deutlicher Diskussionsbedarf zwischen der Jugendhilfe und den jugendpsychiatrischen Kliniken, insbesondere dem Wilhelmstift. Gerade angesichts der dortigen oft längerfristigen Verweildauern (vgl. u.a. Tabelle 3.2), sollte von seiten der Klinik spätestens nach einer Aufenthaltsdauer von einem halben Jahr ein gemeinsames Planungsgespräch von Fachkräften der Klinik, des zuständigen Jugendamtes und der Betroffenen (Minderjährige, Eltern) initiiert werden, in dem die weiteren Planungen bezüglich des Minderjährigen besprochen werden. Sollte eine Fortführung der Behandlung auch im außerklinischen Rahmen möglich sein, ist das Jugendamt gefordert, geeignete Unterstützungsangebote für die Familie zu formulieren (falls das Kind oder der Jugendliche hierhin zurückkehrt) oder andernfalls geeignete Wohn- und Lebensmöglichkeiten außerhalb der eigenen Familie für den jungen Menschen bereitzustellen (falls eine Rückkehr in die Familie nicht möglich erscheint) (vgl. GINTZEL/SCHONE 1989, S. 178).

Die Rolle der Kliniken würde sich bei einem so definierten Handlungsverständnis allerdings ändern. Statt langfristiger stationärer Therapie in der Klinik ergäben sich angesichts der unverändert weiter bestehenden Klientel vielfältige Aufgaben im Bereich ambulanter Therapien der Kinder und Jugendlichen in Wohngruppen und anderen Betreuungsformen. Der Vorteil wäre, daß die beiden verschiedenen Aufgaben „Gewährleistung eines Lebensortes (Alltag) außerhalb der Familie" und „jugendpsychiatrische Behandlung und Therapie" entzerrt würden und damit in ihrer jeweiligen Ausprägung an Bedeutung gewinnen würden. Statt der besonders vom Wilhelmstift geforderten Einführung heilpädagogischer Heime, könnte es selbst im Rahmen des entspezialisierten Heimkonzeptes in Hamburg seine therapeutischen Kompetenzen flexibel und an den jeweiligen Bedürfnissen der Kinder und Jugendlichen orientiert dort einbringen, wo sie benötigt werden.

Selbst wenn im Einzelfall auf jugendpsychiatrische Klinikzusammenhänge nicht verzichtet werden kann oder soll, stellt sich die Frage, ob nicht die Institution der Tagesklinik oder analoge jugendpsychiatrische Tagesbetreuungsformen (Tagesstätten) bislang viel zu wenig genutzte Instrumente darstellen, die die große Lücke zwischen ambulanter Behandlung einerseits und vollstationärer Behandlung andererseits sinnvoll schließen könnten. Angesichts der guten Erfahrungen einzelner Einrichtungen mit Tageskliniken wäre z.B. zu prüfen, ob nicht Tageskliniken, die mit spezifisch jugendpsychiatrischer Kompetenz auszustatten wären, die Betreuungslücke zwischen ambulanten und stationären jugendpsychiatrischen Angeboten ausfüllen könnten. Auch hier sind bei der Konzeptionierung die bestehenden jugendpsychiatrischen Kliniken – bis hin zur Umwidmung bisheriger stationärer Betreuungskapazitäten – gefragt.

Gerade für ältere Jugendliche und junge Erwachsene ließen sich bei jugendpsychiatrischer Behandlungsbedürftigkeit längerfristige Hospitalisierungen durch die Kombination Heim/Wohngruppe/eigene Wohnung einerseits und (jugend-)psychiatrische Tagesklinik andererseits erheblich reduzieren. Unter einer solchen Konstruktion ließe sich gerade mit jungen Menschen in besonders eskalierten Lebenskrisen kontinuierlich an der Gestaltung ihres Alltags arbeiten. Ziel sowohl der Jugendhilfe als auch der Jugendpsychiatrie muß es sein, auch psychisch kranken jungen Menschen die Option auf ein Leben außerhalb (jugend-)psychiatrischer Institutionen so lange wie möglich offen zu halten. Die Fallbeispiele in diesem Bericht sind hierfür ein beredtes Zeugnis.

Eine weitere zentrale Problematik ist mit der oben schon angesprochenen Tatsache verbunden, daß eine hohe Zahl der in Kliniken behandelten Kinder und Jugendlichen im Anschluß an die Klinikunterbringung in öffentliche Erziehung wechseln ("Übergangswohnheim"). Häufig geschehen diese Überweisungen von der Klinik ins Heim, nachdem die Klinik herausgearbeitet hat, daß keine psychiatrisch relevante Auffälligkeit vorliegt und vielmehr familiale und soziale Verursachungsfaktoren für die Lebenskrise des Kindes oder Jugendlichen verantwortlich sind. Allen Überweisungen aus der Klinik ins Heim ist gemeinsam, daß das familiale oder soziale Gefüge des Kindes oder Jugendlichen als nicht mehr tragfähig für dessen weitere Entwicklung angesehen wird und daß eine Veränderung dieses Gefüges nicht möglich erscheint. In solchen Fällen wird von seiten der Klinik (in der Regel in Absprache mit den Eltern) der Vorschlag einer Heimunterbringung gemacht.

Dieser Entscheidungsweg, der immerhin ca. ein Drittel aller Kinder und Jugendlichen in Kliniken betrifft, wirft die Frage nach der angemessenen und rechtzeitigen Beteiligung der Jugendhilfe auf.

Zunächst stellt sich die Frage, ob nicht häufiger schon im Vorfeld der Klinikaufnahme ein gemeinsamer Klärungsprozeß, an dem sowohl Jugendhilfe- als auch Jugendpsychiatriefachkräfte beteiligt sind, zu dem Ergebnis führen könnte, daß ein längerfristiger Heimaufenthalt notwendig ist. Einigen Kindern oder Jugendlichen könnte man hierdurch den „Umweg" über die Klinik ersparen. Notwendige jugendpsychiatrische Hilfen könnten ggf. auch im Heim erfolgen.

Die zweite Frage in diesem Zusammenhang betrifft die Möglichkeiten der jugendpsychiatrischen Kliniken, tatsächlich ausreichend abklären zu können, ob das familiale Milieu nicht mehr tragfähig bzw. wiederherstellbar ist. Auch hier ließen sich durch eine schon früh angelegte Zusammenarbeit zwischen Jugendhilfe und Jugendpsychiatrie familienunterstützende Maßnahmen initiieren (z.B. Sozialpädagogische Familienhilfe), die ggf. die Reintegrationschancen des Kindes/Jugendlichen in die Familie erheblich erhöhen könnten. Der derzeitige Zustand, daß von seiten der Klinik an die Ämter für soziale Dienste die Bitte gerichtet wird, daß ein bestimmtes Kind oder ein Jugendlicher unterzubringen ist, und daß dieses bereits mit den Eltern abgeklärt ist, läßt den SozialarbeiterInnen der sozialen Dienste kaum eigene Gestaltungs- und Entscheidungsspielräume und muß aus Sicht der Jugendhilfe als sehr unbefriedigend bezeichnet werden, da er der geforderten Federführung des Jugendamtes im Überweisungsprozeß nicht entspricht.

Eine Auflösung dieses Dilemmas ließe sich m.E. nur erreichen, wenn sich die jugendpsychiatrischen Kliniken damit einverstanden erklären könnten, schon bei der Aufnahmeentscheidung von Kindern und Jugendlichen aus Familien in die Klinik Fachkräfte der Jugendhilfe zu beteiligen bzw. bei den Eltern die Bereitschaft zur Beteiligung von Jugendhilfefachkräften zu wecken. In enger Zusammenarbeit von Fachkräften aus Jugendhilfe und Klinik böte es sich darüber hinaus an, Eltern- und Angehörigengruppen in den jugendpsychiatrischen Kliniken einzurichten. Über die Artikulation und Diskussion gemeinsamer Betroffenheiten der Eltern (Angehörigen) bezüglich der Tatsache, daß ihr Kind in einer jugendpsychiatrischen Klinik behandelt wird, hinaus, böten sich vielfältige Gelegenheiten, über spezifische Hilfsmöglichkeiten der Jugendhilfe (Familienhilfe, Heimerziehung, Pflegefamilie, Kindertagesbetreuung, schulische Erziehungshilfe u.a.m.) zu informieren, die Eltern aktiv in die Hilfeplanung (auch und gerade über den Klinikaufenthalt hinaus) einzubeziehen und ggf. anstehende Ablösungen der Kinder von den Familien im Kreis mehrerer betroffener Eltern zu bearbeiten.

Aber auch in den Fällen, wo keine Übergänge in öffentliche Erziehung erfolgen, sondern ggf. andere Jugendhilfeaktivitäten im Anschluß an den Klinikaufenthalt erforderlich sind, könnten solche Ansätze positive Voraussetzugen für die weitere Arbeit mit den jungen Menschen und ihren Familien schaffen.

Dies setzt allerdings voraus, daß sich die jugendpsychiatrischen Kliniken ihres eindeutigen Bezugs zur Jugendhilfe bewußt sind. Ein Einklinken der jugendpsychiatrischen Kliniken in die nach § 36 KJHG geforderte Hilfeplanung (Erziehungskonferenzen) erscheint – vorbehaltlich der Zustimmung der Eltern – sinnvoll und notwendig.

Auf zwei weitere Aspekte der Untersuchung, die einer weiteren Diskussion und Bearbeitung bedürfen, soll abschließend noch hingewiesen werden. Zum einen deutet die häufige Thematisierung des Problems mangelnder Angebote an kleinen und kleinsten Wohngruppen *mit* Rund-um-die-Uhr-Betreuung sowohl von seiten der Jugendpsychiatrie als auch von seiten der Jugendhilfe darauf hin, daß hier konzeptionelle Überlegungen zur Weiterentwicklung dieser Angebote (AWG-Konzept, Kinderhäuser, durchgehend betreute Wohngruppen) angestellt werden sollten, was auch einer stärkeren Individualisierung von Unterbringungsentscheidungen Rechnung tragen könnte. Zum anderen sollte die hohe Zahl von Adoptionskindern in jugendpsychiatrischen Kliniken im Rahmen unserer (nicht repräsentativen) Untersuchung Anlaß für die Adoptionsvermittlung sein, dieser Problemanzeige kritisch nachzuspüren und ggf., im Rahmen von Langzeitstudien zum Adoptionsverlauf, nachzugehen.

Bei allen hier vorgetragenen strukturellen und fachlichen Entwicklungsperspektiven und Handlungsnotwendigkeiten ist dem Schreiber bewußt, daß es immer wieder Kinder und Jugendliche gibt und geben wird, deren Lebenskrisen so ausgeprägt sind, daß sie das bestehende Hilfesystem und das fachliche Handlungsrepertoire der Fachkräfte sprengen bzw. von diesen risikoreiche Entscheidungen verlangt werden. Professionelles Handeln in eskalierten Krisen erfordert, daß die Fachkräfte verschiedener Professionen kooperativ an einer gemeinsamen Lösung mit den Betroffenen arbeiten, ohne daß es in zugespitzten Situationen zu gegenseitigen Inkompetenzvorwürfen kommt, die dann zu einem Überschwappen der Einzelkrise auf die helfenden Systeme führt.

Um eskalierte Lebenskrisen von jungen Menschen wirkungsvoll abfangen zu können und ihnen neue Perspektiven und Optionen zu ermöglichen, bedarf es eines Kooperationsmodells zwischen den vielfältigen Einrichtungen, Diensten und Disziplinen, welches parallel und horizontal und nicht hierarchisch oder vertikal angelegt ist.

Gleichzeitig bedarf es aber auch des Mutes jeder einzelnen Fachkraft, Entscheidungen zu treffen bzw. mitzutragen, die mit einem hohen Risiko verbunden sein können. Fachkräfte sind dann in der Lage, auch persönliche Risiken im Interesse von betroffenen Kindern und Jugendlichen zu tragen, wenn eine politische Absicherung bzw. wenn ein politisch ausgedrückter Wille als Rückhalt für die Entscheidung des Einzelnen besteht. Die Hamburger Entscheidung zur Abschaffung der geschlossenen Unterbringung ist eine solche politische Rückendeckung für Fachkräfte, die einerseits Phantasie für kreative Lösungen und andererseits die Kraft und die Risikobereitschaft für deren Umsetzung freisetzt.

3.6 Nachspann – ... und was daraus wurde

Die hier dargestellte Studie muß – wie eingangs des Kapitels deutlich gemacht werden sollte – in engem Zusammenhang mit dem umfassenden Forschungsprojekt des ISA zum Thema „Erziehungshilfen im Grenzbereich von Jugendhilfe und Jugendpsychiatrie" gesehen werden. Beide Forschungsprojekte fügen sich ein in die bundesweite Diskussion um den Stellenwert der Jugendpsychiatrie – und hier im besonderen der stationären Jugendpsychiatrie – im Verhältnis zu den Aktivitäten und Angeboten der Jugendhilfe. Beide Projekte waren eingebunden in die kritische Diskussion zur zukünftigen Gestaltung der Versorgung psychisch kranker Kinder und Jugendlicher, die sich insbesondere an den Ausführungen der „Expertenkommission der Bundesregierung zur Reform der Versorgung im psychiatrischen und psychotherapeutisch/psychosomatischen Bereich" entzündete. (vgl. BMJFFG 1988, Zusammenfassung S. 34–38).

Insbesondere durch die Organisation zweier großer interdisziplinärer Fachkongresse in Münster (Kongreß: „Erziehungshilfen im Grenzbereich von Jugendhilfe und Jugendpsychiatrie" vom 6.3.–8.3.1989; Kongreß: „Integration oder Ausgrenzung durch Jugendhilfe und Jugendpsychiatrie" vom 10.–12.9.1990) gelang es, eine offensive und zukunftsgerichtete Diskussion zwischen VertreterInnen der verschiedenen Disziplinen (JugendpsychiaterInnen, PsychologInnen, PädagogInnen) und Institutionen (Jugendämter, ambulante und stationäre Einrichtungen der Jugendhilfe, ambulante und stationäre Einrichtungen der Kinder- und Jugendpsychiatrie) zu initiieren. Auf der Grundlage der hier vorgestellten Studie zu den Grenzfällen zwischen Jugendhilfe und Jugendpsychiatrie in Hamburg wurde vom Amt für Jugend ebenfalls eine bundesweit ausgeschriebene Fachtagung am 10.12.1991 zur Darstellung der Ergebnisse organisiert und durchgeführt (Titel: „Grenzfälle zwischen Jugendhilfe und Jugendpsychiatrie – welche Grenzen sind gemeint?"). All diese Veranstaltungen trugen zunächst einmal dazu bei, das jeweilige Leistungsprofil und das jeweilige Leistungsvermögen der verschiedenen Institutionen und Professionen herauszuarbeiten, kritisch zu diskutieren und jeweils interdisziplinär aufeinander zu beziehen.

Diese Diskussionen gingen darüber hinaus in erheblichem Umfang ein in das gemeinsame Positionspapier der Jugendministerkonferenz und Gesundheitsministerkonferenz der Länder zum Verhältnis von Jugendhilfe und Jugendpsychiatrie. Dieses im Juni 1991 von der Konferenz der Jugendminister und -senatoren der Länder – und zuvor schon von der Gesundheitsministerkonferenz – einstimmig verabschiedete Papier entstand auf Initiative und unter Federführung des Amtes für Jugend in Hamburg. Es enthält Leitlinien, die die engen Wechselbezüge zwischen den Versorgungsstrukturen beider Disziplinen ebenso thematisieren wie die Notwendigkeit einer verbesserten Kommunikation und Kooperation beider Disziplinen in Einzelfällen.

Nachdem betont wird, daß „im Überschneidungsbereich der Tätigkeitsfelder Jugendhilfe und Jugendpsychiatrie (..) eine präzise, fachlich beidseitig akzeptierte und zugleich praktikable Abgrenzung der Klientel nicht möglich [ist]", werden u.a. folgende Entwicklungsnotwendigkeiten in diesem Positionspapier hervorgehoben:

„Im Sinne der *interdisziplinären Arbeit* sollte im Bereich der Jugendhilfe jugendpsychiatrische Kompetenz besonders in Anspruch genommen werden bei
– der Mitwirkung an Krisengesprächen mit Fachkräften von Einrichtungen der Jugendhilfe;
– der differentialdiagnostischen Abklärung und Behandlung von seelischen und körperlichen Erkrankungen.
(…)
Stationäre Versorgungsangebote der Jugendpsychiatrie sind vorrangig zur Durchführung akuter und mittelfristiger Behandlung ausgestattet. Leistungsfähige Angebote im Jugendhilfebereich verbunden mit qualifizierter Unterstützung durch den ambulanten Sektor sollen längerfristige klinische Aufenthalte weitgehend vermeiden helfen. Eine geschlossene Unterbringung ist nur in Ausnahmefällen, nach Maßgabe der jeweiligen gesetzlichen Bestimmungen gerechtfertigt.

Vorhandene klinische Großinstitutionen sollten zugunsten kleinerer, an der Region orientierter Einrichtungen ab- bzw. umgebaut werden. Dem Ausbau tagesklinischer Plätze sollte hierbei Priorität zukommen.

Jugendpsychiatrische stationäre Angebote sollten unter Berücksichtigung regionaler Erfordernisse möglichst gemeindenah strukturiert sein.

Die Kooperationsbezüge sind während der stationären Aufenthalte von seiten der Kliniken wie der betreuenden Jugendhilfeeinrichtung zu gewährleisten. Gleiches gilt für die Anbahnung erzieherischer Hilfen im Anschluß an stationär-klinische Aufenthalte.
(…)
Mitarbeiter der verschiedenen Professionen benötigen ein übergreifendes Fachwissen, um über eine fachgerecht indizierte Inanspruchnahme der Dienste entscheiden zu können. Gemeinsame Fort- und Weiterbildung kann u.a. bestehen aus:
– fachübergreifenden Curricula (mit institutioneller Anbindung an Fach- oder Hochschulen, Tagungen, Seminaren, berufsbegleitenden Weiterbildungsangeboten (Fachberatung multiprofessioneller Teams in den Institutionen));
– Hospitationsmöglichkeiten in den jeweiligen Institutionen;
– Unterstützung und Förderung der eigenen Kompetenz und der eingesetzten Fachkräfte durch Austausch, Beratung und Supervision.
(…)
Auf kommunaler und regionaler Ebene sollten neben den Jugendhilfeausschüssen und den von der Expertenkommission empfohlenen Psychiatrie-Beiräten
– psychosoziale Arbeitsgemeinschaften,
– Arbeitskreise/Stadtteilkonferenzen,
– Fall- oder Erziehungskonferenzen
eingerichtet, gefördert und unterstützt werden. Psychosoziale Arbeitsgemeinschaften und Arbeitskreise zum Thema „Kinder und Jugendliche" sollten zu Fragen kommunaler Jugendhile, Sozial- und Gesundheitsplanung angehört werden. Mitglieder der vorgenannten Gremien sollten Mitarbeiter aus den psychosozialen Tätigkeitsfeldern für Kinder und Jugendliche sein. Auf der Ebene der Praxis und institutionellen Arbeit sind Gruppensupervision, Fallbesprechungen, Teamgespräche fach- und institutionsübergreifend nötig." (vgl. Jugendhilfe und Kinder- und Jugendpsychiatrie – gemeinsames Positionspapier der Jugendministerkonferenz und Gesundheitsministerkonferenz, abgedruckt in: SCHONE 1991, S. 128-134)

Die Ergebnisse der beiden zitierten ISA-Studien – insbesondere die dokumentierten Erfahrungen und Ergebnisse zur Zusammenarbeit beider Disziplinen in der Stadt Hamburg – finden sich – wie die hier zitierten Ausschnitte zeigen – in hohem Maße in diesem Positionspapier aufgehoben.

4. Stärkung des Eigenpotentials von Ein-Eltern-Familien durch flexible Angebote der Jugend- und Sozialhilfe in Unna[8]

4.1 Vorspann – Zur Entstehung und Einordnung des Projektes

Das Modellprojekt „Stärkung des Eigenpotentials von Ein-Eltern-Familien durch flexible Angebote der Jugend- und Sozialhilfe in Unna" wurde in Trägerschaft des „Vereins bürgernahe soziale Dienste e.V." in der Zeit vom 1.7.1990 bis 30.6.1993 realisiert. Das Institut für soziale Arbeit hatte bereits zuvor in der Zeit vom 1.1.1985 bis 31.12.1987 ein Forschungsprojekt durchgeführt zum Thema „Kinder und Jugendliche aus Ein-Eltern-Familien in Heim- und Familienpflege – eine empirische Untersuchung zum Problem der Überrepräsentanz von Kindern und Jugendlichen aus Ein-Eltern-Familien bei den Hilfen zur Erziehung außerhalb der eigenen Familie"[9]. (vgl. INSTITUT FÜR SOZIALE ARBEIT 1988b, JORDAN/TRAUERNICHT 1989)

Diese Studie war ausgelöst worden durch Hinweise aus Landes- und Bundesstatistiken der Jugendhilfe, die auf eine erhebliche Überrepräsentanz von Kindern und Jugendlichen aus Ein-Eltern-Familien in Heim- und Familienpflege aufmerksam machten. Sie ging deshalb der Frage nach, „... warum gerade Ein-Eltern-Familien in besonderer Weise mit dem Problem der Fremdplazierung konfrontiert sind, welches hierfür die objektiven, personalen und situativen Gründe sind und wie hierauf bezogene präventive und kompensatorische Programme beschaffen sein sollten." (JORDAN/TRAUERNICHT 1989, S. 7)

Zur Bearbeitung dieser praxisorientierten Fragestellung wurden einerseits durch Aktenanalysen, MitarbeiterInnenbefragungen und Gespräche mit betroffenen Familien jugendamtsinterne Enscheidungsprozesse rekonstruiert und auf ihre Begründungen untersucht sowie familiäre Situationen vor, während und nach Fremdunterbringungs-Entscheidungen genauer analysiert (vgl. zu den

---

8 Umfassende bzw. vertiefende Ausführungen zu diesem Projekt sind veröffentlicht in: SCHONE, R. 1993

9 Das Forschungsprojekt wurde gefördert von der Stiftung Deutsche Jugendmarke e.V. und dem Ministerium für Arbeit, Gesundheit und Soziales des Landes Nordrhein-Westfalen.

Ergebnissen auch 4.2). Andererseits wurde parallel dazu nach interessanten Angeboten für Ein-Eltern-Familien gesucht, die präventive bzw. alternative Hilfs- und Unterstützungsangebote für alleinerziehende Eltern und ihre Kinder zu entwickeln versuchten.

In diesem Kontext entstand auch eine engere Zusammenarbeit zwischen dem ISA und der Stadt Unna. In Unna waren schon über Jahre zahlreiche Erfahrungen in der Begleitung und Unterstützung von Ein-Eltern-Familien, insbesondere alleinerziehender Frauen, gemacht worden. Schon seit Beginn der 80er Jahre initiierte und begleitete das Jugendamt der Stadt Unna im Rahmen der Elternberatung Gesprächskreise für alleinerziehende Eltern, die fast ausschließlich von Frauen wahrgenommen wurden.

Etwa 1985 konstituierte sich in Unna ein Arbeitskreis, dem MitarbeiterInnen des Jugendamtes, des Sozialamtes und der Gleichstellungsstelle angehörten. Alle diese MitarbeiterInnen waren in ihrer täglichen Praxis mit den Problemlagen von Familien konfrontiert, die sich in Trennungs- und Scheidungssituationen befanden bzw. die als Ein-Eltern-Familien Schwierigkeiten hatte, ihr Leben zu gestalten, und die deshalb auf Hilfe, Beratung und Unterstützung durch die verschiedensten sozialen Dienste der Stadt zurückgreifen mußten. Dabei war offensichtlich geworden, daß viele soziale Hilfsangebote sich nur auf Teilbereiche der sozialen Lebenslage von Ein-Eltern-Familien bezogen, folglich auch immer nur Teil-Lösungen für bestimmte Fragestellungen anbieten konnten. Der Arbeitskreis hatte zum Ziel, der Komplexität der Problemlagen von Ein-Eltern-Familien ein ebenso komplexes d.h. ganzheitlich ausgerichtetes Angebot sozialer Dienstleistung entgegenzusetzen.

Ziel war es, das Nebeneinander- und Nacheinander-Arbeiten der Dienste und der damit verbundenen – von vielen Eltern als belastend oder angstmachend empfunden – Behördengänge von Amt zu Amt zugunsten einer von vornherein umfassenden Problemanalyse und -bearbeitung zu vermeiden. Dies erschien umso notwendiger, als das Jugendamt aufgrund seiner Mitwirkungspflicht im Familiengerichtsverfahren oder über die gesetzliche Amtspflegschaft bei ledigen Müttern häufig zunächst nur einen gesetzlich begründeten formalen Kontakt zu den Familien erhielt und es über diesen Zugang für die Familien schwierig war, das Jugendamt als soziale Leistungsbehörde in den Blick zu bekommen.

Die Erfahrung der MitarbeiterInnen der Stadt Unna waren damit weitgehend deckungsgleich mit den Ergebnissen der genannten ISA-Studie. Als gegen Ende dieser Studie mit PraktikerInnen über Perspektiven und Konsequenzen für eine neue Praxis diskutiert wurde (Praxistransfer von Forschungsergebnissen), stieß das ISA bei den Fachkräften der Stadt Unna auf eine bereits weit fortgeschrittene Diskussion über die modellhafte Entwicklung neuer Arbeitsansätze mit Ein-Eltern-Familien.

Zwischen der Entstehung der Idee und dem Beginn der Arbeit im Modell-projekt lag eine insgesamt fünfjährige Planungs- und Verhandlungsphase sowie ein langer Diskussionsprozeß mit den politischen Fraktionen, dem Jugendwohl-fahrtsausschuß und VertreterInnen freier Träger der Jugendhilfe. An diesem Prozeß der Modellentwicklung war das ISA von Beginn an beratend beteiligt. Im Oktober 1987 wurde der Antrag des Modellprojektes bei der Stiftung Deutsche Jugendmarke eingereicht. Die Bewilligung der Modellprojektmittel durch die Stiftung Deutsche Jugendmarke erfolgte im Sommer 1989.

Ende 1989 wurde von interessierten und engagierten Fachkräften der Stadt Unna der „Verein Bürgernahe Soziale Dienste in Unna e.V." als Träger des Modellprojektes gegründet. In dem nunmehr zu gleichen Teilen durch die Stiftung Deutsche Jugendmarke und die Stadt Unna geförderten Projekt konnte am 1.7.1990 offiziell die Arbeit aufgenommen werden; die Eröffnung des Hauses selbst erfolgte aufgrund der notwendigen und umfangreichen Renovie-rungsarbeiten am Projekthaus (Alte Harkordschule) erst im November 1990.

Die Namensgebung des Hauses „Königsborner Ein-Eltern-Projekt" (KEEP) erfolgte einige Zeit nach Aufnahme der praktischen Arbeit im Zusammen-wirken mit den NutzerInnen.

Die wissenschaftliche Begleitung für das Projekt wurde gefördert durch die Ministerin für die Gleichstellung von Frau und Mann, Nordrhein-Westfalen, welche von Anfang an die Projektentwicklung interessiert mitverfolgt und z.T. mitgestaltet hatte.

Die wissenschaftliche Begleitung stellte ein *„Kooperationsprojekt"* zwischen Wissenschaft und Praxis dar, weil einerseits die Projektbeteiligten intensiv an der Untersuchungskonzeption und der Entwicklung der Untersuchungsinstru-mente beteiligt waren, und weil andererseits ein erheblicher Anteil der wis-senschaftlichen Begleitung in der Praxisberatung der Mitarbeiterinnen bestand.

Die Interventionsrichtung der wissenschaftlichen Begleitung richtete sich in erster Linie auf die *institutionelle Ebene* (Suche nach Kriterien für die Neuge-staltung der sozialen Dienste) und auf die *Ebene der beruflichen Akteure* (Suche nach neuen Arbeitsformen und -methoden). Auf der Zielebene überwogen die Elemente *Strukturierung* und *Qualifizierung*, indem neue Organisationsformen und Bearbeitungsmuster sowohl auf der Ebene der sozialen Dienste als auch auf der Fachkräfteebene durch das Modell initiiert werden sollten.

Daß das Projekt selbst sehr stark die *Ebene der Betroffenen* und die Zielset-zung der *Motivierung* zum Inhalt hatte, steht für die Einordnung der wissen-schaftlichen Begleitung zunächst nicht im Vordergrund. Die Ziel- und Interven-tionsausrichtung des Projektes selbst ist nicht identisch mit der der wis-senschaftlichen Begleitung. Dies wäre allenfalls durch die Gestaltung der wissenschaftlichen Begleitung als Handlungsforschungsprojekt realisierbar gewesen. Eingestandenermaßen gab es aber im Prozeß der wissenschaftlichen

Begleitung mehrere Phasen, in denen die unterschiedlichen Sichtweisen und Zielsetzungen des Modellprojektes einerseits und der wissenschaftlichen Begleitung andererseits infolge der engen Koooperation zu verschwimmen drohten.

INTER-VENTIONS-EBENEN	ZIELEBENEN			
	Legitimierung	Strukturierung	Qualifizierung	Motivierung
politisch-administrative Ebene				
institutionelle Ebene				
Ebene der professionellen Akteure				
Ebene der Betroffenen				

Übersicht 4.1: Ziel- und Interventionsebenen des Projektes

4.2 Fachlicher und fachpolitischer Kontext des Modellprojektes – ein Problemaufriß

In unserer Gesellschaft hat sich das Spektrum familialer Lebensformen weit ausdifferenziert. Zwar lebt die überwiegende Zahl aller Familien mit Kindern noch in Zusammenhängen, die dem Typus der bürgerlichen (Klein-)Familie entsprechen (Ehepaar mit Kindern), aber im Zuge einer Pluralisierung familialer Lebensformen gewinnen andere Konstellationen immer mehr an Bedeutung:

- unverheiratete Paare, die mit oder ohne Kinder zusammenleben
- kinderlose Ehepaare
- Wohngemeinschaften mit oder ohne Kinder
- alleinerziehende Mütter oder Väter, die nicht auf der Suche nach dem Partner fürs Leben sind

- Alleinstehende (Singles), für die das Alleinleben nicht identisch ist mit Einsamkeit
- und viele andere mehr.

Es ist offensichtlich, daß neben die bürgerliche Kleinfamilie als angestrebte oder realisierte Lebensform eine Reihe von Alternativen getreten sind, die nicht mehr den Anstrich des ‚Unordentlichen' oder ‚Anormalen' haben, die nicht mehr als schlechter gelten, sondern einfach nur anders sind. (vgl. WEHRSPAUN 1990, S. 157)

Die offizielle Statistik zur Zahl der Alleinerziehenden (vgl. Tabelle 4.1) kann vor diesem Hintergrund nicht mehr sein als eine grobe Annäherung an die quantitative Dimension der Lebensform ‚Ein-Eltern-Familie'.

Die amtlichen Statistiken können zwar Trends deutlich machen (allgemeiner Anstieg der Ein-Eltern-Familien, extreme Unterrepräsentanz von Vater-Kind-Familien (14%), Anstieg der Ein-Eltern-Familien aus geschiedenen Ehen), aber sie drücken qualitativ nichts und quantitativ nur einen Teil der Realität aus. Als statistische Momentaufnahme werden die Veränderungen, die sich im Bereich von Familien insgesamt abspielen, nicht deutlich und bleibt die Dynamik der Veränderungen und Umwälzungen innerhalb der einzelnen Familien verborgen.

„So war ein großer Teil der Familien, die in der Statistik als ‚Ehepaar-Familien' geführt werden, früher einmal Ein-Eltern-Familien, sind also jetzt Zweit- oder Stieffamilien, und wenn der Trend weiter anhält, wird schon in den nächsten fünf Jahren etwa ein Fünftel der noch 1990 als Ehepaar-Familien gezählten Haushalte geschieden, also Ein-Eltern-Familien sein, dagegen werden die allermeisten heute Alleinerziehenden 1995 wieder verheiratet sein und damit als Ehepaare gezählt werden. Solche Umschichtungen sind in einer statistischen Bestandsaufnahme nicht erkennbar. Dennoch ist es notwendig, sie sich zu vergegenwärtigen. Zeigen sie doch, daß Alleinerziehende keineswegs eine Randgruppe sind, auch zahlenmäßig nicht. Man geht sogar inzwischen davon aus, daß heute jede vierte Mutter mit einem oder mehreren Kindern unter achtzehn Jahren schon einmal alleinerziehend war oder es derzeit ist. Zumindest vorübergehend alleinerziehend zu sein, wird also immer häufiger Teil der ‚Normalbiographie' von Eltern und Kindern. Ob man das nun begrüßt oder bedauert - es ist Realität." (HÄSING/GUTSCHMIDT 1992, S. 11 f.).

Der Ein-Eltern-Status ist – wie dieses Zitat zeigt – nur zu einem geringen Teil ein langfristiger Lebensentwurf, oft stellt er bloß eine befristete Lebensphase zwischen zwei Ehen/Partnerschaften oder im Vorfeld einer Ehepaarfamilie dar.

Tabelle 4.1: *Ein-Eltern-Familien mit minderjährigen Kindern (in 1000)*
(alte Bundesländer 1989)

Familienstand	Anzahl Familien		Anzahl der Kinder	
	abs.	%	abs.	%
verheiratet/zusammenlebend	5.978	86,4	9.858	88,7
ledig	227	3,3	265	2,4
verheiratet, getrennt lebend	139	2,0	204	1,8
geschieden	430	6,2	595	5,3
verwitwet	142	2,1	196	1,8
Ein-Eltern-Familien gesamt	938	13,6	1.260	11,3
gesamt	6.916	100	11.118	100

Quelle: statistisches Bundesamt 1991, Tab. 3.17, S. 71

Eine Untersuchung, die KRAPPMANN zwischen 1980 und 1985 in Berliner Grundschulklassen durchgeführt hat, verweist auf ganz unterschiedliche familiale Lebensformen, die mit der einfachen Differenzierung von Ein-Eltern-Familien und Ehepaarfamilien nicht sinnvoll erfaßt werden (vgl. KRAPPMANN 1990, S. 131 ff.).

Tabelle 4.2 zeigt am Beispiel dieser Untersuchung die verschiedenen aktuell realisierten Lebensformen, die sich hinter der amtlich erfaßten Familienform in der öffentlichen Statistik verbergen. Es gibt sowohl verheiratete Familien, in denen nur ein leiblicher Elternteil mit dem Kind zusammenlebt (Stiefelternfamilien) als auch eine Reihe von Lebensgemeinschaften formal Alleinerziehender, die durchaus beide leibliche Eltern umfassen können.

Diese Ergebnisse aus Berlin lassen sich – wenn auch auf einem anderen (geringeren) quantitativen Niveau – auch auf andere Bundesländer übertragen. Zwar ist in dieser Typologie wieder nur eine „Momentaufnahme" realisiert, jedoch wird ein Teil der vorhergehenden und aktuellen Dynamik der familialen Veränderungen deutlich.

Der hier nur kurz vorgenommene Blick auf die Verschiedenartigkeit familialer Lebensformen von Ein-Eltern-Familien ist wichtig, weil er die komplexe Dimension familialer Wandlungsprozesse aufzeigt, die bisher nur unzureichend systematisch aufgearbeitet wurden. Dabei stellt die fundierte Kenntnis der verschiedenen Ausprägungen familialer Lebenszusammenhänge eine wesentliche Voraussetzung dar, um einerseits die entsprechenden familien- und sozialpolitischen Konsequenzen zu formulieren und andererseits unterschiedliche Angebote familienunterstützender Maßnahmen so gestalten zu können, daß sie die Bedürfnisse der Familien tatsächlich treffen.

Tabelle 4.2: *Familiale Lebensformen von Ehepaar-Familien und Ein-Eltern-Familien (am Beispiel von 100 Kindern aus 4 Berliner Grundschulklassen)*

formale Familienform (amtliche Statistik)	reale Familienform (aktuelle, realisierte Lebensform)		
Ehepaare mit Kindern 63	49	Mutter Vater	verheiratete Eltern
	11	Mutter Stiefvater	
	3	Vater Stiefmutter	
alleinerziehende Mütter 32	10	Mutter Lebensgefährte	Lebensgemeinschaften
	2	Vater Lebensgefährtin	
alleinerziehende Väter 5	22	nur Mutter	Alleinerziehende
	3	nur Vater	

Quelle: KRAPPMANN 1990, S. 137

Eine Vielzahl von Studien und Veröffentlichungen hat sich nun in den letzten Jahren mit der konkreten Lebenssituation von Ein-Eltern-Familien beschäftigt. (vgl. SWIENTEK 1984, NAPP-PETERS 1985, NEUBAUER 1988, JORDAN/TRAUERNICHT 1989, HEILIGER 1991, HÄSING/GUTSCHMIDT 1992) Bei der Durchsicht dieser Arbeiten ist zu beobachten, daß die Diskussion um die Lebenssituation von Ein-Eltern-Familien zunehmend polarisiert geführt wird.

Auf der einen Seite wird eine deutlich defizitorientierte Sichtweise angelegt – und empirisch begründet –, die die belastende ökonomische, soziale und psychische Lage von Ein-Eltern-Familien herausstreicht (vgl. z.B. NEUBAUER 1988); auf der anderen Seite gibt es Untersuchungen, die sich zum Ziel gesetzt haben, spezifische Details über die positive Qualität des Lebenszusammenhanges von Ein-Eltern-Familien herauszuarbeiten (vgl. z.B. HEILIGER 1991).

NEUBAUER streicht die strukturelle Benachteiligung von Ein-Eltern-Familien im Vergleich zu Ehepaar-Familien heraus und benennt eine Reihe von „Stressoren" für die Lebenssituation der Ein-Eltern-Familien. Dabei kommt sie bezogen auf die Kinder zu dem Ergebnis: „Die Kinder teilen die soziale Lage der sorgeberechtigten Elternteile und haben häufig die materielle Verschlechterung sowie die Veränderung der mitmenschlichen Beziehungen miterlebt. Da ein beträchtlicher Teil dieser Familien auf private oder öffentliche Transferleistungen angewiesen ist, werden die Sozialisationsbedingungen von wirtschaftlichen Engpässen geprägt. Bei anhaltenden Deprivationen können schwerwiegende Entwicklungs- und Verhaltensstörungen auftreten, die z.B. eine Überweisung in die Jugendhilfe notwendig machen." (ebd., S. 114)

HEILIGER hingegen sieht die Ein-Eltern-Familien als positiven Lebensentwurf für Frauen mit Kindern, die sich dadurch auszeichnet, daß die besonderen Belastungen, Bedrohungen und Einengungen durch den Ehemann bzw. Partner entfallen. Der Buchtitel „Alleinerziehen als Befreiung – Mutter-Kind-Familien als positive Sozialisationsform und als gesellschaftliche Chance" (HEILIGER 1991) kennzeichnet diese Sichtweise nachdrücklich.

Als Fazit aus beiden Untersuchungen ergibt sich allerdings, daß die Frage nach der „besseren Lebensform" für Kinder sich nicht abstrakt ergibt, sondern aus der Frage, ob es den mit ihnen lebenden Eltern – alleinerziehend oder zusammenlebend – gelingt, eine subjektiv befriedigende Lebensperspektive zu verfolgen, oder ob es (z.B. in der Ehepaar-Familie) chronisch disharmonisch zugeht und ob einer oder beide Eltern (bez. die Kinder selbst) die eigene Lebensperspektive in der Familie als unbefriedigend, einschränkend, belastend oder gar vernichtend empfindet.

Neben diesen Betrachtungsweisen von Ein-Eltern-Familien wird in den letzten Jahren auch deren Bedeutung im Zusammenhang mit der Jugendhilfe verstärkt thematisiert.

Zwar ist die Jugendhilfe – über ihre Allgemeinen Sozialdienste, über Amtsvormundschaft und Amtspflegeschaft für ledige Mütter, über ihren Pflichteinbezug bei Trennung und Scheidung oder über besondere Beratungsangebote für alleinerziehende Eltern – seit jeher mit Ein-Eltern-Familien befaßt, aber so richtig in den Blick gekommen ist dieses Thema in der Jugendhilfe erst, seitdem die Statistiken der öffentlichen Jugendhilfe darauf hinweisen, daß ca. drei Viertel aller fremduntergebrachten Kinder und Jugendlichen aus Ein-Eltern-Familien kommen.

Insbesondere das Landesjugendamt Westfalen-Lippe weist seit Mitte der 80er Jahre regelmäßig auf die eklatante Überrepräsentanz von Kindern aus Ein-Eltern-Familien in Heimen, Pflegefamilien und ambulanten Erziehungshilfen hin (vgl. LANDSCHAFTSVERBAND WESTFALEN-LIPPE 1985 f.).

Ausgelöst durch solche Hinweise führte das ISA in den Jahren 1985 bis 1987 das erwähnte Forschungsprojekt zum Thema „Kinder und Jugendliche aus Ein-Eltern-Familien in Heim- und Familienpflege" durch. Auf der Basis repräsentativer Aktenanalysen und einer Vielzahl von Interviews mit betroffenen Eltern sowie mit Fachkräften der Jugendhilfe bezüglich der Lebenssituation von Ein-Eltern-Familien, deren Kinder fremduntergebracht werden, kommt diese Studie u.a. zu folgenden Ergebnissen (vgl. JORDAN/TRAUERNICHT

1989, S. 81 f.):

- Die betroffenen Ein-Familien-Eltern sind in gravierender Weise mit sozioökonomischen und daraus resultierenden Folgeproblemen belastet. 59% der alleinerziehenden Frauen lebten von Sozialhilfe; 30% waren verschuldet; bei 27% waren „Defizite im Bereich der materiellen Versorgung" zentraler Grund für die Unterbringung. Bei 30% der Eltern war ein schlechter Gesundheitszustand dokumentiert; zu 34% lag eine Suchtproblematik (mindestens eines Elternteils) vor.
- Als zentrale Gründe für die Erziehung außerhalb der eigenen Familie stehen die Überforderung der Alleinerziehenden mit der Ein-Eltern-Situation und Versorgungsmängel der Kinder im Vordergrund. Durchschnittlich werden bei 55% der betroffenen Ein-Eltern-Familien (bei 84% der verheiratet getrennt lebenden Frauen) familiale Defizite im Erziehungs- und Versorgungsbereich als zentraler Grund für die Erziehung außerhalb der eigenen Familie genannt.
- Der Erstkontakt zum Jugendamt erfolgte bei 40% der Untersuchungsgruppe qua gesetzlichem Auftrag (Stellungnahme zum elterlichen Sorgerecht; Amtspflegschaft; Amtsvormundschaft nach nichtehelicher Geburt). Damit geraten Ein-Eltern-Familien oft sehr früh ins Blickfeld der Jugendhilfe.
- Der erhöhte Problemdruck von Alleinerziehenden wird von der Jugendhilfe nicht durch hinreichende offene und ambulante Hilfen gemindert. Abgesehen von der formlosen erzieherischen Betreuung durch die Allgemeinen Sozialdienste (ASD) gehört die Erziehungsberatungsstelle mit 16% noch zu den am häufigsten genutzten Diensten. Ambulante Hilfen mit hohem Intensitätsgrad (z.B. Tagespflege, Sozialpädagogische Familienhilfe, Erziehungsbeistandschaft) hatten lediglich 11% der Familien erhalten.

Untersuchungen in Hessen und Westfalen-Lippe, die sich auch auf den Bereich der ambulanten Erziehungshilfen (Sozialpädagogische Familienhilfe, Erziehungsbeistandschaft, Tagesheimgruppen, Erziehungskurse) erstrecken, ergeben darüberhinaus, daß auch hier die Kinder aus Ein-Eltern-Familien weit überrepäsentiert sind und in fast allen Hilfeformen der Anteil von Ein-Eltern-Familien z.T. weit über 50% beträgt (vgl. ELGER u.a. 1987, SCHONE 1988).

1989 verabschiedete der Deutsche Verein Empfehlungen zur Berücksichtigung der besonderen Belange alleinerziehender Mütter und Väter im Rahmen der Jugendhilfe. Zunächst wird in diesen Empfehlungen der hohe Stellenwert einer bedarfsangemessenen Gestaltung der Tagesbetreuung als zentrale Grundbedingung für die Vereinbarkeit von Familienpflichten und Erwerbstätigkeit und als unverzichtbarer Schritt zur Gewährleistung der materiellen Sicherung der Ein-Eltern-Familien herausgestellt (vgl. DEUTSCHER VEREIN 1989, S. 367). Zusätzlich sei es erforderlich, daß Jugendhilfe

- präventive Beratungs- und Unterstützungsangebote, insbesondere im Falle von Trennung und Scheidung im Hinblick auf die Wahrnehmung verantwortlicher Elternschaft und nach der Trennung bei der weiteren Ausübung der Personensorge, bereithält und weiterentwickelt;
- dazu beiträgt, Kontakte zu anderen (Sozial-)Leistungsträgern zu knüpfen (z.B. in Fragen der Wohnraumbeschaffung, der (Wieder-)Aufnahme beruflicher Tätigkeit etc.);
- für ein Eltern-Familien, die sich zur eigenständigen Bewältigung des Lebens nicht in der Lage sehen, hinreichende sozialpädagogische Betreuungsangebote bereithält (Erziehungsbeistandschaft, sozialpädagogische Familienhilfe, sozialpädagogisch betreute Wohnformen etc.);
- Angebote der Familienbildung, Familienfreizeit und Familienerholung speziell für den Kreis der Ein-Eltern-Familien ausbaut und qualifiziert;
- Hilfen für die Weiterführung des Haushalts und für die Betreuung der Kinder für den Fall organisiert, daß alleinerziehende Eltern kurzfristig ausfallen (z.B. durch Krankheit) (vgl. DEUTSCHER VEREIN 1989, S. 367 f.).

Das seit dem 1.1.1991 in Kraft befindliche Kinder- und Jugendhilfegesetz greift eine Reihe dieser Forderungen auf. So wird auch die Verbesserung der Hilfen für Familien in besonderen Lebenssituationen (insbesondere für alleinerziehende Elternteile) als eine der Schwerpunkte der Neuordnung des Gesetzes bezeichnet (Begründung zum Gesetzentwurf Bundesrats-Drucksache 503/89, S. 40).

Unter der Überschrift „Förderung der Erziehung in der Familie" sind jene Regelungen zusammengefaßt, die diesem Ziel in besonderer Weise dienen sollen:

- Allgemeine Förderung der Erziehung in der Familie (§ 16 KJHG)
  Hier wird gefordert, daß Angebote der Familienbildung auf die unterschiedlichen Lebenslagen und Erziehungssituationen von Familien eingehen und daß Angebote der Familienfreizeit und -erholung insbesondere für Familien in belastenden Familiensituationen anzubieten sind.
- Beratung in Fragen der Partnerschaft, Trennung und Scheidung (§ 17 KJHG)
  Ein umfassendes Beratungsangebot soll Konflikte und Krisen zwischen Müttern und Vätern überwinden helfen und im Falle der Trennung und Scheidung ein einvernehmliches Konzept der Eltern über die Wahrnehmung der elterlichen Sorge ermöglichen.
- Beratung und Unterstützung bei der Ausübung der Personensorge (§ 18 KJHG)
  Hier wird ein spezifisches Beratungsangebot explizit für alleinerziehende Eltern normiert.
- Gemeinsame Wohnformen für Mütter/Väter und Kinder (§ 19 KJHG)
  Wenn die Persönlichkeitsentwicklung von alleinerziehenden Müttern/Vätern es erforderlich macht, soll ihnen – sofern sie für ein Kind unter sechs Jahren zu sorgen haben – Betreuung und Unterkunft in einer geeigneten Wohnform angeboten werden.
- Betreuung und Versorgung des Kindes in Notsituationen (§ 20 KJHG)
  Fällt ein alleinerziehender Elternteil aus gesundheitlichen Gründen oder anderen zwingenden Gründen aus, soll das Kind unter bestimmten Umständen im elterlichen Haushalt betreut und versorgt werden.

Diese Regelungen, die jetzt im „Praxistest" zeigen müssen, ob sie eine qualitative Verbesserung für Ein-Eltern-Familien bewirken können, dürfen allerdings nicht darüber hinwegtäuschen, daß ein wichtiger Schlüssel zur gesellschaftlichen Teilhabe von Ein-Eltern-Familien die Möglichkeit zur selbständigen materiellen Existenzsicherung ist und daß die Vereinbarkeit von Familienleben und Beruf hierfür eine Grundbedingung darstellt. Der Rechtsanspruch auf einen (Halbtags-)Kindergartenplatz für alle Kinder ab drei Jahren ist hier ein notwendiger, aber bei weitem nicht hinreichender Schritt. Insbesondere für familiengerechte Betreuungsangebote für unter dreijährige und über sechsjährige Kinder besteht – allerdings nur in Westdeutschland – ein erheblicher Nachholbedarf. Wie der Achte Jugendbericht der Bundesregierung feststellt, zeigt ein Vergleich zu den anderen Staaten der Europäischen Gemeinschaft, „daß die Bundesrepublik Deutschland (vor dem Beitritt der neuen Länder, d.V.) zu denjenigen der 12 Mitgliedstaaten gehört, die die wenigsten Betreuungsplätze zur Verfügung stellen." (BMJFFG 1990, S. 96)

4.3 Ziele und Voraussetzungen des Projektes und methodisches Konzept der wissenschaftlichen Begleitung

4.3.1 Konzeptionelle Zielsetzungen

Das Modellprojekt „Stärkung des Eigenpotentials von Ein-Eltern-Familien durch flexible Angebote der Jugend- und Sozialhilfe" wendet sich an alle Ein-Eltern-Familien im Stadtteil

Unna-Königsborn. Besonderes Gewicht liegt dabei allerdings bei jenen Personen, die erfahrungsgemäß über wenig Möglichkeiten verfügen, ihre Ansprüche selbst zu vertreten. Zu ihnen gehören SozialhilfeempfängerInnen, Frauen ohne Berufsausbildung, Arbeitslose etc., die aufgrund mangelnder Betreuungsmöglichkeiten für ihre Kinder an diesem Status nichts ändern können, von Berufstätigkeit, Ausbildung und Umschulung ausgeschlossen sind, jedoch auch Mütter, die aus psychischen Gründen vorübergehend Entlastung und Unterstützung bei der Betreuung ihrer Kinder benötigen. Die Einrichtung versteht sich als offenes Begegnungszentrum, fördert Kontaktaufnahme Betroffener zueinander, vermittelt Informationen aller Art, ermöglicht Mitarbeit im Hause und regt zu gemeinschaftlichen Freizeitaktivitäten an. Unter Einbeziehung vorhandener Jugendamtsdienste wie Elternberatung, Adoptions- und Pflegekinderdienst, Sozialpädagogische Familienhilfe und ASD werden Einzelberatung und Gruppenarbeit im Hause ermöglicht.

In der Projektkonzeption wird die Notwendigkeit dieses Modellprojektes wie folgt begründet: „Die Erziehungshilfen befinden sich im Wandel von stationären Angeboten, wie z.B. der Heimerziehung, hin zu offenen, die Familiensituation einbeziehenden Hilfen. Auch die Grenzen zwischen erzieherischen Hilfen und jugendpflegerischen Angeboten verschwimmen langsam. Die Trennung von ‚Kinderproblemen' und ‚Erwachsenenproblemen' erweist sich zunehmend als wenig zweckvoll.

Die Verwobenheit psychischer, physischer, materieller und normativer Problemlagen ist offensichtlich. Zunehmend wird auf die Auswirkungen von Angeboten verwiesen, welche der Lebenssituation Betroffener in ‚gesplitteter' Form begegnen, sowie auf die Kosten einer solchermaßen praktizierten Sozial- und Jugendhilfepolitik. Handlungsorientierte Forschung und Praxiserfahrungen zeigen, daß insbesondere für Ein-Eltern-Familien ein ganzheitlich konzipiertes Angebot für Eltern und Kinder in Zeiten vor, während und nach einer Trennung und Scheidung geschaffen werden muß" (Konzeption, S. 1).

Der Titel des Projektes kleidet ein sehr kompaktes Programm in wenige Worte, indem dort sowohl der Begriff „Stärkung des Eigenpotentials von Ein-Eltern-Familien" als auch der Begriff „Angebote der Jugend- und Sozialhilfe" vorkommt. Damit werden schon im Projekttitel die zwei zentralen Zielrichtungen des Vorhabens fixiert.

Stärkung des Eigenpotentials von Ein-Eltern-Familien

Dieser Titelbestandteil kennzeichnet das Ziel, den Ein-Eltern-Familien – und das sind zum überwiegenden Teil Frauen mit Kindern – mit dem Projekt einen Rahmen zu bieten, in dem sie ihr Selbsthilfepotential aufbauen und entwickeln können. Das Projekt soll zu einem Ort werden, wo diese Familien, die mit der Lebenssituation der Ein-Eltern-Familie einhergehenden oft massiven

- materiellen (Einkommen, Unterhalt, Wohnung),
- psychischen (erschüttertes Selbstbewußtsein von Eltern und Kindern, Verarbeitung von Kränkungen, z.T. Gewalterfahrungen in der Familie),
- sozialen (Isolation, Arbeit/Arbeitsverlust) und
- rechtlichen (Sorgerecht, Unterhaltsregelungen)

Probleme offensiv thematisieren können und ggf. gemeinsam Schritte zu deren Überwindung entwickeln und umsetzen können. Hier ist das Ziel des Projektes, Ein-Eltern-Familien (Eltern wie Kinder) darin zu unterstützen, die Trennung auch als Chance zu erfahren, ihr Leben selbst in die Hand zu nehmen, das Geschehene zu verarbeiten, Mut und Energien für die Zukunftsplanung zu entwickeln und die dafür erforderlichen Grundlagen zu schaffen.

Flexible Angebote der Jugend- und Sozialhilfe

Mit dieser Zielrichtung definiert das Projekt ein auf die Sozialverwaltung bezogenes Veränderungsprogramm. Häufig haben Ein-Eltern-Familien drei, vier oder noch mehr AnsprechpartnerInnen innerhalb der Sozialverwaltung (ASD, Elternberatung, Sozialamt, Wohnungsamt, Erziehungsberatung, Arbeitsamt etc.). Die o.g. komplexen materiellen, psychischen, sozialen und rechtlichen Probleme werden in einzelne Segmente zerlegt und (bisher) wenig aufeinander abgestimmt bearbeitet. Hier formuliert das Projekt das Ziel der Ganzheitlichkeit, d.h. der verknüpften Bearbeitung der genannten vielfältigen Problemdimensionen.

Der Titel des Projektes „Stärkung des Eigenpotentials von Ein-Eltern-Familien durch flexible Angebote der Jugend- und Sozialhilfe" zeigt an, daß es um eine Neubestimmung der Handlungsstrategien der sozialen Arbeit im Umgang mit alleinerziehenden Eltern und ihren Kindern geht. Es geht darum, die immer noch dominierende Defizitfixierung im Umgang mit den Problemen von Ein-Eltern-Familien durch eine ressourcenorientierte Perspektive abzulösen oder zumindest zu ergänzen. Für die kommunale Sozialarbeit bedeutet dies den Versuch einer Abwendung von einer eher reaktionsbezogenen Arbeitsweise und einer Hinwendung zu einer präventiven Gestaltung der eigenen Angebote für die Zielgruppe der Ein-Eltern-Familien.

Allerdings geht das Projekt nicht davon aus, daß das Eigenpotential der Ein-Eltern-Familien sich quasi von alleine entfaltet. Vielmehr soll das Projekt hierfür die notwendigen Rahmenbedingungen und Unterstützungsleistungen bereitstellen (flexible Angebote). Eine zentrale Fragestellung ist dabei, wie es gelingt, die Gratwanderung zwischen externer Hilfe (mit der Gefahr der Entmündigung) und Selbsthilfe (als Autonomiebeweis der Betroffenen) zu gestalten.

Beide oben kurz skizzierten zentralen Zielsetzungen stehen also in einem Spannungsverhältnis miteinander. Die in ihrem Selbstbewußtsein und ihrem Eigenpotential gestärkten Eltern treten – so das Projekt erfolgreich arbeitet – der Sozialverwaltung nicht mehr als Klienten (*cliens* [lat.] – der Hörige), sondern als Anspruchsberechtigte für sozialstaatliche Leistungen gegenüber. Angesichts dieses Spannungsfeldes ist die Aufgabe des Projektes in seiner Funktion als Drehpunktinstitution zwischen den Diensten und Angeboten der Stadt Unna und den Ein-Eltern-Familien zu sehen. Das Projekt steht mit beiden Seiten in einer intensiven Wechselbeziehung, die es im Sinne der beiden oben beschriebenen zentralen Zielsetzungen nutzen muß.

Das Modellprojekt will der auf viele Instanzen (Jugendamt, Erziehungsberatung, Sozialamt, Arbeitsamt, Kindergarten etc.) verteilten Zuständigkeit für Ein-Eltern-Familien eine zielgruppenbezogene neue Konzeption entgegenstellen, die sich an folgenden Grundorientierungen ausrichtet (vgl. Konzeption, S. 8 ff.):

- Ganzheitlichkeit
- Kleinräumigkeit
- Professionalität
- Selbsthilfe

Damit entspricht das Modellprojekt in seiner konzeptionellen Zielsetzung in hohem Maße den Kriterien einer lebensweltorientierten Jugendhilfe, die im 8. Jugendbericht der Bundesregierung entwickelt wurde und die durch die Strukturmaximen Prävention, Regionalisierung, Alltagsorientierung, Integration und Partizipation gekennzeichnet ist (vgl. BMJFFG 1990, S. 85 ff.). Unter dem Stichwort „Zielrichtung und Arbeitsinhalte" führt die Konzeption aus:

„Das Projekt ist ein auf die reale Situation von Ein-Eltern-Familien zugeschnittenes Angebot, das alle Möglichkeiten der Jugend- und Ämterhilfen für diese Zielgruppe ausschöpft, koordiniert und komprimiert. In ihm arbeiten neue sowie schon vorhandene Dienste im Verbundsystem, das Eltern und Kinder als Familie begreift, sie in ihrer Eigenständigkeit und Entwicklungfähigkeit bestärkt und auf dem Weg zur Unabhängigkeit unterstützt. Insbesondere soll das Projekt Hilfen in der Trennungs- und Scheidungssituation bieten und der Verknüpftheit materieller, psychischer, sozialer und rechtlicher Probleme in dieser Phase in ebenso komplexer Form Rechnung tragen.

Projektebene	Teilziel
Administration Organisation der Sozialverwaltung	Zielgruppenbezogene Bündelung vorhandener sozialer Dienste
Sozialarbeiterisches Handeln	Ganzheitliche Beratung und Unterstützung für Eltern und Kinder
Versorgung und Betreuung von Kindern	Gewährleistung flexibler Betreuungsmöglichkeiten für Kinder
Handeln der Ein-Eltern-Familien	Initiierung und Begleitung von Gruppenarbeit/ Selbsthilfegruppen
Qualifikation/Arbeitsmarkt	Unterstützung in Fragen von Arbeit, Aus- und Weiterbildung

Übersicht 4.2

Den schwer durchschaubaren, herkömmlichen Behördenstrukturen, dem Nebeneinander der unterschiedlichen Beratungsdienste setzt das Projekt die Möglichkeit einer umfassenden Bestandsaufnahme entgegen, die in Zusammenarbeit mit den Betroffenen in eine koordinierte, zielgerichtete Bewältigung der Problemlage einmünden soll" (Konzeption, S. 9).

Obwohl schon mehrere Jahre vor der Verabschiedung des Kinder- und Jugendhilfegesetzes (KJHG) konzipiert, entspricht das Modellprojekt damit in hohem Maße den relevanten Zielsetzungen und Ansprüchen dieses Gesetzes, wie sie insbesondere im Abschnitt „Förderung der Erziehung in der Familie" (§§ 16–21 KJHG) ausformuliert und festgelegt sind.

Die im Projekttitel verankerten zentralen Ziele lassen sich anhand der Ausführungen in der Projektkonzeption in Teilziele zerlegen, die auf verschiedenen Ebenen angesiedelt sind (vgl. Übersicht 4.2).

Zielgruppenbezogene Bündelung vorhandener sozialer Dienste

Dieses Teilziel des Projektes richtet sich auf die Veränderung der Administration bzw. der Organisation der Sozialverwaltung Unna. Das Projekt soll dazu beitragen, die gesplittete Art und Weise der Problembearbeitung von Ein-Eltern-Familien durch die Sozialverwaltung zumindest ansatzweise zu überwinden. Es geht darum, auf der Ebene der Sozialverwaltung eine verknüpfte Bearbeitung materieller, psychischer, sozialer und rechtlicher Probleme zu ermöglichen. Hierzu ist eine enge Zusammenarbeit verschiedener Abteilungen bzw. Ämter (Jugendamt, Sozialamt, Wohnungsamt, Gesundheitsamt) erforderlich. Von Beginn an war es ein erklärtes Ziel des Modellprojektes, zu einer zielgruppenbezogenen Bündelung der verschiedenen sozialen Dienste in der Stadt Unna beizutragen, um von dem Nebeneinander- und Nacheinander-arbeiten der Dienste am selben „Fall" wegzukommen. Eigens für diese Aufgabe wurde von seiten der Stadtverwaltung eine Koordinatorin für das Projekt abgestellt.

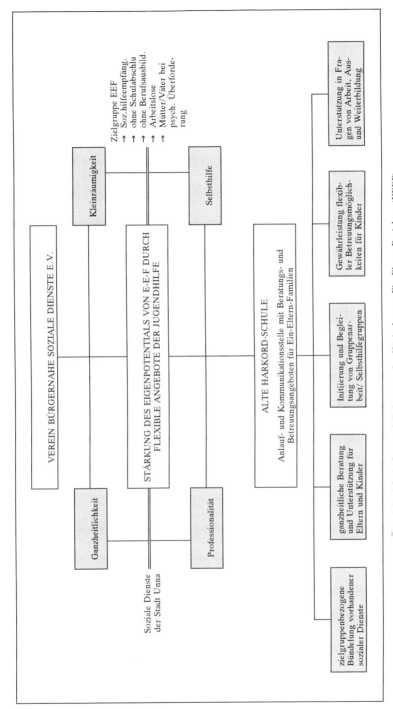

Übersicht 4.3: Aufbau und Zielsetzung des Königsborner Ein-Eltern-Projektes (KEEP)

153

Ganzheitliche Beratung und Unterstützung für Eltern und Kinder

Im Rahmen des Projektes soll jedoch nicht nur auf die bestehenden Dienste der Sozialverwaltung bzw. der freien Träger verwiesen werden. Ein wesentlicher konzeptioneller Bestandteil ist, daß im Projekthaus selbst durch die dortigen Mitarbeiterinnen ein umfangreiches Beratungsangebot vorgehalten wird. Diese Beratung versucht ebenfalls eine verknüpfte Bearbeitung materieller, psychischer, sozialer und rechtlicher Probleme. Insbesondere geht es dabei um die Beratung bei Trennung und Scheidung, um die Sicherung von Existenzgrundlagen (z.B. Schuldnerberatung, Beratung in Fragen von Unterhalt, Sozialhilfe etc.), um die Einzelberatung in Krisensituationen und allgemein um die Beratung in Fragen der Alltags- und Lebensbewältigung. In den Fällen, wo die Beratungskompetenz der Projektmitarbeiterinnen nicht ausreicht, sollen weiterführende Dienste und Angebote einbezogen werden. Dies soll allerdings nicht auf dem Wege einer bloßen Weiterverweisung an andere Stellen geschehen, sondern dieser Einbezug soll möglichst im Rahmen des Projektes selber stattfinden („Beratung aus einer Hand").

Gewährleistung flexibler Betreuungsmöglichkeiten für Kinder

Da es nach wie vor eines der zentralen Anliegen von Ein-Eltern-Familien ist, über flexible, bedarfsgerechte Tagesbetreuungsmöglichkeiten für ihre Kinder verfügen zu können, sollte dies auch ein zentrales Ziel des Modellprojektes sein. Hierzu sollten in einer altersgemischen Familiengruppe bis zu 15 Kinder regelmäßig in der Einrichtung betreut werden. Kindern im Vorschulalter sollte allerdings der Besuch des Regelkindergartens im Stadtteil weiterhin ermöglicht werden, um sie nicht von den üblichen Sozialisationsstrukturen auszuschließen. Über die feste Betreuung der genannten Kinder hinaus, werden weitere Kinder bei Bedarf an bestimmten Tagen bzw. in bestimmten Stunden betreut, um ihren Eltern notwendige Freiräume (für Arzt- und Behördenbesuche, aber auch für die Gestaltung von Freizeit) zu ermöglichen. Die Einrichtung will damit zu einer wesentlichen Entlastung der Familiensituation beitragen.

Initiierung und Begleitung von Gruppenarbeit/Selbsthilfegruppen

Eltern und Kinder umschließende Aktivitäten sollen durch fachliche Hilfe und Anregung besonders gefördert werden, um einerseits zur Kontaktförderung und zur Überwindung von Isolation beizutragen und um andererseits bei allen Beteiligten eine möglichst große Identifikation mit den Geschehnissen im Hause zu bewirken und dem Entstehen einer Versorgungsmentalität vorzubeugen. Außerdem dienen die Gruppenaktivitäten dem Austausch und der Diskussion von Erfahrungen und Informationen (z.B. Gesprächsgruppen) sowie der Reflexion der Situation von Ein-Eltern-Familien im Rahmen themenbezogener Veranstaltungen. Der Selbsthilfeaspekt soll insbesondere durch den Ausbau und den Erhalt gegenseitiger Unterstützungsnetze (z.B. Baby-sitting) gefördert werden. Darüber hinaus soll das Angebot der Nutzung der Räumlichkeiten am Abend oder an den Wochenenden Impulse für eigenständige Aktivitäten und die Umsetzung gemeinsamer Interessen der Ein-Eltern-Familien setzen.

Unterstützung in Fragen der Arbeit, Aus- und Weiterbildung

Zur Überwindung der besonderen Schwierigkeiten von alleinerziehenden Eltern (insbesondere Frauen) im Bereich der Arbeit und Berufstätigkeit will das Projekt den Bedarf an Arbeit, Aus- und Weiterbildung der Betroffenen in Zusammenarbeit mit dem Arbeitsamt formulieren. Das Projekt selber will zur Bündelung der zielgruppenspezifischen Bedürfnisse im Qualifikations- und Arbeitssektor bewirken und eine Verbesserung der zielgruppenspezifischen Information und Beratung bezüglich Weiterbildung, Berufsperspektiven, Schulabschlüsse usw. beitragen. Darüber hinaus eröffnet die flexible Betreuung der Kinder den Eltern oft erstmals die Wahrnehmung von Bildungsmaßnahmen bzw. eine Arbeitsaufnahme.

Die Umsetzung der hier skizzierten Ziele erfolgt im Rahmen einer stadtteilorientierten (Unna-Königsborn) „Anlauf- und Kommunikationsstelle mit Beratungs- und Betreuungsangeboten für Ein-Eltern-Familien". Von den NutzerInnen wurde dieses Haus einige Zeit nach der Eröffnung auf den Namen KEEP (Königsborner Ein-Eltern-Projekt) getauft. Die Übersicht 4.3 verdeutlicht den Aufbau und die Zielsetzungen des KEEP auf einen Blick.

4.3.2 Personelle und organisatorische Rahmenbedingungen

Als der Projektantrag im Sommer 1989 von der Stiftung Deutsche Jugendmarke e.V. bewilligt wurde, wurde nach intensiver Diskussion im Arbeitskreis festgelegt, daß das Projekt im Stadtteil Königsborn realisiert werden soll; zum einen handelt es sich hier um einen Stadtteil mit überdurchschnittlichem Anteil von Ein-Eltern-Familien; zum anderen bot sich in diesem Stadtteil die Nutzung eines alten Schulgebäudes (Alte-Harkort-Schule) an. Das Haus stand aufgrund erforderlicher Umbauarbeiten allerdings erst ca. vier Monate nach dem offiziellen Projektbeginn (1. Juli 1990) zur Verfügung.

Die personelle Ausstattung des Projektes umfaßte zunächst zwei Mitarbeiterinnen (eine Sozialpädagogin, eine Erzieherin), die über das von der Stiftung Deutsche Jugendmarke e.V. und die Stadt Unna geförderte Projekt für die Zeit von drei Jahren (Projektlaufzeit) angestellt waren. Parallel dazu wurden vom Trägerverein zusätzliche Arbeitsbeschaffungsmaßnahmen (ABM) mit dem Auftrag „Entwicklung eines Modells von ortsnahen Hilfsangeboten für Alleinerziehende" beantragt. Über diese Maßnahmen wurden weitere zwei Erzieherinnen sowie eine Hauswirtschaftskraft im Projekt beschäftigt. Das unmittelbare Projektteam im KEEP umfaßte damit fünf Mitarbeiterinnen, die zeitweise durch Praktikantinnen ergänzt wurden. Alle Mitarbeiterinnen wurden nach der Modellzeit übernommen. Eine Personalfluktuation während der Modellzeit gab es nicht.

Von seiten des Jugendamtes wurde für den Zeitraum der Realisierung des Projektes eine weitere Mitarbeiterin für die mit dem Projekt verbundenen Koordinationsaufgaben freigestellt. Diese Mitarbeiterin arbeitete in enger Anbindung an das Team, war jedoch nicht Mitglied des Teams.

Zur Sicherstellung der notwendigen fachlichen Reflexion bezüglich der Alltagsaufgaben im Projekt und zur Umsetzung der Projektziele (vgl. 4.3.1) wurden vom Team, der Koordinatorin und der wissenschaftlichen Begleitung wöchentlich Teamsitzungen durchgeführt. Die aus der Arbeit resultierenden persönlichen Belastungen der Mitarbeiterinnen wurden im Rahmen einer 14tägigen Teamsupervision (ohne Koordinatorin und wissenschaftliche Begleitung) thematisiert und bearbeitet.

Als übergreifendes Diskussionsgremium wurden – organisiert und moderiert von der wissenschaftlichen Begleitung – halbjährliche Fachgespräche zum Modellprojekt durchgeführt, an denen VertreterInnen des Ministeriums für die Gleichstellung von Frau und Mann NRW (MGFM), des Ministeriums für Arbeit, Gesundheit und Soziales des Landes NRW (MAGS), des Teams, des Trägervereins, der Sozialverwaltung Unna sowie die Koordinatorin und die wissenschaftliche Begleitung teilnahmen.

4.3.3 Rolle und methodisches Vorgehen der wissenschaftliche Begleitung

Ein Modellprojekt ist „eine Maßnahme oder Einrichtung, die Erkenntnisse bringen soll im Hinblick auf die Entwicklung, die Verwirklichung, die Überprüfung sowie die Erprobung neuer Methoden und Konzeptionen oder die Überprüfung, die Erprobung sowie die Weiterentwicklung bestehender Methoden und Konzeptionen." (JORDAN 1981, S. 49)

Modelle sind damit „Vorposten" einer neuen Praxis, die zwar in der Regel unter zeitlicher und sachlicher Begrenzung, aber dafür befreit von vielen Zwängen eingefahrener Strukturen, an neuartigen Problemdefinitionen und alternativen Lösungsstrategien arbeiten können und sollen.

„Wenn das Instrument der Modellförderung den jeweiligen Initiatoren dazu dienen soll, Reformen und Innovationen experimentell zu erproben, neue Erfahrungen zu gewinnen, Leistungen der Jugendhilfe effektiver (problembezogener) zu erbringen und dabei zugleich noch Kriterien der Übertragbarkeit (Generalisierung) erfüllen soll, bedarf das ‚Modell' notwendigerweise einer methodisch kontrollierten, d.h. einer wissenschaftlichen Begleitung. Erst die systematische Analyse der Bedingungen und Einflußgrößen der Modellpraxis erlaubt befriedigende Antworten auf die an die Modelle gebundenen Problemstellungen und Anforderungen." (JORDAN 1981, S. 58)

Die Zielsetzung des Ein-Eltern-Projektes bestand in der Optimierung der Beratung und Unterstützung von Ein-Eltern-Familien und in der Stärkung von Selbsthilfepotentialen. Wissenschaftliche Begleitung übernahm dabei die Aufgabe, die Projektbeteiligten auf der Basis methodisch kontrollierter Analysen beratend bei der Umsetzung der oben skizzierten Projektziele zu unterstützen und wechselseitige Beeinflussungen (Sozialverwaltung – Projekt – Ein-Eltern-Familie) transparent zu machen und zu dokumentieren.

Aufgabe und Rolle der wissenschaftlichen Begleitung

Die wissenschaftliche Begleitung des Modellprojektes durch das Institut für soziale Arbeit e.V. setzte – läßt man die Phase der Projektentwicklung und -konzeption (vgl. 4.1) noch außer Betracht – weit vor dem offiziellen Beginn am 1.7.1990 ein. Seit Beginn des Jahres 1990 arbeitete die wissenschaftliche Begleitung regelmäßig in den Projekt- bzw. Vereinsgremien beratend mit. In diesen Gremien wurde auch die Konzeption der wissenschaftlichen Begleitung mit allen Projektbeteiligten ausführlich diskutiert und stieß auf breite Zustimmung.

Da das Projekt sehr komplexe Zielsetzungen mit unterschiedlichen Stoßrichtungen (Stadtverwaltung – Ein-Eltern-Familien) verfolgt, setzte die Verwirklichung des Modells ständige Planung und Rückkoppelung voraus. Als Bezugspunkt für ein solches Modell von Planungs- und Rückkoppelungsprozessen boten sich Konzepte und Methoden einer handlungsorientierten Evaluationsforschung an. Problemauswahl und -definition ergeben sich nach diesem Ansatz nicht vorrangig aus dem Kontext wissenschaftlicher Erkenntnisziele, sondern berufen sich einerseits auf konkrete Bedürfnisse von Ein-Eltern-Familien, andererseits auf das Bestreben des Vereins und der sozialen Dienste der Stadt Unna, adäquate Hilfs- und Unterstützungsangebote für diese Zielgruppe zu entwickeln. Damit verbunden bestand das Forschungsziel weniger in der Überprüfung theoretischer Aussagen als in der gezielten Veränderung gesellschaftlicher Praxis.

Vor diesem Hintergrund bestand Übereinstimmung mit allen Projektbeteiligten, daß die wissenschaftliche Begleitung folgende Schwerpunkte zu setzen hatte:

- Beratung bei der Umsetzung der Modellkonzeption
- Evaluation der Modellpraxis
- Rückmeldung von Informationen und (Teil-)Ergebnissen

● Transfer von Projektergebnissen/-erfahrungen auf andere soziale Dienste/andere Kommunen.

Zur Wahrnehmung dieser Aufgaben nahm der mit der wissenschaftlichen Begleitung beauftragte Mitarbeiter des ISA regelmäßig beratend an den wöchentlichen Teamsitzungen der Mitarbeiterinnen des Modellprojektes teil. Darüber hinaus beteiligte er sich nach Absprache mit dem Auftraggeber an Sitzungen der Vereinsgremien sowie an sonstigen Sitzungen und Veranstaltungen, die für die Begleitung und Evaluation des Projektes von Bedeutung waren.

Diese beratenden Aufgaben nahmen den weitaus größten Teil der einzusetzenden Ressourcen der wissenschaftlichen Begleitung ein. Durch die Beteiligung am kontinuierlichen Diskussionsprozeß im Team und in den Gremien stellte die wissenschaftliche Begleitung eine hohe Nähe zum Projekt und den dort zu lösenden Praxisproblemen her. Damit wurde sie zu einem mitgestaltenden Teil, ohne jedoch selbst in die Praxis einzugreifen oder die Verantwortung für die Durchführung zu übernehmen.

Vertragspartner der wissenschaftlichen Begleitung war die Stadt Unna, die wiederum die finanziellen Mittel für die wissenschaftliche Begleitung vom Ministerium für die Gleichstellung von Mann und Frau zugewiesen bekam. Die in der Vereinbarung des ISA mit der Stadt Unna festgelegten Aufgaben der wissenschaftlichen Begleitung waren allerdings zuvor einvernehmlich mit allen Projektbeteiligten festgelegt worden. Dennoch konnte sich auch die wissenschaftliche Begleitung nicht dem oben skizzierten Spannungsfeld (Stärkung des Eigenpotentials der Ein-Eltern-Familien ↔ Flexibilisierung und Effektivierung der sozialen Dienste) entziehen. So wurde von seiten der projektbeteiligten Fachkräfte darauf bestanden, daß die wissenschaftliche Begleitung ausdrücklich nur *projektbezogene* Vorschläge zur Neuorganisation der sozialen Dienste in Unna entwickelt.

Die Situation, daß Vertragspartner (Stadt Unna) und Inanspruchnehmer (Projekt) der wissenschaftlichen Begleitung nicht identisch waren – z.T. sogar bedingt durch ihre Rollen im Verlauf des Projektes gegenläufige Interessen verfolgten –, stellte für die wissenschaftliche Begleitung hohe Anforderungen an Transparenz gegenüber den Projektbeteiligten, damit die von dieser Seite durchaus gewünschte und gewollte fachliche Kontrolle und das Eingeben fachlicher Impulse nicht den Eindruck vermittelten, es handele sich bei der wissenschaftlichen Begleitung um gezielte Einflußnahme und um Kontrollfunktionen im einseitigen Interesse des Auftraggebers (Stadt).

Auch der Träger des Projektes (Verein für Bürgernahe Soziale Dienste e.V.) bewegte und bewegt sich in einem ähnlich komplexen Spannungsfeld. Viele Vereinsmitglieder/Vorstandsmitglieder sind gleichzeitig als Fachkräfte der sozialen Dienste der Stadt Unna in das Projekt einbezogen. Einerseits treten sie den ProjektmitarbeiterInnen als ArbeitgeberInnen gegenüber, andererseits sind sie selbst ArbeitnehmerInnen der Stadt Unna. Einerseits nehmen sie gegenüber dem Team Aufsichts- und Kontrollfunktionen wahr (z.B. Mittelverwaltung), andererseits sollen sie sich als VertreterInnen der sozialen Dienste nach Maßgabe des Teams in die Projektarbeit einbinden lassen. Einerseits betreiben sie als Verein die projektbezogene Neuorganisation der sozialen Dienste, andererseits wollen sie als MitarbeiterInnen der sozialen Dienste der Stadt das Projekt nicht als einen Hebel zur generellen Neuorganisation der sozialen Dienste ‚mißbraucht' wissen. Auch an die Vereinsmitglieder waren und sind durch diese Situation hohe Anforderungen an Transparenz und Interessenklarheit gestellt.

Methodisches Vorgehen

Methodisch stand die Arbeit der wissenschaftlichen Begleitung gemäß den getroffenen Vereinbarungen und vertraglichen Regelungen auf zwei Standbeinen:

- Beratung und Unterstützung der Projektbeteiligten bei der Umsetzung der Konzeption und bei der Ausgestaltung der inhaltlichen Arbeit;
- Entwicklung und Einsatz geeigneter Erhebungsinstrumente zur Analyse des Verlaufs, der Erfahrungen und Ergebnisse des Projektes im Hinblick auf die Zielsetzung der Konzeption.

Die wissenschaftliche Begleitung war also von vornherein nicht ausschließlich als wissenschaftliche Begleitforschung angelegt, sondern übernahm – sogar zu einem größeren Teil – Aufgaben der Praxisberatung und Praxisreflexion.

Beratung und Unterstützung

Bis zum November 1990, als die praktische Arbeit im Projekthaus aufgenommen wurde, bestand die hauptsächliche Arbeit der wissenschaftlichen Begleitung in der kontinuierlichen Beratung des wöchentlich tagenden Arbeitskreises aus Vereinsmitgliedern bzw. aus Fachkräften des Jugendamtes und des Sozialamtes sowie seit Sommer 1990 den Mitarbeiterinnen des Projektes. In diesem Arbeitskreis wurden viele projektbezogenen Fragestellungen diskutiert. Zentrale Themen während des Jahres waren:

- Vorbereitung, Umbau, Gestaltung des Projektshauses (Alte Harkort-Schule)
- Organisation und Finanzverwaltung für das Projekt
- Fachliche Ausgestaltung und Schwerpunktsetzung des Projektes
- Beteiligung und Einbeziehung der VertreterInnen der sozialen Dienste der Stadt
- Fragen der Koordination der Dienste
- Werbung, Einstellung und Schulung der Mitarbeiterinnen
- Diskussion über Rolle und Arbeitsweise der wissenschaftlichen Begleitung u.a.m.

Mit Beginn des Jahres 1991 verlagerten sich die Schwerpunkte der wissenschaftlichen Begleitung. Nach Aufnahme der praktischen Arbeit im Projekthaus verschob sich das Aufgabenfeld der wissenschaftlichen Begleitung im Bereich der Beratung und Unterstützung von der eher planerisch, konzeptionellen Diskussionsbegleitung hin zur Beratung und Entwicklung in Praxisfragen (Umsetzung der konzeptionellen Ziele in praktisches Handeln). Demzufolge nahm die Teamberatung bis zum Projektende den größten Raum wissenschaftlicher Beratungsarbeit ein.

Hierbei ging es sowohl um die Bearbeitung grundsätzlicher Fragen, beispielsweise:

- Durch welche Maßnahmen und Aktivitäten werden die formulierten Ziele umgesetzt?
- Wie lassen sich Prioritäten finden?
- Wie lassen sich materielle, personelle, strukturelle und finanzielle Ressourcen optimal einsetzen?
- Wie können innovationshemmende Barrieren abgebaut werden?

als auch um direkte Fragen der Alltagspraxis, zum Beipiel:

- Wie läßt sich das „Alltagsgeschäft" am besten organisieren?
- Wie lassen sich „blinde Flecken" vermeiden?

Neben der hier kurz skizzierten direkten Projektberatung nahm die wissenschaftliche Begleitung eine Vielzahl von Einzelterminen wahr und gestaltete einige Ganztagsseminare und Fortbildungsaktivitäten im unmittelbaren Projektzusammenhang.

Erhebungsinstrumente

Eine methodisch kontrollierte Praxisanalyse erfordert die Entwicklung und den Einsatz geeigneter Erhebungsinstrumente. Im Falle des Ein-Eltern-Projektes erfolgte die Entwicklung dieser Instrumentarien in enger Abstimmung mit den Projektbeteiligten (insbesondere mit den Mitarbeiterinnen), da sie unmittelbar in den Prozeß der Datengewinnung und Praxisdokumentation einbezogen werden sollten. Die Erhebungs- und Dokumentationsinstrumente, die die direkte Arbeit im Haus betrafen (Beratung, Kinderbetreuung, Elternaktivitäten), wurden nach Einstellung der Mitarbeiterinnen und vor Beginn der praktischen Arbeit im Haus erstellt, um unter allen Beteiligten frühzeitig Konsens über die Zweckmäßigkeit und Machbarkeit der durch die wissenschaftliche Begleitung geforderten Aufgaben zu erzielen.

Da das Haus u.a. als offene Anlauf- und Kommunikationsstelle mit offenen (d.h. unverbindlichen) Treffs konzipiert war, war es von vornherein klar, daß es nicht möglich sein würde, alle NutzerInnen und ihre Motive zum Aufsuchen des Hauses zu erfassen. Eine Befragung bei einem (möglicherweise einmaligen) Erstbesuch des Hauses wäre für die potentiellen NutzerInnen sicher höchst abschreckend gewesen. Aus diesem Grund wurden detailliertere Erhebungen nur für folgende drei Bereiche vorgenommen:

- Inanspruchnahme der Beratung
- Inanspruchnahme der Kinderbetreuung
- Gruppenaktivitäten/Selbsthilfegruppen.

Für diese Bereiche wurden jeweils Erhebungs- und Dokumentationsinstrumente entwickelt, die von den Teammitgliedern bearbeitet wurden, also jeweils die Sicht der Fachkräfte widerspiegeln.

Darüber hinaus wurden von seiten der wissenschaftlichen Begleitung die NutzerInnen im Projektverlauf selbst befragt und zwar einmal in Form einer Fragebogenbefragung und zum anderen in Form von leitfadenorientierten Interviews.

Abschließend wurden in der Endphase des Projektes mit verschiedenen Fachkräften des Projektes und der Sozialverwaltung Interviews bezüglich ihrer Einschätzungen zum Projektverlauf und zu den Projektergebnissen durchgeführt.

Über die Instrumente hinaus gab es natürlich im Lauf der Zeit eine Reihe von informellen Kontakten, Gesprächen und Diskussionen mit beteiligten Fachkräften und einzelnen Eltern und Kindern, die ebenfalls Einfluß auf die Auswertung der oben skizzierten Instrumente hatten und Eingang in die Darstellung der Ergebnisse finden.

Erhebungsbogen für die Beratung und Unterstützung

Der Erhebungsbogen für die Beratung und Unterstützung sollte Aufschluß darüber geben, welche Familien mit welchen Beratungsanliegen das KEEP aufsuchen und welchen weiteren Verlauf diese Beratung nimmt. Damit bezieht sich dieser Dokumentationsbogen auf die Zieldimension „Ganzheitliche Beratung und Unterstützung für Eltern und Kinder". Folgende Leitfragen lagen dem Fragebogen zugrunde:

- In welchen Lebenssituationen stehen Ein-Eltern-Familien bei Inanspruchnahme der Beratung/ Betreuung?
- Welche Vorerfahrungen mit sozialen Diensten bestehen?
- Welche Unterstützung wird erwartet?
- Wodurch ist die Familie auf das Angebot aufmerksam geworden?
- Welche Untersützung konnte geboten werden?
- Wie werden komplexe Beratungsbedürfnisse befriedigt? Welche Dienste/Personen werden wie hinzugezogen?

Erhebungsbogen für die flexible Kinderbetreuung

Dieser Erhebungsbogen bezog sich auf die Zielebene „Gewährleistung flexibler Betreuungsmöglichkeiten für Kinder". Ausgehend von der Zielsetzung alleinerziehenden Eltern, bedürfnisgerechte Betreuungsmöglichkeiten für ihre Kinder zu schaffen, wurden im Rahmen dieses Dokumentationsinstrumentes folgende Fragestellungen erhoben:

- Welche Kinder werden betreut?
- Welche sonstigen Betreuungszusammenhänge bestehen?
- Welche Ziele werden von und für Eltern und Kinder(n) mit der Betreuung im KEEP verfolgt?
- Welche langfristigen Perspektiven können geschaffen werden?

Erhebungsbogen für Gruppenaktivitäten/Selbsthilfegruppen

Die Erhebung und Dokumentation der Zieldimension „Initiierung und Begleitung von Gruppenarbeit und Selbsthilfegruppen" erfolgte im Rahmen eines wenig standardisierten Erhebungsbogens, um damit der Vielfalt möglicher Aktivitäten in diesem Bereich Rechnung zu tragen. Leitfragen in diesem Bereich waren:

- Welche Gruppenangebote gibt es (Themen, TeilnehmerInnen)?
- Welche Selbsthilfeaktivitäten entwickeln sich/werden initiiert – im Haus – außerhalb des Hauses (Themen, TeilnehmerInnen)?
- Welche informellen gegenseitigen Unterstützungsnetze entstehen?

Fragebogen für Eltern

Zu Beginn des Jahres 1992 wurden jene Eltern, die bis Anfang 1992 die Beratung des Hauses in Anspruch genommen haben, mit einem kurzen Fragebogen angeschrieben und um ihre Einschätzung, Meinung, ihre Anregungen und Kritik bezüglich des KEEP befragt. Besonderer Schwerpunkt dieser Befragung lag auf der Frage nach den Gründen der Inanspruchnahme des KEEP sowie nach der Zufriedenheit mit den Angeboten des Hauses.

Von den 60 verschickten Fragebögen wurden 25 ausgefüllt zurückgesandt (Rücklaufquote: 42%).

Interviews mit NutzerInnen des KEEP

Als intensivste Form der Elternbefragung durch die wissenschaftliche Begleitung wurden mit 12 Müttern und zwei Vätern im Frühjahr 1992 je ein leitfadenstrukturiertes Interview durchgeführt. Zentrale Kategorien des Interviews waren:

- Familiensituation
- Wohnsituation
- Wirtschaftliche Situation
- Betreuungssituation der Kinder
- Besondere Belastungen
- Beziehungen zum KEEP
- Beziehungen zu den sozialen Diensten der Stadt Unna.

Die Auswahl der InterviewpartnerInnen erfolgte ausschließlich aufgrund der von ihnen im Verlauf der Nutzung des Hauses geäußerten Bereitschaft hierzu. Dadurch sind besonderes jene Eltern vertreten, die auch sonst ein höheres Maß an Engagement im und für das Haus zeigen. Die durch die spezifische Auswahl bewirkte Verzerrung der Stichprobe wurde aber bewußt in Kauf genommen, da distanziertere und reserviertere Eltern nicht durch die Aktivitäten der wissenschaftlichen Begleitung unter Druck gesetzt werden sollten.

Die Interviews wurden zum größten Teil im KEEP geführt; vier Interviews fanden in den Wohnungen der Familien statt; sie dauerten zwischen 45 Minuten und anderthalb Stunden.

Fachkräfteinterviews im KEEP und in der Sozialverwaltung

Gegen Ende der Modell-Laufzeit wurden mit verschiedenen VertreterInnen des KEEP und der Sozialverwaltung offene Interviews zu ihren Erfahrungen und ihren Einschätzungen bezüglich des Modellprojektes geführt. Insbesondere ging es darum, zu prüfen, inwieweit die Erwartungen bezüglich der einzelnen Zieldimensionen des Projektes (vgl. Übersicht 4.3) eingelöst werden konnten und wo weiterer Entwicklungsbedarf über die Modellphase hinaus besteht. Interviewt wurden VertreterInnen des Sozialamtes, des Jugendamtes, der Amtsleitung, des Vereins sowie die Mitarbeiterinnen und die Koordinatorin des Projektes.

Zum Teil wurden die GesprächspartnerInnen in ihrer „Doppelrolle" als Fachkräfte der Verwaltung und als Vereins- bzw. Vorstandsmitglied des Trägervereins befragt.

4.4 Zur Umsetzung der Modellziele im Königsborner Ein-Eltern-Projekt

In diesem Abschnitt soll der Versuch unternommen werden, den Verlauf und die Ergebnisse der dreijährigen Modellpraxis anhand der im vorigen Kapitel skizzierten Zielvorstellungen einer summativen Evaluation bzw. einer zusammenfassenden Bewertung zu unterziehen. Zunächst wird noch einmal die Ausgangssituation des Stadtteils kurz skizziert. Dann erfolgt ein Überblick darüber, welche Ein-Eltern-Familien das KEEP seit seiner Arbeitsaufnahme in Anspruch genommen haben. Anschließend erfolgt eine Bewertung der Projektaktivitäten im Hinblick auf die in der Konzeption formulierten Teilziele.

4.4.1 Der Stadtteil Unna-Königsborn

Bei der Bestimmung des Projektstandortes fiel die Wahl auf den Stadtteil Unna-Königsborn, da hier erfahrungsgemäß ein hoher Anteil von Ein-Eltern-Familien lebt und gerade von diesen auch eine hohe Inanspruchnahme der sozialen Dienste der Stadt erfolgt.

Der Stadtteil Königsborn liegt im Norden der Stadt Unna. Das festgelegte Einzugsgebiet für das Projekt ging allerdings über die formalen Stadtteilgrenzen hinaus und umfaßte die vier nördlichen ASD-Bezirke des Jugendamtes mit zusammen ca. 20.000 EinwohnerInnen. Damit erreicht das Projekt ein Drittel der 60.000 EinwohnerInnen umfassenden Stadt Unna. Im Stadtteil selbst befinden sich 7 Kindergärten, 2 Grundschulen, 1 Sonderschule für Lernbehinderte sowie das Schulzentrum Nord (Haupt-, Realschule, Gymnasium).

Tabelle 4.3: *E-E-F und Hilfen zur Erziehung 1989*

	Familien-situation	Zahl d. <18j.	Heimer-ziehung		Pflege-familie		Fremdun-terbringung gesamt		Soz.päd. Fam.Hilfe	
			abs.	‰	abs.	‰	abs.	‰	abs.	‰
Unna ges.	E-E-F	937	17	18,1	54	57,6	71	75,8	46	49,1
	verheiratet zus.lebend	9.690	7	0,7	10	1,0	17	1,8	29	3,0
	Gesamt	10.627	24	2,3	64	6,0	88	8,3	75	7,1
Königs-born	E-E-F	317	9	28,4	21	66,2	30	94,6	29	91,5
	verheiratet zus.lebend	2.866	5	1,7	3	1,0	8	2,8	16	5,6
	Gesamt	3.183	14	4,4	24	7,5	38	11,9	45	14,1

In Unna lebten am 31.12.1989 – also vor Beginn des Projektes – 10.627 Minderjährige, davon 937 (8,8%) bei alleinerziehenden Eltern (0,1% bei verheiratet getrennt lebenden Eltern; 4,8% bei geschiedenen Eltern; 2,4% bei ledigen Eltern; 1,4% bei verwitweten Eltern). Bis zum 31.12.1992 stieg die Zahl der Minderjährigen auf 11.272, davon 1.064 (9,4%) bei alleinerziehenden Eltern (0,1%; 5,6%; 2,2%; 1,5%). In Unna-Königsborn lag der Anteil der Kinder alleinerziehender Eltern um 1,2 Prozentpunkte über dem städtischen Durchschnitt (1989: 10,0%; 1992:11,4%)

In Tabelle 4.3 wird anhand ausgewählter Hilfen zur Erziehung im Jahr 1989 für Kinder und Jugendliche die besondere Bedeutung des Projektes nochmal verdeutlicht. In allen drei in der Tabelle aufgeführten Formen der Hilfe zur Erziehung waren die Kinder aus Ein-Eltern-Familien erheblich überrepräsentiert. Hinzu kam, daß sowohl die Fremdunterbringungsquote in Heim- und Familienpflege als auch die Quote der durch die Sozialpädagogische Familienhilfe betreuten Kinder/Jugendlichen in Königsborn z.T. erheblich über dem städtischen Durchschnitt lagen. Dies bedeutet,

- daß fast jede/r 10. Minderjährige aus einer Ein-Eltern-Familie in Königsborn in einem Heim (2,8%) oder in einer Pflegefamilie (6,6%) untergebracht war.
- daß ebenfalls jede/r 10. Minderjährige von Angeboten der Sozialpädagogischen Familienhilfe erfaßt wurde (9,5%).
- daß für Kinder und Jugendliche aus Königsborner Ein-Eltern-Familien das Risiko

– einer Heimunterbringung 41mal so hoch war und
– einer Pflegestellenunterbringung 66mal so hoch war
wie bei Kindern und Jugendlichen, die in Unna bei ihren verheiratet zusammenlebenden Eltern lebten.

Obwohl die Kinder und Jugendlichen aus Ein-Eltern-Familien 1989 nur 10% aller Minderjährigen in Königsborn ausmachten, banden sie knapp 80% der Ressourcen für Fremdunterbringungen und über 60% der Mittel für sozialpädagogische Familienhilfe, die in diesen Stadtteil flossen.

4.4.2 Die NutzerInnen des KEEP

Das Modellprojekt wendet sich an alle Eltern und Kinder aus Ein-Eltern-Familien in Unna-Königsborn. Für die Bestimmung der Zielgruppe des KEEP ist dabei die juristische oder sozialstatistische Abgrenzung unwichtig. Ob dem alleinerziehenden Elternteil die elterliche Sorge allein oder gemeinsam mit dem anderen Elternteil zusteht, ob sie ihm überhaupt ganz oder teilweise zusteht, ist hier nicht entscheidend. Maßgeblich für die Angebote des KEEP ist vielmehr das Faktum,

- daß ein Elternteil – unabhängig davon, ob er (noch) sorgeberechtigt ist oder nicht – mit einem oder mehreren minderjährigen Kind(ern) in einem gemeinsamen Haushalt zusammenlebt und der andere Elternteil auf bestimmte oder unbestimmte Zeit nicht in diesem Haushalt lebt oder
- daß die (noch) zusammenlebenden Eltern sich trennen wollen oder sich in Trennung befinden, also daß eine neue Ein-Eltern-Familie sich konstituiert.

Diese Zielgruppenbestimmung schließt auch Elternteile ein, die deshalb von ihrem Partner getrennt leben, weil dieser z.B. eine längere Haftstrafe verbüßt oder aus beruflichen Gründen für eine bestimmte Zeit von der Familie getrennt lebt (z.B. Montagearbeiter, Fernfahrer). Sie schließt auch solche Ein-Eltern-Familien ein, die in eine größere Haushaltsgemeinschaft mit anderen Erwachsenen (als dem Kindsvater) eingebunden sind, z.B. mit Verwandten, Partnern oder in Wohngemeinschaften zusammen leben. Und sie umfaßt schließlich auch solche Eltern, die sich in Trennung und Scheidung befinden und die sich auf ihren Status als Ein-Eltern-Familie vorbereiten.

Damit wendet sich das Projekt an alle Eltern, die mit ihrer Verantwortung für die Kinder vom anderen Elternteil alleingelassen werden. Diese Definition reicht stufenlos hinein in viele Ehepaar-Familien, wo die Väter (aus beruflichen oder aus welchen Gründen auch immer) ihre Verantwortung für die Kinder nicht wahrnehmen können oder wollen.

In den drei Modelljahren haben weit über 100 Ein-Eltern-Familien das KEEP aufgesucht. Der weit überwiegende Teil dieser Familien wohnt im Stadtteil Königsborn. Die meisten NutzerInnen kommen beim ersten Besuch des KEEP mit einem bestimmten Anliegen (Beratung, Kinderbetreuung); nur wenige beließen es bisher bei ein- bis zweimaligen Besuchen der offenen Treffs.

Da nicht alle BesucherInnen systematisch erfaßt werden konnten (z.B. wenn sie nur an offenen Angeboten des KEEP teilnahmen), läßt sich die Struktur der NutzerInnen am ehesten anhand derjenigen Ein-Eltern-Familien beschreiben, die im Lauf der Zeit die Beratung des KEEP in Anspruch genommen haben; von September 1990 bis zum 31.3.1993 waren dies genau 97 Familien.

Von diesen 97 Familien kamen 76 aus dem Stadtteil Königsborn, 15 aus anderen Teilen der Stadt Unna und 4 aus Nachbargemeinden. Für 2 Familien lagen keine Angaben vor. Bei 9 der 97 Familien handelte es sich um Vater-Kind(er)-Familien. Von den 97 Eltern waren 19 ledig (5 davon waren schwanger und hatten schon vor der Geburt des Kindes Kontakt zum

KEEP aufgenommen), 38 waren verheiratet und lebten getrennt; 23 Eltern waren geschieden; 4 waren verwitwet; in 5 Familien lebten die Eltern verheiratet zusammen; bei 8 Familien lag keine Angabe über den Familienstand vor. Diese Verteilung gewinnt ihre besondere Bedeutung dadurch, daß die Einwohnermeldestatistik (vgl. Pkt. 4.4.1) ausweist, daß lediglich 1 bis 2% aller alleinerzogenen Kinder bei verheiratet getrennt lebenden Eltern leben, der Anteil dieser Familienkonstellation bei den NutzerInnen des KEEP mit 38 von 97 jedoch einen Anteil von 39% einnimmt.

Diese Differenz ist auf zwei Ursachen zurückzuführen. Zum einen wird hier die Unzulänglichkeit der öffentlichen Einwohnermeldestatistik deutlich, die die Zahl der in Trennung befindlichen, aber noch nicht getrennten Familien nicht ausweist. Zum anderen zeigt sich in diesen Zahlen aber auch, daß es dem KEEP gelingt, überproportional viele Familien bereits zu Beginn des Alleinerziehens im aktuellen Stadium von Trennung und Scheidung zu erreichen.

Damit hat sich das KEEP in der kurzen Zeit seiner Existenz als eine wirkungsvolle, niedrigschwellige Einrichtung für Familien im Übergang zur Ein-Eltern-Familie profilieren können und hat damit große Chancen, daß die angebotenen Beratungs- und Unterstützungsleistungen ihre präventive Wirkung entfalten können.

Das Durchschnittsalter der NutzerInnen des KEEP betrug bei den

- ledigen Eltern 25,1 Jahre,
- verheiratet, getrennt lebenden Eltern 29,4 Jahre,
- geschiedenen Eltern 30,8 Jahre,
- verwitweten Eltern 32,8 Jahre.

In den 97 Ein-Eltern-Familien, die Beratung in Anspruch nahmen, leben insgesamt 143 Kinder. Die Hälfte (n=48) der Familien sind Ein-Kind-Familien; knapp ein Drittel (n=30) sind Familien mit zwei Kindern. 43% der Kinder leben in verheiratet, getrennt lebenden Familien und 25% in geschiedenen Familien.

Zusammenfassend ließ sich als Ergebnis festhalten:

1. Die Zielgruppe des Modellprojektes – Ein-Eltern-Familien aus dem Stadtteil Unna-Königsborn – wurde in hohem Umfang durch das Angebot erreicht. Dabei wird das KEEP allerdings weit überwiegend von Familien mit jüngeren Kindern in Anspruch genommen. Familien mit älteren Kindern (über 12 Jahre) werden dagegen vom Projekt bisher kaum erreicht.
2. Das KEEP hat sich in kurzer Zeit zu einer Anlauf- und Kommunikationsstelle für Ein-Eltern-Familien mit hoher Akzeptanz seitens der Familien entwickelt. Seit Eröffnung des Hauses haben bereits ca. 100 Ein-Eltern-Familien das KEEP aufgesucht. Gründe für die Inanspruchnahme liegen zunächst vorrangig in der Suche nach Betreuungsmöglichkeiten für die Kinder. Der Wunsch nach Kontakten mit anderen Alleinerziehenden, die persönliche Beratung und Unterstützung sowie die Freizeitgestaltung für Eltern und Kinder (Spielkontakte) sind weitere wesentliche Anlässe zur Nutzung des KEEP. Der überwiegende Anteil der NutzerInnen sind verheiratet getrennt lebende Familien, gefolgt von geschiedenen Eltern.
3. Das KEEP wird von der Hälfte der Familien in unmittelbaren Trennungs- und Scheidungssituationen oder kurzfristig danach in Anspruch genommen. Dies ermöglicht präventive Arbeit. In vielen Fällen wird das KEEP im unmittelbaren Zusammenhang mit familialen Umbruchsituationen aufgesucht. Damit hat sich das KEEP in der kurzen Zeit seiner Existenz als eine wirkungsvolle, niedrigschwellige Einrichtung für Familien im Übergang zur Ein-Eltern-Familie profilieren können. Die angebotenen Beratungs- und Unterstützungsleistungen setzen so früh an, daß große Chancen zur Entfaltung präventiver Wirkungen bestehen.

4.4.3 Umsetzung der konzeptionellen Zielsetzungen

Wie unter Punkt 4.3.1 beschrieben, umfaßt die Konzeption des Modellprojektes im wesentlichen fünf Teilziele:

- Zielgruppenbezogene Bündlung der sozialen Dienste der Stadt Unna
- Ganzheitliche Beratung und Unterstützung für Eltern und Kinder
- Gewährleistung flexibler Betreuungsmöglichkeiten für Kinder
- Initiierung und Begleitung von Gruppenarbeit/Selbsthilfegruppen
- Unterstützung von Arbeit, Aus- und Weiterbildung.

Im folgenden soll nicht die umfangreiche Materiallage zur Realisierung dieser Teilziele referiert werden, sondern es sollen pointiert die Ergebnisse und Bewertungen am Ende der dreijährigen Evaluationsstudie vorgestellt werden.

Bündelung der sozialen Dienste

Die Diskussion um das Modellprojekt war von Beginn an begleitet von grundsätzlichen Überlegungen in der Stadt Unna, die sozialen Dienste des Jugendamtes und des Sozialamtes neu zu organisieren. Ausgangspunkt hierfür war das wachsende Unbehagen über die ausschließlich an gesetzlichen Vorgaben (JWG/KJHG, BSHG) geknüpfte, aber wenig problem- und bedürfnisorientierte Organisation der Aufgabenwahrnehmung von Jugend- und Sozialamt.

Während das Jugendamt sich aus der Sicht der Verwaltung zu einem sozialpädagogischen Fachamt mit hoher Kompetenz entwickelt habe, sei es nicht gelungen, das Sozialamt von seiner einseitig auf wirtschaftliche Hilfen fixierten Arbeitsweise zu lösen und es sozialpädagogisch zu profilieren. Sichtbares Zeichen hierfür sei z.B., daß im Sozialamt noch das Organisationsprinzip nach Buchstaben (Namen der Leistungsberechtigten) besteht, während das Jugendamt – speziell der Allgemeine Sozialdienst (ASD) – nach Bezirken organisiert ist. Dies sei u.a. auch ausgesprochen disfunktional für die Kooperation zwischen dem ASD, der beim Jugendamt angesiedelt ist, und dem Sachgebiet wirtschaftliche Hilfen des Sozialamtes.

Nach langen Vorüberlegungen und Vorplanungen sind im Juni 1992 das Jugendamt und das Sozialamt der Stadt Unna zu einem gemeinsamen Jugend- und Sozialamt zusammengelegt worden. Diese Zusammenlegung steht in engem Zusammenhang mit den auch für das Projekt zentralen Überlegungen, die unterschiedlichen Leistungen beider Ämter zu einer stärker ganzheitlichen Problemsicht und -bearbeitung zu bündeln. Der Aufgabenzuschnitt der beiden Bereiche hat sich bis Anfang 1993 jedoch noch nicht einschneidend gegenüber früher geändert. Allerdings schafft die Zusammenlegung einen Ausgangspunkt für weiterführende organisatorische und fachliche Veränderungen in der jeweiligen Aufgabenwahrnehmung der Ressorts „Jugendhilfe" und „Sozialhilfe".

Als konkrete Einstiege für die Neuorganisation dieses gesamten Aufgabenbereiches gelten dabei:

- die Einführung der EDV im Sozialamt, mit der eine grundlegende Veränderung der Arbeitsweise verbunden werden soll,
- das Projekt „Stärkung des Eigenpotentials von Ein-Eltern-Familien durch flexible Angebote der Jugend- und Sozialhilfe", von dem Anregungen für eine stadtteilorientierte, ganzheitlich angelegte soziale Arbeit erwartet werden.

Auf der Ebene der zielgruppenbezogenen Bündelung vorhandener sozialer Dienste zugunsten einer ganzheitlichen Beratung und Unterstützung für Eltern und Kinder aus Ein-Eltern-Familien wurden von seiten der Sozialverwaltung der Stadt Unna bis zum Ende der Modellzeit zwei wesentliche Schritte vollzogen:

- Von seiten des Sozialamtes wurde eine Ansprechpartnerin für alle sozialhilfeberechtigten InanspruchnehmerInnen des KEEP benannt. Diese Zuständigkeit liegt quer zum bisher gültigen „Buchstabenprinzip".
- Von seiten des Jugendamtes – Allgemeiner Sozialdienst (ASD) – wurde ebenfalls ein Mitarbeiter als zuständiger Ansprechpartner für alle InanspruchnehmerInnen des Hauses benannt. Hier liegt die Zuständigkeit quer zu den vier ASD-Bezirken in Königsborn.

Am Ende der Modellzeit ließ sich als Ergebnis festhalten:

1. Das KEEP scheint sich zu einer wirkungsvollen Drehpunktinstitution zwischen Ein-Eltern-Familien und sozialen Diensten der Stadt entwickelt zu haben. Nach Angabe des Teams und belegt durch die Interviews sind die Rückmeldungen der Eltern zu ihren neuen Erfahrungen mit dem Jugend- und Sozialamt äußerst positiv. Diese Ämter erfahren im Zusammenhang ihrer veränderten Arbeit im KEEP eine deutliche Image-Verbesserung.

   Die Praxis zeigt, daß sich angeregt durch das Projekt und gleichsam „um das Projekt herum" neue Handlungsmuster in den verschiedenen sozialen Diensten der Stadt entwickelt lassen. Dies gilt insbesondere im Hinblick auf
   - den frühzeitigen Ansatz in der Beratung (§ 17 KJHG),
   - die schnelle Verfügbarkeit der Dienste,
   - den Vertrauensgewinn bei den betroffenen Familien,
   - die Qualifizierung der beteiligten Dienste,
   - die Vermeidung von Zeit- und Reibungsverlusten im Zusammenwirken von Hilfeleistungen.

   Durch die auf wenige Personen konzentrierten Kommunikationsstrukturen innerhalb der Verwaltung hat sich trotz der skizzierten einschränkenden Rahmenbedingungen die Hilfe im Einzelfall erheblich verbessert und haben sich die Chancen erhöht, daß sich wirkungsvolle Strategien der Unterstützung von Ein-Eltern-Familien entwickeln lassen.

2. Die projektbezogene Umorganisation in Jugendamt und Sozialamt beschränkte sich jeweils auf eine Fachkraft, die einen Teil ihrer Ressourcen für die InanspruchnehmerInnen des KEEP zur Verfügung stellten. Der inhaltliche Aufgabenzuschnitt der Ressorts (Sozialamt für materielle und wirtschaftliche Hilfen; Jugendamt – ASD für Beratung in Trennungs- und Scheidungsangelegenheiten, Sozialberatung und Familiengerichtshilfe) änderte sich hierdurch nicht. Von den Fachkräften beider Seiten wurde betont, daß es inhaltliche Überschneidungen bzw. Überlappungen dieser beiden Aufgaben nicht gegeben habe, so daß eine Bündelung der sozialen Dienste im Sinne eines integrierten Beratungskonzeptes (Beratungsteam) nicht erfolgte und auch nicht notwendig sei. Dies bedeutet, daß die konzeptionell angestrebte ganzheitliche Problembearbeitung materieller, sozialer, psychischer und rechtlicher Probleme weniger im Rahmen eines integrierten Beratungsmodells als vielmehr in Form eines koordinierten bzw. synchronisierten Beratungs- und Unterstützungsverfahrens erfolgte, wobei das KEEP die Aufgabe der Koordination/-Synchronisation übernahm.

3. Auch wenn grundsätzlich innovative Wege der Beratung und Unterstützung (integriertes Beratungsmodell) im Kontext des Modellprojektes innerhalb der Sozialverwaltung nicht realisiert und erprobt wurden, bewirkte das realisierte (koordinierte) Beratungs- und Unterstützungskonzept eine erhebliche Reduzierung von Reibungsverlusten bei der Leistungserbringung gegenüber Ein-Eltern-Familien. Grundlage dieses Effektivitätsgewinns waren das gemeinsame Aufgabenverständnis, die Konzentration auf die gemeinsame Zielgruppe, die hiermit verbundene prozeßbegleitende Qualifizierung der Beratung und Unterstützung sowie last not least das erhöhte fachliche und persönliche Engagement der beteiligten Fachkräfte. Die positiven Rückmeldungen der betroffenen Ein-Eltern-Familien zeigen, welche ‚Reserven' (bei begrenzter Umorganisation) selbst im Rahmen traditioneller Ressortzuschnitte enthalten sind und aktiviert werden können. Die begrenzte

Herauslösung der beteiligten Fachkräfte der Sozialverwaltung aus den jeweiligen Organisationsprinzipien (Buchstabenbezug im Sozialamt/Bezirksbezug im ASD) zugunsten eines zielgruppenbezogenen „Vertiefungsgebietes" ermöglichte dabei für alle Beteiligten eine gezielte und verdichtete Kommunikation und Kooperation.

Ganzheitliche Beratung

Die Konzeption des Modellprojektes sah nicht nur vor, Beratungsbedürfnisse von Ein-Eltern-Familien an die sozialen Dienste der Stadt Unna weiterzuverweisen. Ein wesentlicher konzeptioneller Bestandteil des Modells war es, im KEEP selbst durch die dortigen Mitarbeiterinnen ein umfangreiches Beratungsangebot vorzuhalten.

Von September 1990 bis zum 31.3.1993 haben 97 Personen diese Beratung in Anspruch genommen. Von den 97 Eltern hatten 44 bereits vor der Beratung im KEEP mit dem Jugendamt und 41 mit dem Sozialamt zu tun. Bei weiteren 26 Familien wurde vom KEEP zusätzlich der Kontakt zu MitarbeiterInnen des Jugendamtes (in der Regel zum projektzuständigen Mitarbeiter des ASD) hergestellt und bei weiteren 16 Familien wurde der Kontakt zur zuständigen Mitarbeiterin des Sozialamtes hergestellt bzw. angeregt.

Diese Zahlen verdeutlichen die hohe Dichte der Zusammenarbeit von KEEP und Jugend- und Sozialamt der Stadt. 72% (70 von 97) der NutzerInnen haben vor oder nach dem Aufsuchen des KEEP Kontakt zum ASD und 59% (57 von 97) haben Kontakt zum Sozialamt gehabt. Lediglich 15 Familien (15%) hatten weder vor noch nach Aufsuchen des KEEP Kontakte mit einem dieser beiden Dienste. Hierin manifestiert sich die oben schon zitierte Zielsetzung des Projektes, „alle Möglichkeiten der Jugend- und Ämterhilfe auszuschöpfen, zu koordinieren und zu komprimieren".

Damit tritt gerade im Bereich der Beratung die Rolle des KEEP als Drehpunktinstitution zwischen den Eltern und den sozialen Diensten der Stadtverwaltung (Jugendamt, Sozialamt) selbst sehr deutlich zutage. Einerseits können und sollen die spezifischen Bedürfnisse der Ein-Eltern-Familien an die Fachkräfte der Stadtverwaltung rückgekoppelt werden; andererseits kann im KEEP „Übersetzungsarbeit" geleistet werden, insoweit bestimmte Anforderungen und Strukturen der sozialen Dienste von den Ein-Eltern-Familien nicht verstanden oder nachvollzogen werden können. Dies ist z.B. häufig bezüglich der Rolle des Jugendamtes bei Familiengerichtsverfahren oder bezüglich bestimmter Nachweispflichten bei der Beantragung von Sozialhilfeleistungen der Fall.

Die Wahrnehmung der Drehpunktfunktion zwischen den Fachdiensten der Stadtverwaltung und den Ein-Eltern-Familien findet einerseits einen sehr fruchtbaren Boden durch die projektbezogenen Umorganisationen im Jugend- und Sozialamt, ist andererseits aber auch deshalb besonders wirksam, weil das Projekt aus dem Kontext der Verwaltung entstanden ist und nach wie vor die Fachkräfte der Verwaltung über den Trägerverein eng mit dem Projekt verzahnt sind (zu den Problemen dieser Verzahnung siehe 4.3.3).

Als Ergebnis ließ sich festhalten:

1. Das Beratungsangebot des KEEP trifft auf eine hohe Akzeptanz seitens der Ein-Eltern-Familien. Zentrale Beratungsthemen sind dabei die unzureichenden Möglichkeiten der Kindertagesbetreuung, die Suche nach Kontakt und Austausch sowie der Wunsch nach Unterstützung beim Umgang mit Ämtern. Die Beratung durch das KEEP erfolgt dabei in knapp drei Vierteln der Fälle parallel oder in Abfolge mit der Beratung und Unterstützung durch das Jugendamt und/oder das Sozialamt. Angesichts der Tatsache, daß ein integriertes Beratungskonzept nicht verwirklicht wurde und daß die Ämter (Sozialamt/Jugendamt – ASD) ihr Beratungsprofil in vollem Umfang beibehalten haben, bleibt das Beratungsprofil des KEEP erheblich hinter dem Anspruch der Ganzheitlichkeit zurück und blieb auch während der Modellphase für die anderen Ämter eher unscharf.

2. Das KEEP nimmt eine wichtige Drehpunktfunktion zu den anderen sozialen Diensten der Stadt Unna und den Ein-Eltern-Familien ein. Zum einen wird von hier aus die Beratungstätigkeit der Sozialverwaltung koordiniert und synchronisiert, zum anderen leistet das KEEP „Übersetzungsarbeit" zwischen den Anforderungen und Strukturen der sozialen Dienste und den spezifischen Bedürfnissen von Ein-Eltern-Familien. Dabei ist es eine wesentliche Aufgabe der Beratung im KEEP, die Beratungen durch andere Dienste vorzubereiten (Kontaktherstellung), zu begleiten und nachzubereiten. Hierdurch wird zwar der gewünschte niedrigschwellige und frühzeitige Zugang zu den sozialen Diensten gewährleistet, allerdings ist dies auch mit zwei zentralen Schwierigkeiten verbunden:

- Zum einen bedeutet eine solche Beratungsorganisation eher eine weitere Zersplitterung und Arbeitsteilung in der Beratung und führt eher weg von der angestrebten Ganzheitlichkeit.
- Zum zweiten ergibt sich die Notwendigkeit der Übersetzerrolle erst aus der Tatsache der Verständigungsschwierigkeit zwischen den sozialen Diensten und den InanspruchnehmerInnen.

Hier ist grundsätzlich zu klären, inwieweit ein solches dreifach gestaffeltes Beratungssystem

- vorbereitende Beratung (KEEP),
- Beratung (Jugendamt, Sozialamt u.a.),
- nachbereitende Beratung (KEEP)

nicht eher dazu beiträgt, den Veränderungsdruck auf die Sozialverwaltung zu reduzieren. Anstatt daß dort die Zugangsschwellen gesenkt werden, leistet das Projekt Hilfestellungen zur Überwindung der unverändert hohen Ämterschwellen.

3. Ein weiteres Problem soll abschließend nicht unerwähnt bleiben. Alle bisher geschilderten und diskutierten Aktivitäten nehmen die Ein-Eltern-Familien eher unter der KlientInnenperspektive der Beratung im KEEP bzw. durch die sozialen Dienste wahr. Im KEEP selber wird jedoch parallel dazu intensiv versucht, durch entsprechende Gesprächsangebote und durch Angebote von Gruppenaktivitäten das Eigenpotential der alleinerziehenden Eltern zu stärken. Die bisherige Arbeit macht zwar deutlich, daß es notwendig ist, zunächst die unmittelbaren Probleme der betroffenen Familien anzugehen und zu bearbeiten, bevor das Selbstbewußtsein soweit zunehmen kann, daß sich auch Selbsthilfeaktivitäten der betroffenen Eltern entwickeln. Allerdings sind in diesem Bereich auch für die Zukunft konzeptionelle Diskussionen notwendig, wie sich das Spannungsverhältnis zwischen der KlientInnenrolle einzelner Ein-Eltern-Familien einerseits und der zunehmenden Fähigkeit, Selbsthilfeaktivitäten zu entwickeln andererseits, zukünftig produktiv gestalten und ggf. auflösen läßt.

Flexible Kinderbetreuung

Wie die Auswertung der Beratungsanliegen der Ein-Eltern-Familien zeigt, ist der Wunsch nach einer bedürfnisgerechten Gestaltung der Kindertagesbetreuung eines ihrer zentralen Anliegen. Von daher war dieser Bereich von vornherein sehr stark im Blickfeld des Vereins und des Teams. Da sich zunächst – z.T. schon weit vor Beginn des Projektes – fast ausschließlich Eltern meldeten, die z.B. durch Zeitungsberichte auf die geplante flexible Kinderbetreuung aufmerksam geworden waren und die ihr Kind für einen Platz anmelden wollten, gerieten die anderen konzeptionellen Teilziele zeitweise weit in den Hintergrund.

Schon vor der offiziellen Projekteröffnung hätte man die angestrebte Platzzahl von 15 altersgemischten Plätzen mit langfristigen Tagesbetreuungen belegen können. Dies hätte jedoch bedeutet, daß einerseits von vorneherein die Einrichtung den Anstrich einer – wenn auch speziellen – Kindertagesstätte erhalten hätte und andererseits die Spielräume für flexible Tagesbetreuungslösungen für weitere Eltern nicht mehr bestanden hätten. Für die grundsätzliche Behebung des Mangels an geeigneten Tagesstättenplätzen wiederum wäre das KEEP nur ein Tropfen auf dem heißen Stein gewesen. Nach langen Überlegungen und intensiven Diskussionen wurde daher festgelegt, daß

- zunächst nur solche Kinder aufgenommen werden sollten, wo unmittelbarer Bedarf bestand (Aufnahme einer Arbeit, Abwendung von Arbeitsplatzverlust, psychische Überforderung von Eltern, etc.),
- zumindest in der ersten Zeit des Projektes dem Druck der Eltern widerstanden werden sollte und mindestens 5 Plätze freigehalten werden sollten, um für Not- und Krisensituationen von Eltern flexible Betreuungsmöglichkeiten arrangieren zu können (Erhalt der Flexibilität),
- Vereinbarungen über die Kinderbetreuung immer nur befristet getroffen werden sollten, um die eigene Flexibilität zu erhalten, sich nicht für die gesamte Projektzeit zu blockieren und um nicht zum bloßen Ausfallbürgen für das mangelhafte Regelangebot im Bereich der Kindertagesbetreuung zu werden.

Das Ziel der befristeten Betreuung bestand darin, innerhalb dieser Frist alternative Betreuungsangebote für die Kinder zu realisieren, die den Bedürfnissen der Familienmitglieder gerecht werden. In dieser Festlegung von Befristungen lag u.a. ein wesentlicher Motor für die Gründung der Arbeitsgruppe Tagesbetreuung, die sich um grundsätzliche Lösungen der Betreuungsproblematik im Rahmen der Regeleinrichtungen (Kindergärten, Schulen) kümmert.

Insgesamt wurden im KEEP vom September 1990 bis zum 31.3.1993 45 Kinder regelmäßig betreut (21 Mädchen/24 Jungen). Die Kinder kamen aus 33 Ein-Eltern-Familien. 17 waren Einzelkinder und 28 waren Geschwisterkinder. Aus neun Familien befanden sich jeweils zwei Kinder in der Betreuung des KEEP; aus einer Familie drei Kinder.

Tabelle 4.4 zeigt die Altersverteilung der Kinder sowie die jeweiligen Betreuungsarrangements, die für die Kinder getroffen wurden. Neun Kinder waren unter drei Jahre alt (Krippenalter); 17 Kinder waren im Alter von 3 bis 6 Jahren (Kindergartenalter); 19 Kinder waren über 6 Jahre alt (Hortalter). Über die Hälfte der Kinder (n=24) wurden ganztags betreut; 11 Kinder befanden sich in punktueller Betreuung. Punktuelle Betreuung bedeutet ein Betreuungsarrangement, wo die Kinder jeweils an bestimmten Tagen ganz- oder halbtags ins KEEP kommen. Dies war zum Beispiel dort der Fall, wo Eltern auf Teilzeitbasis nur an bestimmten Tagen in der Woche arbeiten. Allerdings sind in der Tabelle nur die Betreuungsarrangements berücksichtigt, die zu Beginn der Betreuung bestanden. Mehrfach wurden bei Bedarf die punktuellen Betreuungen zu Ganz- oder Halbtagsbetreuungen umgewandelt oder umgekehrt nach Entspannung der Bedarfssituation eine Ganztagsbetreuung auf eine punktuelle Betreuung reduziert.

Tabelle 4.4: *Alter der Kinder und Art der Betreuung bei Beginn der Tagesbetreuung (bis 31.3.1993) (n=45)*

	Betreuungssetting zu Beginn der Betreuung			gesamt
	Ganztags-betreuung	Halbtags-betreuung	punktuelle Betreuung	
<3 Jahre	5	2	2	9
3<6 Jahre	8	7	2	17
6<10 Jahre	8	1	7	16
>10 Jahre	3	–	–	3
gesamt	24	10	11	45

Zu den in Tabelle 4.4 dargestellten Kindern kommen noch über 10 punktuelle Betreuungen, die allerdings nur kurzfristig (max. 14 Tage) zur Überbrückung von Betreuungsengpässen erfolgten. Diese sind bei der Auswertung nicht berücksichtigt.

Von den Kindern, die im KEEP betreut wurden, befanden sich 18 auch noch in anderen Betreuungszusammenhängen (6 im Kindergarten und 12 in der Schule). Da der dort gebotene bzw. gewährleistete Betreuungsumfang jedoch für die spezifischen Bedürfnisse der Eltern nicht ausreichte, mußte er insbesondere durch Über-Mittag-Betreuung und Nachmittagbetreuung vom KEEP aufgefangen werden.

Als Ergebnis ließ sich festhalten:

1. Die (flexible) Kinderbetreuung im KEEP ist das zentrale Anliegen der Ein-Eltern-Familien. Für Eltern bedeutet sie zum einen oft die Möglichkeit von Berufstätigkeit/ Weiterbildung und zum anderen die Entlastung und Unterstützung bei Erziehungsaufgaben. Im Verlauf der Modellzeit konnte das KEEP für 33 Familien mit 45 Kindern durch sein Betreuungsangebot die beruflich, aber auch persönlich notwendigen Freiräume für eine befriedigende Gestaltung der Familiensituation schaffen.

2. Die flexible Kinderbetreuung, die sich insbesondere auszeichnet durch
   - kurzfristige Aufnahmemöglichkeiten in familialen Krisensituationen,
   - Möglichkeiten der regelmäßigen punktuellen Betreuung,
   - Schaffung individueller zeitlicher Betreuungsarrangements,
   - offene Spiel- und Betreuungsangebote für alle (auch nicht in regelmäßiger Betreuung befindlichen) Kinder (z.B. in den Ferien)

   stellt auch für die anderen sozialen Dienste einen Qualitätsgewinn dar, insofern, als stets unbürokratisch und spontan auf spezifische Krisensituationen im Zuge von Trennungs- und Scheidungsprozessen reagiert werden konnte und für die Kinder (und Eltern) Entlastung durch die Betreuung im KEEP organisiert werden konnte. Im Verlauf der Projektzeit schwand diese Flexibilität jedoch zusehends, da die angestrebte Platzzahl von 15 Kindern ausgeschöpft war, und das Ziel, für die betreuten Kinder alternative Betreuungssettings zu finden, häufig – insbesondere bei Kindern unter 3 Jahren und bei Schulkindern – nicht einlösbar war. So konnten in der zweiten Projekthälfte nur 13 Kinder aufgenommen werden (davon 6 ganztags und 2 halbtags). Von den in der ersten Projekthälfte aufgenommenen Kindern waren auch am Ende des Projektes noch 7 Kinder in der Einrichtung.

3. Bei der Betrachtung der Kinderbetreuung ist die Blick einzig auf die regelmäßig betreuten Kinder zu kurz gegriffen. Insgesamt hatten allein die 97 Eltern, die die Beratung des KEEP in Anspruch nahmen, 143 Kinder, die alle mehr oder weniger, während der Beratung, bei wichtigen Terminen der Eltern oder auch nur im Rahmen der offenen Treffs im KEEP mitbetreut wurden. Für die fest betreuten Kinder war diese erhebliche Fluktuation mit besonderen Belastungen verbunden, zumal die Mitarbeiterinnen durch den Anspruch der Flexibilität in ihren Planungsmöglichkeiten eingeschränkt waren, z.B. wenn statt der geplanten 5 Kinder 15 im Hause betreut und beschäftigt werden mußten. Hier ging im Projektverlauf die Flexibilität gegenüber den Anforderungen von Eltern zu Lasten der Verbindlichkeit gegenüber den Kindern.

4. Der Arbeitsansatz des KEEP mit der Verbindung von Elternberatung und Kinderbetreuung erlaubt es im Prinzip, Elternprobleme und Kinderprobleme gleichzeitig und gleichrangig wahrzunehmen. Dadurch, daß das KEEP „aus einer Hand" sowohl Beratung und Unterstützung als auch flexible Kinderbetreuung gewährleistete, waren im gesamten Handlungsansatz stets beide Sichtweisen miteinander verbunden. Die Kinderbetreuung war immer begleitet von intensiven Kontakten, Gesprächen und z.T. Beratungen der Eltern beim Holen und Bringen der Kinder oder außerhalb dieser Zeiten. Auf der anderen Seite war bei Beratungsterminen oder bei Gruppenaktivitäten der Mütter/Väter

stets die Kinderbetreuung gewährleistet. Diese verbundene Sichtweise ermöglicht grundsätzlich eine gemeinsame und gleichrangige Wahrnehmung von Eltern-und Kinderproblemen.

Durch den parallelen Anspruch, auch für die Eltern jederzeit bei Problemen ansprechbar zu sein, überlagerten jedoch in bestimmten Projektphasen die Elternbedürfnisse die Bedürfnisse der Kinder bzw. die Notwendigkeiten qualifizierter Kinderbetreuung. War das Ziel des Hauses, Elternbedürfnisse und Kinderbedürfnisse gleichrangig zu behandeln, gab es nach Einschätzung der Mitarbeiterinnen z.T. gravierende Verschiebungen zugunsten der Eltern, die mit ihren Sorgen und Anliegen die Aufmerksamkeit der Mitarbeiterinnen auf sich konzentrierten. Auch in diesem Fall war die von den Eltern stets lobend anerkannte Flexibilität ihnen gegenüber nicht selten gleichbedeutend mit Unzuverlässigkeit und Unverbindlichkeit den Kindern gegenüber. Dier hier erforderliche Gratwanderung zwischen Flexibilität und Spontaneität einerseits und Stabilität und Verbindlichkeit andererseits und das Nichtgelingen der Balance war häufiger Gegenstand von Beratungssitzungen mit der wissenschaftlichen Begleitung.

Gruppenaktivitäten und Selbsthilfe

Die Initiierung und Begleitung von Gruppenangeboten und Selbsthilfeaktivitäten im Rahmen des Projektes verfolgt verschiedene Ziele:

- gegenseitige Kontaktförderung zur Aufhebung der Isolation einzelner Ein-Eltern-Familien;
- Austausch und Diskussion von Erfahrungen und Informationen (z.B. Gesprächsgruppen);
- Reflexion der Situation von Ein-Eltern-Familien im Rahmen themenbezogener Veranstaltungen;
- Ausbau und Erhalt gegenseitiger Unterstützungsnetze (z.B. Babysitting);
- Planung und Durchführung gemeinsamer Freizeitaktivitäten;
- Erlernen von handwerklichen Fähigkeiten.

Ein wesentlicher Teil dieser Ziele wird schon allein durch die Gestaltung und Nutzung des KEEP als Anlauf- und Kommunikationszentrum erreicht. Täglich ergeben sich für die Eltern Situationen, wo sie andere Eltern treffen und mit diesen intensiv ins Gespräch kommen. Durch die Offenheit des Hauses und die Möglichkeit, beim Bringen oder Abholen der Kinder noch zu verweilen und einen Kaffee zu trinken, ergeben sich immer neue Kontakte bzw. lassen sich bestehende Kontakte aufrechterhalten und pflegen.

Allerdings betrifft der hier skizzierte Vorteil in erster Linie jene Eltern, deren Kinder im KEEP betreut werden. Für sie sind stets äußere Anlässe gegeben, daß KEEP – beim Bringen oder Abholen – aufzusuchen. Ziel des KEEP ist es jedoch für alle Alleinerziehenden im Stadtteil als Anlauf- und Kommunikationsstelle zur Verfügung zu stehen. Dies läßt sich aber über das Angebot der Beratung und der Kinderbetreuung allein nicht realisieren.

Die gruppenbezogenen Angebote für Eltern (und z.T. Kinder) stellen daher neben der Elternberatung und der Kinderbetreuung ein drittes wichtiges Standbein der Projektarbeit dar. Hierbei hat sich ein breites Spektrum unterschiedlicher Formen entwickelt, welches von offenen Treffs (z.B. Sonntagsfrühstück) über Gesprächsgruppen, Spielgruppen bis hin zu thematischen Veranstaltungen und Arbeitsweisen (z.B. AK „Kindertagesbetreuung in Königsborn", AK „Fernsehen und Aggression") reicht.

Als Ergebnis ließ sich festhalten:

1. Das relativ breit entwickelte Angebot an Gruppenaktivitäten im KEEP erfährt eine hohe Akzeptanz und eine gute Beurteilung bei den NutzerInnen. Im Laufe der bisherigen Arbeit hat das KEEP eine Vielzahl von Gruppenaktivitäten entwickelt und angeboten.

Die Resonanz der NutzerInnen hierauf ist ausgesprochen positiv. Die Arbeitsgruppe Tagesbetreuung (Fachkräfte und Eltern) entwickelt dabei ein besonderes Engagement zur Verbesserung der Lebenssituation von Ein-Eltern-Familien im Stadtteil. Als Treffpunkt selbstorganisierter oder auf Selbsthilfe angelegter Gruppen von Alleinerziehenden hat sich das KEEP bisher aber noch nicht profilieren können. Hier besteht weiterhin auch in der Nach-Modellphase ein Entwicklungsbedarf. Für die bisher noch nicht gelungene Einbindung von Eltern älterer Kinder würden sich hier ebenfalls u.U. gute Möglichkeiten eröffnen.

2. Die Kommunikationsstruktur im KEEP fördert das Entstehen informeller Netze und gegenseitiger Unterstützungsformen zwischen den Ein-Eltern-Familien. Die offenen Treffs, die Aktivitäten im Bereich der Gruppenarbeit sowie der starke Einbezug der Eltern in die Alltagsarbeit des Hauses haben unter den NutzerInnen zu einer sehr intensiven Kommunikation geführt. Auf dieser Grundlage hat sich zwischen vielen Eltern ein informelles Stützungsnetz (Kinder vom KEEP abholen, baby sitting, gegenseitige Übernachtungen von Kindern u.a.m.) gebildet, wodurch sich u.a. die Möglichkeiten für einzelne Eltern, (ohne Kinder) an sozialen und kulturellen Veranstaltungen teilzunehmen, erheblich erhöht haben.

3. Das Konzept des Projektes, als zeitlich begrenztes Anlauf- und Kommunikationszentrum für Ein-Eltern-Familien zu wirken, d.h. sie in familialen Krisensituationen zu begleiten, zu beraten und zu unterstützen, ihre Isolation zu durchbrechen und gegenseitige Kontakte zu fördern und sie damit in ihrem Eigenpotential zu stärken und in der Folge mittelfristig die Ablösung vom Haus zu ermöglichen, hat sich nur begrenzt als umsetzbar bewiesen. Insbesondere die „Eltern der ersten Stunde", die wesentlich zum Aufbau des Projektes und zum Gelingen der Arbeit beigetragen haben, haben – je stärker sie sich eingebracht und mit dem KEEP identifiziert haben – um so deutlichere Probleme, diese vom Team gewünschte Ablösung zu vollziehen und Ressourcen und damit Energien für „neue" Eltern frei zu machen.

Arbeit, Fort- und Weiterbildung

„Am wichtigsten ist, daß die auf meine Kinder aufpassen – das ist das Allerwichtigste. Wenn sie nicht im KEEP wären, dann könnte ich nicht arbeiten gehen .." (Interview N, I 680)

Mit diesem kurzen Zitat ist zunächst das zentrale Anliegen der Eltern in bezug auf die Möglichkeit der Berufstätigkeit bzw. der (Weiter-)Qualifizierung formuliert. Wie dargestellt, steht die Kinderbetreuung im KEEP bei über zwei Dritteln aller Familien im engen Zusammenhang mit der Arbeitsaufnahme, mit der Fortsetzung der Berufstätigkeit oder mit der Qualifizierung durch Schule, Studium oder Ausbildung. Das KEEP leistet also schon allein mit der flexibilisierten Tagesbetreuung einen wichtigen Beitrag dafür, daß alleinerziehende Eltern ihre Existenzgrundlage sichern oder die Chancen hierzu erhöhen können.

Der Anspruch des Projektes ging jedoch noch ein erhebliches Stück hierüber hinaus. In der Konzeption ist vorgesehen, daß „der Bedarf an Arbeit, Aus- und Weiterbildung der Betroffenen durch das Projekt in Zusammenarbeit mit dem Arbeitsamt formuliert werden und z.T. in der Einrichtung selbst abgedeckt werden" soll. Dieser Anspruch konnte vom Projekt bisher allenfalls in Ansätzen eingelöst werden. Die Problematik von Arbeit, Aus- und Weiterbildung ist zwar häufig Bestandteil der gemeinsamen Reflexion mit den arbeitslosen Müttern und Vätern über ihre Vorstellungen und Wünsche hinsichtlich Art und Umfang von Berufstätigkeit sowie mit den berufstätigen Eltern über die Probleme der Vereinbarkeit von Familienleben und Beruf, jedoch ist diese Reflexion immer von individuellen, aktuellen Auslösen bestimmt und bisher nicht systematisch und zielgerichtet entwickelt.

Als Ergebnis ließ sich festhalten:

1. Die Gewährleistung bedürfnisgerechter Kinderbetreuung ist das Schlüsselproblem bei der Existenzsicherung durch berufliche Tätigkeit bzw. bei der Teilnahme an berufsqualifizierenden Maßnahmen. Als zentraler Punkt wird von fast allen – auch den noch nicht oder nicht mehr berufstätigen – Eltern benannt, daß sie als Alleinerziehende große Probleme mit der Vereinbarkeit von Familienleben und Berufstätigkeit haben. Die Schlüsselproblematik ist dabei die Gewährleistung einer für Eltern und Kinder bedürfnisgerechten Kindertagesbetreuung. Fragen der Stellensuche, Qualifizierung, Arbeitszeit, Arbeitsbelastung etc. stellen sich erst dann, wenn die Kinderbetreuungsfrage zumindest ansatzweise gelöst ist. Die Vereinbarkeit von Familie und Erwerbstätigkeit als zentrales Ziel der Jugendhilfeplanung (§ 80 KJHG) ist durch bisherige Betreuungskonzepte für Ein-Eltern-Familien oft nicht gegeben. Das KEEP zeigt hier neue Wege.

2. Das Ziel, den Bedarf an Arbeit, Aus- und Weiterbildung von alleinerziehenden Eltern gemeinsam mit dem Arbeitsamt zu formulieren und eigene Angebote zu entwickeln wurde im Projekt allenfalls in Ansätzen eingelöst. Unter den gegebenen Rahmenbedingungen und bisherigen Schwerpunktsetzungen der Arbeit ist es dem KEEP bisher nicht gelungen, das o.g. Ziel einzulösen. Hier muß jedoch konstatiert werden, daß dieses Ziel im Rahmen des realisierten Projektes auch eindeutig als zu hoch angesetzt zu bewerten ist. Zum einen war es bei sehr vielen Eltern – die nicht, noch nicht oder nicht mehr in beruflichen Zusammenhängen standen – vorrangig, die persönliche Situation in den Griff zu bekommen und zur Ruhe zu kommen. Für viele Eltern in akuten Trennungssituationen wäre eine unmittelbare Orientierung auf Ausbildung und Arbeit eine zu große Belastung und Überforderung gewesen. Zum anderen gab es in Form der Kommunalstelle zur Förderung der Frauenerwerbstätigkeit in Unna eine kompetente Partnerin für alle sich in diesem Zusammenhang stellenden Fragen und Probleme der Nutzerinnen des KEEP.

4.5 Entwicklungen und Perspektiven des Transfers

Im vorigen Abschnitt wurden die Aktivitäten, Erfahrungen und Ergebnisse, aber auch die nicht eingelösten Erwartungen aus dem Modellprojekt dargestellt. Insgesamt ließ sich festhalten, daß es dem Projekt trotz aller „Außenstände" weitestgehend gelungen ist, den im Titel verankerten Anspruch „Stärkung des Eigenpotentials von Ein-Eltern-Familien durch flexible Angebote der Jugend- und Sozialhilfe" im Rahmen der Modellzeit praktisch umzusetzen.

Das Königsborner Ein-Eltern-Projekt stellt, wie die Auswertung der Erfahrung zeigt, eine gute Antwort auf die spezifischen Lebensbedingungen und auf die vielfältigen Bedürfnisse und Lebenswünsche von Ein-Eltern-Familien dar. Das breite Angebotsspektrum in der Einrichtung selbst (Beratung, Kinderbetreuung, Gruppenangebote) wird ergänzt durch eine Reihe von Kooperationsbeziehungen zu Einrichtungen und Diensten in der Stadt und im Stadtteil sowie durch vielfältige informelle Netze der NutzerInnen untereinander.

Im Projekt hat sich ein umfassendes Handlungskonzept entwickelt, welches neben der eher von den Fachkräften getragenen Beratung und Kinderbetreuung viele Eigenaktivitäten der Eltern und Kinder sowie Elemente der Selbsthilfe umfaßt. Damit geht das KEEP weit über ein bloßes Beratungs- und Betreuungsprojekt hinaus und fördert das Heraustreten der Eltern und Kinder aus der KlientInnenrolle hin zu selbstbewußten, in ihren Eigenpotentialen gestärkten GestalterInnen ihrer gewählten oder erzwungenen Lebensform als Ein-Eltern-Familie.

Dabei hat sich im Kontext des Projektes ein Fundus an Erfahrungen sowohl für das KEEP selbst (im engeren Sinne) als auch für die Sozialverwaltung der Stadt (im weiteren Sinne) herausgebildet. Da Modellprojekte – wie in 4.3.3 ausgeführt – als „Vorposten" oder als „Prototypen" für eine bessere Praxis angesehen werden können, die nur einen begrenzten „Wert an sich" haben können, gilt es nun sicherzustellen, daß dieser Fundus nicht verlorengeht, sondern im Rahmen von Transferüberlegungen weiter diskutiert und für die Regelpraxis nutzbar gemacht wird. Der Erfolg des Projektes kann sich dabei nicht nur daran messen, wie geradlinig die Modellkonzeption umgesetzt wird, sondern bemißt sich zum großen Teil auch daran, welche Impulse es für die Regelpraxis gibt, oder – um im Bild zu bleiben – ob der Prototyp bzw. wichtige Elemente des Prototyps serientauglich sind.

4.5.1 Zur Fortführung des KEEP nach der Modellphase

Das KEEP hat sich – anders als viele andere Modellprojekte – schon sehr früh mit der Frage auseinandergesetzt, wie die unter Modellbedingungen gesammelten Erkenntnisse und Erfahrungen über die Modellphase hinaus in der Einrichtung umgesetzt werden können.

Nach intensiven Diskussionen im Projekt und Verhandlungen zwischen dem Trägerverein, dem Jugendamt und weiteren beteiligten Instanzen (z.B. Landesjugendamt) wurde für das KEEP eine Konzeption entwickelt (und seit dem 1.7.1993 umgesetzt), die zum einen erlaubt, das KEEP als Regeleinrichtung in Form einer Ganztagseinrichtung nach dem Gesetz über Tageseinrichtungen für Kinder (GTK) – wenn auch unter erheblich veränderten Bedingungen – weiterzuführen und zum anderen wesentliche Elemente des Modells zu erhalten bzw. fortzuführen. Hierzu werden im KEEP zwei altersgemischte Gruppen mit zusammen 35 Plätzen (bisher 15 Plätze) geschaffen: Eine Gruppe für die Altersstufe 4 Monate bis 6 Jahre mit 15 Plätzen und eine Gruppe für die Altersstufe 3 bis 14 Jahre mit max. 20 Plätzen.

Diese zukünftige Betreuungskonstellation bedeutet eine Platzaufstockung bezüglich der regelmäßig zu betreuenden Kinder um das zweieinhalbfache im Vergleich zur Modellphase.

Für die Gruppen gelten folgende Zielvorstellungen:

- Aufgenommen werden Kinder aus Ein-Eltern-Familien aus dem Stadtteil Unna-Königsborn. Ist hierdurch eine ausreichende Belegung nicht zu gewährleisten, soll die Einrichtung auch für Ein-Eltern-Familien aus anderen Stadtteilen geöffnet werden.
- Es wird versucht, in der Einrichtung flexible Plätze für Kinder aus Ein-Eltern-Familien in Not- und Krisensituationen (z.B. in Phasen akuter Trennung und Scheidung) bereitzustellen, d.h. freizuhalten. Hiermit soll ein Tagesbetreuungsbedarf aufgefangen werden, der im Grenzbereich der Hilfen zur Erziehung liegt. Die Mitarbeiterinnen können hierbei an Erfahrungen im Rahmen des Modellprojektes anknüpfen. Die Belegung dieser Plätze soll im Rahmen befristeter Betreuungsverträge erfolgen. Eine Regelung zur Fragestellung der Einrichtung von flexiblen Not- und Krisenplätzen ist allerdings noch nicht gefunden.
- Die flexible offene Betreuung (punktuell an bestimmten Tagen oder zu bestimmten Stunden) und die Kinderbetreuung, die parallel zu Beratungen und Elternaktivitäten notwendig wird, wird nicht mehr im Rahmen der Gruppen stattfinden, sondern wird im Hause anderweitig abgedeckt.

Neben dem hier dargestellten Aspekt der Kinderbetreuung im KEEP gilt es, als zweites wesentliches Standbein den Charakter des Hauses als für alle Ein-Eltern-Familien des Stadtteils offene Anlauf- und Kommunikationsstelle zu erhalten und ggf. sogar auszubauen. Da dieser Aufgabenbereich durch die GTK-Finanzierung in keiner Weise mitgetragen wird, wird von seiten der Stadt Unna das Projekt personell um die Stelle einer Sozialarbeiterin und einer Jahrespraktikantin verstärkt, die für den Bereich der Beratung, Familienarbeit und Elterngruppenarbeit zuständig sind.

Die Beratung durch die Fachkräfte des Jugendamtes wird sich in erster Linie auf die Eltern beziehen, die das KEEP weiterhin als Anlauf- und Kommunikationsstelle für sich nutzen möchten, *ohne* Kinder in der Betreuung des Hauses zu haben. Entsprechend der Konzeption und den Modellerfahrungen des KEEP soll für Eltern das Angebot des Jugendamtes im Haus erfolgen als

- umfassende Beratung für Eltern und Kinder,
- themenbezogene Gesprächskreise,
- Sonntagsfrühstück, Tea-Time,
- Kooeration im Angebotsverbund der Dienste der Stadt Unna,
- punktuelle Betreuungen von Kindern zu bestimmten Stunden oder während der Elternberatung bzw. bei Gruppenaktivitäten der Eltern.

Offen ist dabei noch die Frage, in welchem Umfang die Eltern zukünftig das Haus in Eigenregie nutzen können, also wieweit sich die Nutzung als GTK-Einrichtung vereinbaren läßt mit der Funktion einer offenen Anlauf- und Kommunikationsstelle für Ein-Eltern-Familien des Stadtteils.

Genau an dieser Stelle setzt jedoch auch die Aufgabe ein, die Erfahrungen des Projektes in eine Regelpraxis zu übersetzen. Das KEEP wird hier eine Vorreiterrolle einzunehmen haben, mit dem Ziel, exemplarisch zu zeigen, daß es unter den Bedingungen einer GTK-Finanzierung möglich ist, weitestgehende Offenheit der Einrichtung auch für Eltern herzustellen.

Auf der Grundlage der hier skizzierten Vereinbarungen zwischen dem Verein und der Stadt Unna konkretisiert sich perspektivisch eine Tageseinrichtung für Kinder und ihre Eltern, die stichwortartig durch folgende konzeptionelle Eckpfeiler/Zielsetzungen charakterisiert ist:

- Fortsetzung eines umfassenden Handlungskonzeptes (Beratung, Betreuung, Selbsthilfe),
- bedürfnisgerechte, flexible Öffnungszeiten,
- flexibler Betreuungsdienst in Krisensituationen,
- altersgemischte Gruppen,
- Mitsprache- und Mitgestaltungsmöglichkeiten für Eltern,
- Initiierung und Förderung von Netzen unter den Ein-Eltern-Familien,
- Vernetzung mit anderen Tageseinrichtungen im Stadtteil sowie Vernetzung und intensive Kooperation mit der Tagespflege (Entwicklung eines integrierten Tagesbetreuungskonzeptes unterschiedlichster Angebote),
- Beratung und Qualifizierung der Eltern.

Dies wird trotz aller Erfahrungen nicht ohne Schwierigkeiten lösbar sein. Zentraler Prüfstein wird dabei sein, ob und wie gut es allen Beteiligten gelingt, die mit den veränderten Strukturen der Regeleinrichtung KEEP verbundenen neuen Rollenerwartungen einzulösen. So werden z.B. die Erzieherinnen durch die Anzahl der Kinder und durch die zu schaffenden Gruppenstrukturen wesentlich stärker durch die Anforderungen der Gestaltung des Kinderalltags in der Einrichtung gebunden sein und wesentlich weniger Zeit zur Verfügung haben, flexibel und jederzeit auf Gesprächswünsche von Eltern einzugehen. So werden sich auch die Eltern damit auseinandersetzen müssen, daß sie in der jederzeitigen Nutzung des Hauses und in der jederzeitigen Ansprechmöglichkeit einzelner Teammitglieder eingeschänkt sind. Gleichzeitig gilt es jedoch, das Interesse und die Mitwirkungsbereitschaft der Eltern am Alltag im KEEP aufrechtzuerhalten und weiter zu fördern.

Hier werden sich in Zukunft neue Arbeitsformen und Kommunikationsstrukturen entwickeln (müssen) als unter den Modellbedingungen praktiziert und gelebt werden konnten. Die Erfahrung aller Beteiligten, was – unter Modellbedingungen – möglich war, ist hierfür jedoch eine hervorragende Ausgangsposition.

4.5.2 Perspektiven für die weitere (Um-)Gestaltung der sozialen Dienste der Stadt Unna

Der Auftrag der wissenschaftlichen Begleitung beschränkte sich ausdrücklich auf die Fragestellung der **projektbezogenen** Neuorganisation der sozialen Dienste der Stadt Unna. Es kann und soll daher im Rahmen dieses Resümees nicht darum gehen, aus der begrenzten Erfahrung des Projektes weitreichende Schlüsse für die Neuorganisation der sozialen Dienste zu ziehen. Allerdings lassen sich aus dem Modell positive Erfahrungen benennen, die in die aktuell geführte Diskussion um die Neugestaltung der sozialen Dienste zur zielgerechten Leistungserbringung eingespeist werden sollten.

Zunächst ist es ein wesentliches Ergebnis, daß die Rolle des KEEP als Drehpunktorganisation bzw. in ihrer „Übersetzerrolle" zwischen den sozialen Diensten (insbesondere Jugendamt und Sozialamt) und den Ein-Eltern-Familien anerkannt wird. Die Arbeitsweise des KEEP habe eine zieladäquate Leistungserbringung der sozialen Dienste erheblich erleichtert und z.T. erst ermöglicht und damit die Aufgabenerfüllung der Sozialverwaltung deutlich qualifiziert.

Als direkte Folge dieser Einschätzung wurde von seiten der Stadt innerhalb des KEEP für die Nach-Modell-Zeit eine Sozialpädagogin (Umwidmung der ehemaligen Koordinationsstelle), ergänzt um eine Anerkennungspraktikantin, zur Verfügung gestellt, um diesen niedrigschwelligen Beratungs- und Vermittlungsansatz weiterführen zu können (vgl. 4.5.1). Die GTK-Finanzierung hätte hierfür keine Spielräume gelassen. Das Jugend- und Sozialamt geht davon aus, daß sich ähnliche Arbeits- und Kooperationsformen auch mit anderen Einrichtungen der Tagesbetreuung (insbesondere Tagesstätten) realisieren lassen. Es gehe zunächst darum, die neue Organisationsform im KEEP unter den Bedingungen einer Regeleinrichtung zu etablieren, dann würden weitere Einrichtungen in anderen Stadtteilen für ähnliche Kooperationsformen gewonnen werden.

Ein weiteres, die Sozialverwaltung betreffendes Ergebnis aus dem Modell ist, daß die realisierte Bündelung der sozialen Dienste für die Zielgruppe der Ein-Eltern-Familien als ausgesprochen fruchtbar von den Fachkräften und den Eltern erlebt wurde. Dabei blieb die Intensität und Qualität dieser Bündelung noch weit hinter den Erwartungen zu Projektbeginn zurück. Statt eines integrierten Beratungsmodells aller Dienste wurde lediglich ein koordiniertes/synchronisiertes Beratungsmodell der Dienste unter Beibehaltung ihrer Zuständigkeiten und Abgrenzungen realisiert.

Das positive Ergebnis und die positive Gesamteinschätzung der Beteiligten/Betroffenen zeigt aber, daß auch im Rahmen des traditionellen **Aufgabenzuschnitts** erhebliche „Reserven" enthalten und aktivierbar sind, wenn es gelingt, zu einer anderen Form der **Aufgabenorganisation und Aufgabenwahrnehmung** zu kommen. Auch unterhalb der Ebene der integrierten Beratung aller Fachdienste im Einzelfall lassen sich durch das gemeinsame Aufgabenverständnis und das gemeinsame Wissen um die spezifischen Lebensbedingungen und Problemlagen der Zielgruppe Ein-Eltern-Familien erhebliche Qualitätsgewinne der Beratung und Leistungserbringung erzielen, wenn es zu einer verdichteten, zielgruppenbezogenen Kommunikation und Kooperation kommt. Die bislang begrenzte Herauslösung der beteiligten Fachkräfte der Sozialverwaltung aus den jeweiligen Organisationsprinzipien (Buchstabenbezug im Sozialamt/Bezirksbezug im ASD) zugunsten eines zielgruppenbezogenen „Vertiefungsgebietes" zeigt hier mögliche und wirkungsvolle Wege auf.

Perspektivisch bedeutet dies, daß sowohl das Buchstabenprinzip des Sozialamtes als auch das kleinräumige Bezirksprinzip des ASD mit ihrer jeweiligen Allzuständigkeit für die jeweils bestehenden Problemlagen und Hilfebedürfnisse im jeweiligen Buchstaben- bzw. Bezirksabschnitt zumindest um eine vertiefende Zielgruppenzuständigkeit ergänzt werden müßte. Ein durch die Erfahrungen des Projektes gedeckter Weg hierzu könnte die z.Z. in der Sozialverwaltung diskutierte Möglichkeit der Schaffung von Regionalteams (sowohl im Sozialamt als auch im ASD) sein, die einerseits eine regional verdichtete Kooperation zwischen Ressorts und andererseits die Herausbildung zielgruppenbezogener Vertiefungsgebiete und damit Qualifizierungsgebiete in den Diensten erlaubt. Neben den Ein-Eltern-Familien, die in den beiden Diensten den größten Anteil ausmachen, könnte dies z.B. im Sozialamt die Zielgruppe der Langzeitarbeitslosen, der Obdachlosen, der Asylsuchenden und de-facto-Flüchtlinge sein. Im Jugendamt wären als weitere, durch Vertiefungsgebiete abzudeckende Zielgruppen straffällige junge Menschen (Jugendgerichtshilfe) oder Mädchen in Konflikt- und Gewaltsituationen vorstellbar. Voraussetzung einer solchen Aufgabenwahrnehmung wäre allerdings, daß die Regionen groß genug sind, um innerhalb von Teams solche Vertiefungen bilden zu können. Ob und wie weit die anderen Organisationsprinzipien (Buchstaben/Bezirk) als Basiszuständigkeit erhalten bleiben, ist dabei nur eine Randfrage.

Entscheidender wird es da schon sein, ob es in absehbarer Zeit gelingt, den von der Verwaltung anerkannten Stellenschlüssel im Sozialamt zu realisieren. Die von der Verwaltung erhoffte und bislang nicht eingetretene Initialwirkung des Projektes auf andere MitarbeiterInnen wird – insbesondere im Sozialamt – solange auch nicht eintreten können, wie mangelnde Quantität an Fachkräften zu permanenten Überforderungen führt und sich in mangelnder Qualität der Leistungen niederschlägt. Oder positiv und zukunftsgerichtet ausgedrückt: Wenn es gelingt, den permanenten Personalmangel im Sozialamt zu beheben und Zeit sowohl für die Beratungsbedürfnisse der Leistungsberechtigten als auch für die eigene Qualifizierung der Fachkräfte zur Verfügung steht, bestehen auf der Grundlage der Erfahrungen des Projektes hervorragende Chancen, daß Quantität (von Ressourcen) in Qualität (von Leistungen) umschlägt und zieladäquate Arbeitsformen gefunden und umgesetzt werden.

4.5.3 Zum Transfer der Modellerfahrungen auf andere Einrichtungen und Dienste

Was die Übertragung der Erfahrungen des KEEP auf den Bereich von Regeleinrichtungen der Kindertagesbetreuung betrifft, sind bislang noch relativ wenig konkrete Überlegungen angestellt worden. Die Bedingungen des Erfahrungstransfers von der Modelleinrichtung in Regeleinrichtungen sind jedoch äußerst positiv dadurch, daß auch die Modelleinrichtung mit der gleichen Personal- und Qualifikationsstruktur ausgestattet war, wie es Regeleinrichtungen sind. Eine Nagelprobe für das Modell wird es sein, ob es gelingt, Kriterien und Anregungen zu formulieren, wie auch unter den organisatorischen Rahmenbedingungen von Regeleinrichtungen die bloße Tagesbetreuung der Kinder um die Elemente der Beratung, Elternkommunikation und Selbsthilfe erweitert werden kann. Gefragt sind Ideen, Konzepte und Umsetzungsstrategien zur Öffnung von Regeleinrichtungen

- für veränderte und besondere Bedürfnislagen (nicht nur) von Ein-Eltern-Familien,
- für neue Formen der Elternbeteiligung,
- für die Zusammenarbeit von Selbsthilfeinitiativen,
- für die Integration der Einrichtung in den Stadtteil sowie
- für die intensive Vernetzung und Kooperation mit anderen Diensten und Einrichtungen.

Hierzu ist allerdings – wie auch das Projekt in Unna zeigt – ein verändertes konzeptionelles Selbstverständnis der Einrichtungen, der Träger sowie der MitarbeiterInnen notwendig.

„Die Frage wird sein, wie weit eine Institution in der Lage ist, sich zu öffnen ohne ihre originäre Aufgabenstellung zu vernachlässigen, wie weit Bestimmungen und Verwaltungsvorschriften nicht nur ‚ausgereizt’, sondern auch verändert werden müssen, damit eine Zusammenarbeit zwischen Institution und Selbsthilfe praktikabel erscheint.” (GERZER-SASS 1992, S. 11)

Es ist ein Handlungsverständnis von Kindereinrichtungen gefragt, das sich nicht allein aus der Kinderbetreuung herleitet und sich ausschließlich hierauf konzentriert, sondern das den Blick auch auf die Eltern richtet und bei Problemen auf diese zugeht und die erforderlichen Kooperationen (z.B. mit der Sozialverwaltung) herstellt. Aus der im KEEP praktizierten Offenheit für Probleme von Familien und die Bereitschaft, diese auch anzusprechen und hierzu zu kooperieren, können andere Kindereinrichtungen, aber auch Schulen für ihre eigene Praxis lernen.

4.6 Nachspann

Das hier vorgestellte Projekt einer wissenschaftlichen Begleitung stellt in seinem Gesamtkontext einen Idealfall der Kooperation von Wissenschaft und Praxis dar.

Während sich zunächst die wissenschaftlichen MitarbeiterInnen des ISA und die sozialpädagogischen Fachkräfte der Stadt Unna aus ganz unterschiedlichen Handlungs- und Erkenntnisperspektiven dem Thema annähern (das ISA aus der Forschungsperspektive der Suche nach „objektiven, personalen und situativen Gründen" der Überrepräsentanz von Kindern aus Ein-Eltern-Familien in Heim- und Familienpflege; die Fachkräfte der Stadt Unna aus der Praxisperspektive der Verbesserung und Qualifizierung des Beratungs- und Unterstützungsangebotes für die Zielgruppe der Ein-Eltern-Familien), verknüpfen sich diese beiden Stränge im Verlauf der Diskussion und Zusammenarbeit zwischen Praxis und Forschung und verdichten sich in der Idee eines Modellprojektes. In die Konzeption dieses Modellprojektes fließen einerseits die vielfältigen praktischen Erfahrungen und vor allem auch die Vorstellungen und Erwartungen an eine „bessere" Praxis seitens der Fachkräfte ein. Andererseits sind die aus externer Praxisforschungsperspektive gewonnenen Informationen, Erkenntnisse und Einschätzungen zur Lebenssituation von Ein-Eltern-Familien und zu den in den Handlungsstrukturen der Jugendhilfe angelegten Wahrnehmungs- und Zuschreibungsmuster von bzw. gegenüber Ein-Eltern-Familien eine wichtige Grundlage für die Ausgestaltung der Modellkonzeption.

Bezogen auf das ISA-Forschungsprojekt stellt das Modellprojekt damit bereits eine Form des Praxistransfers von Forschungsergebnissen dar. Da ein Modellprojekt selbst jedoch nur einen begrenzten Wert an sich haben kann, sondern sein Erfolg sich danach bemißt, was für Impulse von ihm auf die Regelpraxis ausgehen (vgl. hierzu 4.3.3), wurde zur Sicherung der Chancen eines breiten Transfers von Modellerfahrungen eine wissenschaftliche Begleitung des Projektes eingesetzt. Diese wissenschaftliche Begleitung wurde – da sie nicht Bestandteil der Modellförderung selbst war – aufgrund der frauenpolitischen Bedeutung des Projektes von der Ministerin für die Gleichstellung von Frau und Mann, Nordrhein-Westfalen, gefördert und – wie dargestellt – vom ISA wahrgenommen.

Auch wenn zunächst nicht vorrangig die politisch-administrative Interventionsebene im Mittelpunkt der wissenschaftlichen Begleituntersuchung stand, und wenn weniger die Zielebene der Legitimierung politisch-administrativer Entscheidungen anvisiert wurde (vgl. 4.1), wird durch die geschilderte Konstellation der wissenschaftlichen Begleitung jedoch durchaus das Interesse politisch-administrativer Instanzen an dem Modell und seinen Ergebnissen deutlich.

Während die ISA-Untersuchung zur Überrepräsentanz von Kindern aus Ein-Eltern-Familien in fremdunterbringenden Erziehungshilfen (vgl. 4.1) noch im Vorfeld der gesetzlichen Neuregelung des Jugendhilferechts erfolgte – und auf dessen inhaltliche Neugestaltung nicht ganz ohne Einfluß geblieben sein dürfte, wie die Schwerpunktsetzung der Hilfen für Ein-Eltern-Familien im Abschnitt „Förderung der Erziehung in der Familie" (§§ 16–21 KJHG) zeigt –, stellt das wissenschaftlich begleitete Modellprojekt in Unna bereits eine konzeptionelle Weiterentwicklung dar. Die in verschiedenen Paragraphen des KJHG normierten Leistungen für Familien in besonderen Lebenssituationen, insbesondere für Ein-Eltern-Familien (§ 16: Familienbildung; § 17: Beratung in Trennungs- und Scheidungsfragen; § 18: Beratung alleinerziehender bei der Ausübung der Personensorge usw.), wurden im Königsborner Ein-Eltern-Projekt eng verknüpft mit dem Angebot einer bedarfsgerechten Tagesbetreuung zu einem ganzheitlichen Beratungs- und Unterstützungskonzept verdichtet. Der Gesetzestext selbst erfaßt jeweils nur einzelne Facetten dieses Angebotes.

5. Jugendhilfeplanung zwischen Organisationsentwicklung und Jugendhilfepolitik – Ein Beratungs- und Entwicklungskonzept[10]

5.1 Vorspann

Sozialpädagogische Praxisforschung wurde in Kapitel 1 charakterisiert als ein Instrument der Analyse und der Veränderung sozialpädagogischer Praxisfelder. Als solches stellt sie – wie dargestellt – immer auch eine Form der Intervention in Praxis dar.

In den bisher dargestellten Projekten war der Aspekt der Intervention in Praxis in der Anlage der Projekte eher zweitrangig (vgl. Kapitel 2 und 3) oder höchstens gleichrangig (vgl. Kapitel 4) zum Aspekt der Analyse. In diesem Kapitel soll nun eine Konzeption vorgestellt werden, die den Interventionsaspekt bzw. die Veränderungsperspektive von Praxis in den Vordergrund der Betrachtung rückt.

Das Aufgabenfeld der Jugendhilfeplanung stellt eine ganz spezifische Form des Theorie-Praxis-Transfers in der Jugendhilfe dar, die auf das engste mit der Fragestellung praxisorientierter Forschung in der Sozialpädagogik verbunden ist und die das Verhältnis von „Analyse und Veränderung" unter eindeutiger Praxisgestaltungsperspektive zu bestimmen sucht. Das Verhältnis von Jugendhilfeplanung und sozialpädagogischer Praxisforschung bestimmt sich dabei insbesondere aus zwei Perspektiven:

- Zum einen geht es im Rahmen der Jugendhilfeplanung darum, aktuelle Ergebnisse und Erkenntnisse aus Praxisforschungsprojekten für das Verstehen und Bewerten der eigenen Situation nutzbar zu machen und für die Entwicklung von konkreten, aktuellen fachlichen Standards entsprechenden Maßnahmen umzusetzen.
- Zum anderen ist Jugendhilfeplanung zu großen Teilen selbst eine Form der Praxisforschung, die sich in die Kategorie „*Praxisforschung als Forschung*

---

10 Detaillierte Ausführungen zu diesem Thema sind veröffentlicht in: JORDAN/SCHONE 1992a; JORDAN/SCHONE 1992

durch die Praxis" (vgl. 1.3) einstufen läßt. Als Praxisforschung durch die Fachkräfte der Praxis selbst – wie im Rahmen des hier vorgestellten Ansatzes zu entwickeln sein wird – kann Jugendhilfeplanung als wissenschaftlich angeleitete Selbstevaluation in der Jugendhilfe beschrieben werden.

Das hier vorgestellte Planungskonzept wurde vom Verfasser im Rahmen mehrerer wissenschaftlicher Planungsberatungen in Städten (Celle, Niedersachsen; Neubrandenburg, Mecklenburg-Vorpommern) und Landkreisen (Warendorf, Nordrhein-Westfalen; Schwalm-Eder-Kreis, Waldeck-Frankenburg, beide Hessen) erprobt. Es geht davon aus, daß Jugendhilfeplanung als fachlicher, fachpolitischer und kommunalpolitischer Diskussions- und Willensbildungsprozeß auf der Grundlage quantitativer und qualitativer Bestands- und Bedarfsanalysen (Praxisforschung) durch die PraktikerInnen selbst zu gestalten ist.

INTER-VENTIONS-EBENEN	ZIELEBENEN			
	Legitimierung	Strukturierung	Qualifizierung	Motivierung
politisch-administrative Ebene				
institutionelle Ebene				
Ebene der professionellen Akteure				
Ebene der Betroffenen				

Übersicht 5.1: Ziel- und Interventionsebenen des Projektes

Aus diesem Grund sind im Rahmen dieses Planungsansatzes *alle Interventionsebenen* und *alle Zielebenen* - wenn auch jeweils zu unterschiedlichen

Zeitpunkten und in unterschiedlichen Phasen der Planung - angesprochen (vgl. Übersicht 5.1).

Die Darstellung dieses Kapitels unterscheidet sich insofern von den vorhergehenden, als hier keine Ergebnisse von Jugendhilfeplanungsprozessen vorgestellt werden sollen und können, da diese von den Fachkräften selbst – wenn auch unter erheblicher externer Unterstützung – erarbeitet und jeweils unter den spezifischen lokalen Bedingungen interpretiert worden sind. (vgl. hierzu die Planungsberichte: STADT CELLE 1991, KREIS WARENDORF 1993, STADT NEUBRANDENBURG 1993) In diesem Kapitel sollen lediglich die zugrunde liegende Planungsphilosophie und die methodische Gestaltung des Planungs- und Beratungskonzeptes als Grundlage einer veränderungsorientierten Praxisforschung durch die Fachkräfte der Jugendhilfe selbst dargelegt und begründet werden.

5.2 Das Planungsverständnis

Jugendhilfeplanung ist zu definieren als ein Instrument zur systematischen, innovativen und damit zukunftsgerichteten Gestaltung und Entwicklung der Handlungsfelder der Jugendhilfe mit dem Ziel, positive Lebensbedingungen für junge Menschen und ihre Familien zu erhalten oder zu schaffen (§ 1 KJHG) und ein qualitativ und quantitativ bedarfsgerechtes Jugendhilfeangebot rechtzeitig und ausreichend bereitzustellen (§ 79 KJHG). Als Fachplanung geht es bei der Jugendhilfeplanung um die Entwicklung von Strategien zur Lösung der komplexen Aufgaben der Jugendhilfe. Dazu gehören quantitative und qualitative Bestands-, Bedarfs-, Sozialraum- und Zielgruppenanalysen, aufgaben- und organisationskritische Bewertungen der Ist-Situation, Prioritätensetzungen und konkrete Vorschläge zum Ausbau und zur Qualifizierung der Angebote der Jugendhilfe. Als fachliche Entwicklungsaufgabe richtet sich Jugendhilfeplanung auf die Umsetzung aktueller fachlicher Standards in allen Arbeitsfeldern der Jugendhilfe. Als fachpolitischer Willensbildungsprozeß soll Jugendhilfeplanung dazu beitragen, Aufmerksamkeitsstrukturen, Ressourcen und öffentliche Sensibilitäten auf die komplexen Aufgaben der Jugendhilfe und damit auf die Sicherung der Lebensbedingungen von Kindern, Jugendlichen und ihren Eltern zu richten. Damit ist Jugendhilfeplanung nicht nur eine Aufgabe der kommunalen Fachverwaltung (Jugendamt), der Anbieter von Jugendhilfeleistungen (Jugendverbände, Wohlfahrtsverbände, Selbsthilfegruppen etc.), sondern auch ein Forum kommunalpolitischer Willensbildung (Jugendhilfeausschuß, Rat) und ein Instrument zur Beteiligung Betroffener an der Formulierung von Planzielen, Angebotsstrukturen, Prioritäten und Realisationsformen (vgl. auch INSTITUT FÜR SOZIALE ARBEIT 1990, S. 1 ff.).

In dem seit dem 1.1.1991 in Kraft befindlichen Kinder- und Jugendhilfegesetz (KJHG) ist Jugendhilfeplanung als gesetzliche Pflichtaufgabe verankert worden. § 80 Abs. 1 KJHG bestimmt:

„Die Träger der öffentlichen Jugendhilfe haben im Rahmen ihrer Planungsverantwortung
1. den Bestand an Einrichtungen und Diensten festzustellen,
2. den Bedarf unter Berücksichtigung der Wünsche, Bedürfnisse und Interessen der jungen Menschen und der Personensorgeberechtigten für einen mittelfristigen Zeitraum zu ermitteln und
3. die zur Befriedigung des Bedarfs notwendigen Vorhaben rechtzeitig und ausreichend zu

planen; dabei ist Vorsorge zu treffen, daß auch ein unvorhergesehener Bedarf befriedigt werden kann."

Jugendhilfeplanung ist damit eine zwingende Voraussetzung für die Gestaltung der Jugendhilfe vor Ort. Sie soll – so der Anspruch – das zentrale Steuerungsmoment der Jugendhilfepraxis darstellen. Das KJHG weist dabei den Trägern der öffentlichen Jugendhilfe die Wahrnehmung der Planungsverantwortung als Regelaufgabe zu. Städte und Landkreise müssen also auf der Basis dieser Gesetzeslage klären, mit welchen Zielsetzungen und Inhalten, in welchem Umfang, in welchen Organisationsformen, mit welchen personellen und sachlichen Ressourcen und mit welchen Qualitätsstandards sie in ihrem Zuständigkeitsbereich Jugendhilfeplanung betreiben wollen.

Dabei stellt es eine wichtige Rahmenbedingung der Jugendhilfe dar, daß grundsätzlich je nach finanzieller Leistungsfähigkeit, fachlichem Verständnis, Art des Engagements von freien Trägern, Initiativen sowie lokalen Politikinteressen unterschiedliche fachliche und organisatorische Lösungen bei den zu bewältigenden Jugendhilfeaufgaben möglich und - wie die vielfältige Praxis in der Bundesrepublik zeigt - auch wahrscheinlich sind. Eine Zentralprämisse kommunaler Jugendhilfeplanung ist, daß Jugendhilfeziele und Angebotsstrukturen nicht durch äußere Bedingungen (Gesetze, Vorschriften, Richtlinien) eindeutig determiniert sind. Aufgrund der Kommunalität und der Autonomie der Jugendhilfe sind ihre Strukturen und Prozesse prinzipiell entscheidbar und damit auch fachlich wie politisch diskursiv auszuhandeln. Planung im Bereich der Jugendhilfe ist daher kein bloßes Mittel zur optimalen (zweckrationalen) Erreichung vorgegebener Ziele, sondern die Ziele, Zwecke und die hierfür möglicherweise geeigneten Mittel (und dies alles dann auch unter Berücksichtigung der Interessen und Bedürfnisse der Handlungsadressaten) sind auszuhandeln, wertbezogen und plausibel zu begründen, im Verein mit Bündnispartnern zu realisieren und schließlich auch auf ihren erhofften Erfolg hin zu überprüfen.

Die in § 80 KJHG normierte Verpflichtung zur kommunalen Jugendhilfeplanung geht auf die Erkenntnis zurück, daß eine leistungsfähige und bedarfsgerechte soziale Infrastruktur ohne kontinuierliche und vorausschauende Planung als Instrument fachlicher und fachpolitischer Willensbildung und Entscheidungsfindung auf Dauer nicht zu gewährleisten ist, zumal es ja immer darum gehen wird, begrenzte Ressourcen für unterschiedliche (z.T. konkurrierende) Jugendhilfeziele möglichst wirkungsvoll und rationell zum Einsatz zu bringen.

Die Träger der öffentlichen Jugendhilfe, also die Städte und Kreise, sollen dabei im Rahmen ihrer fachlichen und fachpolitischen Gesamtverantwortung für die Erfüllung der gesetzlichen Aufgaben sicherstellen, daß die „erforderlichen und geeigneten Einrichtungen, Dienste und Veranstaltungen den jeweiligen Grundrichtungen der Erziehung entsprechend rechtzeitig und ausreichend zur Verfügung stehen" (§ 79 KJHG).

Die Begriffe „erforderlich", „geeignet", „rechtzeitig" und „ausreichend" werden im Gesetz nicht näher definiert (unbestimmte Rechtsbegriffe). Es liegt also in der Verantwortung der öffentlichen Träger der Jugendhilfe, diese Vorgaben für ihren jeweiligen Zuständigkeitsbereich anhand der dort vorfindbaren Problemlagen von Menschen und anhand von fachlichen Begründungen zu füllen und zu interpretieren.

Aufgrund ihrer gesellschaftlichen Funktion hat Jugendhilfe offen zu sein für neue Herausforderungen, Problemstellungen und Lösungswege. Insofern hat Jugendhilfeplanung stets auch eine Innovationsrichtung, indem versucht werden muß, neuen oder auch bekannten Aufgaben durch neuartige Lösungen zu begegnen, zumindest aber die Option auf neue Lösungen bei neu auftauchenden Problemen aufrechtzuerhalten.

Vor diesem Hintergrund ist Jugendhilfeplanung nicht vorstellbar als einmaliger Akt, der mit der Formulierung eines „fertigen" Planes endet, sondern Jugendhilfeplanung bedeutet die Ingangsetzung und ständige Aufrechterhaltung eines an den Bedingungen der Kommune orientierten fachlichen und fachpolitischen Entwicklungsprozesses.

Jugendhilfeplanung hat die Aufgabe, die hier geforderte stete Weiterentwicklung kommunaler Jugendhilfe, im Rahmen eines Willensbildungsprozesses über das, was vor Ort notwendig und geeignet, rechtzeitig und ausreichend bedeuten soll, inhaltlich und organisatorisch zu gestalten und voranzutreiben. Dabei ist es hilfreich, diesen Willensbildungsprozeß nach verschiedenen Ebenen zu differenzieren, auf denen jeweils unterschiedliche Maßstäbe und Interessen einfließen:

- *fachliche Willensbildung*
  Fachliche Willensbildung bedeutet zunächst die kritische Aufgabenbeschreibung und Aufgabenkritik durch die Fachkräfte der Jugendhilfe selber. Sie bedeutet, daß die Fachkräfte die von ihnen im Alltag zu lösenden Probleme und Aufgaben zum Gegenstand von Planung (Bestandserhebung, Bedarfsermittlung, Maßnahmeplanung) machen und auf dieser Grundlage fachlich begründete Entwicklungsperspektiven für Jugendhilfe insgesamt aufzeigen.
- *fachpolitische Willensbildung*
  Im Rahmen der fachpolitischen Willensbildung – insbesondere zwischen den öffentlichen und den freien Trägern – geht es darum, öffentliche Aufmerksamkeit auf die komplexe fachliche Aufgabe der Jugendhilfe zu lenken und den besonderen Stellenwert der Jugendhilfe für die Sicherung der Lebensbedingungen von jungen Menschen und ihren Familien herauszustreichen.
- *kommunalpolitische Willensbildung*
  Im Zuge der kommunalpolitischen Willensbildung schließlich gilt es, die erarbeiteten Lösungen und Entwicklungsvorstellungen in die kommunale Politik einzuspeisen, sie hier verständlich und durchsetzungsfähig zu machen. Denn: Hier, in den kommunalen Parlamenten wird – i.d.R. von Nicht-Fachleuten – der kommunale Stellenwert der Jugendhilfe gegenüber anderen Politikbereichen (Wirtschaftsförderung, Verkehrspolitik, Baupolitik etc.) maßgeblich definiert.

Zur optimalen Umsetzung einer Jugendhilfeplanung nach dem hier skizzierten Muster einer auf verschiedenen Ebenen anzusiedelnden Willensbildung bedarf es einer externen wissenschaftlich geleiteten Beratung und Unterstützung (vgl. 5.4).

5.3 Planungsorganisation zwischen Analyse und Veränderung

Wie der 8. Jugendbericht der Bundesregierung zutreffend feststellt, ist Jugendhilfeplanung in ihren spezifischen planungstheoretischen und -methodischen Grundlagen trotz aller Planungsempfehlungen und -hilfen noch kaum systematisch entwickelt. (vgl. BMJFFG 1990, S. 181) In der Realisierung der verschiedenen Ansätze (vgl. INSTITUT FÜR SOZIALE ARBEIT 1990; JORDAN/SCHONE 1992a, S. 40 ff.) gibt es viele methodische Ausdifferenzierungen, die dazu führen, daß allgemeine methodische Standards der Jugendhilfeplanung kaum noch zu erkennen sind.

In diesem Abschnitt soll nun nicht etwa versucht werden, die verschiedenen Ansätze systematisch aufzubereiten und vorzustellen. Vielmehr soll ein Planungskonzept skizziert werden, welches Jugendhilfeplanung als einen auf kommunaler Ebene zu organisierenden Prozeß der Praxisforschung durch die im Feld Tätigen selbst und als einen sozialen, fachlichen und politischen Aushandlungsprozeß darüber begreift, welche Konsequenzen aus dieser Analyse für einen umfassenden Entwicklungsprozesses der kommunalen Jugendhilfe zu ziehen sind.

5.3.1 Planung als Prozeß

Jugendhilfeplanung als innovative Planung muß, da sie sich in jeder Hinsicht auf Menschen bezieht (Betroffene, Fachkräfte, Politiker), ein kommunikativer, ein integrativer und ein informationsoffener (Aushandlungs-)Prozeß sein. Da allem Zukünftigen die Beweiskraft des Faktischen fehlt, unterliegen die verwendeten Informationen und die zu erwartenden Wirkungen sowie deren Gewichtung weitgehend subjektiven Beurteilungen der an der Planung beteiligten Personen sowie der (fachpolitischen) Entscheidungsträger.

Dabei geht auch vom KJHG eine Dynamik aus, die die örtlichen Träger der Jugendhilfe zwingt, ihre Jugendhilfepraxis im Rahmen der Planung einer kritischen Analyse und Aufgabenrevision zu unterziehen. Hier ist nicht nur § 80 KJHG mit seiner Planungsverpflichtung gemeint, sondern der gesamte im KJHG angelegte Ziel- und Maßnahmenkatalog. (vgl. JORDAN/SCHONE 1992a, S. 114 ff.)

Aber auch über das KJHG und die im 8. Jugendbericht formulierten Ziele und Standards hinaus ist Jugendhilfe mehr noch als andere Disziplinen gefordert, entsprechend der Dynamik gesellschaftlicher Wandlungsprozesse ihre eigene fachliche und strukturelle Wandlungsfähigkeit, d.h. ihre Ziel- und Aufgabenanpassungsfähigkeit, zu erhalten. Hierfür bedarf es des Instrumentes der systematischen und innovativen Jugendhilfeplanung.

Das Konzept einer innovativen und prozeßorientierten Jugendhilfeplanung beinhaltet auch eine deutliche Kritik an bisherigen Planungsansätzen und -methoden. In der Tat muß aus dieser Sicht die Jugendhilfeplanung früherer Jahre häufig als gescheitert angesehen werden. Zwei zentrale Aspekte dieses Scheiterns seien hier hervorgehoben:

1. Eine zentrale Ursache dieses Scheiterns stellt der Umstand dar, daß viele Planungen ebenso losgelöst von der konkreten Arbeits- und Organisationsweise der kommunalen Verwaltung wie von der kommunalpolitischen Diskussion stattfanden. Nicht selten fand dann der Plan weder in der Verwaltung noch in der Politik die Resonanz, die sich die AutorInnen erhofft hatten. Eine solche aus dem Alltag des Fachamtes (Jugendamt) und der mit diesem kooperierenden Träger herausgelöste Planung wurde zumeist verantwortet von
   - zentralen Planungsstäben,
   - externen Instituten bzw. Personen,
   - BerufsanfängerInnen (vor allem im Rahmen von ABM-Projekten).
   Diese spezifische Planungsorganisation führte dann nicht selten dazu, daß die Planungen aufgrund anderer politischer Prioritäten und mangelnder Einbindungen in Entscheidungsroutinen dem politischen Entscheidungsprozeß gar nicht zugeführt wurden bzw. dort wenig erfolgreich waren.
   „Eine Binnen-Ausdifferenzierung als Planungsfunktion in der kommunalen Verwaltung - etwa in einer Planungs-,Stelle' -, d.h. ihre Separierung einerseits von der politischen Entscheidungsinstanz und/oder andererseits gegenüber den Verwaltern der Politikressourcen, insbesondere der Finanzen, führt mit großer Sicherheit zum Leerlaufen, zur ‚Schubladisierung' der Planung." (RONGE 1991, S. 519)
2. Es gelang der Jugendhilfeplanung – gerade auch aufgrund dieser aus dem Alltag der Sozialarbeit herausgelösten Planungsorganisation – nicht, eine spezifische sozialpädagogische Perspektive zu entwickeln. Die Alltagspraxis sozialpädagogischer Fachkräfte wird und wurde in vielen Jugendhilfeplanungen nicht systematisch mitgedacht und damit in doppelter Hinsicht unterschätzt. Einerseits wurden die Jugendhilfefachkräfte nicht als Sensoren und ExpertInnen für konkrete Not- und Mängellagen von jungen Menschen und ihren Familien gesehen und in Anspruch genommen. Andererseits wurde zu wenig berücksichtigt, daß sozialpädagogische Programme auch für die Fachkräfte plausibel und nachvollziehbar sein müssen, um Praxis werden zu können.
   „Die bisherigen Sozialplanungsansätze zeigen keinen Weg vom Problem des Einzelfalls zu seiner Identifikation als strukturelles Problem und von dort aus zur Neugestaltung der

institutionellen Bedingungen des sozialpädagogischen Handlungsfeldes. Obwohl nicht bestreitbar ist, daß in die strukturelle Problemdefinition wie in die Zielbestimmung sozialer Arbeit immer auch deduktive Elemente eingehen müssen - ethische, politische Überzeugungen einerseits und ‚Grunderkenntnisse' andererseits -, so ist doch mit deren näheren Bestimmung erst die halbe Arbeit geleistet. Eine sozialarbeiterische Perspektive muß sich, um handlungswirksam zu sein, nicht nur auf jene allgemeinen Überzeugungen, Erkenntnisse und Prinzipien stützen, sondern sie muß ‚konkrete Aufmerksamkeit' vorbedingen, d.h. bestimmte Arten der Lösungssuche, Richtungen des Handelns. Dieser Forderung werden eine Reihe von Sozialplanungsversuchen nicht gerecht, weil sie offenbar nicht die sozialarbeiterische Notwendigkeit nachvollziehen, Problemerkenntnis zu verknüpfen mit planerisch-politischer Problemlösungsstrategie, für die der Plan ja nicht mehr als ein Mittel zur Zielerreichung sein kann." (TRABANT/WURR 1989, S. 9)

Ein Verständnis von Jugendhilfeplanung, das Planung als ein „auf die Binnenkorrektur an Normen und Abläufen und auf die Produktion von Plänen" gerichtetes Handeln sieht (vgl. DEUTSCHER VEREIN 1980), kann eindeutig als überholt angesehen werden, da es die komplexen Aufgaben der Jugendhilfeplanung im Spannungsfeld zwischen der fachlichen Weiterentwicklung des Jugendamtes und der Gestaltung kommunaler Jugendhilfepolitik nicht angemessen widerspiegeln kann.

Jugendhilfeplanung rückt daher zunehmend von alten, eher technokratisch ausgerichteten Planungskonzepten ab, ohne daß allerdings das methodische Repertoire zur Einlösung eines innovativen, prozeßorientierten Planungsansatzes schon hinreichend entwickelt ist. Aber da es bei der Jugendhilfeplanung eben nicht – wie in den Wirtschafts- oder den Ingenieurwissenschaften – um die möglichst fehlerfreie Umsetzung eines hochkomplexen Theorie- und Wissensbestandes gehen kann, werden immer wieder unternommene „Anleihversuche" (Implementation von Planungs-Know-how aus diesen Disziplinen) sehr schnell auf Grenzen stoßen.

Allerdings wird sich eine Jugendhilfeplanung, die sich nur als Reaktion auf die Planungsverpflichtung des KJHG versteht und die ihren Auslöser nicht in kritischer Einschätzung der bisherigen Praxis oder in dem Wunsch, aktive Zukunftsgestaltung zu betreiben, sieht, deren Anlaß also nicht der aktive Veränderungswille ist, mit der Entwicklung einer prozeßorientierten Planung sehr schwer tun.

Aufgabenstellungen und Ziele der Jugendhilfeplanung liegen in der Sicherung positiver Lebensbedingungen für junge Menschen und ihre Familien sowie der Bereitstellung von Hilfsangeboten zur Beseitigung von Mängellagen. Damit zielt Jugendhilfeplanung auf die Erreichung einer bestimmten Qualität öffentlicher Daseinsvorsorge, um die sich die unbestimmten Rechtsbegriffe des KJHG wie „ausreichend", „rechtzeitig", „erforderlich" und „geeignet" ranken.

Die Diskussion, der Aushandlungsprozeß, die/der erforderlich ist, diese Begriffe bezogen auf die Erfordernisse vor Ort zu füllen, wird von vielen verschiedenen Elementen bestimmt, die alle mit einiger Berechtigung in diesen Aushandlungsprozeß eingebracht werden, wie z.B.

- Grad der rechtlichen Verpflichtung,
- Höhe der finanziellen Leistungsfähigkeit der Kommune,
- Bewertung der bestehenden Datenlage,
- Gewichtung von Problemlagen,
- sozialpädagogische Überzeugungen und Einstellungen,
- sozialwissenschaftliche Wissenselemente,
- Interessenlagen und Moralvorstellungen der an der Aushandlung Beteiligten,
- Einschätzung von Umsetzungsmöglichkeiten,
- Einschätzung von Folgewirkungen der Planung/des Planungsverzichtes

und anderes mehr.

Jugendhilfeplanung als fachlicher und politischer Willensbildungs- und Aushandlungsprozeß ist also eine Reaktion darauf, daß

- es in der Jugendhilfe/Sozialpädagogik keine eindeutigen Ursache-Wirkung-Verhältnisse gibt, die objektive Strategien erfordern oder auch nur ermöglichen;
- erhebliche Gestaltungsspielräume, aber auch Gestaltungsverpflichtungen bestehen;
- Jugendhilfeplanung keine „endgültigen" Lösungen bieten kann, sondern immer eine Suchbewegung nach „besseren" Lösungen darstellen muß;
- unter diesen Bedingungen der Sachverstand vieler Personen notwendig ist, um fachlich begründete Strategien zu entwerfen;
- größtmögliche Plausibilität der Planungsvorhaben gegenüber den Betroffenen, den Beteiligten und den Entscheidungsträgern hergestellt werden muß, um die so gewonnenen Strategien umsetzen zu können und Praxis werden zu lassen.

Wird Jugendhilfeplanung nun – wie hier propagiert – als kontinuierlicher Analyse- und Aushandlungsprozeß in dem Bemühen um eine Qualifizierung der Aufgabenwahrnehmung des Jugendamtes einerseits und um die Bereitstellung der hierfür notwendigen Ressourcen andererseits angesehen, erfordert dies eine dem Planungsverständnis adäquate Form der Planungsorganisation.

5.3.2 Ausgangspunkt der Planung –
Vorschlag für einen Planungszugang

Wir haben Jugendhilfeplanung definiert als ein Instrument einer systematischen, innovativen und zukunftsgerichteten Gestaltung und Entwicklung der Handlungsfelder der Jugendhilfe. Dabei dient Jugendhilfeplanung dem komplexen Ziel, zur Sicherung der Lebensbedingungen von Kindern, Jugendlichen und ihren Eltern beizutragen. Der Beitrag der Jugendhilfeplanung zur Gewährleistung oder Wiederherstellung der gesellschaftlichen Teilhabechancen junger Menschen und ihrer Familien besteht dabei u.a. in der inhaltlichen und strukturellen Verbesserung der Angebote und in dem Ziel der problemangemessenen institutionellen Gestaltung der Handlungsfelder der Jugendhilfe.

Zur Erfüllung dieser Aufgaben bietet es sich an, in der Grundorientierung der Planung als ersten Schritt von einem bereichsorientierten, d.h. auf die vorfindbaren oder zu schaffenden Aufgabenfelder der Jugendhilfe bezogenen Planungsansatz auszugehen. Für diese Grundorientierung der Planung lassen sich in der gegenwärtigen Phase folgende Argumente anführen:

- Das KJHG begründet seit dem 1.1.91 ein neues Aufgabenverständnis, neue Aufgabenschwerpunkte und Leistungsverpflichtungen und bildet somit eine neue „Geschäftsgrundlage" der kommunalen Jugendhilfe. Hinzu kommt, daß für viele Jugendämter Jugendhilfeplanung „Neuland" darstellt. Bei dieser Ausgangslage bietet es sich an, die Planung als eine alle Arbeitsfelder der Jugendhilfe einschließende Bestandsaufnahme zu beginnen.
- Eine am KJHG orientierte Bereichsplanung eröffnet dann die Chance eines aufgabenkritischen „Ist-Soll-Vergleichs" und hilft, die Bereiche herauszuarbeiten, bei denen schon allein aufgrund der neuen gesetzlichen Vorgaben Nachholbedarfe bestehen (Schwachstellenanalyse).
- Da die Mehrzahl der Jugendämter noch nicht über hauptamtliche PlanungsmitarbeiterInnen verfügt und zudem externe Ressourcen (Beratung und Unterstützung durch Institute, Hochschulen, freie Planungsgruppen) vermutlich nur begrenzt verfügbar gemacht werden können, wären aufwendige (personal- und zeitintensive) Alternativkonzepte zumeist ohnehin nicht realisierbar.
- Ein bereichsorientiertes Herangehen eröffnet die Chance, alle Arbeitsfelder der Jugend-

hilfe im Rahmen der Jugendhilfeplanung einer zukunftsorientierten Aufgabenkritik zu unterziehen und hieraus Perspektiven zu gewinnen. Ein primär zielgruppen- bzw. sozialraumorientierter Ansatz könnte dieses Interesse erst in einer späteren Planungsphase befriedigen. Unter der (realistischen) Annahme begrenzter personeller und finanzieller Ressourcen könnten zielgruppen- und/oder sozialraumorientierte Ansätze von vornherein nur auf ausgewählte Populationen bzw. Sozialräume bezogen werden. Dies würde aber Prioritätenentscheidungen zur Voraussetzung haben, die im Regelfall noch nicht vorliegen bzw. kurzfristig nicht herbeigeführt werden können.

Bei der hier angestrebten Verknüpfung der Jugendhilfeplanung mit den neuen gesetzlichen Vorschriften bietet es sich an, die zu planenden Aufgabenfelder nach der Systematik des KJHG zu gliedern, wodurch fünf Schwerpunktbereiche entstehen:

- Jugendarbeit, Jugendsozialarbeit, erzieherischer Kinder- und Jugendschutz (§§ 11-15 KJHG),
- Förderung der Erziehung in der Familie (§§ 16-21 KJHG),
- Förderung von Kindern in Tageseinrichtungen und in Tagespflege (§§ 22-26 KJHG),
- Hilfe zur Erziehung, Hilfe für junge Volljährige (§§ 27-41 KJHG),
- andere Aufgaben der Jugendhilfe (§§ 42-58 KJHG).

Diese Systematik könnte dann auch bei der Untergliederung des Planungsprozesses (jugendamtsinterne Planungsgruppen bzw. Arbeitsgemeinschaften öffentlicher und freier Träger; siehe unten) zugrunde gelegt werden.

Die mit einer bereichsorientierten Planung möglicherweise verbundenen Probleme und Gefahren sollen dabei jedoch nicht übersehen werden: So könnte durch die Anknüpfung am vorfindbaren Bestand von Einrichtungen und Diensten eine Entwicklung gefördert werden, die Innovationen lediglich im Kontext vorhandener Entwicklungslinien und Perspektiven begünstigt. Weiterhin könnte durch arbeitsfeldspezifische Untergliederungen einer Parzellierung der Jugendhilfe (Verlust von Ganzheitlichkeit) Vorschub geleistet und eine Dominanz institutioneller Problemsichten begünstigt werden.

Um solchen problematischen Eingrenzungen und Reduktionen entgegenzuwirken, sind andere Planungsorientierungen mit in die Beratungen und Überlegungen einzuführen und ergänzend zu der Grundorientierung (Arbeitsfeldbezug) Geltung und Gewicht zu verschaffen.

So sollte im Verlauf des Planungsprozesses neben eine bereichsorientierte Sichtweise durchaus auch eine zielgruppenorientierte Ausrichtung treten (arbeitsfeldübergreifende Bewertung der Situation spezifischer Gruppen und ihrer Bedürfnisse, z.B. Jugendliche, Mädchen, Alleinerziehende). Auch sind Aspekte einer sozialräumlichen Planungsperspektive unverzichtbar. Dadurch sollen in regionalisierter Form Informationen über Lebenslagen, Sozialisationsbedürfnisse, Handlungspotentiale und Defizitlagen von Kindern, Jugendlichen und ihren Familien in Erfahrung gebracht werden. Ausgehend von der Vermutung, daß sich in einem Planungsraum sehr unterschiedliche Konzentrationen von Problemlagen finden lassen, soll dadurch eine sozialräumliche Prioritätensetzung und Ressourcenkonzentration ermöglicht, zum anderen aber auch eine höhere Adressatennähe erreicht werden.

Schließlich darf bei dem Planungsvorhaben auch die zielorientierte Perspektive nicht aus den Augen gelassen werden. Hierbei spielen einmal die Zielvorgaben des KJHG selbst sicherlich eine entscheidende Rolle, daneben wären aber auch Orientierungen und Zielvorgaben zu berücksichtigen, die in der neueren fachlichen Diskussion, aber auch in wichtigen jugendpolitischen Dokumenten (vgl. insbesondere 8.Jugendbericht, BMJFFG 1990) thematisiert werden.

Bei der hier aus pragmatischen Überlegungen heraus favorisierten Empfehlung zugunsten eines bereichsorientierten Ansatzes sollte jedoch auf jeden Fall beachtet werden, daß

- die oben schon angerissenen Nachteile und Restriktionen bereichsorientierter Planungskonzeptionen reflektiert, dargelegt und soweit wie möglich auch kompensiert werden und

- die arbeitsfeldbezogene Betrachtungsweise durch beteiligungsorientierte Aktivitäten ergänzt wird, somit mögliche Diskrepanzen zwischen einer institutions- und einer adressatenorientierten Herangehensweise dargelegt werden und eine Weiterentwicklung der Angebote der Jugendhilfe unter Berücksichtigung der Wünsche, Vorstellungen und Perspektiven der HandlungsadressatInnen erfolgen kann (vgl. dazu auch § 80 Abs. 1 Ziff. 2 KJHG).

Insgesamt können diese Überlegungen als ein Plädoyer für eine auf konkrete Leistungsanforderungen bezogene Orientierung der Jugendhilfeplanung verstanden werden. Diese Orientierung wird vor allem dadurch geleitet, daß der Jugendhilfeplanung eine gewichtige Garantenstellung zukommt bei der Umsetzung, Konkretisierung und Realisierung der mit dem KJHG versprochenen Leistungen und Handlungsprofile der Jugendhilfe. Wenn die generell von der Neuordnung des Jugendhilferechts erwarteten Verbesserungen flächendeckend in der Praxis greifen sollen, so bedarf es dazu der Planung als Umsetzungsstrategie. Von daher sollten in dieser Phase (Umsetzung des KJHG in die Praxis) anspruchsvollere, konzeptionell ambitionierte, aber weniger auf das Handlungsrepertoire der Jugendhilfe bezogene - möglicherweise eher an Prinzipien der Sozialreform oder an komplexeren Sozialstrukturanalysen etc. ausgerichtete - Planungsvorhaben zunächst zurücktreten, um sowohl die planungsbetreibenden Personen und Institutionen als auch die politischen Adressaten der Planung (z.B. Jugendhilfeausschuß) auf die KJHG-„Philosophie" und über die Planung auf konkrete Leistungen zu verpflichten.

5.3.3 Einbindung der Planung – Planungsgruppen als Organisationsform der Jugendhilfeplanung

Wie dargelegt, besteht ein Grund für das häufige Scheitern der Jugendhilfeplanung früherer Jahre darin, daß Planung oft an dafür eigens engagierte Institute delegiert wurde und somit außerhalb oder neben der Alltagsarbeit der Fachkräfte des Jugendamtes angesiedelt wurde. Der weitgehende Verzicht auf ein Korrektiv durch intensive Beteiligung der Fachkräfte mit ihren Verhaltens-, Wissens- und Erfahrungshintergründen hatte dann die beschriebenen negativen Auswirkungen.

Die hier formulierte Kritik läßt sich auch auf andere Planungsbereiche übertragen. Beispiele hierfür sind Fehlplanungen, die in den letzten Jahrzehnten im Verkehrswesen durch die Dominanz von IngenieurInnen bei Verkehrsplanungen oder im Wohnungswesen durch die Dominanz von ArchitektInnen bei der Errichtung von unwirtlichen Wohnquartieren zu unzähligen, kaum revidierbaren negativen Folgeerscheinungen geführt haben.

Vor diesem Hintergrund setzt sich nicht nur in der Sozialplanung, sondern auch in anderen planungsintensiven Disziplinen (Stadtplanung, betriebswirtschaftliche Planung etc.) zunehmend die Einsicht durch, daß komplexe Planungs- und Entscheidungssituationen (möglichst interdisziplinäre) Planungsteams erfordern, welche in die Lage versetzt werden müssen, geeignete Planungstechniken und -methoden anzuwenden.

Auch im Bereich der Jugendhilfe sollte zur Vermeidung der Probleme aus der Vergangenheit bei zukünftigen Überlegungen zur Organisation der Jugendhilfeplanung der genannten Kritik und skizzierten Entwicklung Rechnung getragen werden. In diesem Zusammenhang ist es zunächst für wichtig zu erachten, daß

- die Jugendhilfeplanung eindeutig dem zuständigen Fachamt (Jugendamt) und den dort tätigen MitarbeiterInnen zugeordnet ist, dort also auch die Planungsverantwortung verbleibt;
- eine frühzeitige Klärung von Aufgaben und Organisation des wirkungsvollen Ineinandergreifens aller an der Planung Beteiligten erfolgt und

- die Bereitstellung der erforderlichen Ressourcen zur Gestaltung des Planungsprozesses gewährleistet ist.

Funktion und Bedeutung von Planungsgruppen im Prozeß der Jugendhilfeplanung

Die Verankerung der Planung im Jugendamt und bei den dort tätigen und fachlich ausgewiesenen Fachkräften erfordert entsprechende Organisationsformen, damit diese ihrem Planungsauftrag nachkommen können. Planungsgruppen im Jugendamt haben sich diesbezüglich als ein geeignetes Instrument der fachlichen Weiterentwicklung der Jugendhilfe im Sinne der Jugendhilfeplanung und darüber hinaus als ein Instrument im Sinne der fachlichen Qualifizierung der MitarbeiterInnen der Jugendhilfe erwiesen.

- Fachkräfte verschiedener Professionen, Arbeitsbereiche und Hierarchieebenen bringen ihr spezielles Wissen aus den jeweiligen Arbeitszusammenhängen in den Planungsprozeß ein.
- Die Fachkräfte, die mit den politischen, sozialen und organisatorischen Bedingungen vor Ort vertraut sind, können im Rahmen der Planungsgruppen den Planungsprozeß gestalten und brauchen nicht auf „fertige" Ergebnisse von außen zu warten.
- Planung erfolgt nicht von außen, sondern beginnt mit der realen Arbeitssituation der Fachkräfte und endet mit der Umsetzung der Planungsergebnisse.
- Durch die Beteiligung von MitarbeiterInnen der allgemeinen und speziellen sozialen Dienste geht praktisches Wissen über die Lebenssituation von Betroffenen und über die Wirkung von (schon bestehenden) Angebotsprogrammen in die Planung ein.
- Planungsgruppen ermöglichen den integrativen Einbezug anderer Ämter und freier Träger in einem gemeinsam zu verantwortenden Planungsprozeß.
- Planungsgruppen schaffen insbesondere bei arbeitsfeldbezogenen Planungszugängen einen schnellen Arbeitseinstieg, da die Planung an der bestehenden Praxis ansetzt. Kritische Aufgabenreflexion ist gleichzeitig kritische Praxisreflexion.
- Durch die fachlich verantwortliche Mitarbeit in der Planungsgruppe ist ein hohes Maß an Transparenz gewährleistet. Hierdurch steigt die Akzeptanz von Planungsergebnissen bei den Fachkräften, womit verbesserte Umsetzungschancen gegeben sind („Jede Planung muß erst durchs Nadelöhr der individuellen Überzeugung der Fachkräfte, bevor diese sie in Praxis umsetzen [können].").
- Planungsgruppen aktivieren vorhandene Planungsressourcen bei den Fachkräften und bewirken einen Kompetenzgewinn der Mitglieder über das aktuelle Vorhaben hinaus. Damit sind Planungsgruppen ein Instrument der Qualifizierung. Planungs- Know-how aus der Einzelfallarbeit wird auf das Gesamtsystem übertragbar und umgekehrt.
- Die Beteiligung an Planungsgruppen schärft bei den Fachkräften über den eigenen Arbeitszusammenhang hinaus den Blick für den Gesamtzusammenhang der Jugendhilfe.
- Planungsgruppen können einen ersten Schritt zur Einmischungsstrategie darstellen, indem einerseits bei den MitarbeiterInnen der sozialen Dienste ein Perspektivenwechsel vom Fall zum Feld und andererseits von der Fallverantwortung zur Gesamtverantwortung vollzogen wird.

Planungsgruppen stellen – wie diese Aufzählung zeigt – einen Versuch dar, von der Bearbeitung von Einzelfällen zur grundsätzlichen Thematisierung von Lebensbedingungen junger Menschen und zur Identifizierung struktureller Mängellagen vorzudringen. Jugendhilfeplanung wird auf der Basis einer solchen Organisationsform zu einem Spezialfall der häufig erhobenen Forderung nach der Umorientierung der Sozialarbeit „vom Fall zum Feld". Sie stellt für die Fachkräfte eine konsequente Fortführung der nach § 36 KJHG geforderten Hilfeplanung und Betroffenenbeteiligung im Einzelfall auf der Ebene der Gesamtverantwortung des Jugendamtes und der allgemeinen Gestaltung der Jugendhilfe dar. Planungsgruppen im Rahmen der Jugendhilfeplanung ermöglichen es, sozialarbeiterische Problemerkenntnis mit planerisch-politischen Problemlösungsstrategien zu verknüpfen (vgl.

TRABANT/WURR 1989, S. 9) und fallübergreifende Probleme jeweils auf der Ebene zu thematisieren, wo sie sinnvollerweise bearbeitet werden können.

Ein Kompetenzgewinn für die einzelne Fachkraft und für die kommunale Jugendhilfe ist im Rahmen eines solchen entwicklungsorientierten Planungsprozesses wahrscheinlich.

Darüber hinaus ist die Fortschreibungsfähigkeit durch die Verankerung des Planungsprozesses bei den Fachkräften des Jugendamtes sichergestellt (Planung als kontinuierlicher Prozeß) und kann durch externe Beratung stets neu unterstützt und qualifiziert werden.

Handlungsorientierungen für Planungsgruppen

Wenn im Jugendamt die hier beschriebenen Funktionen und Voraussetzungen von Planungsgruppen akzeptiert sind, empfiehlt es sich, mit den an der Mitarbeit in Planungsgruppen interessier- ten Fachkräften den Handlungsrahmen, die „Geschäftsgrundlage" der Arbeit festzulegen. Folgende Punkte stellen einen Vorschlag für eine solche Geschäftsgrundlage dar:

● Planung will eine zielgerichtete Veränderung. Planung ohne Veränderungsabsicht oder Planung mit von vornherein feststehenden Ergebnissen ist bloßes „Schattenboxen".
● Die Gruppenmitglieder sollten davon überzeugt sein, daß Planung ein geeignetes Instrument zur Weiterentwicklung der Jugendhilfe und damit der eigenen Praxis darstellt.
● Das Ergebnis von Planung ist innerhalb der gesteckten Grenzen (Bereiche/Ziele) des Planungsauftrags offen.
● Die Einbindung in Planungsgruppen erfordert planungsinteressierte, innovationsoffene MitarbeiterInnen. Wenig hilfreich ist es, sich nur als Lobbyisten für die eigene Sache zu verstehen oder Veränderung verhindern zu wollen.
● Planungsgruppen stehen außerhalb der Verwaltungshierarchie. Führungsstrukturen in einer Planungsgruppe sind nachteilig, da kreativitäts- und innovationshemmend.
● Die Planungsgruppe interpretiert den Planungsauftrag und prüft ihre eigene Kompetenz. Sie regelt Verfahrensweisen in der Gruppe. Sie entwirft einen Arbeitsplan, in dem festgehalten wird, wie sie vorgehen will (Methode, Arbeitsschritte und Zeitplan).
● In ihrer Arbeit wird die Planungsgruppe unterstützt und begleitet durch
  – den Planungskoordinator/die Planungskoordinatorin,
  – den Jugendhilfeausschuß (JHA),
  – Arbeitsgemeinschaften öffentlicher und freier Träger nach § 78 KJHG,
  – ggf. externe Planungsberatung.
● Die Mitwirkung in Planungsgruppen erfordert neben der Gruppenarbeit die Bereitschaft zur Individualarbeit (z.B. Informationsbeschaffung, Informationsaufbereitung, Darstellung des Ist-Zustandes in einem Bereich).
● Die Planungsgruppe stellt fest, wann sie welche Informationen benötigt und wie und von wem diese Informationen zu erhalten sind.
● Die Planungsgruppe stellt fest, wann sie wen über was wie informieren muß (z.B. Arbeitsgemeinschaften) und wann sie wen in welchem Umfang in die Planungsarbeit einbeziehen muß (z.B. Mitplanung der Betroffenen).
● Die Arbeit der Planungsgruppe soll informationsoffen und transparent sein. Ein innovativer, integrativer, demokratischer Planungsprozeß versucht, die Vielfältigkeit unterschiedlicher Meinungen und Standpunkte in den Diskussionsprozeß einzubringen und ihnen Chancen zur Berücksichtigung zu geben.
● Ziel der Planungsgruppe ist nicht ausschließlich die Erarbeitung eines Planes/Planungsberichtes, sondern die Herbeiführung zielgerichteter Veränderungen. Der Planungsbericht ist hierbei nur ein Teilziel.
● Auch für PlanerInnen und Planung ist das Mögliche eine Funktion des Wünschenswerten und des Machbaren. Denn: Eine gute Planung heute ist besser als ein perfekter Plan morgen.

Bildung und Zusammensetzung der Planungsgruppen

Der Erfolg von Planungsgruppen mit innovativer Zielsetzung - und dies sollte bei der Jugendhilfeplanung zweifelsohne der Fall sein - hängt entscheidend von den Personen ab, aus denen die Gruppen gebildet werden bzw. sich selbst bilden. Auch wenn eine gute Gruppenzusammensetzung noch nicht allein den Erfolg der Planung garantieren kann, ist doch auf der anderen Seite der Erfolg eher unwahrscheinlich, wenn Planungsskeptiker oder gar -verhinderer kreatives Arbeiten blockieren.

Vor oder beim Beginn der Arbeit tut man also gut daran, insbesondere die ersten fünf Punkte der o.g. „Geschäftsordnung" sehr ernst zu nehmen und die Gruppenmitglieder von deren Notwendigkeit zu überzeugen.

Wie oben bereits dargestellt, sollte in der jetzigen Phase nach der Neuordnung des Jugendhilferechts ein bereichsbezogener Planungszugang favorisiert werden. Die einzelnen Bereichsplanungsgruppen sollten mit Personen unterschiedlichen Fachwissens, unterschiedlicher Arbeitsbereiche und unterschiedlicher Hierarchieebenen besetzt sein. Wünschenswert wären

- Fachkräfte, die in dem jeweiligen Bereich tätig sind,
- Fachkräfte des Allgemeinen Sozialdienstes (ASD),
- (ein/e) VertreterIn der freien Träger,
- Fachkräfte anderer Ämter (Sozialamt, Amt für Statistik, Planungsamt etc.),
- PlanungskoordinatorIn.

Bezüglich der Vertretung der freien Träger in der Planungsgruppe sollte gewährleistet sein, daß sich diese auf eine Person verständigen. Es geht nicht um Interessenvertretung, sondern um den Einbezug einer weiteren Perspektive in den Diskussionsprozeß der Gruppe. Die umfassende Beteiligung der freien Träger ist in anderen Formen zu gewährleisten (vgl. 5.3.5). Die Planungshilfe des Deutschen Instituts für Urbanistik (DIfU) nennt folgende Voraussetzungen, die der/die Planungsbeauftragte der freien Träger erfüllen sollte:

„• Der Planungsbeauftragte muß das Vertrauen aller freien Träger besitzen;
- er muß Zugang zu allen die Planung betreffenden Daten bei den freien Trägern haben;
- er muß fachlich kompetent sein und einen Überblick über den Fachbereich haben;
- er muß die örtliche Situation der Jugendhilfe, insbesondere bei den freien Trägern, übersehen, ferner wären zusätzliche Planungserfahrungen wünschenswert.
- Von seiner sonstigen Arbeit muß der Planungsbeauftragte soweit freigestellt sein, wie es der zeitliche Aufwand der Planung erfordert, und
- er sollte Zutritt zu den Entscheidungsgremien der freien Träger haben oder ihnen angehören." (DIfU 1978, AII, S. 25).

Die durch praktische Erfahrungen belegte günstigste Mitgliederzahl für Planungsgruppen liegt bei 5–8 Personen. Wird diese Zahl deutlich überschritten, lassen sich eine direkte Kommunikation und ein offener Arbeitsstil meist nicht mehr aufrechterhalten.

Um MitarbeiterInnen der Jugendämter und fachlich angrenzender Ämter für eine Mitarbeit in solchen Arbeitsformen zu gewinnen und ihnen die Chancen dieser Arbeitsformen für die zukunftsgerichtete Gestaltung ihres eigenen Aufgabenbereichs deutlich machen zu können, müssen von seiten der Ämter verstärkte Anstrengungen unternommen werden, sie für die Planung zu motivieren.

Hierzu gehört es zunächst, die verbreiteten gegenseitigen Vorurteile der innovationsfreudigen (»Spinner«) und der innovationsskeptischen (»Bürokraten«) MitarbeiterInnen abzubauen und Planung stärker als unverzichtbaren Bestandteil sozialpädagogischen Stellenprofils herauszustellen. Die Zurückhaltung vieler SozialarbeiterInnen gegenüber Fragen der Planung muß darüber hinaus aber auch durch spezifische Angebote der - möglichst amtsbezogenen - Fort- und Weiterbildung zu Problemen der Planung aufgenommen werden, um einerseits deren - nicht nur gesetzliche - Notwendigkeit nachvollziehen und andererseits deren Chancen qualifiziert einschätzen und umsetzen zu können.

Die Planungsgruppe ist verantwortlich für eine informationsoffene und transparente Arbeit und dafür, die vielfältigen, unterschiedlichen Meinungen und Standpunkte, insbesondere freier Träger und Betroffener (siehe unten), in den Diskussionsprozeß einzubringen. All dies erfordert von den Mitgliedern der Planungsgruppe, sich zumindest zeitweise von der engen Sichtweise des eigenen Arbeitsfeldes zu lösen und sich an innovativen Diskussionen beteiligen zu wollen.

„Im Interesse origineller Innovationen müssen die einzelnen Planungsgruppenmitglieder in der Lage sein, sich nötigenfalls wenigstens gedanklich weit von ihren erlernten Wissens- und Fachaspekten zu entfernen, ohne deshalb den Kontakt zur Realität zu verlieren. Wer solche gedanklichen Verfremdungen selbst nicht vollziehen kann, sollte sie bei den anderen Gruppenmitgliedern zumindest nicht stören." (BENDIXEN/KEMMLER 1972, S. 86).

5.3.4 Die Rolle von Planungsfachkräften im Jugendamt

Das Zusammenspiel der verschiedenen Planungsgruppen und -ebenen bedarf der Koordination. Die Aufgabe besteht darin, die verschiedenen Diskussionen und Tätigkeiten der einzelnen und der Planungsgruppen so miteinander zu verzahnen, daß für alle der Bezug zum Gesamtplanungszusammenhang erhalten und nachvollziehbar bleibt.

Während sich die Planungsgruppen selbst aus den Fachkräften der verschiedenen Bereiche des Jugendamtes zusammensetzen, ist die Rolle des/der PlanungskoordinatorIn oder -moderatorIn im Jugendamt so umfangreich, daß hierfür hauptamtliches Personal zur Verfügung stehen muß. Da Jugendhilfeplanung kontinuierliche Pflichtaufgabe der öffentlichen Träger der Jugendhilfe ist, ist der Versuch, über ABM-Kräfte diese Regelaufgabe über den Zweiten Arbeitsmarkt zu substituieren, nicht akzeptabel und kann allenfalls in den neuen Bundesländern im Rahmen des grundsätzlichen Aufbaus einer Personalstruktur der Jugendhilfe vorübergehend toleriert werden.

Im Gegensatz zum allgemeinen Sprachgebrauch ist es günstig, den Begriff des „Jugendhilfeplaners" durch den Begriff des/der Planungskoordinators/-koordinatorin zu ersetzen, da der Begriff des „Planers" - wie die Vergangenheit zeigt - nur allzuoft mit der Vorstellung verbunden ist, daß hier eine Aufgabe unter vielen von einer dafür zuständigen Stelle - eben dem Planer - „erledigt" werde. Gerade aber dieses Verständnis der Spezialisierung von Planung in einer eigenen Stelle oder Abteilung ist mitverantwortlich für die Wirkungslosigkeit vieler früherer Planungen, da die dort angestellten Überlegungen die Ebene der handelnden Fachkräfte nicht oder nur in Form von „Vorgaben" erreichten.

Die Aufgaben der Planungsfachkraft sind äußerst komplex. Das „Handbuch der örtlichen Sozialplanung" beschreibt ihre verschiedenen Rollen als

„● Organisator – er ist für den Ablauf der Planung verantwortlich;
● Koordinator – er stellt die Querverbindungen zwischen den verschiedenen Gruppen her, sorgt für die kontinuierliche Abstimmung der Zwischenergebnisse der einzelnen Gruppen;
● Methodiker – er schlägt aufgrund seiner Kenntnisse geeignete Planungsmethoden in den verschiedenen Phasen vor und setzt sie ein;
● Vordenker – er entwickelt erste Ideen und Vorstellungen, um den Planungsprozeß in Gang zu bringen;
● Analytiker – er muß die Rahmenbedingungen der Planung analysieren; er muß zum einen Möglichkeiten und Lösungsansätze aufzeigen, zum anderen Widerstände und Grenzen erkennen;
● Materialsammler – er sucht aus Literatur, Gesetzen, Programmen, Fachkonzepten, Problembeschreibungen, Ideen usw. zusammen und erarbeitet daraus Arbeitspapiere, Diskussionsvorlagen usw.;

- Datenbeschaffer – er muß die notwendigen Daten und Informationen beschaffen, die im Verlauf der Planung benötigt werden;
- Moderator – er begleitet die Planungsgruppe und moderiert die Diskusssionen;
- Vermittler – er stellt Verbindungen her zwischen den Entscheidungsgremien und der Planungsgruppe, er sorgt für gegenseitige Information und vermittelt, wenn unterschiedliche Positionen entstanden sind." (DEUTSCHER VEREIN 1986, S. 353 f.)

Als MethodikerIn, DatenbeschafferIn und DatenaufbereiterIn ist die Planungsfachkraft der zentrale Kristallisationspunkt im intern zu gestaltenden Prozeß der Praxisforschung, durch die Fachkräfte selbst. An der Wahrnehmung ihrer Rolle entscheidet sich, ob sich Jugendhilfeplanung als breit verankerter selbstevaluativer Praxisforschungsprozeß im Jugendamt durchsetzen und etablieren kann.

Die Rolle des Planungskoordinators/der Planungskoordinatorin geht aber noch weit darüber hinaus. Er/sie ist z.B. zuständig für das Funktionieren der gegenseitigen Kommunikation und Information. Er/sie nimmt gegenüber den Planungsgruppen darüber hinaus eine Reihe von Servicefunktionen wahr, die allgemein unterschätzt werden, aber von großer Wichtigkeit für eine produktive Arbeitsorganisation sind (Organisation von Schreibarbeiten und Außenkontakten, Öffentlichkeitsarbeit, Terminorganisation, Beschaffen und Zurverfügungstellen von Fachliteratur, Konzepten, Beschlüssen etc.). Schließlich soll eine weitere Funktion des Koordinators/der Koordinatorin nicht unerwähnt bleiben, nämlich die der Meinungsbildung und Konfliktaustragung. Illusorisch wäre es anzunehmen, die Planungsgruppen würden allein schon unter der Maxime der Hierarchiefreiheit, der Informationsoffenheit und der Selbststeuerung konfliktfrei arbeiten (können). Das Gegenteil dürfte eher der Fall sein und ist insoweit auch intendiert, als es die Offenlegung von Widersprüchen ermöglicht, die damit in der Planung ebenfalls zum Gegenstand gemacht werden können und sollen.

Hier ist es die Funktion des Koordinators/der Koordinatorin, die Konflikte offenzulegen, sie zu substantiieren und durch gemeinsame Diskussion und Schlichtungsbemühungen bzw. produktive Aufarbeitungsformen im Rahmen der Planung Lösungen zu finden und damit die Funktionsfähigkeit und Arbeitsfähigkeit der Planungsgruppe zu gewährleisten bzw. wiederherzustellen.

Die aufgeführte Tätigkeitsbeschreibung des Planungskoordinators/der Planungskoordinatorin macht deutlich, daß das Berufsrollenverständnis sich zunehmend von dem des Planers/der Planerin zu dem der Organisationsentwicklungsfachkraft verändert.

Da die Aufgaben der PlanungskoordinatorInnen, wie gezeigt, ein hohes Maß an fachlicher und administrativer Kenntnis sowie ein hohes Maß an methodischen und kommunikativen Fähigkeiten erfordern, dürften BerufsanfängerInnen mit dieser Tätigkeit in der Regel überfordert sein. Unter dem Gesichtspunkt der Qualifikation kommen für Aufgaben der Jugendhilfeplanung am ehesten berufserfahrene SozialwissenschaftlerInnen mit Felderfahrung oder SozialarbeiterInnen/-pädagogInnen mit sozialwissenschaftlicher Planungskompetenz in Frage.

5.3.5 Beteiligungsformen

Betroffenenbeteiligung

Für die Jugendhilfeplanung bestimmt das KJHG zunächst, daß der „Bedarf unter Berücksichtigung der Wünsche, Bedürfnisse und Interessen der jungen Menschen und der Personensorgeberechtigten" (§ 80 Abs. 1 KJHG) zu ermitteln ist und daß „die Planungen insgesamt den Bedürfnissen und Interessen der jungen Menschen und ihrer Familien Rechnung tragen" (§ 80 Abs. 4 KJHG). Mit diesen Formulierungen verzichtet das Gesetz allerdings darauf, konkrete Formen der Beteiligung junger Menschen und ihrer Familien festzuschreiben und überläßt es den Planungsträgern, wie sie die Wünsche und Bedürfnisse ermitteln bzw. einschätzen wollen.

Programmatisch ist die Notwendigkeit der Betroffenenbeteiligung in der Jugendhilfeplanung unbestritten; die Planungsrealität bleibt freilich bis heute weit hinter den formulierten Ansprüchen zurück. Im „Handbuch der örtlichen Sozialplanung" des DEUTSCHEN VEREINS (1986, S. 1131 ff.) wird zwar eine Reihe von direkten und indirekten Beteiligungsformen vorgestellt und erläutert, eine breite, kontinuierliche, planungsbegleitende und direkte Partizipation der von der Jugendhilfeplanung betroffenen Zielgruppen wurde bisher jedoch nur sehr selten realisiert.

Dabei kann die Beteiligung von Planungsbetroffenen und -interessierten durchaus unterschiedliche Formen annehmen und sich auf verschiedene Planungsebenen beziehen. Bezüglich der Formen können auf allgemeinster Ebene unterschieden werden:

- *indirekte (mittelbare) Beteiligung* (die Meinungen und Interessen der Betroffenen werden über Mittler, Repräsentanten etc. in den Planungsprozeß eingebracht),
- *direkte Beteiligung* (alle potentiell und/oder faktisch Betroffenen können sich am Meinungsbildungs- und Entscheidungsprozeß beteiligen).

Bezüglich der Planungsebene kann sich die Beteiligung von einer bloßen Information über Problemlagen und Planungen bis hin zur Beteiligung an der Erstellung des Planungsberichtes und zur Planungsumsetzung erstrecken.

Die mit einem extensiven Beiteiligungsansatz verbundenen Voraussetzungen – intensive Kommunikation, breite Information, Rückkoppelungs- und Verständigungsprozeduren – können allerdings nur unter spezifischen Rahmenbedingungen sinnvoll eingesetzt werden: Sie sind für größere, komplex, umfassend, abstrakter angelegte, auf längerfristige Realisierungen ausgerichtete Gesamt-, Rahmen- und Entwicklungsplanungen weniger geeignet als für konkrete, überschaubare, in der Lebenswelt der Betroffenen angesiedelte Projekte und Vorhaben.

Die folgende Aufzählung einiger grundsätzlicher Beteiligungsverfahren bzw. -modalitäten orientiert sich an einer idealtypisch zu verstehenden Einteilung, wobei jeweils ein Merkmal als das das Verfahren charakterisierende herausgehoben wird (ausführlich vgl. JORDAN/ SCHONE 1992a, S. 173 ff.):

- Bei den *kooperativen Verfahren* steht die Zusammenarbeit von Verwaltung/Planung mit den freien Trägern (Wohlfahrts- und Jugendverbänden), Initiativen und Vereinen im Vordergrund.
- Für die *stellvertretenden Verfahren* ist die mittelbare Interessenvertretung von BürgerInnen/ Betroffenen durch ExpertInnen, Schlüsselpersonen oder durch ausgewählte andere Personen kennzeichnend.
- Charakteristisch für *versammelnde Verfahren* ist, daß BürgerInnen/Betroffene, freie Träger, sonstige Gruppierungen, Verwaltung, Politik, Planung u.a. in eine direkte Kommunikation und Interaktion treten, bei der Meinungsaustausch, Dialog und prinzipiell auch Verständigung möglich sind.
- Die *initiierenden Verfahren* bekommen ihre besondere Qualität dadurch, daß durch sie die unmittelbaren Einflußchancen nichtorganisierter Betroffener auf den Planungsprozeß gesteigert werden sollen.

Bei der Auswahl einzelner Verfahren wäre jeweils zu klären:

- Was soll geplant werden und auf welcher Abstraktionsebene?
- Wie sehen die rechtlichen, finanziellen und organisatorischen Rahmenbedingungen aus, und wie soll geplant werden?
- Welche Ziele verfolgen Planungs- und Beteiligungsträger mit der Beteiligung?
- Für wen wird geplant, und wer soll beteiligt werden?

• Wer ist Planungs- und wer ist ggf. Beteiligungsträger?

Die auf einer vorhergehenden Beantwortung dieser Fragen basierenden Vorschläge und vorzustellenden Beteiligungsmodelle sollten bei alledem nicht den Blick dafür verstellen, daß die wichtigste Voraussetzung für eine gelingende Beteiligung eine Offenheit des Planungsträgers gegenüber den Ergebnissen der Verfahren ist.

Im Alltag der Jugendhilfeplanung lassen sich nun die hier angedeuteten Erwartungen und Standards oft nur annäherungsweise, ggf. nur mit außerordentlich hohem Aufwand realisieren, auch zeigen sich möglicherweise Probleme, mit denen anfangs nicht zu rechnen war.

Angesichts der Tatsache, daß die Notwendigkeit einer verstärkten Beteiligung von BürgerInnen und Betroffenen am kommunalen Entscheidungsprozeß aber heute kaum noch strittig ist, sollen die möglichen Probleme nicht von dieser – zugegebenermaßen schwierigen – Aufgabe abhalten. Die Suche nach angemessenen Formen und Methoden der Betroffenenbeteiligung ist eine herausfordernde Entwicklungsaufgabe, die zu risikobereiten Experimenten auffordert.

Beteiligung freier Träger

Eine ganz andere Beteiligungsdimension liegt in der vom KJHG verpflichtend vorgeschriebenen frühzeitigen Planungsbeteiligung der freien Träger der Jugendhilfe (§ 80 Abs. 3 KJHG). Dieses Beteiligungsgebot ist nicht nur deshalb zu beachten, weil die öffentliche Jugendhilfe zur Zusammenarbeit mit der freien Jugendhilfe verpflichtet ist (§ 4 KJHG) und die freiwillige Tätigkeit auf dem Gebiet der Jugendhilfe anregen und fördern soll (§ 74 KJHG), sondern auch deshalb, weil die finanzielle Förderung der freien Träger davon abhängig gemacht werden kann, daß sie Einrichtungen, Dienste und Veranstaltungen nach Maßgabe der Jugendhilfeplanung anbieten (§ 74 Abs. 2 KJHG) und dabei neben allgemeinen Grundsätzen auch spezifische inhaltliche Anforderungen (z.B. Orientierung an den Interessen der Betroffenen und Sicherung ihrer Einflußnahme auf die Ausgestaltung der Maßnahme; § 74 Abs. 4 KJHG) zu beachten sind. Werden somit freie Träger verbindlicher als in der Vergangenheit in ein abgestimmtes Leistungsangebot eingebunden, so ist verständlich, daß auch deren Mitwirkung an der Angebotsentwicklung unabdingbar ist.

Zur Sicherung einer kontinuierlichen Zusammenarbeit öffentlicher und freier Träger bei der Jugendhilfeplanung bieten sich die nach § 78 KJHG möglichen Arbeitsgemeinschaften an. Diese haben zudem den Vorzug, daß hier nicht nur die anerkannten Träger der freien Jugendhilfe, sondern auch sonstige geförderte Träger mitwirken können.

Auch und gerade in den neuen Bundesländern könnten solche Arbeitsgemeinschaften ein Instrument sein, freie Träger zu gewinnen und ggf. neu zu schaffen. Im Rahmen der Jugendhilfeplanung bestünde die Möglichkeit, diese Träger zu qualifizieren und die Aufgabenfelder zu skizzieren, in denen sie gebraucht werden. Insbesondere mit den Trägern, die nicht als „Filialen" westlicher Sozialkonzerne ihr Engagement anbieten, sondern die sich als Inititativen und Vereine „vor Ort" langsam zu etablieren versuchen und die in der Regel programmatisch noch nicht so festgelegt sind wie traditionelle Träger im Westen, könnten im Zuge gemeinsamer Jugendhilfeplanung noch wichtige Weichenstellungen erfolgen und langfristig aufeinander abgestimmte partnerschaftliche Konzepte öffentlicher und freier Träger im Interesse der jungen Menschen entwickelt werden.

Ein weiteres Forum der Beteiligung der freien Träger besteht durch ihre Vertretung in den jeweiligen Jugendhilfeausschüssen (JHA). Da § 71 Abs. 2 KJHG die Jugendhilfeplanung zu einer herausgehobenen Aufgabe des Jugendhilfeausschusses erklärt und da diese Aufgabe im Rahmen der regelmäßigen Sitzungen meist nicht hinreichend geleistet werden kann, gehen immer mehr Ausschüsse dazu über, Unterausschüsse „Jugendhilfeplanung" zu bilden.

Diese Unterausschüsse sind eine wichtige begleitende und beratende Instanz für die Planungsgruppen, da durch sie alle wichtigen Repräsentanten und Funktionen öffentlicher und freier Träger den Planungsprozeß begleiten. Hierzu ist es allerdings nötig, daß der Personenkreis über die Mitglieder im JHA hinaus erweitert werden kann, um weitere Bereiche und Trägergruppen berücksichtigen zu können.

Der Unterausschuß „Jugendhilfeplanung" muß ständig über den Stand der Arbeit unterrichtet sein, da er ein zentrales Bindeglied zu den Entscheidungsträgern (JHA/Rat) darstellt und damit für notwendig erachtete Entscheidungen hier entsprechend inhaltlich und fachpolitisch vorbereitet werden können.

5.4 Planungsberatung durch externe Institute

Gerade für die Praxisforschungsinstitutionen im Bereich der Jugendhilfe stellt die Jugendhilfeplanung eine besondere Herausforderung dar. Da sie zum zentralen Steuerungs- und Gestaltungsinstrument der kommunalen Jugendhilfe wird, entscheidet sich hier, ob und wieweit sozialpädagogische Praxisforschung Impulsgeber für innovative Praxisentwicklungen sein kann. Die Implementation von Ergebnissen und Empfehlungen, die im Rahmen von Praxisforschungsprojekten erarbeitet wurden, über das Instrument der Jugendhilfeplanung, stellt die „Nagelprobe" dar, unter der sich die angestrebte Praxisrelevanz unter Beweis stellen muß.

Im Zuge der Jugendhilfeplanung kann und muß sich erweisen, ob, wie und unter welchen Voraussetzungen und ggf. mit welchen Abstrichen die Erkenntnisse (Analysen) von Praxisforschung in konkrete Maßnahmeprogramme umgesetzt werden können und damit zur Entwicklung (Veränderung) der kommunalen Praxis beitragen können.

Es gibt zwischenzeitlich eine Vielzahl sozialwissenschaftlicher Forschungs- und Praxisberatungsinstitute, Hochschulen und Fachhochschulen, die ihre Dienste für die kommunale Jugendhilfeplanung anbieten. Diese Angebote reichen von der einfachen Konzeptberatung für die Gestaltung der Jugendhilfeplanung bis hin zur kompletten Planerstellung für Teilbereiche (Freizeitstättenplan, Kindergartenbedarfsplan) oder gar für das gesamte Aufgabenspektrum des Jugendamtes (Gesamtplan).

Die Heterogenität dieses Angebotes erfordert von den Kommunen, die sich externer Beratung, Hilfe oder Unterstützung bedienen wollen, eine intensive Auseinandersetzung mit den jeweils von den externen Institutionen verfolgten Planungsansätzen, Planungsphilosophien und Arbeitskonzepten. Dabei ist eine umfassende Vergabe der Planung an externe Institute und Institutionen mit der Verpflichtung der Jugendämter zur kontinuierlichen Planung allerdings nicht vereinbar.

Externe Planungsbeteiligung darf die Entwicklung eigener Planungskompetenz im Jugendamt nicht behindern. Sie muß daraufhin überprüft werden, welchen Beitrag sie zur langfristigen Absicherung der Pflichtaufgabe „Jugendhilfeplanung" im Jugendamt (über ihren aktuellen Einbezug hinaus) leistet. Alle Aktivitäten der externen BeraterInnen müssen für die Akteure vor Ort transparent sein (Wie und auf welcher Grundlage werden bestimmte Expertisen verfaßt? Wie und auf welcher Grundlage werden Fragebögen entwickelt bzw. Daten ausgewertet?). Bei allen Aktivitäten extener Institutionen ist ein zentrales Kriterium, daß der Transfer des entsprechenden Know-hows an das Jugendamt gewährleistet ist. Die Erstellung spezifischer Planungsmaterialien (Fragebögen, Sozialatlas u.a.) sollte so organisiert sein, daß entsprechende Aktivitäten zukünftig in eigener Regie und Verantwortung (und möglichst auch mit eigenen Ressourcen) des Jugendamtes durchgeführt werden können.

Unter den genannten Prämissen können und sollten Institute und Fachinstitutionen aufgefordert werden, ihren Sachverstand im Rahmen externer Planungsberatung in die kommunale Planung einzubringen. Dies könnte insbesondere auf folgenden Ebenen geschehen:

Beratung

Wesentliche Aufgabe externer Planungsbeteiligung ist die Beratung der kommunalen Jugendhilfe bei Einleitung und Durchführung der Planung. Hierzu gehören insbesondere die Beratung in Fragen der Organisation der Planung, die Beratung in Fragen der Prozeßgestaltung (Wer ist wann wie beteiligt bzw. zu beteiligen?), die Beratung in Fragen der Methodik (Bestandsaufnahme, Bedarfsermittlung) sowie die Fachberatung zur Sicherstellung inhaltlicher, fachlicher Standards im Rahmen der Jugendhilfeplanung.

Qualifizierung

Weitere Aufgabe externer Planungsinstitutionen ist die institutionsbezogene Qualifizierung der Fachkräfte der Jugendhilfe zur Wahrnehmung von Planungsaufgaben. Ausgehend von der Überlegung, daß Planung nicht auf isolierte PlanerInnen/Planungsstäbe reduziert sein darf, geht es um die spezifische Planungsqualifizierung aller Fachkräfte (Stichwort: Vom Fall zum Feld). Darüber hinaus kann externe Planungsbeteiligung durch Veranstaltungen zu spezifischen Fragestellungen der Jugendhilfe (z.B. Verhältnis von Trennungs- und Scheidungsberatung, § 17 KJHG, und Familiengerichtshilfe, § 50 KJHG) zu einer fundierten fachlichen und fachpolitischen Willensbildung beitragen. Externe Institute haben hier den Vorteil, den notwendigen Abstand zu den Alltagsdiskussion im Jugendamt sicherstellen zu können.

Moderation

Moderationsaufgaben für externe Planungsinstitutionen ergeben sich insbesondere bei der Durchführung von Stadtteil- bzw. Regionalkonferenzen sowie bei versammelnden Verfahren der Betroffenenbeteiligung. Da sowohl das Jugendamt als auch freie Träger als auch politische Vertreter der jeweiligen Region/des jeweiligen Stadtteils Verfahrensbeteiligte sind, kann eine externe Moderation hier sehr diskussionsfördernd sein. Eine weitere Moderationsaufgabe für externe Institutionen kann sich ergeben, wenn es Konflikte beim Transfer von fachlichen bzw. fachpolitischen Ergebnissen in die kommunalpolitische Ebene gibt. Externe Beratung kann hier (als nicht Verfahrensbeteiligte) wertvolle Moderations- und Übersetzungstätigkeit im Rahmen von Politikberatung leisten.

Übernahme eigenständiger Aufgaben

Neben den Aufgaben der Beratung, Qualifizierung und Moderation können externe Institutionen auch eigenständige Aufgaben im Rahmen der Jugendhilfeplanung übernehmen. Hierzu gehört insbesondere das Anfertigen von Expertisen oder empirischen Studien zu Einzelfragen, spezielle Datenerhebungen, die die Ressourcen des Jugendamtes übersteigen, die Anwendung spezifischer Möglichkeiten der Datenaufbereitung (Sozialatlas) sowie die Evaluation von bestehenden Maßnahmeprogrammen.

All die hier genannten Betätigungsmöglichkeiten externer Institutionen stehen unter dem Vorbehalt, daß beim öffentlichen Planungsträger eine hierfür empfängliche Planungsstruktur (insbesondere hauptamtliche Planungsfachkräfte) besteht. Dann allerdings können externe Institute eine erhebliche Initialwirkung erzielen, indem sie den Jugendämtern, die bisher noch keine Planung betrieben haben, mit dem entsprechenden Planungs-know-how zur Seite stehen. Als optimal erweist es sich, wenn eine amtsinterne Planungsfachkraft im Zusammenspiel mit externer Planungsberatung und -unterstützung den Planungsprozeß initiieren und begleiten kann.

Soll unter dem hier skizzierten Aufgabenverständnis eine externe Planungsberatung hinzugezogen werden, empfiehlt es sich, mindestens folgende Rahmenvereinbarungen zu treffen:

● durchgehender Verbleib der Planungsverantwortung im Beratungsprozeß beim öffentlichen Träger,
● detaillierte Vereinbarungen zum Planungskonzept (z.B. Planungsinhalte, Arbeitsschritte, Mitwirkung der Fachkräfte im Planungsprozeß),
● Beschränkung auf einen begrenzten Zeitrahmen.

5.5 Zusammenfassung

Es wurde versucht, einen Planungsansatz zu skizzieren, den man als partizipativ-prozeß-orientiert bezeichnen kann. Er hebt ab auf die Grundidee, die fachlichen Ressourcen der Fachkräfte in der Praxis zu nutzen und die Fachkräfte – auch als Anwälte der von ihnen beratenen und betreuten jungen Menschen – verantwortlich in die Planung einzubinden. Nicht der fertige Plan ist das Kriterium für die Qualität der Planung, sondern die Ingangsetzung eines kommunalen fachlichen und jugendhilfepolitischen Entwicklungsprozesses. Als Voraussetzungen für ein solches Planungsmodell lassen sich folgende Faktoren benennen:

„● Die Kompetenzausweitung der PraxismitarbeiterInnen muß politisch gewollt und gestützt werden.
● Es muß von seiten der PraxismitarbeiterInnen die Bereitschaft zur Mitarbeit gewährleistet und abgesichert sein.
● Das Gelingen setzt (...) die Bereitschaft nicht-kommunaler Träger zur Mitarbeit voraus.
- Der Prozeß muß durch Fachpersonal begleitet und unterstützt werden." (HAFENEGER u.a. 1991, S. 389).

Wird Jugendhilfeplanung auf dieser Basis eingeleitet und durchgeführt, führt dies unweigerlich zu einer Veränderung der Kommunikationsstruktur und Diskussionskultur sowohl zwischen den Fachkräften und den Instanzen der Verwaltung, der Verbände, der Politik, im Verhältnis der Fachkräfte untereinander als auch – last, not least – in der Beziehung zu den jungen Menschen und ihren Familien, für die Jugendhilfe schließlich antritt.

Jugendhilfeplanung ist damit der ständige Versuch, ein Handlungsfeld zu reflektieren und zu gestalten, in das die planenden Personen selbst unmittelbar eingebunden sind, so daß sie durch ihr eigenes Handeln Erfolg und Mißerfolg von Planungen jederzeit beeinflussen können. Eine solche Ausgangslage läßt geradlinige Weiterentwicklungen nicht erwarten. Jugendhilfeplanung muß sich daher immer wieder ihres eigenen Standes und ihrer Methoden vergewissern, um ihre Aufgaben wahrnehmen zu können und um ihre Ziele nicht zu verfehlen.

Die hier vorgenommene Darstellung erhebt deshalb nicht den Anspruch der praktischen und theoretischen Geschlossenheit im Sinne einer bestimmten Planungsideologie, sondern soll allenfalls eine Anregung an Planungsträger darstellen, sich auf innovative Planungsverfahren, kritische Auseinandersetzungen und fachliche Weiterentwicklungen einzulassen.

5.6 Nachspann – Jugendhilfeplanung: ein expandierendes Aufgabenfeld

Das Thema Jugendhilfeplanung befindet sich gegenwärtig im Aufwind. Schien es in den letzten Jahren eher in den Hintergrund der politischen und fachlichen Diskussion in der Jugendhilfe getreten zu sein, von böswilligen Stimmen als Luxus, Mode-Erscheinung bzw. „Kür" abgewertet, so ist heute ein erkennbarer Akzeptanzgewinn der Planungsdiskussion in der Jugendhilfe zu erkennen. Intensive Aktivitäten auf kommunaler und überörtlicher Ebene, eine Vielzahl einschlägiger Tagungen, Veröffentlichungen und Stellungnahmen sind hierfür nicht zu übersehende Indikatoren. Zweifelsohne ist dies eine Reaktion auf das Kinder- und Jugendhilfegesetz (KJHG), das die Jugendhilfeplanung aufwertet und zur Pflichtaufgabe macht.

Auch wenn Planung für Fachverwaltung (Jugendamt), freie Träger, MitarbeiterInnen, Jugendhilfeausschuß, PolitikerInnen vordergründig als zusätzliche und neue Aufgabe erscheinen mag, die Personal, Mittel und Zeit bindet, so sollte doch nicht die mittel- und längerfristig wirksame Produktivität einer qualifizierten (also nicht für Selbstdarstellungszwecke zweckentfremdeten) Jugendhilfeplanung übersehen werden. Und: Eine qualifizierte, aussagekräftige und verbindliche Planung der kommunalen Jugendhilfe wird in Zukunft noch weiter an Bedeutung gewinnen. Aufgrund auch weiterhin knapper, sich eher noch verknappender, kommunaler Ressourcen (Steuerreform) und der demographischen Entwicklung (Rückgang der Zahl der Minderjährigen) wird Jugendhilfe mit immer neuen Anforderungen konfrontiert.

Einmal wird sie neue und veränderte Aufgaben nicht mehr mit zusätzlichen Mitteln finanzieren können, sondern wird darauf angewiesen sein, gegebene Mittel umzuschichten. Zum anderen wird Jugendhilfe unter einen verstärkten Legitimationsdruck geraten, wird plausibel machen müssen, warum sie bei abnehmender Population ihren Bestand halten (wenn nicht ausbauen) will.

Soll auf diese Anforderungen nicht willkürlich, zufällig und/oder kurzatmig reagiert werden, soll es fachliche Argumentationszusammenhänge geben, die die berechtigten Interessen der Jugendhilfe im kommunalen Bereich plausibel und legitimierbar machen, so kann eine enge Verbindung von sozialpädagogischer Praxisforschung einerseits und Jugendhilfeplanung andererseits hierfür Basis und Voraussetzungen schaffen. So gesehen sind sowohl Praxisforschung als auch Planung eine zukunftsorientierte Notwendigkeit kommunaler Jugendhilfepolitik. (vgl. JORDAN/SENGLING 1988, S. 241 ff.)

Dabei hätten sowohl Praxisforschung als auch Planung die öffentlichen und freien Träger der Jugendhilfe beim Überdenken bisheriger Zielkonzeptionen und der Überprüfung eingesetzter Mittel zu unterstützen und darüber hinaus dem Auftrag von Jugendhilfe gerecht zu werden, Handlungsstrategien für die

Verbesserung der Lebensbedingungen junger Menschen (Sozialisationsbedingungen) und ihrer Familien zu entwerfen. Vor allem die grundsätzlichen Zielvorgaben für die Jugendhilfe (§ 1 KJHG) fordern von dieser (und somit auch von jugendhilfebezogener Praxisforschung und von Jugendhilfeplanung) einen Beitrag zum Abbau sozialer Ungleichheit, zur Sicherung der allgemeinen Förderung junger Menschen und zum Ausgleich besonderer Benachteiligungen. Sozialpädagogische Praxisforschung und Jugendhilfeplanung hätten somit auch einen Beitrag zu leisten zu einer offensiven kommunalen Sozialpolitik für junge Menschen und ihre Familien (Stichwort: Einmischung).

Alles in allem stellt sich die Verbindung von Praxisforschung und Jugendhilfeplanung als ein durchaus anspruchsvoll und vielschichtig zu sehender Prozeß von Problemanalyse, Bedarfsermittlung, Angebotsplanung, Entscheidungsvorbereitung, Umsetzung und Evaluation dar.

Daß dieses auch von den verantwortlichen Akteuren kommunaler Jugendhilfe so gesehen wird, zeigt sich in der Fülle der Anfragen an entsprechende Institute. Das Bedürfnis nach wissenschaftlich begleiteter (Um-)Gestaltung der Jugendhilfe ist groß. Allein vom Institut für soziale Arbeit werden zu Beginn des Jahres 1994 zehn verschiedene Städte und Kreise mit unterschiedlichen Schwerpunktsetzungen bei der Gestaltung ihrer Jugendhilfeplanung beraten und unterstützt. Dabei liegt es in der Natur der Sache, daß im Rahmen der Jugendhilfeplanung der Aspekt der konkreten Maßnahmeplanung (Veränderungsperspektive) gegenüber der Analyse-Ebene zunehmend an Gewicht gewinnt.

Dabei beziehen sowohl die Analyseperspektive als auch die Veränderungsperspektive alle Interventions- und Zielebenen von der Motivierung Betroffener über die Qualifizierung der beruflichen Akteure und die Strukturierung der institutionellen Voraussetzungen bis hin zur Begründung (kommunal)politisch-administrativer Entscheidungen im Sinne einer idealtypischen Linie mit ein.

Auch wenn die Verantwortung für das hier dargelegte Praxisforschungs- und -entwicklungskonzept bei den öffentlichen Trägern der Jugendhilfe (Jugendämter) – sprich: den dort tätigen Fachkräften – verbleibt und es sogar explizit das Ziel ist, selbstevaluative Praxisforschungskompetenz dort zu verankern, bedeutet dies nicht, daß die Ergebnisse und deren Interpretation dem öffentlichen Diskurs entzogen sind. Es ist umgekehrt gerade ein Strukturmerkmal des hier vorgestellten Ansatzes, daß sowohl über das Verfahren als auch über die Gewinnung und Bewertung der Daten und Informationen (Analyse) sowie über die daraus gezogenen Planungsempfehlungen (Veränderungsperspektiven) die öffentliche Diskussion mit Betroffenen, Fachkräften, PlanerInnen und WissenschaftlerInnen in Form eines umfassenden evaluativen Diskurses gesucht wird.

Teil C
PERSPEKTIVEN

6. Sozialpädagogische Praxisforschung – Rückblick und Perspektiven

Wir haben eingangs dieser Arbeit sozialpädagogische Praxisforschung definiert als

- die Erforschung von Ursachen sozialer Probleme als Auslöser beruflichen Handelns,
- die empirische Begleitung und Analyse der Gestaltung sozialer Arbeit und der mit beruflichem Handeln verbundenen Prozesse in der sozialen Arbeit,
- die Einschätzung (Evaluation) von Wirkungen und Folgen sozialarbeiterischer/sozialpädagogischer Programme, Konzepte und Interventionen.

Ausgehend von dieser Definition haben wir festgestellt, daß Praxisforschung in zweierlei Hinsicht auf Praxis orientiert ist. Zum einen bezieht sie ihre Fragestellungen aus dem Gesamtkontext beruflichen Handelns. Zum anderen ist sie als praxisorientierte Forschung auf Anwendung hin orientiert, d.h. sie tritt mit dem Anspruch auf, Praxisprobleme lösen zu helfen.

Dabei umfaßt der Begriff Praxisforschung ein breites Spektrum unterschiedlicher Forschungsanlässe und -formen (vgl. 1.2.1). Die in 1.3 entwickelte Matrix der möglichen Ziel- und Interventionsebenen stellte in Verbindung mit der von HEINER (1988a) vorgenommenen Typisierung zur jeweiligen Gewichtung des Verhältnisses von Forschung und Praxis im sozialpädgogischen Forschungsprozeß eine geeignete Grundlage dar, dieses Spektrum darzustellen und Zuordnungen einzelner Praxisforschungsprojekte vornehmen zu können.

Die in Teil B dieser Arbeit dargestellten Projekte repräsentieren – wie zu zeigen war – einen erheblichen Teil dieses Spektrums. Dabei sind sie insbesondere geprägt durch ganz unterschiedliche Bestimmungen des Theorie-Praxis-Verhältnisses und durch unterschiedliche Wahrnehmungen der Transferproblematik. Anhand der in Kapitel 1 herausgearbeiteten Typologie ließ sich zudem darstellen, daß die referierten Projekte eine deutliche Entwicklungslinie bezüglich der anvisierten Forschungsebenen aufweisen. Während die ersten beiden Projekte (vgl. Kap. 2 und 3) noch auf einer sehr allgemeinen Ziel- und Interventionsebene angesiedelt waren, verlagerte sich das Interesse im dritten Projekt (vgl. Kap. 4) deutlich zugunsten der direkt auf das berufliche Handeln bezogenen Ziel- und Interventionsebenen. Im Konzept der Beratung der Jugendhilfeplanung (zwischen sozialpädagogischer Praxisforschung, Organisationsentwicklung und Jugendhilfepolitik) (vgl. Kap. 5) wurde dann der Versuch unternommen, bezüglich der Ziel- und Interventionsebenen eine Ideallinie zu entwickeln.

Die Projekte zur Untersuchung ambulanter Erziehungshilfe (vgl. Kap. 2) und zum Grenzbereich von Jugendhilfe und Jugendpsychiatrie (vgl. Kap. 3) waren am ehesten dem Typus einer externen Wirkungskontrolle durch Praxisforschung zuzuordnen. Da sie in erster Linie auf die politisch-administrative und institutionelle Ebene zielten und die Ergebnisse vorrangig dem Ziel der Entscheidungsfindung und Entscheidungsbegründung der Verantwortlichen dieser Ebenen dienen sollten, stellten die in diesen Projekten herausgearbeiteten Überlegungen zum Praxistransfer von Ergebnissen und Empfehlungen vorwiegend programmatische Aussagen für eben diese Ebenen dar.

Das Königsborner Ein-Eltern-Projekt (vgl. Kap. 4) bot als Modellprojekt die besten Voraussetzungen für eine enge Kooperation zwischen Forschung und Praxis. Das auf (Neu-)Strukturierung und Qualifizierung der institutionellen Ebene und der Fachkräfteebene zielende Projekt bot die deutlichsten Impulse für eine intensive Zusammenarbeit zwischen Forschung und Praxis. Über die wissenschaftliche Begleitung war schon konzeptionell eine dichte Verzahnung von WissenschaftlerInnen und PraktikerInnen gewährleistet, waren also Auseinandersetzungen und produktive Rückkoppelungen zwischen den Systemen schon allein institutionell angelegt.

Bei der wissenschaftlichen Beratung und Unterstützung kommunaler Jugendhilfeplanung (vgl. Kap. 5) gibt es, da Praxisforschung hier als Forschung durch Praxis definiert ist, eine handlungslogisch Dominanz der PraktikerInnen-Seite. Hier müssen die wissenschaftlichen Standards und die Ergebnissicherung gegenüber den unmittelbaren Praxisgestaltungs- und -veränderungsinteressen eigens durchgesetzt werden, da Ergebnisse für die Weiterentwicklung der Sozialpädagogik als Wissenschaft hier nicht unmittelbar angestrebt werden, sondern eher produktive Nebenerscheinungen sind. Ausgehend davon, daß in diesem Konzept die Mitarbeiter und Mitarbeiterinnen selbst zu ForscherInnen ihrer eigenen Praxis werden, sollte deutlich gemacht werden, daß es möglich ist, die Regeln des sozialpädagogischen Handelns und des wissenschaftlichen Handelns so zu synchronisieren, daß im Sinne einer kritischen Hermeneutik eine wissenschaftlich orientierte Praxis (Selbstevaluation) ebenso möglich ist, wie eine praxisorientierte Wissenschaft.

In allen Projekten wurden sowohl die Fragestellungen als auch die angewandten Methoden in enger Abstimmung mit den AdressatInnen der Forschungsergebnisse entwickelt. Entsprechend den intendierten Interventions- und Zielebenen waren dieses in der Untersuchung ambulanter Erziehungshilfen das Landesjugendamt, die kommunalen Spitzenverbände sowie die Spitzenverbände der freien Wohlfahrtspflege; in der Untersuchung zum Grenzbereich von Jugendhilfe und Jugendpsychiatrie in Hamburg der jugendpsychiatrische Dienst der Stadt Hamburg; in der wissenschaftlichen Begleitung des Ein-Eltern-Modellprojektes die Vereinsmitglieder (Projektbeirat) und Mitarbeiterinnen; im

Konzept der Jugendhilfeplanung die VertreterInnen der kommunalen Politik, die Verwaltung sowie die Fachkräfte der Jugendhilfe.

Mit den hier genannten PartnerInnen galt es zunächst eine Verständigung über die fachlichen und fachpolitischen Grundlagen der jeweiligen Projekte herzustellen und darauf aufbauend die inhaltlichen Fragestellungen, die Zielsetzungen und das methodische Konzept auszuhandeln. Diese Diskussionen schufen die Grundlage für produktive Kooperationsbündnisse zwischen ForscherInnen und PraktikerInnen. Die referierten Projektdarstellungen (Berichte) sind allerdings nur begrenzt in der Lage, die vielfältigen, im Verlauf der Projekte aufgetretenen Diskussionen, Auseinandersetzungen und ggf. Konflikte umfassend, d.h. mit all ihren Facetten und „Sackgassen", abzubilden. Dies liegt daran, daß die Projektdarstellungen – als Verschriftlichung des Forschungsprozesses und seiner Ergebnisse – eher das summative Element der Praxisforschung in den Vordergrund rücken. Der prozessuale Charakter der Projekte, der gegenseitige Lernprozeß bei der Diskussion der fachlichen und fachpolitischen Grundlagen, bei der Entwickung der relevanten Fragestellungen, bei der Entwicklung und Abstimmung der Erhebungsinstrumente, bei der Interpretation der Daten und Informationen im Zuge des evaluativen Diskurses (vgl. 1.1.2) und bei den aus den Ergebnissen abzuleitenden Folgerungen für die (Neu-)Gestaltung der Praxis, bleibt für nicht am Projekt Beteiligte – bedingt durch die Darstellungsform – zumeist im Hintergrund. Bezogen auf die Darstellung von Projektergebnissen besteht daher durchaus ein Entwicklungsbedarf, auch komplexere Aushandlungsprozesse in ihren Positionen und Begründungen abzubilden und Lernprozesse nachvollziehbar zu machen.[11] An Grenzen stößt dies allerdings dort, wo Konflikte im Feld selbst durch eine „Veröffentlichung" eher verschärft und festgeschrieben und damit langfristig produktive Lösungen verhindert würden.

Für alle in dieser Arbeit dargestellten Projekte galt jedoch, daß eine gemeinsame fachliche und fachpolitische Arbeitsplattform zwischen den politischen EntscheidungsträgerInnen, den PraktikerInnen und den PraxisforscherInnen hinsichtlich des Gegenstandes der Forschung, den damit verbundenen Fragestellungen sowie der methodischen Ausgestaltung der Arbeit bestand bzw. geschaffen werden konnte. Wäre dies nicht gelungen, wäre – in einem Extrem – gegenseitige Ignoranz zum Präjudiz für erwartete und dann sicher auch eintretende Irrelevanz der Ergebnisse geworden, oder hätte – im anderen Extrem – der unauflösbare Konflikt zwischen den beteiligten PraktikerInnen und WissenschaftlerInnen zur Blockade für innovative Analyse- und Veränderungs-

---

11 Als Beispiel für einen weitgehenden Versuch in diese Richtung mag durchaus das Projekt "'Grenzfälle' zwischen Heimen und Psychiatrie" (vgl. Kap. 3) dienen. Allerdings war hier die Kontroverse zwischen den Hilfesystemen auch das zentrale Thema des Praxisforschungsprojektes selbst.

prozesse geführt.

Wie aus der kurzen Rückschau auf die in dieser Arbeit dargestellten Projekte deutlich wird, ist es erforderlich, ein ganz spezifisches Kooperationsverhältnis zwischen sozialpädagogischen PraktikerInnen und ForscherInnen zu begründen, um Praxisforschung als Instrument einer kritischen Aufklärung im Kontext einer alltags- und lebensweltorientierten sozialpädagogischen Praxis wirksam werden zu lassen (vgl. 1.1.3). Wir haben in 1.1 die von THIERSCH (1978) definierte „Alltagswende" als forschungsleitendes Paradigma der Praxisforschung referiert und dabei festgestellt, daß der Begriff des „Alltags" dabei zu einer Leitformel wird, die (sozial)pädagogische Praxis und (sozial)pädagogische Wissenschaft zusammenführt, ohne sie allerdings zu verschmelzen. Diese Leitformel hat also nicht nur Bedeutung für das Verständnis und die Organisation wissenschaftlicher Erkenntnisprozesse (kritische Hermeneutik), sondern hat ihren Ausfluß ebenso auf die Gestaltung praktischer Erkenntnis- und Handlungsprozesse im beruflichen Alltag von SozialpädagogInnen.

Da sich sozialpädagogische Praxisforschung auf die Voraussetzungen, die Gestaltung und die Folgen beruflichen Handelns bezieht, ist daher zu fragen, welches Handlungskonzept die Position einer kritischen Hermeneutik für die sozialpädagogische Praxis nahelegt. DEWE u.a. (1993) entwerfen vor diesem Hintergrund ein alltags- und lebensweltorientiertes Professionalisierungskonzept der Sozialarbeit/Sozialpädagogik, welches dem Konzept der altruistischen Professionalisierung (SozialarbeiterInnen/SozialpädagogInnen als „professionelle Altruisten") auf der einen Seite und dem Konzept der wissenschaftsrationalen Professionalisierung (SozialarbeiterInnen/SozialpädagogInnen als „Sozialingenieure") auf der anderen Seite das Modell einer lebenslagenbezogenen Professionalisierung (SozialarbeiterInnen/SozialpädagogInnen als „stellvertretende DeuterInnen") entgegengesetzt. (vgl. ebd., S. 26 ff.) Das zentrale Agens dieses Konzeptes ist nicht das Angebot der stellvertretenden Problemlösung, mit dem Risiko der Entmündigung der KlientInnen, wie es den beiden erstgenannten Konzepten – wenn auch aus unterschiedlichen Motive und Selbstverständnissen gespeist – zugrunde liegt, sondern die stellvertretende Problemdeutung auf der Grundlage eines wissenschaftlich und praktisch begründeten Handlungskonzeptes mit dem Ziel der Mobilisierung von Selbsthilfepotentialen der KlientInnen.

„Bei dem Konzept der lebenslagen- und lebensweltorientierten Professionalisierung der Sozialarbeit und Sozialpädagogik handelt es sich nicht lediglich um einen Prozeß der Vermittlung wissenschaftlich erzeugter Erkenntnisse und Ergebnisse an Adressaten und Klienten, sondern es geht hier um die Beantwortung der schwierigen Fragen der – gerade nicht direkten – Transformierbarkeit des in vornehmlich distanzierter und auch handlungsentlastender Perspektive gewonnenen wissenschaftlich-fallübergreifenden Wissens in die alltagsweltliche und berufliche Praxis, wo vorrangig Fallspezifisches und Individuelles je kontextspezifisch zum Tragen kommt. (...) Es liegt hier ein Versuch vor, der wissenschaftliches Erklärungswissen und alltagspraktisches Handlungswissen in der Gestalt berufspraktischen

Handelns von Professionellen versöhnen kann. Dies scheint deshalb zu gelingen, weil im Zusammenhang eines doppelten Rückgriffs des professionell Handelnden auf wissenschaftlich-universalistisches Regelwissen einerseits als auch auf partikularistisches, fallbezogenes alltagspragmatisches Handeln-Können andererseits (...) die Logik eines solchen lebensweltbezogenen Handlungstyps rekonstruiert werden kann. Im Rahmen einer solchen stellvertretenden professionellen Vermittlungsposition zwischen Wissenschaft und alltäglicher Lebenspraxis kann professionalisiertes Handeln im Kontext dieser Lesart als widersprüchliche Einheit von universalisierter Regelanwendung auf wissenschaftlicher Grundlage, inklusive der Neutralitätsverpflichtung, und einem hermeneutischen Fallverstehen aufgefaßt werden." (DEWE u.a. 1993, S. 36)

Eine wesentliche Voraussetzung für die Umsetzung eines solchen Professionalisierungskonzeptes ist allerdings, daß wissenschaftlich begründetes Regelwissen auch tatsächlich in der Art gewonnen und aufbereitet wird, d.h. verfügbar ist, daß die professionellen Akteure den hier geforderten Spagat der Gleichzeitigkeit von allgemeinem Regelwissen (Theorie) und individuellem Fallverstehen auch zu leisten in der Lage sind. Sozialpädagogische Praxisforschung stellt durch ihre dargestellte Verankerung in den Systemen Wissenschaft und Praxis (vgl. 1.2) ein wesentliches Bindeglied zwischen diesen beiden Ebenen dar und gewinnt allein von daher ihre Bedeutung als notwendiges Pendant zu dem von DEWE u.a. definierten Konzept einer lebenslagenbezogenen Professionalität.

Die Brückenfunktion, die DEWE u.a. in ihrem Konzept den professionellen Akteuren zuschreiben, kennzeichnet daher m.E. auch die Rolle der Praxisforschung, allerdings mit dem Unterschied, daß Praxisforschung – trotz ihres Interventionscharakters – vom unmittelbaren Handlungsdruck der beruflichen Praxis entlastet ist.

So gesehen, stellen das kritisch-hermeneutische Konzept der sozialpädagogischen Praxisforschung als forschungsleitendes Paradigma und das Konzept einer lebenslagenbezogenen Sozialarbeit als handlungsleitendes Paradigma der „Alltagswende" die jeweiligen „Brückenpfeiler" dar, zwischen denen der Theorie-Praxis-Transfer realisiert werden muß.

Die spezifische Leistung, welche Praxisforschung in diesem Konzept erbringt, ist die Untersuchung und Thematisierung der impliziten Regeln, welche dem Handeln der beruflichen Akteure zugrundeliegen, mit dem Ziel, sie dem Diskurs zugänglich zu machen. Damit eröffnet sie PraktikerInnen die Möglichkeit eines besseren Selbstverständnisses und schafft Optionen für eine andere, problemadäquatere Aufgabenwahrnehmung.

Für den/die PraxisforscherIn ist es dabei unverzichtbar, eine „Insider-Perspektive" bezogen auf den Untersuchungsbereich einzunehmen, um dessen implizite Regeln verstehen zu können und um sicherzustellen, daß die gewählten Instrumente, Verfahrensweisen, Begrifflichkeiten, Klassifikationsprinzipien auch ein „empirisches Pendant" (vgl. DEWE u.a. 1986, S. 107) haben, d.h. sich mit der empirisch vorfindbaren Wirklichkeit in Einklang bringen lassen.

Andererseits ist es aber ebenso unverzichtbar, auch systematisch die „Outsider-Perspektive" einzunehmen, um regelhafte Strukturen (d.h. das Regelhafte im einzelnen Fall) auch erkennen und analysieren zu können.

Es erfordert von den PraxisforscherInnen einen ständigen Wechsel von Innen- und Außenbetrachtung, wobei sie ein Gleichgewicht herstellen müssen, welches sie einerseits davor schützt, als „Insider" ihre Analysefähigkeit zu verlieren, und sie andererseits davor bewahrt, nicht verstehende AußenseiterInnen zu bleiben.

GRAF (1990) beschreibt diesen Wechsel zwischen Insider- und Outsider-Perspektive mit der Figur der Spirale. „Die spiralige Bewegung der *Hermeneutik des Sozialen* verläuft dabei zwischen den Polen von Engagement und Distanzierung. Der Forscher nähert sich neugierig seinen Objekten, taucht ein – sich mit ihnen identifizierend – in die ihm fremde Welt der Anderen. Er macht seine Beobachtungen und beobachtet sich selbst. In der Konfrontation mit seinem Material distanziert er sich wieder von der gemachten Identifizierung. Die Erfahrung des sozialen Todes hilft ihm, sich daran zu erinnern, daß er nicht zur Welt seiner Objekte gehört. Die Theorie dient ihm dabei als Bezugspunkt in diesem Triangulationsprozeß. Aus dieser Bewegung resultieren neue Erkenntnisse und Hypothesen, die bei einem nächsten Besuch in der fremden Welt wieder überprüft werden können." (GRAF 1990, S. 8)

Wenn Praxisforschung ihre spezifische Erkenntnisfähigkeit aus dem ständigen Wechsel von Insider- und Outsider-Perspektive erhält, ist dies gleichbedeutend mit einem offenen Herantreten an und einem sich Einlassen auf die Alltagswelt der Betroffenen mit all ihren Symbolen, Störungen, Widersprüchen und Paradoxien. (vgl. DEWE u.a. 1986, S. 98) Praxisforschung ist bemüht, begriffliche und kategoriale Interpretationen aus dem Alltagskontext und den dort verfügbaren Daten selbst zu entwickeln und diese nicht zum bloßen Prüfkriterium von im voraus abgeleiteten und entwickelten Hypothesen zu degradieren.

Eine Praxisforschung, die in zweierlei Hinsicht auf Praxis orientiert ist (indem sie einerseits Fragestellungen aus der Praxis aufnimmt und indem sie andererseits anwendungsbezogen konzipiert ist), sucht die diskursive Auseinandersetzung mit der Praxis und ist im Rahmen einer explorativen Datenanalyse (vgl. hierzu VIKTOR u.a. 1980) bereit, sich von den eigenen Vor-Meinungen zu lösen und sich durch die Daten und deren mögliche Interpretationen belehren zu lassen. (vgl. DEWE u.a. 1986, S. 99 ff.)

Die Innenperspektive ist gekennzeichnet durch die Verständigung der PraxisforscherInnen mit den im Feld tätigen Menschen. Der Maßstab für das Gelingen, eine realistische Innenperspektive herzustellen, ist die Verständigung zwischen ForscherInnen und PraktikerInnen über den Gegenstand der Untersuchung und über die im Feld gültigen Relevanzkriterien der Praxis. Die

Außenperspektive ist dagegen einerseits geprägt durch die Zugehörigkeit der ForscherInnen zu wissenschaftlichen Institutionen und die dort gegebenen Möglichkeiten zur wissenschaftlich geleiteten kritischen Reflexion (Metakommunikation) und andererseits durch die Anerkenntnis und Einhaltung der Relevanzkriterien wissenschaftlichen Arbeitens und durch die öffentliche Diskussion der Forschungskonzepte und realisierten Ergebnisse (als evaluativer Diskurs mit den PraktikerInnen und als öffentlicher Diskurs innerhalb der „scientific community").

Wissenschaftliche Wirklichkeitskonstruktionen durch Praxisforschung nutzen dabei die Möglichkeit, sich von der Innenperspektive der Betroffenen zu befreien und aus einer gewissen wissenschaftlichen Distanz (d.h. vor allem aus der Freiheit, nicht entscheiden und handeln zu müssen) zu den beruflichen Prozessen des Alltags alternative Deutungen und Deutungsmuster zu entwickeln und „theoretisch" auf ihre Handlungsrelevanz zu durchdenken und durchzuspielen. (vgl. DEWE u.a. 1986, S. 106)

Die Begriffe „Analyse" und „Veränderung" durchziehen diese Arbeit. Sie korrespondieren eng mit einer Reihe weiterer Begriffspaare (Reflexion und Alltagshandeln; Distanz und Nähe; Outsider- und Insider-Perspektive). Diese Begriffspaare stellen jeweils ein Spannungsfeld dar, auf dessen einer Seite die stark miteinander korrespondierenden Begriffe Analyse, Distanz, Reflexion (Outsider-Perspektive) und auf dessen anderer Seite die Begriffe Veränderung, Nähe, Alltagshandeln (Insider-Perspektive) stehen.

Zwischen diesen Begriffen oszilliert die sozialpädagogische Praxis ebenso wie die sozialpädagogische Praxisforschung. Für die PraktikerInnen würde die Verabsolutierung eines dieser Pole entweder zum Verlust der Professionalität und damit zum Abrutschen des beruflichen Handelns in die private Beziehung mit den KlientInnen führen oder – im anderen Extrem – zur Entwicklung eines methodenfixierten Expertentums, welches quasi technische „Lösungen" für KlientInnen anzubieten vorgibt.

Für die PraxisforscherInnen würde eine einseitige Verabsolutierung bedeuten, daß sie entweder zum Bestandteil des beruflichen Handlungssystems würden und damit gezwungen wären, alleine dessen Handlungsrationalität zu folgen oder, daß sie sich im anderen Extrem von der praktischen Seite ihres Gegenstandes entfernen und soziale Wirklichkeit mit Hilfe und anhand ausschließlich wissenschaftsorientierter Relevanzkriterien abzuarbeiten versucht.

Die Konzepte der realistischen Wende und der emanzipativen Wende trugen beide Züge solcher Verabsolutierungen (vgl. 1.1). Das eng mit der Alltagswende verbundene Modell der kritischen Hermeneutik wies den Ausweg aus diesem Dilemma.

„Das Verständnis von Pädagogik als Handlungswissenschaft erfordert ein methodisch geordnetes Verhältnis zu ihrer spezifischen Praxis. Dieses Problem läßt sich formulieren als Frage nach systematischen Übergängen zwischen den Bereichen dieser Wissenschaft und der ihr immer schon vorgängigen erzieherischen Alltagswelt, die in beiden Richtungen – als Forschung und als Theoriebildung von der Alltagswelt zur Wissenschaft, als Orientierung und Anleitung von der Wissenschaft zur Alltagswelt – erfolgen müssen." (NIESSEN 1979, S. 342)

Im Rahmen der hier skizzierten Logik der (Sozial-)Pädagogik als Vermittlungswissenschaft stellt das Konzept der Praxisforschung m.E. das zentrale Medium des hier erforderlichen Verständigungsprozesses und Aushandlungsprozesses zwischen Wissenschaft und (Alltags-)Praxis dar. Einerseits steht sie in dem Bemühen, gesellschaftliche Voraussetzungen des beruflichen Handelns sowie das berufliche Handeln selbst und seine Folge durch systematisch geordnete Aussagen wissenschaftlich zu beschreiben und zu erklären; andererseits ist es ihr Ziel, den Zugewinn an wissenschaftlich aufgeklärter Urteilskompetenz wieder in sozialpädagogische Handlungskompetenz zu überführen.

Praxisforschung zielt dabei nicht auf „objektiv neues Wissen", welches etwa bisherige Handlungsformen als „richtig" belegen oder „falsch" entlarven könnte. Praxisforschung zielt vielmehr auf die Stärkung der Selbstreflexion der beruflichen Praxis, darauf, ihren „Adressaten ein besseres Selbst- und Weltverständnis zu ermöglichen." (vgl. DIESSENBACHER/MÜLLER 1987, S. 1260) Sie stellt also ein „Lernprogramm" dar, das es der (beruflichen) Praxis ermöglicht, sich zu entwickeln, ohne daß zuvor ein („expertokratisches") theoretisch-wissenschaftliches Theoriegebäude errichtet wird, aus dem heraus dann pädagogisierende Aufklärungsprogramme für die bessere oder gar richtige Praxis abgeleitet werden.

„Die Überkomplexität lebenspraktischer Problemverdichtungen wie die begrenzte Reichweite möglicher professioneller Interventionen – bekanntlich kann der sozialpädagogische Arbeitslosenberater ebensowenig Arbeitsstellen schaffen, wie der Sozialarbeiter im Knast die Mauer öffnen kann – sind eine weitere Grenze für die geradlinige Anwendung wissenschaftlich begründeten Regelwissens. Folglich läßt sich professionelles Handeln in der sozialen Arbeit nicht auf starre Regelbefolgung reduzieren. Es ist keine Anwendung von Wissen denkbar, sondern lediglich seine fall- und kontextbezogene Verwendung. Diese Transformation im Handeln ist eine spezifische Leistung des Professionellen, die nicht nach dem Modell der Übersetzung naturwissenschaftlicher Gesetze in technische Verfahren gedacht werden kann." (DEWE u.a. 1993, S. 12)

So gesehen, werden wissenschaftlich begründete Regeln z.B. als Ergebnisse aus Praxisforschungsprojekten auch nicht linear „befolgt", sonde.n allenfalls in die Gestaltung der professionellen Alltagspraxis eingebunden. Praxisforschung versteht sich folgerichtig auch nicht als ein Instrument, welches auf eindeutige Analysen und daraus zu extrahierenden eindeutigen Lösungen zielt, sondern welches Aufklärung über – bisher nicht wahrgenommene, aber praktisch wirksame – handlungsimmanente Regelhaftigkeiten sucht, um damit den beruflichen Akteuren im Wege der Selbstreflexion ggf. neue Wege der Problembearbeitung bzw. des sozialpädagogischen Handelns zu eröffnen.

Dieses Konzept folgt der Einschätzung, daß „expertokratisch" vorgetragene

Wissensbestände wohl auch eher eingeschränkte Wirkung haben würden, da sich die alltagspraktischen Wissens- und Handlungsstrukturen keinesfalls automatisch der Logik „wissenschaftlich-expertokratischen Wissens" fügen und sich hier eher als resistent erweisen würden. (vgl. ebd., S. 121) Somit strebt Praxisforschung auch nicht unmittelbar handlungsdeterminierende Ergebnisse an, sondern will allenfalls handlungsleitende Orientierungen vermitteln, die es gilt, im Rahmen der eigenen Handlungsspielräume der Praxis (Politik, Institutionen, Fachkräfte) autonom in das je eigene Handlungskonzept aufzunehmen – oder eben zu verwerfen.

Alles in allem zeigt sich, daß das in dieser Arbeit vorgestellte und an vier sehr unterschiedlichen Beispielen exemplifizierte Konzept einer kritisch-hermeneutisch orientierten sozialpädagogischen Praxisforschung in der Lage ist,

- einen Weg zu weisen, der die dargestellten Defizite einer einseitig positivistisch verpflichteten empirischen Forschung einerseits und einer ausschließlich qualitativ orientierten, handelnd sich einmischenden (und damit in Entscheidungsprozesse unmittelbar eingebundenen) Handlungsforschung andererseits (vgl. 1.1), überwinden kann,
- eine Brückenfunktion (Sozialpädagogik als Vermittlungswissenschaft) zwischen alltags- und lebensweltorientierter sozialpädagogischer Praxis und sozialpädagogischer Wissenschaft zu erfüllen,
- aufgrund ihres kommunikativ/dialogisch strukturierten Verhältnisses zur sozialpädagogischen Praxis eine innovationsorientierte Selbstreflexion der Praxis anzustoßen und zu befördern (Praxisforschung als kritische Aufklärung) und Optionen auf eine veränderte Praxis aufzuzeigen und damit
- einen unverzichtbaren Beitrag zur disziplinären Selbstreflexion als Grundbedingung der theoretischen und praktischen Weiterentwicklung der Sozialpädagogik als Wissenschaft und als Praxisfeld zu leisten.

Sozialpädagogische Praxisforschung stellt in diesem Sinne eine Zwischenwelt, eine intermediäre Instanz dar, ohne die ein gelingender Theorie-Praxis-Transfer und vice versa nicht denkbar ist.

Das Konzept kritisch-hermeneutisch orientierter Praxisforschung kann also wertvolle Beiträge für die wissenschaftliche Begründung der Sozialpädagogik als Profession leisten. Durch die dialektische Vermittlung von Alltagshandeln und -reflexion, von Analyse und Veränderung, von Innenperspektive und Außenperspektive, von Nähe und Distanzierung schafft sie (sich) einen Handlungsraum, in dem – zwar bezogen auf die Praxis, aber befreit von unmittelbarem Entscheidungszwang – Entwicklungsprozesse analysiert werden können, die theorierelevant sind, und Aufklärungsprozesse initiiert werden können, die praxisrelevant sind. (vgl. z.B. DEWE u.a. 1993, S. 73)

Sozialpädagogische Praxisforschung in dem in dieser Arbeit dargestellten

Spektrum beteiligt sich – wie gezeigt werden sollte – nicht an resignativ-larmoyanten Positionen bezüglich der Perspektiven sozialer Arbeit im allgemeinen und der Jugendhilfe im besonderen, sondern versucht durch wissenschaftlich und praktisch begründete und fachlich fundierte Strategien den gegebenen Handlungsrahmen auszuschöpfen. Dabei folgt sie einem Verständnis, welches Jugendhlife nicht allein zurückdrängt auf die ihr nach dem Gesetz zugewiesenen Aufgaben, sondern welches sie als Querschnittsaufgabe definiert, die sich in alle anderen Politik- und Handlungsbereiche im Rahmen einer umfassenden Einmischungsstrategie einschalten muß, um die aktuellen und zukünftigen Lebenschancen von Kindern, Jugendlichen und Familien zu beeinflussen. Praxisforschung fühlt sich in diesem Sinne verantwortlich, die Bedingungen der Umsetzung ihrer Ergebnisse und Folgerungen mit zu reflektieren und die Umsetzung selbst mitzugestalten.

Literatur

ADORNO, Th.W., u.a.: Der Positivismusstreit in der deutschen Soziologie. Darmstadt und Neuwied 1969

ATTESLANDER, P. (Hg.): Soziologie und Raumplanung. Berlin/New York 1976

BAACKE, D.: Die 13- bis 18jährigen – Einführung in die Probleme des Jugendalters. Weinheim 1985

BAACKE, D.: Die 6- bis 12jährigen – Einführung in die Probleme des Kindesalters. (4. Aufl.) Weinheim 1992

BAACKE, D., B. BRÜCHER, W. FERCHHOFF und J. WESSEL: Bildungsarbeit im Stadtteil. München 1982

BAACKE, D., und ein Mitarbeiterteam: Projekt: Öffentliches Fernsehen und Gemeinwesenarbeit – Partizipation des Bürgers an „Öffentlichkeit", Projektbericht der Universität Bielefeld. Bielefeld 1973 (unveröffentlicht)

BÄUERLE, W.: Thesen zur Heimerziehung. Aus: Theorie und Praxis der Sozialen Arbeit, 10/1973, S. 369–371

BECK, U.: Risikogesellschaft. Auf dem Weg in eine andere Moderne. Frankfurt/M. 1986

BEERLAGE, J., und E.-M. FEHRE (Hg.): Praxisforschung zwischen Intuition und Institution. Tübingen 1989

BENDIXEN, P., und H.W. KEMMLER: Planung – Organisation und Methodik innovativer Entscheidungsprozesse. Berlin 1972

BIRTSCH, V.: Integration statt Ausgrenzung. Zusammenfassende Bewertung des Hessischen Modellprogramms zur Heilpädagogischen Intensivbetreuung. Frankfurt/M. 1986

BITZAN, M., und T. KLÖCK: Aus dem Innenleben von Praxisforschung. Erfahrungen aus der Begleitung gemeinwesenorientierter Jugendhilfeprojekte. In: HEINER 1988a, S. 119-139

BONSS, W.: Die Einübung des Tatsachenblicks. Zur Struktur und Veränderung empirischer Sozialforschung. Frankfurt/M. 1982

BONSS, W., und H. HARTMANN (Hg.): Entzauberte Wissenschaft. Soziale Welt, Sonderband 3. Göttingen 1985

BRONFENBRENNER, U.: Ökologische Sozialisationsforschung. Stuttgart 1976

BRUMLIK, M.: Kohlbergs „Just Community"-Ansatz als Grundlage einer Theorie der Sozialpädagogik. Aus: Neue Praxis, Heft 5, 1989, S. 374–383

BRUNKHORST, H., und H.-U. OTTO: Soziale Arbeit als gerechte Praxis. Aus: Neue Praxis, Heft 5, 1989, S. 372–373

BUNDESKONFERENZ FÜR ERZIEHUNGSBERATUNG E.V.: Stellungnahme zu den Empfehlungen der Expertenkommission Psychiatrie zur Versorgung psychisch kranker Kinder und Jugendlicher. Aus: Informationen für Erziehungsberatungsstellen, Heft 3/1989

BUNDESMINISTER FÜR JUGEND, FAMILIE UND GESUNDHEIT (BMJFG) (Hg.): Mehr Chancen für die Jugend – zu Inhalt und Begriff einer offensiven Jugendhilfe. Bonn 1974

BUNDESMINISTER FÜR JUGEND, FAMILIE, FRAUEN UND GESUNDHEIT (BMJFFG) (Hg.): Jugendhilfe und Familie – 7. Jugendbericht. Bonn 1986

BUNDESMINISTER FÜR JUGEND, FAMILIE, FRAUEN UND GESUNDHEIT: Empfehlungen der Expertenkommission der Bundesregierung zur Reform der Versorgung im psychiatrischen und psychotherapeutisch/psychosomatischen Bereich. Bonn 1988

BUNDESMINISTER FÜR JUGEND, FAMILIE, FRAUEN UND GESUNDHEIT: Entwurf eines Gesetzes des Kinder- und Jugendhilferechts (Kinder- und Jugendhilfegesetz – KJHG). Bonn 1989

BUNDESMINISTER FÜR JUGEND, FAMILIE, FRAUEN UND GESUNDHEIT (BMJFFG) (Hg.): Achter Jugendbericht – Bericht über Bestrebungen und Leistungen der Jugendhilfe. Bonn 1990

CHRISTMANN, C., und C.W. MÜLLER: Sozialpädagogische Familienhilfe 1986 – Bestandsaufnahme, Entwicklung, Perspektiven, Modelle. Berlin 1986

DAUNER, I.: Zusammenarbeit zwischen Jugendhilfe und Kinder- und Jugendpsychiatrie zur Vermeidung von Fremdplazierungen. In: KARL-HERMANN-FLACH-STIFTUNG 1987

DEUTSCHER VEREIN FÜR ÖFFENTLICHE UND PRIVATE FÜRSORGE (Hg.): Fachlexikon der sozialen Arbeit. Frankfurt/M. 1980

DEUTSCHER VEREIN FÜR ÖFFENTLICHE UND PRIVATE FÜRSORGE (Hg.): Jugendhilfe unter veränderten sozialpolitischen Bedingungen – Beiträge und Materialien, zusammengestellt von J. Faltermeier, W. Hanesch und D. Sengling. Frankfurt/M. 1983

DEUTSCHER VEREIN FÜR ÖFFENTLICHE UND PRIVATE FÜRSORGE (Hg.): Handbuch der örtlichen Sozialplanung. Stuttgart 1986

DEUTSCHER VEREIN FÜR ÖFFENTLICHE UND PRIVATE FÜRSORGE: Empfehlungen des Deutschen Vereins zur Berücksichtigung der besonderen Belange alleinerziehender Mütter und Väter. Aus: Nachrichtendienst des Deutschen Vereins, Heft 11, 1989, S.367f.

DEUTSCHER PARITÄTISCHER WOHLFAHRTSVERBAND – LANDESVERBAND NRW E.V.: „Verschiebebahnhof Jugendhilfe?" Zwischen Heimen und Pflegefamilien – Lebensfeldwechsel bei Kindern und Jugendlichen. Wuppertal 1988

DEUTSCHES INSTITUT FÜR URBANISTIK (DIfU) (Hg.): Planung in der Jugendhilfe. Berlin 1978

DEWE, B., W. FERCHHOFF, F. PETERS und G. STÜWE: Professionalisierung – Kritik – Deutung. Soziale Dienste zwischen Verwissenschaftlichung und Wohlfahrtsstaatskrise. ISS-Materialien 27. Frankfurt/M. 1986

DEWE, B., W. FERCHHOFF, A. SCHERR und G. STÜWE: Professionelles soziales Handeln – Soziale Arbeit im Spannungsfeld zwischen Theorie und Praxis. Weinheim 1993

DIESSENBACHER, H.: Empirische Sozialforschung versus Aktionsforschung – Eine falsche Alternative? Aus: Neue Praxis, Heft 2, 1980, S. 160–168

DIESSENBACHER, H., und A. MÜLLER: Wissenschaftstheorie und Sozialpädagogik. In: EYFERTH/OTTO/THIERSCH 1987, S. 1251-1262

ELGER, W.: Sozialpädagogische Familienhilfe in Nordrhein-Westfalen – Bestandsaufnahme fachlicher Entwicklungen durch das Institut für soziale Arbeit e.V. Münster, hg. vom Ministerium für Arbeit, Gesundheit und Soziales NRW. Düsseldorf 1985

ELGER, W., E. JORDAN und J. MÜNDER: Erziehungshilfen im Wandel – Untersuchung über Zielgruppen, Bestand und Wirkung ausgewählter Erziehungshilfen des Jugendamtes der Stadt Kassel. Münster 1987

EYFERTH, H., H.-U. OTTO und H. THIERSCH (Hg.): Handbuch zur Sozialarbeit/Sozialpädagogik. Neuwied 1987

FEYERABEND, P.: Wider den Methodenzwang. Skizze einer anarchistischen Erkenntnistheorie. Frankfurt/M. 1976

FILSINGER, D., und W. HINTE: Praxisforschung: Grundlagen, Rahmenbedingungen und Anwendungsbereiche eines Forschungsansatzes. In: HEINER 1988a, S. 34-72

FÖRSTER, E. (Hg.): Kooperation bei der Versorgung psychisch kranker Kinder und Jugendlicher, Göttingen 1981

FREY, K. (Hg.): Curriculum-Handbuch. Band II. München 1975

FRIEDRICHS, J.: Methoden empirischer Sozialforschung. Reinbek 1973

FRIEDRICHS, J.: Stadtanalyse. Soziale und räumliche Organisation der Gesellschaft. Reinbek b. Hamburg 1977

GEBERT, A., und R. SCHONE: Erziehungsbeistände im Umbruch – Eine ambulante Erziehungshilfe profiliert sich neu. Soziale Praxis, Heft 14. Münster 1993

GERZER-SASS, A.: Neue Formen der Kinderbetreuung – Zur Verknüpfung von Institutionen und Selbsthilfe. Aus: DJI-Bulletin, Heft 22/Mai 1992, S. 8–13.

GINTZEL, U., und R. SCHONE: Erziehungshilfen im Grenzbereich von Jugendhilfe und Jugendpsychiatrie – Problemlagen junger Menschen, Entscheidungsprozesse, Konflikte und Kooperationen. Frankfurt/M. (IGfH) 1989

GINTZEL, U., und R. SCHONE (Hg.): Zwischen Jugendhilfe und Jugendpsychiatrie. Konzepte -Methoden – Rechtsgrundlagen. Münster 1990

GLATZEL, R.: Die Sache mit den „dissozialen Jugendlichen". Aus: Sozialmagazin Heft 4, 1990, S. 22–26

GRAF, E.O.: Forschung in der Sozialpädagogik: Ihre Objekte sind Subjekte. Biel 1990

HAAG, F., H. KRÜGER, W. SCHWÄRZEL und J. WILDT (Hg.): Aktionsforschung – Forschungsstrategien, Forschungsfelder und Forschungspläne. München 1972

HAFENEGER, B., M. KAISER, R. KILB und A. LAMBERJOHANN: Offene Kinder- und Jugendarbeit -Neuplanungsprozeß in Frankfurt. Aus: deutsche jugend, 9/1991, S. 388-396

HANHART, D.: Sozialarbeitsforschung. Defizite, Notwendigkeiten, Perspektiven. In: HOLLSTEIN/MEINHOLD 1973, S. 101-114

HÄRTLING, P.: Das war der Hirbel. Weinheim 1973

HÄSING, H., und G. GUTSCHMIDT: Handbuch Alleinerziehen. Reinbek 1992.

HEILIGER, A.: Alleinerziehen als Befreiung – Mutter-Kind-Familien als positive Sozialisationsform und als gesellschaftliche Chance. Pfaffenweiler 1991

HEINER, M. (Hg.): Praxisforschung in der sozialen Arbeit. Freiburg 1988a

HEINER, M. (Hg.): Selbstevaluation in der sozialen Arbeit. Freiburg 1988b

HEINZE, T.: Qualitative Sozialforschung. Opladen 1987

HEINZE, T., F.W. LOSER und F. THIEMANN: Praxisforschung – Wie Alltagshandeln und Reflexion zusammengebracht werden können. München 1981

HEINZE, T., E. MÜLLER, B. STICHELMANN und J. ZINNECKER: Handlungsforschung im pädagogischen Feld. München 1975

HINTE, W., und W. SPRINGER: Über die Folgenlosigkeit kritischer Sozialarbeitswissenschaft. In: OTTO/HIRSCHAUER/THIERSCH 1992, S. 111–117

HOFMANN, G., und M. FARGEL: Evaluationsforschung. In: EYFERTH/OTTO/ THIERSCH 1987, S. 313–319

HOLLSTEIN, W., und M. MEINHOLD: Sozialarbeit unter kapitalistischen Produktionsbedingungen. Frankfurt/M. 1973

HORNSTEIN, W.: Die Bedeutung erziehungswissenschaftlicher Forschung für die Praxis sozialer Arbeit. Aus: Neue Praxis 6/1985, S. 463-477

HORNSTEIN, W.: Forschung/Forschungspolitik. In: EYFERTH/OTTO/THIERSCH 1987, S. 371-387

HURRELMANN, K. (Hg.): Sozialisation und Lebenslauf. Empirie und Methodik sozialwissenschaftlicher Persönlichkeitsforschung. Reinbek b. Hamburg 1976

INSTITUT FÜR SOZIALE ARBEIT E.V. (Hg.): Jugendhilfeplanung – Entmündigung oder Chance zur Partizipation? Münster 1982

INSTITUT FÜR SOZIALE ARBEIT E.V. (Hg.): Wissenschaftliche Begleitforschung. ISA-Schriftenreihe, Heft 9. Münster 1983

INSTITUT FÜR SOZIALE ARBEIT E.V.: Arbeitsschwerpunkte und Projekte des Instituts für soziale Arbeit e.v. 1979–1985. ISA-Schriftenreihe Heft 13. Münster 1985

INSTITUT FÜR SOZIALE ARBEIT E.V. (Hg.): Sozialpädagogische Familienhilfe – Ein neues Praxisfeld der Jugendhilfe. Münster 1986

INSTITUT FÜR SOZIALE ARBEIT E.V. (Hrsg.): Ambulante Erziehungshilfen – Alternative oder Alibi? Entwicklungen, Profile, Perspektiven ambulanter Hilfen zur Erziehung, Soziale Praxis, Heft 5, Münster 1988a

INSTITUT FÜR SOZIALE ARBEIT E.V.: Kinder und Jugendliche aus Ein-Eltern-Familien in Heim- und Familienpflege. Abschlußbericht. Materialien und Berichte. Münster 1988b

INSTITUT FÜR SOZIALE ARBEIT E.V.: Jugendhilfe und Jugendpsychiatrie – Zwischen Konkurrenz und Kooperation. Soziale Praxis, Heft 7. Münster 1989a

INSTITUT FÜR SOZIALE ARBEIT E.V. (Hg.): Situation und Perspektiven der Erziehungsbeistandschaft im Hinblick auf eine gesetzliche Neuregelung des Jugendhilferechts. Materialien und Berichte. Münster 1989b

INSTITUT FÜR SOZIALE ARBEIT E.V.: Jugendhilfeplanung in Nordrhein-Westfalen. Expertise zum 5. Jugendbericht der Landesregierung Nordrhein-Westfalen. Schriftenreihe des MAGS. Düsseldorf 1990

INSTITUT FÜR SOZIALE ARBEIT E.V./LANDESWOHLFAHRTSVERBAND HESSEN: Mädchen in öffentlicher Erziehung. Münster 1987

JORDAN, E.: Modelle in der Jugendhilfe. ISA-Schriftenreihe, Heft 1. Münster 1981.

JORDAN, E., und R. SCHONE: Jugendhilfeplanung - Aber wie? Eine Arbeitshilfe für die Praxis. Münster 1992a

JORDAN, E., und R. SCHONE: Jugendhilfeplanung – Ein Instrument zur Entwicklung der kommunalen Jugendhilfe. Aus: Jugendhilfe, Heft 2/1992b

JORDAN, E., und D. SENGLING: Jugendhilfe – Einführung in Geschichte und Handlungsfelder, Organisationsformen und gesellschaftliche Problemlagen. Weinheim 1988

JORDAN, E., und G. TRAUERNICHT: Alleinerziehende im Brennpunkt der Jugendhilfe. Münster 1989.

KÄHLER, H.D., U. LANGE und P. LOVISCACH: Wissenschaftsläden für die soziale Arbeit? Erfahrungen mit einer regionalen Vermittlungsstelle für Sozialarbeitsforschung. In: HEINER 1988a, S. 101–118

KAISER, H.J., und H.-J. SEEL (Hg.): Sozialwissenschaft als Dialog – Die methodischen Prinzipien der Beratungsforschung. Weinheim 1981

KARDORFF, E.v.: Praxisforschung als Forschung der Praxis. In: HEINER 1988a, S. 73–100

KARL-HERMANN-FLACH-STIFTUNG E.V.: Perspektiven der Jugendhilfe in Hessen. Wiesbaden 1987

KERN, H.: Empirische Sozialforschung – Ursprünge, Ansätze, Entwicklungslinien. München 1982

KLATETZKI, TH.: Wegweiser in die gerechte Praxis. Robert Selmans Entwicklungsmodell der interpersonalen Verhandlungsstrategien als Brücke zwischen Erklären und Handeln. Aus: Neue Praxis, Heft 6, 1990, S. 478–488

KNORR-CETINA, K.: Die Fabrikation von Erkenntnis. Zur Anthropologie der Naturwissenschaft. Frankfurt/M. 1984

KORTHALS-BEYERLEIN, G.: Das Koinzidenzprinzip in der Beratungsforschung. In: KAISER/SEEL 1981, S. 71–79

KÖTTGEN, CH., und D. KRETZER: „Grenzfälle" – Psychiatrie-Heime. In: INSTITUT FÜR SOZIALE ARBEIT 1989a, S. 92 ff.

KÖTTGEN, CH., und D. KRETZER: „Grenzfälle" zwischen Heimen und Psychiatrie am Beispiel Hamburgs. In: KÖTTGEN/KRETZER/RICHTER 1990, S. 85–106

KÖTTGEN, CH., D. KRETZER und S. RICHTER (Hg.): Aus dem Rahmen fallen – Kinder und Jugendliche zwischen Erziehung und Psychiatrie. Bonn 1990

KRAPPMANN, L.: Über die Verschiedenheit der Familien alleinerziehender Eltern – Ansätze zu einer Typologie. In: LÜSCHER u.a. 1990, S. 131–142

KREFT, D., und I. MIELENZ (Hg.): Wörterbuch soziale Arbeit. Weinheim 1980

KREIS WARENDORF (Hg.): Jugendhilfeplanung – Lebensweltorientierte Jugendhilfe im Kreis Warendorf. Warendorf 1993

KREUTZ, H., R. LANDWEHR und U. WUGGENING: Der Beitrag der empirischen Sozialforschung zur Praxis der Sozialarbeit/Sozialpädagogik. In: KREUTZ u.a. 1978, S. VII-XXII

KREUTZ, H., R. LANDWEHR und U. WUGGENING: Empirische Sozialforschung. Rheinstätten 1978

KRIZ, J.: Die Wirklichkeit empirischer Sozialforschung – Aspekte einer Theorie sozialwissenschaftlicher Forschungsartefakte. In: BONSS/HARTMANN 1985, S. 77–89

KÜCHLER, M.: Empirische Sozialforschung. In: EYFERTH/OTTO/THIERSCH 1987, S. 282-290

LANDSCHAFTSVERBAND WESTFALEN-LIPPE: Psychiatrische Gesamtversorgung in Westfalen-Lippe. Konzeption des LWL für die kinder- und jugendpsychiatrische Versorgung, Münster 1985

LANDSCHAFTSVERBAND WESTFALEN-LIPPE – LANDESJUGENDAMT: Materialien zur Situation der Erziehungshilfe – Jahresbericht 1985. Münster 1987

LEPPER, M., und R. SCHONE: Evaluation von Beratungs- und Innovationskonzepten für sozialpädagogische Initiativen. Unveröff. Abschlußbericht. Universität Bielefeld, Oktober 1983

LÜSCHER, K., F. SCHULTHEIS und M. WEHRSPAUN, M. (Hg.): Die „postmoderne" Familie – Familiale Strategien und Familienpolitik in einer Übergangszeit. 2. Aufl. Konstanz 1990

MAELICKE, B. (Hg.): Soziale Arbeit als soziale Innovation - Veränderungsbedarf und Innovationsstrategien. München 1987

MEINHOLD, M.: Wissenstransfer durch Organisationsberatung. In: OTTO/HIRSCHAUER/THIERSCH 1992, S. 95-100

MERCHEL, J.: Heimerziehung als „stationäre Einrichtung"? – Anmerkungen zur begrifflichen Kategorisierung in der Jugendhilfe. Aus: Sozialpädagogik, Heft 3/1986, S. 110–115

MOCH, M.: „Der Arroganz der Theoretiker entspricht die Ignoranz der Praktiker" – Zur Problematik der praxisbegleitenden Forschung. Aus: Materialien zur Heimerziehung (Hg.: Internationale Gesellschaft für erzieherische Hilfen) Nr. 1/2, April 1993, S. 5–9

MOLLENHAUER, K.: Diskussionsbeiträge zur Frage pädagogischer „Handlungsforschung". Aus: Beiträge zur Bildungstechnologie, Heft 3, 1972, S. 12–16

MOSER, H.: Aktionsforschung als kritische Theorie der Sozialwissenschaft. München 1975

MÜHLFELD, C. u.a. (Hg.): Ökologische Konzepte für Sozialarbeit. Reihe: Brennpunkte der Sozialen Arbeit. Frankfurt/M. 1986

MÜLLER, C.W. (Hg.): Begleitforschung in der Sozialpädagogik. Analysen und Berichte zur Evaluationsforschung in der Bundesrepublik. Weinheim/Basel 1978

MÜLLER, C.W.: Ausbildung für Diplom-Pädagogen. In: EYFERTH/OTTO/THIERSCH 1987, S. 149-152

MÜLLER, C.W.: Achtbare Versuche. Zur Geschichte von Praxisforschung in der Sozialen Arbeit. In: HEINER 1988a, S. 17–33

MÜNDER, J. u.a.: Frankfurter Lehr- und Praxiskommentar zum KJHG. Münster 1991.

NAPP-PETERS, A.: Ein-Elternteil-Familien. Soziale Randgruppe oder neues familiales Selbstverständnis? Weinheim 1985.

NESTMANN, F., und U. TAPPE: Thesen zu einem besseren Verständnis von Beratung. Aus: Psychologie und Gesellschaftskritik, Heft 1/2 1979, S. 153–170

NEUBAUER, E.: Alleinerziehende Mütter und Väter – Eine Analyse der Gesamtsituation. Stuttgart 1988

NIELSEN, H., K. NIELSEN und C.W. MÜLLER: Sozialpädagogische Familienhilfe – Probleme, Prozesse und Langzeitwirkungen. Weinheim 1986

NIEMEYER, CHR.: Nützlichkeit als Kriterium des sozialpädagogischen Praktikers. In: HEINER 1988a, S. 188-214

NIEMEYER, CHR.: Sozialpädagogik als Wissenschaft und als Profession. Aus: Neue Praxis 6/1992, S. 455-471

NIESSEN, M.: Zur Grundlegung der Pädagogik als Handlungswissenschaft. Das Problem der „Alltagsorientierung" der Erziehungswissenschaft. Aus: Zeitschrift für Pädagogik, 25. Jg., Heft 3/1979, S. 331–344

OELSCHLÄGEL, D.: Ausbildung für Sozialarbeiter/Sozialpädagogen. In: EYFERTH/-OTTO/THIERSCH 1987, S. 161-171

OTTO, H.-U.: Sozialarbeit zwischen Routine und Innovation. Professionelles Handeln in Sozialadministrationen. Berlin/New York 1991

OTTO, H.-U., P. HIRSCHAUER und H. THIERSCH (Hg.): Zeit-Zeichen sozialer Arbeit. Neuwied 1992

PANKOKE, E.: Ökologische Intervention und soziale Aktion: Zur „Feldorientierung" aktiver Sozialpolitik. In: MÜHLFELD u.a. 1986, S. 9–21

PETERS, F. (Hg.): Jenseits von Familie und Anstalt. Entwicklungsperspektiven in der Heimerziehung, Bielefeld 1988

POPPER, K.R.: Die Logik der Sozialwissenschaften. In: ADORNO u.a. 1969, S. 103–124

RAUSCHENBACH, TH., F. ORTMANN und M.-E. KARSTEN (Hg.): Der sozialpädagogische Blick. Lebensweltorientierte Methoden in der sozialen Arbeit. Weinheim 1993

RONGE, V.: Thema Jugendhilfeplanung. Aus: Zentralblatt für Jugendrecht 11/1991, S. 517-520

RÖSSLER, J.: Aufgabengebiet und Selbstverständnis der Jugendhilfe. In: KÖTTGEN/KRETZER/RICHTER 1990, S. 131–144

RÖSSLER, J., und M. TÜLLMANN (Hg.): Zwischen Familienprinzip, Professionalität und Organisation – Diskussionsbeiträge aus dem Veränderungsprozeß einer großen Einrichtung. Frankfurt/M. (IGfH) 1988

SCHOCH, J.: Heimerziehung als Durchgangsberuf? Eine theoretische und empirische Studie zur Personalfluktuation in der Heimerziehung. Weinheim 1989

SCHONE, R.: Empirische Untersuchung zu Zielgruppen, Umfang und Wirksamkeit ambulanter Hilfen zur Erziehung als Alternative zur Erziehung außerhalb der eigenen Familie, Abschlußbericht. Materialien und Berichte des Instituts für soziale Arbeit. Münster 1987

SCHONE, R.: Ambulante Erziehungshilfen – Zwischen Erwartungsdruck und pädagogischer Leistungsfähigkeit. In: INSTITUT FÜR SOZIALE ARBEIT 1988a, S. 9–40

SCHONE, R.: Bestand, Zielgruppen und Wirksamkeit ambulanter Hilfen zur Erziehung – Eine empirische Untersuchung in Westfalen-Lippe. In: INSTITUT FÜR SOZIALE ARBEIT 1988a, S. 75–152

SCHONE, R.: Das Angebotsprofil der Erziehungsbeistandschaft im Kontext ambulanter Erziehungshilfen. In: INSTITUT FÜR SOZIALE ARBEIT 1989b

SCHONE, R.: „Grenzfälle" zwischen Heimen und Psychiatrie – Zur gegenseitigen Inanspruchnahme von Jugendhilfe und Jugendpsychiatrie in Hamburg, hg. von der Behörde für Schule, Jugend und Berufsbildung – Amt für Jugend: Informationen, Standpunkte, Empfehlungen. Hamburg 1991

SCHONE, R.: Stärkung des Eigenpotentials von Ein-Eltern-Familien durch flexible Angebote der Jugend- und Sozialhilfe. Abschlußbericht des Modellprojektes Unna. Münster 1993

SCHRAPPER-THIESMEIER, CHR.: Das Bedingungsgefüge der kommunalen Jugendhilfe – Eine empirische Untersuchung der strukturellen und organisatorischen Rahmenbedingungen des Jugendamtes. Münster 1985

SCHULZ, H.: Ausbau der offenen Jugendhilfe – Erziehungshilfen besser und billiger. In: DEUTSCHER VEREIN 1983, S. 114–128

SENGLING, D.: Der Beitrag von Wissenschaft und Forschung zur Praxisverbesserung. In: MAELICKE 1987, S. 95-100

SOUKOUP, G.: Handlungsforschung. In: KREFT/MIELENZ 1980, S. 213-215

SPÄTH, K.: Feldentwicklung – Fachkräfte als Veränderer. In: MAELICKE 1987, S. 231 ff.

SPECHT, F.: Fremdplazierung und Selbstbestimmung. Aus: Praxis der Kinderpsychologie und Kinderpsychiatrie 6/89, Göttingen 1989

SPIEGEL, H.v.: Aus Erfahrung lernen. Qualifizierung durch Selbstevaluation. Münster 1993

STADT CELLE (Hg.): Jugendhilfeplanung der Stadt Celle. Endbericht 1991. Celle 1991

STADT NEUBRANDENBURG (Hg.): Jugendhilfeplanung in Neubrandenburg – Neue Wege in der Jugendhilfe. Neubrandenburg 1993

STATISTISCHES BUNDESAMT (Hg.): Statistisches Jahrbuch 1991 für das vereinigte Deutschland. Wiesbaden 1991

STEINHAUSEN, D., und K. LANGER: Clusteranalysen – Einführung in Methoden und Verfahren der automatischen Klassifikation. Berlin/New York 1977

STICKELMANN, B.: Begleitforschung zwischen wissenschaftlichem Erwartungshorizont und Unterstützung der Projektarbeit. In: INSTITUT FÜR SOZIALE ARBEIT 1983, S. 139-152

SWIENTEK, C.: Alleinerziehende – Familien wie andere auch ? Zur Lebenssituation von Ein-Eltern-Familien. Theorie und Praxis der Frauenforschung, Bd. 1, Bielefeld 1984

THIERSCH, H.: Kritik und Handeln – Interaktionistische Aspekte der Sozialpädagogik. Neuwied/Darmstadt 1977

THIERSCH, H.: Die hermeneutisch-pragmatische Tradition der Erziehungswissenschaft. In: THIERSCH/RUPPRECHT/HERRMANN 1978, S. 11-108

THIERSCH, H: Strukturierte Offenheit. Zur Methodenfrage einer lebensweltorientierten Sozialen Arbeit. In: RAUSCHENBACH/ORTMANN/KARSTEN 1993, S. 11–28

THIERSCH, H.: Die Erfahrung der Wirklichkeit. Perspektiven einer alltagsorientierten Sozialpädagogik. Weinheim 1986

THIERSCH, H., H. RUPPRECHT und U. HERRMANN: Die Entwicklung der Erziehungswissenschaft. München 1978a

THIERSCH, H., und T. RAUSCHENBACH: Sozialpädagogik/Sozialarbeit: Theorie und Entwicklung. In: EYFERTH/OTTO/THIERSCH 1987, S. 984-1016

TRABANT, H., und R. WURR: Prävention in der sozialen Arbeit - Planung und Durchsetzung institutioneller Neuerungen. Opladen 1989

TRAUERNICHT, G. (Hg.): Soziale Arbeit mit Alleinerziehenden – Projekte aus der Praxis. Münster 1988

VIKTOR, N., W. LEHMBACHER und W. v. EIMEREN (Hg.): Explorative Datenanalyse – Bericht über die Frühjahrstagung der Deutschen Gesellschaft für Statistik. Berlin 1980

WAHL, K., M.-S. HONIG und L. GRAVENHORST: Plurale Wirklichkeiten als Herausforderung. In: BONSS/HARTMANN 1985, S. 391–412

WALTER, H. (Hg.): Sozialökologie - Neue Wege in der Sozialisationsforschung. Sozialisationsforschung, Bd. 3. Stuttgart 1975

WEHRSPAUN, M.: Alternative Lebensformen und postmoderne Identitätskonstitutionen. In: LÜSCHER u.a. 1990, S. 157–168.

WILSON, T.P.: Qualitative „oder" quantitative Methoden in der Sozialforschung. Aus: Kölner Zeitschrift für Soziologie und Sozialpsychologie 1982, S. 487–508

WOLFFERSDORFF-EHLERT, CHR.v., V. SPRAU-KUHLEN und J. KERSTEN: Geschlossene Unterbringung in Heimen. Zusammenfassende Darstellung von Projektergebnissen. München 1987

WULF, Ch. (Hg.): Planung und Durchführung der Evaluation von Curricula und Unterricht. In: FREY 1975, S. 567–578